国家社会科学基金一般项目（批准号：06BZW005）

马克思主义文学理论与
20世纪中国文学理论的变迁

季水河 等著

中国社会科学出版社

图书在版编目（CIP）数据

马克思主义文学理论与 20 世纪中国文学理论的变迁／季水河等著．
—北京：中国社会科学出版社，2020.9（2021.10 重印）
ISBN 978 – 7 – 5203 – 6855 – 1

Ⅰ.①马…　Ⅱ.①季…　Ⅲ.①马克思主义—文学理论—研究
②文学理论—研究—中国　Ⅳ.①A811.691②I206

中国版本图书馆 CIP 数据核字（2020）第 132193 号

出 版 人	赵剑英
责任编辑	刘　艳
责任校对	陈　晨
责任印制	戴　宽

出　　版	中国社会科学出版社
社　　址	北京鼓楼西大街甲 158 号
邮　　编	100720
网　　址	http://www.csspw.cn
发 行 部	010 – 84083685
门 市 部	010 – 84029450
经　　销	新华书店及其他书店

印　　刷	北京明恒达印务有限公司
装　　订	廊坊市广阳区广增装订厂
版　　次	2020 年 9 月第 1 版
印　　次	2021 年 10 月第 2 次印刷

开　　本	710×1000　1/16
印　　张	24.25
插　　页	2
字　　数	349 千字
定　　价	138.00 元

凡购买中国社会科学出版社图书，如有质量问题请与本社营销中心联系调换
电话：010 – 84083683

序

党圣元

    季水河教授领衔撰写的《马克思主义文学理论与 20 世纪中国文学理论的变迁》，即将由中国社会科学出版社刊行，书稿校样排出后，他传来并嘱我写序。对此，我本应辞让，因为自感学识浅显、成就微薄，岂敢为学术成就远远在自己之上的季教授的大作写序呢？但是，我与季水河教授结识多年，在学术上相互交流甚多，彼此深知。他的治学精神和研究成果给了我许多启发，我从他那里得到了不少教益。又，季水河先生年长于我，我一直视他为兄长，而他也以兄长一样的情怀对待我，在为人和为学两个方面我从他那里始终感受到如春风般的一股暖意。正是出于这两个方面的原因，我便爽快地答应下来了。按照时间约定，我应该在今年春节之前就把序写好，但是因于诸事纷杂和自身的慵懒，一直拖延至于今而未能成篇，从而影响了季兄大著的出版时间，为此我心里感到十分不安。虽然这样，但是季兄还是一直耐心、宽容地等着，越是这样，越增加了我心里对自己的过责，于此特向季兄和出版社责编表示深深的歉意，季兄过我责我可矣，这样我心里反倒可以稍安一点。

    季水河教授是一个非常勤奋、非常有学术意志和理论追求的学者。他一直在高校从事马克思主义文论、文艺学、美学等几个领域的研究与教学工作。在长期的学术生涯中，他磨炼出了具有自己鲜明个性的理论视野、思想锋芒、思辨韧性，以及叙学特点，从而成为新世纪以来当代中国马克思主义文艺思想、文学理论批评研究领域一位非常有学术影响力的学者。季水河教授治学有一个显著的特点，就是追求思想和理论品位，并且具有强烈的人文情怀和社会责任感。他的研究起步较早，在20 世纪 80 年代就发表了多篇充满思想活力和理论锐气的较有影响的论文，引起了学界的关注。通过长达四十年来的倾力治学、辛勤耕耘，季兄在科研和教学两个方面成就显著，迄今为止已经先后出版有《回顾与前瞻——论新中国马克思主义文艺理论研究及其未来走向》《多维视野中的文学与美学》《阅读与阐释——中国美学与文艺批评比较研究》《美学理论纲要》等学术专著十多部，发表了《马克思主义艺术生产论在 20 世纪的多向展开》《论 20 世纪中国马克思主义美学发展的三个阶段》《百年反思：20 世纪马克思主义文艺理论在中国的传播、发展与问题》《胡风与冯雪峰：不同轴心的现实主义理论》《文学的异化与异化的文学——批判现实主义与现代派文学异化之比较》《胡风现实主义理论中的"自我扩张"》等学术论文百余篇，他的这些科研成果在学界产生了影响，可以这样说，季水河是随着中国改革开放新时期的发展而成长起来的一位马克思主义文学理论家，他既见证了又以自己的丰硕学术成果参与了我国新时期四十年马克思主义文论和文学理论批评的研究与学科建设的进程。同时，他还主编有《文学理论导引》《新编比较文学教程》等几部教材，在文艺学学科建设和教学方面也作出了自己的贡献。

这部《马克思主义文学理论与 20 世纪中国文学理论的变迁》专著，是季水河教授承担的同名国家社科基金项目的最终研究成果，也是他所进行的"20 世纪中外马克思主义文学理论及其关系研究"的第二部专著。在前几年面世的《回顾与前瞻——论新中国马克思主义文艺理论研究及其未来走向》一书中，季水河对中华人民共和国建立以来中国马克思主义文艺理论的发展历程和重要的历史性、节点性问题作出了系统全面的梳理与分析阐述，并且对新世纪、新时期以来中国马克思主义文学理论研究和学科建设所面临的反思与重构性重大理论问题进行了深入的讨论，提出了许多颇有建设性的学术见解和理论观点。这部新著，在一定程度上可以看作是前面所提到的《回顾与前瞻——论新中国马克思主义文艺理论研究及其未来走向》一书所讨论问题之拓展与延伸性研究，因此需要将这两部书联系起来合而观之，才更可以看出这项研究工程的学术价值。《回顾与前瞻——论新中国马克思主义文艺理论研究及其未来走向》一书，如同书名所示，主要是以新中国马克思主义文艺理论研究的学术史层面的梳理与反思为主、以影响史层面的考察与论述为辅，展开多向度的研究。在是书中，季水河教授将新中国成立以来的马克思主义文艺理论研究和发展演变进程划分为"经典著作译注期"、"理论体系探讨期"、"当代形态建构期"这样三个时期，对这三个时期的不同特点和代表性成果进行了全面分析，而其中所着力探讨的诸如马克思主义文艺理论中的"典型与现实主义"、"人学思想"、"艺术生产论"等核心范畴的形成发展、研究历史、当代影响，既有对以往历史进行梳理和反思的学术史意义，又有对当下马克思主义文论话语体系建构整合理论资源的现实价值。除此之外，我认为在该书中，季水河教授对新世纪中国马克思主义文艺理论研究的"走向多元对话思维"、"走向多重资源整合"、"走向多种方法综合"这三个重要问题域之论析，更是体现出一种具有建设性的、积极的思想理论姿态，并且具有历史穿透力和现实眼光，这样的总结、反思、建构，这种以问题意识为导向的研究路径，对于新时代中国马克思主义文学理论研究之深化和学科建设而言，值得我们深思，并且给予充分的肯定与赞赏。而这部《马克思主义文学理论与20世纪中国文学理论的变迁》所做的工作，则是以马克思主义文学理论在20世纪中国的影响史研究为中心而展开，辅以学术史方面的反思，层层展开，步步深入，经纬交织，从而对马克思主义文学理论在20世纪中国的传播与发展，马克思主义文学理论在中国现当代文学理论发展、转型、演进和体系话语建构历程中的参与和引领作用，中国现当代文学理论发展过程中一系列现象级、节点性的重要问题域和重大理论问题的生成演化，均进行了深度分析阐发，既有历史的深度，又有现实的广度，从而使书中所阐述和讨论的内容，所提出的颇有建设性意义的学术见解，对于我们当下总结与反思20世纪以来、新中国以来、新时期以来、新世纪以来中国现当代文学理论研究学术史和学科发展史非常有益，尤其是对于当下中国文学理论研究的深化和学科建设的路径，具有积极的推动作用。因此，我们可以说这先后出版的两部专著，体现出一种独特的研究思路和视角，就是点与面结合，纵向与横向交错，在历史审视与和现实观照的交汇处、结合点发力，在学术史、影响史、观念史三重视野中梳理历史发展的轨迹，总结历史的经验与缺失，发现和提出当下需要关注的重大问题，就理论思考和学术研究的方法路径而言，确实达到了犹如刘勰在《文心雕龙》中所提出的"圆照"之境地。因此，我认为，这两部著作分开来看，当然各具独立性，但如果合而观之，它们又汇合在中国马克思主义文学理论这一总的主题之下，呈现为一种彼此关联、相互支撑、相互补充之关系，就一个多世纪以来马克思主义文学理论在中国的传播与研究、马克思主义文学理论对中国现当代文学理论发展演变之影响与导引、中国化马克思主义文学理论体系之创建与演进这三大论域中的一系列重要问题展开论析，既有宏观层面的扫描，更有个案和细节问题的深入探讨，因此是一项精心构建的系统化程度相对高的研究工程，值得学界充分关注。

　　还是回到本书上来吧。如该著"后记"中所讲的那样，《马克思主义文学理论与 20 世纪中国文学理论的变迁》一书由"绪论"和十章组成，全书指导思想明确，问题意识突出；从书的章节划分和讨论的问题之归类来看，框架合理，结构谨严，逻辑清晰。因此，可以视为是近年来中国马克思主义文论研究的一部不可多得的力作。我认为，季水河教授的这部新著，对于 20 世纪早期中国马克思主义文学理论初级形态所作的梳理整合与分析评价，以及马克思主义文学思想对于 20 世纪中国文学理论体系建构、20 世纪中国文学理论研究空间拓展所产生的重要影响所进行的研究阐释，在学术的深广度上均有重要的推进。尤其是书中对马克思主义文学理论与 20 世纪中国文学理论中的现实主义、意识形态、民族形式、文学批评等范畴的深层联系等问题的重点关注和深入讨论，更是动态地勾勒出了马克思主义文学理论在当今中国所呈现出的蓬勃发展态势与旺盛生命力，并且密切呼应了新时期文学理论研究和学科话语体系建构所面临的时代主题。书中第八、九、十三章中所提出的一系列问题和建设性意见，具有现实的针对性，对于我们深入思考如何增强新时代马克思主义文论研究的现实维度，强化马克思主义文论研究的反思性和批评性，以及如何来重构新时代马克思主义现实主义文学观，可以带来多方面的启发。当然，作为一部专著，在研究和撰写过程中，不可能不留下一些遗憾之处，在阐理析义方面也可能存在着深浅不一的现象，这些都是难以尽免的，这里恕不一一指出。我相信，该著问世之后，一定能够得到学界的关注，并且能够给当下的文学理论研究带来一缕清风，增添几分春色。

再此为拖延许久才完成这篇不成样子的序之写作而向季水河教授致歉！

2020 年 4 月 22 日草撰于京西北寓所

目　　录

Contents

绪　　论

　　20 世纪的中国文学理论，受到过多种多样外国文学理论的影响。外国的现实主义、浪漫主义、马克思主义、形式主义、结构主义、精神分析、接受美学、批判理论、文化研究……都能在 20 世纪中国文学理论家中找到自己的知音，都能在 20 世纪的中国文学理论中发现自己的印记。然而，就对 20 世纪中国文学理论影响时间之长、影响范围之宽、影响程度之深而言，没有任何一种外国文学理论能与马克思主义文学理论相比。在这个意义上，回顾马克思主义文学理论在中国的传播，研究马克思主义文学理论对 20 世纪中国文学理论的影响，探讨马克思主义文学理论在 20 世纪中国文学理论变迁中的作用，是中国文学理论界无法回避的重大理论课题。

第一节　马克思主义传入以前中国
对西方文化的选择

　　1840 年以前，清朝统治者长期以中国之外的国家为番邦臣属，沉浸于"天朝上国"的美梦之中；中国人普遍称外国人为蛮夷番鬼，有着浓厚的"自我中心"意识。1840 年爆发的鸦片战争，英国的坚船利炮击溃了清王朝"天朝上国"美梦，动摇了中国人"自我中心"意识。从此，中国人开始了"睁眼看世界"，踏上了引进西方文化的历程。从 1840 年到马克思主义传入中国之前，中国人对西方文化的学习与引入，经历了从"物质文化"到"制度文化"再到"精神文化"的选择过程。

一　物质文化：洋务派的选择

鸦片战争失败后，以林则徐、魏源等为代表的一批先进的中国人痛定思痛，认真地探寻这场战争失败的原因。他们的共同认识是中国在这场战争中"技不如人"，发现长期被中国人视为野蛮落后的"外夷"也有中国不具有的"长技"，而这些"长技"正是"外夷"战胜中国的法宝，中国人应该引进这些"长技"以弥补自身的不足，于是，他们提出了"师夷长技以制夷"的开放主张。

20年以后，清朝政府才正式接纳林则徐、魏源等人的主张，开始了"采西学"、"制洋器"等学习西方先进科学技术的洋务运动。洋务运动中的洋务派学习西方文化的目的是"自强"、"求富"，他们对西方文化的选择也偏重于以技术为主体的物质文化。据统计，仅"1872年至1875年，分四期共120人的幼童留美，1877年委派福州船政学堂学徒留欧"。同时，在"甲午海战之前的30年间，创办新式学堂24所，培养了一批外语、兵器制造、驾驶、军事的人才"[1]。

以洋务派为代表的洋务运动，在推动中国物质文化进步的同时，也影响了中国人的思想观念。在物质文化层面，洋务派"兴办近代军事工业、民用工业；创办三支海军，建立海军衙门；建立新式学堂，培养翻译科技人才"。"通过这些措施，中国具备了一支与传统的八旗、绿营、水师迥然不同的新式国防力量，出现了第一批资本主义性质的近代工业企业家、工程技术人员、知识分子和产业工人。"[2] 在思想观念方面，改变了中国人轻器重道的传统观念，促进了对物质文化与精神文化辩证关系的认识。这种改变和认识，在薛福成1876年《代李相伯答彭孝廉书》中体现得较为完整和典型。他说："道之寓器者也……而天复使泰西诸国研精器数以通我中华；于是有农织之机器，有火轮之舟车，有铜铁之枪炮。盖中国所尚者，道为重；而西人所精者，器为多。然道

---

① 张静等：《马克思主义中国化与中国文化现代化》，南开大学出版社2012年版，第42页。

② 同上书，第146页。

之中未尝无器，器之至者，亦通乎道。"这里说明了三个问题："第一，'道之寓器者也'，道之中未尝无器，也就是说道不是孤立的，道存在于器中。学习西方的物质文化，并不仅仅只是器，它也有相对应的道，对学习西学不可能只取其器，而失其道。第二，'器之至者，亦通乎道'。器达到了相当的境界，就变成了道，而晚清西方近代文明就是属于这样的器。第三，'盖中国所尚者，道为重'。器中有道，道中有器，器与道是不分的。中国人之所以强调道，并不是中国的道好，西方的道不好，而是中国人特别看重道罢了。"①

二　制度文化：维新派的选择

洋务派所主持的洋务运动，大力引进西方物质文化，促进了中国物质文明的进步，推动了中国近代民族工业的发展，增强了中国的国防力量，但从根本上说，还没有完全达到强国富民的目的。1894年至1895年的甲午中日战争，以中国的失败告终。中国的失败，同时意味着洋务运动的失败。

应该说，与1840年的鸦片战争相比，1894年至1895年的甲午中日战争，中国的海军装备虽不如日本，但与自身相比，还是有了长足的进步。到19世纪80年代末，北洋舰队已拥有"铁甲船（主力舰）、快船（巡洋舰）、碰船（炮艇）、运船、通讯船、鱼雷艇等二十五艘，已大致配套，至此北洋舰队正式成军"。其武器装备"已经能够在中国海洋遂行战略战役任务"②。如此看来，甲午中日战争中国的失败，就不能完全归结为"技不如人"，除技之外，更多的是社会制度的原因。一是封建王朝腐朽没落。当强敌入侵之时，政府不是忙于备战，而是忙于筹备慈禧六十寿辰；二是不懂军情，盲目指挥。李鸿章"不懂海军作战知识"，"他沿用陆战的消极防御的经验，限制海军主动出击或反击，

---

① 张静等：《马克思主义中国化与中国文化现代化》，南开大学出版社2012年版，第148页。

② 《中国军事史》编写组：《中国军事史》第二卷《兵略》（下），解放军出版社1988年版，第851页。

把机动性强、火力大的海军置于被动挨打的地位"①；三是各自为政，指挥紊乱。在战争期间，没有统一作战方案和部署，不仅陆军海军缺少配合，而且海军内部也不能协同，"最后陆路炮台全失，海军孤立无援，致遭覆没"②。

面对这一社会现状，维新派认为仅仅引进西方先进的物质文化并不能解决中国的现实问题，解决中国问题应走维新变法之路，即从制度上进行深刻的变革，他们提出从引进西方物质文化转向学习西方制度文化，用西方民主共和制度代替中国的封建专制制度。维新变法的核心是在中国实行君主立宪制度，目的是为中国资本主义的发展提供制度保障，措施是废科举、兴学校、鼓民力、开民智，途径是将进化理论应用于社会实践。③ 虽然维新变法运动很快失败了，但其意义却不可低估。首先，在思维方式上超越了洋务派，解放了人们的思想。"戊戌变法的出现不仅是政治变革上的一次超越，而且在思想文化领域也是一次重大的转折。这种努力突破了物质与文化分离的'中体西用'的思维定式，第一次全面提出了学习西方科学技术与民主政治制度的现代化纲领和措施，大大改变了中国传统的价值观念和理论结构。"其次，在现实意义上动摇了封建统治的基础，"加速了旧民主主义革命的进程"。戊戌变法以后，封建统治秩序再也无法保持下去，"从此，中国的传统封建文化统治地位，在'西学'和新学的冲击下，从根本上发生了动摇"，进一步"加速了中国旧民主主义革命的进程"④。

三　精神文化：新文化派的选择

以陈独秀、胡适等激进民主主义者为代表的新文化派意识到，洋务运动的失败，说明仅选择西方的物质文化无法解决中国的现实问题；维

---

① 《中国军事史》编写组编：《中国军事史》第二卷《兵略》（下），解放军出版社 1988年版，第 889 页。

② 同上书，第 888—889 页。

③ 张静等：《马克思主义中国化与中国文化现代化》，南开大学出版社 2012 年版，第 151—152 页。

④ 同上书，第 152—153 页。

新运动的流产，说明维新变法的改良主义在中国根本行不通；辛亥革命的失败，说明封建文化已深入到中国国民的骨髓。他们认为，中国社会的问题，在深层次上是中国人的问题。救国以救人为先，救人以启蒙为主。而救人的最佳方式就是选择以"科学"和"民主"精神为代表的西方精神文化来对中国人进行启蒙，以达到改造中国人的国民性之目的。

"五四"时期，各种西方学术文化思想源源不断地涌入中国。概括起来，新文化派所选择的西方学术文化可以分为以下几种类型：一是民主与科学思想，包括自然科学领域的新成果和西方近现代的文化思想，其核心价值是理性精神。二是互助论与无政府主义，包括克鲁泡特金、巴枯宁的一些代表性作品，其核心思想是互助合作比竞争分裂更重要。三是进化论与优生说，代表作有达尔文的相关作品和高尔顿的《遗传与天赋》，在强调物竞天择、适者生存的同时又突出天才来自遗传。四是实用主义与自由主义，主要介绍杜威的一些学术观点与代表性作品，其核心是强调个体的自由独立与对自己行为的担当。五是马克思主义，其传播方式是一些民主主义者在他们的著述中零星提及和简单介绍马克思主义者的生平和思想，如梁启超的《进化论革命者颉德之学说》，就称马克思（文中为"麦喀士"）是"社会主义之泰斗也"，认为马克思所说的"今日社会之弊，在多数之弱者为少数之强者所压服"是德国占优势的思想。孙中山《在上海中国社会党的演说》中称赞马克思的"资本公有，其学说得社会主义之真髓"[1]。除此之外，西方形形色色的文学思想也被引入中国。"从亚里士多德到别林斯基，从现实主义到现代主义，从古希腊先哲到现代苏俄泰斗，从西欧、东欧到日本、拉美，一时间，世界200年来所兴起的各种思潮，'都在中国很匆促而又很杂乱地出现过'。"[2]

---

[1] 田子渝等：《马克思主义在中国初期传播史》（1918—1922），学习出版社2012年版，第2页。

[2] 黄曼君主编：《中国近百年文学理论批评史》（1895—1990），河北教育出版社1997年版，第207页。

新文化派所选择的以"科学"、"民主"为代表的西方精神文化，从根本上冲击了以儒家文化为代表的中国传统文化根基，促进了中国人思想观念的解放和个性意识觉醒，也为马克思主义在中国的传播提供了思想基础，创造了现实条件。"马克思主义在中国的传播，部分是西方思想在五四时代占统治地位以及儒学衰落的结果。"①

第二节　马克思主义文学理论在中国传播的历史审视

20 世纪是马克思主义文学理论在中国传播的一个世纪。在这一个世纪里，西方传教士、中国海外留学生、中国民主主义革命者、马克思主义理论家、马克思主义翻译家等不同阶层的知识群体，为传播马克思主义和马克思主义文学理论贡献了自己的智慧和力量，促进了马克思主义和马克思主义文学理论在中国的扩散与发展。

一　马克思主义文学理论在中国的传播过程

根据不同时期的社会背景、传播规模、呈现特点，马克思主义文学理论在中国的传播可以分为五个阶段。

1899—1916 年：自发传播期

"马克思主义文艺理论在中国的传播与接受，几乎与马克思主义学说在中国的传播与接受同步。"② 马克思主义何时传入中国，学术界存在着争议。有人认为，马克思主义于 1898 年传入中国，其依据是 1898 年胡贻谷翻译的《泰西民法志》在上海广学会出版，该著作提到了马克思的名字。但有的学者提出了不同意见，指出《泰西民法志》1910 年才由上海商务印书馆代印发行。有人认为，马克思主义于 1899 年传

① ［美］石约翰：《中国革命的历史透视》，王国良译，中国人民大学出版社 2011 年版，第 161 页。
② 季水河：《四顾与前瞻：论新中国马克思主义文艺理论研究及其未来走向》，中国社会科学出版社 2009 年版，第 1 页。

入中国，其标志是英国在华传教士李提摩太节译《大同学》于 1899 年出版，其中称赞马克思为"百工领袖"，其资本学说为"政学家至今终无以难之"。① 马克思主义文学思想何时传入中国并为中国人所了解，学术界的看法比较一致：1903 年。1903 年，上海广智书局出版的赵必振翻译的日本学者福井准造著《近世社会主义》，其中"加陆马陆科斯"一章在介绍马克思的生平与学说时，涉及了马克思、恩格斯关于文艺阶级性、文艺倾向性的观点。1903 年，马君武发表《社会主义与进化论之比较》一文，介绍了马克思主义唯物论学说。1906 年，朱执信发表《德意志社会革命家小传》，介绍了马克思、恩格斯的生平及《共产党宣言》的主要观点。1907 年，无政府主义者刘师培、何震等人在日本东京创办了《天义报》，李石曾、吴稚晖等人在法国巴黎创办了《新世纪》周刊。这些报刊，在宣传无政府主义的同时也宣传了马克思主义。这些无政府主义者们，翻译和发表了《共产党宣言》《家庭、私有财产和国家的起源》两书的部分章节，《理想社会主义与实行社会主义》（今译《社会主义从空想到科学的发展》）全文等马克思主义创始人的著作。这些著作有的也涉及文艺问题，如《共产党宣言》中就论及了"世界文学"命题。

自发传播期的马克思主义和马克思主义文学理论"传播交织在一起，这种交织主要体现在以马克思主义唯物论为基础，在哲学的意义上对文艺的性质做出明确的规定，阐明了文学的上层建筑性质，提出了'精神现象是物质的反映'的观点，指出文学与生活之间的反映与被反映的关系"②。具体而言有以下四个明显的特点。首先，这一时期对马克思主义和马克思主义文学理论的理解"五花八门"，"误解比比皆是"；宣传表面肤浅，片面性强；译介断简残篇，"不成系统"。其次，这一时期对马克思主义和马克思主义文学理论的态度仅是将其作为西方现代学术思潮和学术流派中的一种。"仅仅是介绍马克思主义，并非信

---

① 田子渝等：《马克思主义在中国初期传播史》（1918—1922），学习出版社 2012 年版，第 1—2 页。

② 潘天强主编：《新编马克思主义文艺学》，复旦大学出版社 2005 年版，第 179 页。

仰,更不打算付诸实践。"再次,这一时期马克思主义和马克思主义文学理论的译者多在国外,影响也在国外,对国内影响较小,甚至"微乎其微"。最后,这一时期对马克思主义和马克思主义文学理论的解说比较含混模糊,所谈的马克思主义常常夹杂着无政府主义,所论的社会主义"实际上是各种社会主义思潮、资本主义思潮与封建主义的混合体"①。

1917—1929 年:自觉传播期

"1917 年十月的俄国社会主义革命以及中国 1919 年的五四新文化运动,为马克思主义以及马克思主义的艺术理论在中国的广泛传播提供了一个极其重要,极为难得的历史契机。"② 从此,中国马克思主义及马克思主义文学理论的传播进入了自觉时期。

这一时期,在马克思主义传播方面,其理论体系的重要组成部分——唯物史观、剩余价值理论、科学社会主义等都得到了传播,马克思主义的经典著作及相关的重要研究文献批量出版。如马克思恩格斯的《共产党宣言》(陈望道译,上海社会主义研究社,1920),恩格斯的《科学的社会主义》(郑次川译,上海群益书社,1920),马克思的《〈资本论〉第一卷第一版序言》(李漱石译,人民出版社,1922)、马克思的《价值价格与利润》(李季译,上海商务印书馆,1922),马克思恩格斯的《民主革命与工人》(葵译,北京《政治生活》第 14 期,1924),马克思的《马克思的中国民族革命观》(猎夫〔李大钊〕译,北京《政治生活》第 76 期,1926)、马克思的《〈哲学底贫困〉底拔萃》(李铁声译,上海《思想》月刊,1928),恩格斯的《家庭私有财产及国家之起源》(李膺扬译,上海新生命书局,1929)、恩格斯的《费尔巴哈论》(彭嘉生译,上海南强书局,1929),列宁的《民族自决》(震瀛译,上海《新青年》第 8 卷第 3 期,1920)、《过渡时代之经

---

① 田子渝等:《马克思主义在中国初期传播史》(1918—1922),学习出版社 2012 年版,第 3—4 页。
② 宋建林、陈飞龙主编:《马克思主义艺术理论发展史》,生活·读书·新知三联书店 2011 年版,第 8 页。

济》（WRK 译，北京《曙光》第 2 卷第 1 期，1920）、《国家与革命》（P 生［沈雁冰］译，上海《共产党》第 1 卷第 4 期，1921）、《马克思主义与暴动》（超麟译，上海《向导》第 90 期，1924）、《革命后的中国》（仲武译，广州《新青年》第 4 期，1924）、《布尔什维克应夺取政权》（李春蕃译，《人民周刊》第 30 期，1926）、《工农革命民权独裁》（超麟译，《布尔什维克》第 2 卷第 3 期，1929）、《哲学的唯物论》（高准钧译，上海沪滨书局，1929），马尔西的《马格斯资本论入门》（李汉俊译，《社会主义研究》，1920），考茨基的《马克思经济学说》（陈溥贤译，商务印书馆，1920）、《阶级斗争》（恽代英译，新青年社，1921）、《人生哲学与唯物史观》（郭梦良等译，商务印书馆，1922），克卡扑的《社会主义史》（上、下）（李季译，新青年社，1920），郭泰的《唯物史观解说》（李达译，中华书局，1921）等著作都在这一时期出版了中文译本。在马克思主义文学理论传播方面，马克思主义经典作家的文艺论著及相关重要文献陆续出版。如马克思的《〈政治经济学批判〉序言》（范寿康译，上海《东方杂志》第 18 卷第 1 号，1921）、恩格斯的《在马克思墓前的演说辞》（厉译，《出路》第 1 期，1928年）、恩格斯的《致瓦·博尔吉乌斯》（常乃廪译，北京《国民》第 2卷第 3 号，1920）、列宁的《托尔斯泰与当代工人运动》（超麟译，上海《民国日报》副刊《觉悟》，1925）等都有了比较完整的中译本。同时，还翻译出版了日本马克思主义文学理论批评家河上肇、藏原惟人、清野季吉、片上申、冈泽秀虎、上田进、平林初之辅、山田清三郎等人的马克思主义文学论著。而且，这一时期的许多马克思主义文学批评家，如陈独秀、李大钊、邓中夏、恽代英、萧楚女、瞿秋白、蒋光慈等人，他们"都懂外语，可以直接从日文、英文或俄文阅读马克思主义的文艺论著，不一定需要阅读译文"①。他们在自己的文学批评论著中引用马克思主义文学观点，传播了马克思主义文学思想。

① 刘勇、杨志、李春雨等：《马克思主义与二十世纪中国文学》，百花洲文艺出版社 2006 年版，第 12 页。

自觉传播时期的马克思主义和马克思主义文学理论传播，呈现出与自发时期明显不同的特点。首先，这一时期对马克思主义和马克思主义文学理论的传播相对系统和完整。从系统性方面看，既有哲学唯物史观方面的著作，又有经济学剩余价值理论方面的著作，还有科学社会主义方面的著作。马克思主义文学理论方面的著作虽不够多，但却涉及了马克思主义文学理论中的诸多问题，如经济基础与上层建筑的关系，文学的意识形态属性，物质生产与艺术生产发展的相互作用，文学表现生活的深度与广度等。从完整性方面看，这一时期所译介的马克思主义和马克思主义文艺论著，全译本相对较多，即使是节译本，也具有相对的完整性。其次，这一时期马克思主义和马克思主义文学理论的传播者，大都把马克思主义和马克思主义文学理论看成一种先进的思想理论，在许多方面都优于或高于西方其他学术思想和学术流派。再次，这一时期马克思主义和马克思主义文学理论的传播具有比较明确的目的性，传播者们译介马克思主义著作的目的在于解决中国问题，促进中国社会的变革与发展。

1930—1948 年：系统传播期

"中国左翼作家联盟"（简称"左联"）于 1930 年 3 月 2 日在上海成立。左联一成立，就把"确立马克思主义的艺术理论和批评理论"作为自己的主要工作方针之一（《左翼作家联盟的成立》，《拓荒者》第 1 卷第 3 期，1930 年 3 月 10 日），马上成立了"马克思主义文艺理论研究会"，"由之前间接地翻译日本作家论述苏俄马克思主义文艺理论转为系统、规模、深入地翻译马克思主义经典原著"[①]。

这一时期，马克思主义和马克思主义文学理论的传播都走向了系统化。在马克思主义经典著作传播方面，对前一时期翻译出版过的马克思主义经典著作进行了重译，不少著作出现了多种译本。同时，还新译和出版了马克思、恩格斯、列宁、斯大林的重要著作。如马克思的《资

[①] 刘勇、杨志、李春雨等：《马克思主义与二十世纪中国文学》，百花洲文艺出版社 2006 年版，第 141 页。

本论》第 1 分册（陈启修译，上海昆仑书店，1933）、《资本论》第 2、3 分册（潘冬舟译，北京东亚书局，1933）、《政治经济学批判》（郭沫若译，上海神舟国光社，1931）、《中国革命与欧洲革命》（中央苏区《斗争》第 68 期，1934）、《德意志意识形态》（郭沫若译，上海言行出版社，1938）；恩格斯的《国民经济学批判大纲》（何思敬译，广州中山大学《社会科学论丛》第 3、4 卷，1931）、《自然辩证法》（杜畏之译，上海神州国光社，1932）、《反杜林论》（吴黎平译，上海江南书店，1930）、《德国农民战争》（钱亦石译，上海生活书店，1938）；列宁的《共产主义青年团的基本任务》（密茨译，上海中华书店，1933）、《什么是马克思主义》（唯真译，延安解放社，1938）、《社会主义与战争》（杨松等译，延安解放社，1940）、《社会民主党在民主革命中的两个策略》（曹葆华译，晋察冀新华书店，1947）；斯大林的《列宁主义问题》（中共苏区中央局，1934）、《马克思主义与民族问题》（延安解放社，1939）、《辩证唯物主义与历史唯物主义》（华中新华书店，1948）；等等。据不完全统计，这一时期翻译出版的马克思主义著作近 200 部（篇）。同期翻译出版的马克思主义文学理论著作较之上一时期是个巨大的飞跃，代表性的马克思主义文学理论著作有：马克思的《艺术作品之真实性》（郭沫若译，日本东京质文社，1936）、《马恩科学的文学论》（欧阳凡海译，桂林读书生活出版社，1939；适夷译，上海读书出版社，1940）；恩格斯的《致敏·考茨基的信》（胡风译，上海《译文》第 1 卷第 4 期，1934）、《恩格斯论巴尔扎克》（瞿秋白译，上海三联书店，1936）、《恩格斯论易卜生的信》（瞿秋白译，上海三联书店，1936）、《恩格斯给布洛赫的信》（重庆《群众》第 6 卷第 3、4 期，1941）、《恩格斯等论文学》（赵季芳编译，上海亚东图书馆，1937）；恩格斯等的《艺术论》（陈北欧译，日本东京质文社，1936）、《马克思恩格斯列宁论艺术》（曹葆华、天兰译，延安鲁迅艺术学院，1940）；列宁的《托尔斯泰——俄罗斯革命的一面镜子》（何畏译，上海《动力》第 1 卷第 3 期，1930）、《伊理基论文学》（陈望道译，大江书铺，1930）、《托尔斯泰论》（克己、何畏译，上海思潮出版社，

1934)、《列宁论文学艺术与作家》（戈宝权辑译，重庆《文艺阵地》第 6 卷第 1 期，1941）、《党的组织和党的文学》（P. K 译，延安《解放日报》1942 年 5 月 14 日）、《列宁论托尔斯泰及其时代》（梁纯夫译，重庆《中苏文化》第 11 卷第 3、4 期合刊，1942）、《列宁论文化与艺术》（上）（萧三编译，读者出版社，1943）、《列宁论高尔基》（戈宝权译，重庆《群众》第 9 卷第 12 期，1944）；等等。可以说，马克思主义经典作家重要的文艺论著几乎都译成了中文。并且，由于这段时期翻译重点由日本转向苏俄，苏俄一些重要马克思主义文艺理论家如普列汉诺夫、卢那察尔斯基等人的文艺论著也译成了中文出版。

系统传播期的马克思主义和马克思主义文学理论的翻译传播，最鲜明的特点表现在三个方面。首先，具有很强的系统性，从横向看，包括了马克思主义和马克思主义文学理论各个方面的著作；从纵向看，包括了马克思主义和马克思主义文学理论各个发展时期的著作。其次，具有很强的经典性，所译的马克思主义和马克思主义文学理论著作，都是经典作家的作品，译者也大多是既懂外语又从事马克思主义研究和文学批评的专家。再次，具有很强的针对性。所译的马克思主义和马克思文学理论著作，都运用到了中国的社会实践和文学实践中，并在实践中发挥了积极的作用。

1949—1978 年：整体传播期

1949 年中华人民共和国的成立，为马克思主义和马克思主义文学理论的翻译传播带来了前所未有的机遇，马克思主义被明确宣布为指导中国共产党的理论基础和中华人民共和国的国家意识形态，从而在整体上推动了马克思主义与马克思主义文学理论的翻译传播。

这一时期，马克思主义翻译传播有两大标志性事件：一是成立了马克思主义翻译传播的官方机构——中共中央马克思恩格斯列宁斯大林著作编译局和《毛泽东选集》出版委员会，负责编译、审校工作，并从全国抽掉相关专家学者参与这一工作。二是马克思主义领袖人物的著作得到了整体传播，翻译出版了《马克思恩格斯全集》前 39 卷（1985 年出齐《马克思恩格斯全集》共 50 卷），《列宁全集》共 39 卷，《斯大林全集》共 13 卷，《马克思恩格斯选集》共 4 卷，《列宁选集》共 4 卷，《斯大林文选》上、下卷，《毛泽东选集》共 4 卷。这些著作的"出版速度之快，发行数量之大，都是超乎寻常的"①。同时，作为专家学者个人的翻译传播活动也同样热情不减，这一时期共出版了个人所译的马克思主义著作约 450 部（篇）。在马克思主义文学理论的翻译传播方面，也有一批重要著作出版。主要有：《马克思恩格斯论文学与艺术》（［法］弗莱维勒编，王道乾译，平明出版社，1951）、马克思《文学与艺术——马克思恩格斯原著选集》（［美］美国纽约国际出版社，刘慧义译，五十年代出版社，1953）、《马克思恩格斯论浪漫主义》（［苏］里夫希茨编，曹葆华、程代熙译，人民文学出版社，1958）、《马克思恩格斯论艺术与共产主义》（［苏］里夫希茨编，曹葆华、程代熙译，人民文学出版社，1958—1962）、《马克思恩格斯论文学》（［苏］格·索洛维耶夫编，曹葆华译，人民文学出版社，1962）、《马克思恩格斯列宁斯大林论文艺》（中共中央马克思恩格斯列宁斯大林著作编译局编，人民文学出版社，1964）、《马克思恩格斯论艺术》（4 卷本，曹葆华译，人民文学出版社，1960）、马克思《政治经济学批判之导论》（郭大力译，《新建设》10、11 月号，1952）、《列宁论作家》（吕荧辑译，上海新文艺出版社，1952）、《列宁论文学与艺术》（人民文学出版社，1960），等等。

　　整体传播期的马克思主义与马克思主义文学理论的翻译传播，主要有三个特征。首先，综合性强。不管是马克思主义著作还是马克思主义文学理论著作，全集、选集、多人合集增多，呈现出明显的综合化优势。其次，规模宏大。《马克思恩格斯全集》《列宁全集》均多达 39 卷，上千万字，其规模之大，在过去的马克思主义著作翻译传播史上是不曾有过的。四卷本的《马克思恩格斯论艺术》，上百万字，在马克思主义文学理论著作翻译传播史上也是空前的。再次，目的明确。当时，

---

　　① 季水河：《回顾与前瞻：论新中国马克思主义文艺理论研究及其未来走向》，中国社会科学出版社 2009 年版，第 23 页。

之所以将马克思主义著作的翻译传播作为全党的一项重要工作和国家行动，是有着鲜明目的性的，主要是为配合 20 世纪 50 年代初期开始的知识分子改造运动，为这场旷日持久的知识分子改造运动提供理论武器。

1978—2013 年：开放传播期

1978 年，党的十一届三中全会确立了改革开放的方针。改革开放，在经济建设方面表现为引进外国资金、先进技术和管理经验来加速中国的现代化建设；在文化建设方面表现为吸收外国先进文化、思想观念和文学艺术来发展中国的文化艺术事业。在改革开放方针的指导下，中国的马克思主义和马克思主义文学理论翻译传播，呈现了空前活跃的态势。

这一时期，在马克思主义和马克思主义文学理论翻译传播方面，如果用一个字来概括，那就是"新"。关于马克思主义，一是新编、新译了马克思主义经典作家的著作，如《马克思恩格斯全集》第二版。"《全集》第二版是根据中国共产党中央委员会的决定，由中共中央马克思恩格斯列宁斯大林著作编译局编译的。""第二版以第一版为基础，并依据《马克思恩格斯全集》历史考证版第二版和德文版重新进行编辑和译校。全集收入了第一版未收的一些著作，删除了第一版误收的、不是出自马克思和恩格斯手笔的材料。全部著作除个别语种外，均按原文译校。"其目的是"编译一套内容全、编译质量高、可供长期使用的新版本"①。《马克思恩格斯选集》第二版是中共中央马克思恩格斯列宁斯大林编译局"为了适应我国建设有中国特色的社会主义的伟大事业的需要，帮助读者全面、准确地掌握马克思主义，更好地运用马克思主义的立场、观点和方法来指导改革和建设的实践"，向读者提供一部"内容更充实、译文更准确的选集新版本"②。《列宁选集》第 2 版（人民出版社，1995）、《马克思恩格斯文集》（人民出版社，2009）、《列宁专题文集》（人民出版社，2009）。二是出版了 20 世纪东西方各马克思主义学派的译著。如《国外马克思主义和社会主义研究丛书》（徐崇温主编，重庆出版社，

---

① 《马克思恩格斯全集》第 1 卷"编辑说明"，人民出版社 1995 年版。
② 《马克思恩格斯选集》第 1 卷"编者的话"，人民出版社 1995 年版。

1989—1993）、《马克思主义研究译丛》（杨金海主编，中国人民大学出版社，2002—2012）、《当代英美马克思主义研究丛书》（段忠桥主编，高等教育出版社，2006）、《国外马克思主义学译丛》（鲁克俭主编，北京师范大学出版社，2009）、《马克思与当代世界》（魏小萍主编，东方出版社，2010）、《当代国外马克思研究文库》（陆象淦主编，社会科学文献出版社，2011）、《21世纪国外马克思主义研究译丛》（孙文亮等主编，江苏人民出版社，2011）、《东欧新马克思主义译丛》（衣俊卿主编，黑龙江大学出版社，2011）、《日本马克思主义译丛》（韩立新主编，北京师范大学出版社，2011）。这些国外马克思主义丛书，包括国外马克思主义学者的著作共上百部。关于马克思主义文学理论，一是新编新译了马克思主义经典作家的文学理论集。如《马克思恩格斯论艺术》（中国社会科学出版社，1980）、《马克思恩格斯论文学与艺术》（陆梅林辑注，人民文学出版社，1982）、《马克思恩格斯列宁斯大林论文艺与美学》（杨柄编，文化艺术出版社，1982）、《马克思恩格斯列宁斯大林论文艺批评》、（杨铿编，文化艺术出版社，1983）、《马克思恩格斯论美学》（董学文编，文化艺术出版社，1983）、《列宁论文学与艺术》（中国社会科学院文学研究所文艺理论研究室编，人民文学出版社，1983）、《马克思恩格斯列宁斯大林论文艺》（中国作家协会、中央编译局编，作家出版社，2010）等。二是翻译出版了大量20世纪西方马克思主义美学家、文学批评家的文学理论著作。如《审美特性》（卢卡奇著，徐恒醇译，中国社会科学出版社，1981）、《卢卡奇文学论集》（中国社会科学院外国文学研究所外国文学研究资料丛刊编辑委员会编，中国社会科学出版社，1980）、《美学理论》（［德］阿多诺著，王柯平等译，四川人民出版社，1998）、《马克思主义与艺术》（［美］梅·所罗门编，杜章智译，文化艺术出版社，1989）、《马克思主义与文学批评》（［英］特里·伊格尔顿著，文保译，人民文学出版社，1988）、《语言的牢笼——马克思主义与形式》（［美］弗里德里克·詹姆逊著，钱佼汝、李自修译，百花洲文艺出版社，1997）、《经验与贫乏》（［德］本雅明著，王炳钧、杨劲译，百花洲文艺出版社，1999）、《当代马克思主义文学批评》（［英］弗朗西斯·马尔赫恩编，刘象愚等译，北京大学出版社，2002）等，除此之外，还有《西方马克思主义美学文选》（陆梅林选编，漓江出版社，1988）等各种马克思主义文学理论选集。可以说，西方马克思主义、新马克思主义、后马克思主义的文学理论与美学著作，是这一时期翻译传播的热点。

　　开放传播期的马克思主义和马克思主义文学理论的翻译传播，其主要特点有三个。首先，具有开放性。不管是东方还是西方，只要是马克思主义和马克思主义文学理论著作，都在翻译传播者的视域之内，都可以加以翻译出版。其次，具有包容性，只要是马克思主义和马克思主义文学理论著作，不管是东方马克思主义，还是西方马克思主义，抑或新马克思主义，后马克思主义，都在翻译传播者的选择之中，也都进行了翻译传播。再次，具有新颖性。这一时期所翻译传播的马克思主义经典作家的著作，很多作品都是首次翻译或首次全译，或重新翻译，都具有某种程度或某些方面的创新；这一时期所翻译传播的20世纪马克思主义和马克思主义文学理论著作，大多数都是第一次译成中文出版，特别是很多著作刚在国外出版，随后很快就被译成中文出版，表现出很强的时代性和时效性。

二　马克思主义文学理论在中国的接受基础

　　20世纪，外国的各种学术思想和文学理论，都在中国进行了翻译传播，也都对中国社会和中国文学理论界产生过影响。但不容置疑的是，马克思主义对中国社会的影响最大，马克思主义文学理论对中国文学的影响最深。对20世纪的中国来说："各种西方思想都发生了作用。但产生最重要影响的西方思想是马克思主义，马克思主义不仅使儒学，也使其他传统思想黯然失色，成为指导中国继续变革的主流意识形态。"① 这是因为，马克思主义和马克思主义文学理论在中国的接受基础最好。

马克思主义文学理论与中国文化精神的契合性

　　马克思主义文学理论之所以能对中国文学产生巨大的影响，其重要

---

① ［美］石约翰：《中国革命的历史透视》，王国良译，中国人民大学出版社2011年版，第151页。

原因之一，是它与中国文化精神具有内在契合性。马克思主义强调的哲学重在"改变世界"的思想与中国强调的"知行合一"具有接近性；马克思主义所憧憬的"各尽所能，按需分配"的共产主义理想与中国人向往的"天下一家，同耕同食"的大同社会具有相似性；马克思主义强调的"只有解放全人类，才能最后解放无产阶级自己"的"先人后己"思想与中国士大夫强调的"先天下之忧而忧，后天下之乐而乐"的"先忧后乐"思想相接近。"马克思主义文艺理论，作为马克思主义学说的一个重要组成部分，体现了马克思主义的基本精神。马克思主义文艺理论，密切关注现实世界、现实生活，以及人对现实的审美关系；十分重视人民在历史活动中的地位，要求文艺坚持人民性方向；特别强调共产主义的理想和人的解放，突出文艺的理想性。而中国的传统文化精神，特别是儒家文化精神，也具有关注现实，体现民本，追求大同的价值取向。可以说，马克思主义文艺理论所体现的基本精神"①，与中国文化精神是相契合的。这种契合性，成为了中国接受马克思主义文学理论的文化基础。回顾 20 世纪的中国，形式主义、结构主义、精神分析、接受美学等形形色色的文学理论，也都在中国登场，有的还成为一时的时尚，但它们都难以和马克思主义文学理论匹敌，都不能对整个中国文学理论界产生深刻而长远的影响，其重要原因之一，是它们与中国文化精神相距太远，异质性太强，契合性太弱，因此，难以实现二者的相融，更难在中国生根并开花结果。当然，这种相契合性又并非完全的同质性，如果二者完全相同，中国就没有必要引进马克思主义文学理论。马克思主义文学理论与中国文化精神是似而不同，二者"毕竟产生于西方和中国两大不同的文化土壤，产生于现代和古代不同的时代背景中，相比较而言，马克思主义文艺理论比中国儒家传统文化更先进，更富于现代性"。②

马克思主义文学理论与中国民族主义的关联性

　　马克思主义文学理论之所以能被中国接受，就在于它同中国近代以

---

① 季水河：《回顾与前瞻：论新中国马克思主义文艺理论研究及其未来走向》，中国社会科学出版社 2009 年版，第 5 页。

② 同上书，第 6 页。

来要求民族独立与民族解放的民族主义思潮相关联。中国自 1840 年鸦片战争失败以来，一批先进的知识分子和革命者都在认真探索中华民族独立自强的救世良方。中国近 100 多年以来对西方文化的选择，虽然经历了"物质文化"—"制度文化"—"精神文化"等不同阶段，体现了不同的侧重点，但其目标却具有一致性，都是努力摆脱西方列强的欺凌和压迫，实现中华民族的独立和自强。"五四"运动的一个重要内容即反对帝国主义，所谓反对帝国主义无非就是反对帝国主义对中华民族的压迫。而马克思主义者对民族压迫的批判，对弱小民族的同情，对民族独立解放的展望，正好与中华民族近代以来，特别是"五四"运动反对西方殖民统治，争取民族平等和民族独立的民族主义思潮相关联，为其提供了理论支持。"马克思列宁主义在中国发生影响的进一步原因，是它完全适合五四时代强烈的民族主义。"[1] 马克思主义认为，民族独立是民族发展进步的前提条件，对世界各民族而言，"排除民族压迫是一切健康和自由发展的基本条件"[2]。他们对爱尔兰、波兰的民族解放运动给了关心和支持，并认为欧洲无产阶级应该援助爱尔兰和波兰的民族解放运动。马克思主义文学理论，作为马克思主义的一个组成部分，对文学的民族性问题，对文学在民族独立解放中的地位和作用，也都予以了关注和重视。马克思主义认为，任何民族都有自己的优点，任何民族的文学都有自己的特点，任何民族的文学也在自己的独立解放中承担着重要的任务。马克思主义创始人强调："古往今来每个民族都在某些方面优越于其他民族。"[3] 因此，每个民族的文学都是自己民族生活和历史的反映，带有其民族特性，也都在自己的民族独立中发挥着一定的作用。如爱尔兰的文学就歌颂了"为独立而战的爱尔兰首领们的功勋"，"给自己被奴役的但是没有被征服的爱尔兰人民留下的最宝

---

① [美] 石约翰：《中国革命的历史透视》，王国良译，中国人民大学出版社 2011 年版，第 164 页。

② 中国社会科学院民族研究所编：《马克思恩格斯论民族问题》（下册），民族出版社 1987 年版，第 564 页。

③ 《马克思恩格斯全集》第 2 卷，人民出版社 1957 年版，第 194 页。

贵的遗产"。① 马克思主义的民族独立平等思想，与中国近代以来，特别是"五四"时期中国人关于民族独立自强的追求具有一致性；马克思主义的民族文学观念，与中国近代以来，特别是"五四"时期中国关于文学使命的思想具有关联性。这些，就为马克思主义文学理论在中国的传播与接受提供了心理基础。

马克思主义文学理论与中国现实需要的一致性

中国近代以来，社会最迫切的现实需要是民族独立、国家富强、人民觉醒；中国最迫切的理论需要是寻求一种能够实现民族独立、国家富强、人民觉醒的思想。从1840年鸦片战争失败开始，中国的先进知识分子就开始了这种思想的寻找之旅。他们先后从西方引入改良变法的共和思想，科学民主的启蒙思想，但都没有满足这一最迫切的需要。直到俄国"十月革命"胜利后，中国的先进知识分子才真正找到了并确信能指导中国实现民族独立、国家富强、人民觉醒的先进思想：马克思主义。"唯有马克思主义可以满足这样的需要，俄国十月革命的成功实践不容置疑地证明了这一点。于是那些最富于社会责任感和历史使命感的知识分子自然而然地选择了马克思主义。"② 马克思主义既是一种实现民族独立平等的理论，又是一种社会革命理论，更是一种人的解放理论。它在对旧世界的批判中发现了新世界，在对旧时代的否定中预见了新时代，并为迈向新世界和新时代指明了方向，描绘了蓝图，提供了方案。马克思主义文学理论作为马克思主义的重要组成部分，同样具备了马克思主义的这一品格。"以其鲜明的现实性，强烈的革命性，极大的未来指向性介入到中国现实社会中，与中国社会生活的联系越来越紧密，对中国文化的指导作用也越来越明显，其生命力越来越旺盛。"③ 正是马克思主义和马克思主义文学理论与中国现实需要的一致性，才使

---

① 《马克思恩格斯全集》第16卷，人民出版社1964年版，第574—575页。
② 童庆炳主编：《20世纪中国马克思文艺理论研究》，北京大学出版社2012年版，第31页。
③ 季水河：《回顾与前瞻：论新中国马克思主义文艺理论研究及其未来走向》，中国社会科学出版社2009年版，第6页。

它在中国传得进、立得稳、发展得好。而那些与中国现实需要不一致或一致性不强的学术思想与文学理论，即使被译介到了中国，也会因水土不服而难以立足，更谈不上发展。

三　马克思主义文学理论在中国传播中的主要问题

马克思主义文学理论在中国翻译传播已有百余年的历史了，百余年来，马克思主义文学理论在中国的影响由弱到强，在与中国古代文学理论、西方其他流派文学理论的竞争中迅速崛起并成为中国文学理论的主流，其成就十分突出。但认真审视，马克思主义文学理论在中国的翻译传播中也存在明显的问题，甚至给 20 世纪中国文学理论的发展带来过重要的负面影响。

传播主体的多样性

20 世纪中国的马克思主义和马克思主义文学理论的翻译传播主体，其构成成分多样复杂，大致可以分为四种类型。

一是无政府主义者。20 世纪早期，无政府主义在中国很盛行，影响很大，信奉者众多。其中著名的代表人物有黄凌霜、刘师复、刘师培、何震、李石曾、吴稚晖、张静江等人。甚至毛泽东青年时代也崇尚过无政府主义，研究过无政府主义。1918 年 10 月，毛泽东"同北大学生朱谦之讨论无政府主义和它在中国的前景"[①]。1919 年 7 月，毛泽东在《湘江评论》第 2 号上发表的《民众的大联合》中评论过俄国无政府主义的代表人物克鲁泡特金的"联合地球做一国，联合人类做一家"的和乐亲善思想[②]，并对其无政府主义表达了崇尚之情。中国的无政府主义者在"宣传无政府主义时也宣传马克思主义"、"他们宣传马克思主义的亮点主要在翻译方面，多次翻译《共产党宣言》部分章节，翻译了《家庭、私有财产和国家的起源》部分章节"，由无政府主义者李

---

① 中共中央文献研究室编：《毛泽东年谱》（修订本 1893—1949 上卷），中央文献出版社 2013 年版，第 38 页。

② 中共中央文献研究室、中共湖南省委《毛泽东早期文稿》编辑组编：《毛泽东早期文稿》（1912 年 6 月至 1920 年 11 月），湖南人民出版社 2008 年版，第 314 页。

石曾、吴稚晖创办的《新世界》周刊，于 1912 年"刊登恩格斯的《理想社会主义与实行社会主义》（今译《社会主义从空想到科学的发展》），是该文的第一个中文本。《社会主义大家马尔克之学说》是我国第一篇比较详细介绍社会主义理论的文章"①。在一些无政府主义者翻译的马克思主义著作和他们主持的刊物发表的马克思主义文章中，也有的涉及了马克思主义文学观念或文学问题。

二是中国国民党人。在较长一段时期内，中国国民党人中有很大一批人热衷于宣传马克思主义，他们或在自己主编的刊物上发表马克思主义研究文章和马克思主义著作，或自己亲自撰写介绍马克思主义的文章和翻译马克思主义著作，为马克思主义在中国的翻译传播作出了较大贡献。他们中的代表人物有朱执信、胡汉民、冯自由、邵力子、戴季陶等人。朱执信，曾被有的学者称之为中国传播马克思主义第一人，他在中国较早著文介绍马克思的生平与学说，并亲自翻译了《共产党宣言》和《资本论》，由于他在中国传播马克思主义的贡献，曾得到毛泽东的肯定："梁启超、朱执信，也曾提过一下马克思主义"，"朱执信是国民党员，这样看来，讲马克思主义倒还是国民党在先"。② 胡汉民是国民党的重要理论家之一，曾担任国民党重要理论刊物《建设》杂志的总编辑，但同时也是马克思主义的重要传播者和研究者。他是最早在中国介绍唯物主义的学者之一。他于 1919 年发表的《唯物史观批评之批评》，介绍了"唯物史观的基本观点与重要意义，对非难攻击唯物史观的观点进行驳斥，并试图用唯物史观作为基本方法，对中国的历史与现实问题进行分析"。他"对于唯物史观的研究与宣传，在当时独树一帜"③。戴季陶，虽然后来成为"国民党中反马克思主义最力者"，但他"对传播马克思主义的贡献是显著

---

① 田子渝等：《马克思主义在中国初期传播史》（1918—1922），学习出版社 2012 年版，第 3 页。

② 《毛泽东文集》第 3 卷，人民出版社 1996 年版，第 290 页。

③ 陈红民、方勇编：《中国近代思想家文库〈胡汉民卷〉导言》，中国人民大学出版社 2014 年版，第 6 页。

的"。他撰写了很多介绍、宣传研究马克思主义的文章，而且还"与人合作翻译了《马克思资本论》解说，还组织翻译了第一本中文本《共产党宣言》。该书原准备在《星期评论》上发表，只是因为陈望道翻译好后，《星期评论》被迫停刊，戴离开了上海，才由陈独秀、李汉俊接手，以'社会主义研究小丛书第一种'出版"。"应该承认戴氏是马克思主义初期传播队伍中的明星。"① 在中国国民党人所翻译的马克思主义著作中，有些著作已涉及了马克思主义文学理论的哲学基础，特别是在他们主持的报刊中，已经开始介绍马克思主义文学理念或马克思主义文学批评文章。如邵力子"主导下的《民国日报》成为宣传革命、新文化思想的主流媒体"。②

三是民主主义知识分子。具有民主主义思想的知识分子，是中国马克思主义翻译传播的一股不可忽视的力量。他们有一个共同的特点，都是将马克思主义作为一种先进的学术文化思想看待，他们翻译传播研究马克思主义，但并不一定真正信仰马克思主义，更不一定实践马克思主义。他们对马克思主义的翻译传播是做出了重要贡献的，如他们中的代表人物陈溥贤、成舍我、费觉天等。陈溥贤于 1919 年 4 月 1 日的"五四"运动发生前夕，"在北京的《晨报》副刊发表《近代社会主义鼻祖马克思之奋斗生涯》一文，高度评价马克思主义的意义"，"陈氏此文，可以说是揭开了五四时期马克思主义传播的序幕"。5 月 5 日，陈氏又在《晨报》副刊马克思研究专栏发表其所译河上肇《马克思的唯物史观》一文，这是在中国系统介绍马克思主义哲学的第一篇文章，标志着唯物史观在中国的启蒙。该文节译了《共产党宣言》第一节和《政治经济学批判序言》，对马克思唯物史观的基本内容：社会组织及其根本原因、社会组织与生产力的关系、经济基础与上层建筑的关系等作了概括说明，为人们提供了马克思主义的历史观和思想方法论概要。随后，"从 6 月份开始，他又在'马克思研究'专栏连载柯祖基（即考茨

---

① 田子渝等：《马克思主义在中国初期传播史》（1918—1922），学习出版社 2012 年版，第 24 页。

② 同上书，第 71 页。

基）的《马氏资本论释义》（现译《马克思经济学说》），向国人系统
介绍马克思主义的政治经济学原理"。"其译介文字之多，在当时也独
占鳌头，对国人深入了解马克思主义起了重要启蒙作用。"① 成舍我在
马克思主义翻译传播上也颇有成绩："在新文化运动中，积极宣传新思
想，一度倾向社会主义，在《每周评论》、《新青年》上发表译文《共
产党宣言》（摘译）、《无产阶级政治》（列宁著），撰写了《近代社会
主义与乌托邦社会主义的区别》等。"费觉天曾与"李大钊等成立北京
大学社会主义研究会，学习、研究马克思主义"。并于 1920 年 10 月在
上海《国民》第 2 卷第 3 号上发表译作"马克思《资本论》德文第一
版序言《马克思资本论自叙》"②。在介绍马克思主义文学理论方面，民
主主义者们向前迈进了一步，陈溥贤在所译《马克思的唯物史观》中
节译的《政治经济学批判序言》，基本上可以列入马克思主义文学理论
中了。费觉天特别强调革命文学家在革命中的地位，提出了"革命成
功不是靠社会运动家而是靠革命文学家的思想"③。

四是马克思主义者。他们是中国翻译传播马克思主义文学理论的主
力军。他们既是马克思主义文学理论的信仰者，又是马克思主义文学理
论的实践者，这个群体人数众多，影响力强，成就卓著。这个群体中的
代表性人物有陈独秀、李大钊、瞿秋白、周扬、胡风、冯雪峰、曹葆华
以及中共中央马克思恩格斯列宁斯大林著作编译局的专家们。"陈独秀对
于马克思主义文学理论在中国的传播起到了奠基的作用"④；"李大钊对马
克思主义的文艺思想也有系统的把握"⑤；瞿秋白"始终对于马克思主义
文艺思想有一种特有的激情"，"他对马克思主义文艺思想的译介和研究

---

① 唐宝林主编：《马克思主义在中国 100 年》（修订版），安徽人民出版社 1997 年版，第
86—87 页。
② 田子渝等：《马克思主义在中国初期传播史》（1918—1922），学习出版社 2012 年版，
第 61 页。
③ 同上。
④ 童庆炳主编：《20 世纪中国马克思主义文艺理论研究》，北京大学出版社 2012 年版，
第 31 页。
⑤ 同上书，第 32 页。

的热忱与专注无人可比",他是最早向中国介绍马克思主义现实主义文学理论的批评家,也是最早向中国翻译恩格斯《致玛·哈克奈斯》的译者,对马克思主义文学理论翻译传播的贡献也是同代人中的翘楚,"其著述几乎涉及马克思主义文学思想的方方面面"①;周扬对马克思主义文学理论传播的最大贡献是在 1944 年出版了他所编的《马克思主义与文艺》一书,该书比较系统地介绍了马克思主义文学理论的基本原理,是解放区最权威的马克思主义文学理论著作,特别是"把毛泽东文艺思想与马、恩、列、斯等人,以并列的编排形式,出现于延安公开出版物上实属首例"。周扬在《序言》中"高度评价毛泽东文艺思想对马列文论的创造性发展"。"此举奠定了周扬在党内的毛泽东文艺思想的权威阐释人的地位。"②"周扬也成为解放区以至于本时期最重要的马克思主义文艺理论批评家。"③ 胡风在中国 20 世纪马克思主义文学理论传播与发展史上具有独特的地位。他是 20 世纪马克思主义文学理论史上最早翻译马克思主义创始人经典论著的人之一,早在 1934 年,他就在上海《译文》第 1 卷第 4 期发表了恩格斯的《致敏·考茨基的信》译作,其后,他又侧重于从创作主体方面发展了马克思主义文学理论,为 20 世纪中国马克思主义文学理论的发展做出了独特贡献。冯雪峰从 20 世纪 20 年代末 30 年代初开始就翻译了普列汉诺夫的《艺术与社会生活》《艺术与文学》和卢那察尔斯基的《艺术之社会的基础》等俄苏马克思主义文学理论家的著作,并将其运用于自己的文学批评实践中,是中国 20 世纪少有的几个集翻译、批评、文学创作于一身的马克思主义文学理论家之一。曹葆华是横跨两个时代的马克思主义文学理论翻译家,20 世纪 40 年代初就开始了其马克思主义文学理论的翻译工作,先后翻译了《马克思恩格斯列宁论艺术》(1940)、列宁的《唯物论与经验批判论》(1947)、《黑格尔"逻辑学"

---

① 童庆炳主编:《20 世纪中国马克思主义文艺理论研究》,北京大学出版社 2012 年版,第 33 页。

② 林伟民:《中国左翼文学思潮》,华东师范大学出版社 2005 年版,第 313 页。

③ 黄曼君主编:《中国近百年文学理论批评史》(1895—1990),湖北教育出版社 1997 年版,第 780 页。

一书摘要（哲学笔记之一）》（1949）等马克思主义和马克思主义文学理论著作。新中国成立后，又先后翻译了恩格斯的《〈自然辩证法〉导言》（1950）、列宁等的《列宁斯大林论中国》（1950）、《列宁论文学》（1958）、《马克思恩格斯列宁斯大林论文艺》（1958）、《马克思恩格斯论艺术》（4卷本，1960）等马克思主义和马克思主义文学理论著作。在20世纪马克思主义文学理论翻译传播史上，以个人之力译介马克思主义文学理论著作最系统、最完整，篇幅最多，规模最大的当数曹葆华。中共中央马克思恩格斯列宁斯大林著作编译局作为新中国马克思主义翻译传播的官方机构，对马克思主义和马克思主义文学理论的翻译传播居功至伟，任何机构和个人都不可与之比肩。

传播内容的混杂性

不同派别的传播主体，不同时期认识水平的差异，导致了20世纪中国马克思主义和马克思主义文学理论传播内容的混杂性。一些非马克思主义，甚至和马克思主义相违背的思想主张和文学理论，也当作马克思主义翻译传播到了中国。在政治思想方面，将无政府主义和空想社会主义的一些思想和主张作为马克思主义的政治思想翻译传播到了中国；在哲学观念方面，将某些形而上学思想作为马克思主义的唯物辩证法翻译传播到了中国；在文学理论方面，将日本的无产阶级文学思想、苏联无产阶级文化派的文学思想也翻译传播到了中国。

关于日本无产阶级文学理论的翻译传播。"中国人正式接受的马克思主义，是辛亥革命时期经由日本中转的。"[1] 中国正式接受的马克思主义文学理论，也是20世纪初期经由日本输入的。19世纪末20世纪初，日本是中国留学生和华人华侨最多的国家之一。中国"马克思主义初期传播的基本队伍主要是由留日学生或旅日华人组成"[2]。中国初期马克思主义文学理论传播的骨干成员也主要是留日学生或旅日华人。

① 唐宝林主编：《马克思主义在中国100年》（修订版），安徽人民出版社1998年版，第57页。
② 田子渝等：《马克思主义在中国初期传播史》（1918—1922），学习出版社2012年版，第87页。

李大钊、陈独秀、鲁迅、郭沫若、胡风、周扬、成仿吾等，都曾留学日本或旅居过日本。"日本无产阶级文学运动的理论成果通过大批留日中国学生（尤其是创造社成员）迅速影响到中国左翼文艺界，对中国左翼文艺运动的发展产生重要影响。在这个时期，中国左翼文艺界翻译了大量的日文著作，其中有日人原创的理论著作，如青野季吉、藏原惟人、片上伸、升曙梦等，也有通过日文转译的大部分苏联艺术理论著作。"① 20 世纪 20—30 年代，中国所接受的日本无产阶级文学理论主要有"福本主义"、"新写实主义"、"文艺大众化"等；译成中文的重要日本文学理论著作有：河上肇的《马克思的唯物史观》（1919）、幸德秋水的《社会主义神髓》（1923）、升曙梦的《新俄文艺的曙光期》（1926）、藏原惟人的《新写实主义论文集》（1930）等。

关于苏联无产阶级文化派文学理论与庸俗社会学的翻译传播。虽然"中国人通过苏俄渠道了解马克思主义却要晚于日本渠道"②，但是由于俄国"十月革命"的胜利给中国革命提供了样板，"以俄为师"成为当时中国广大先进知识分子，尤其是马克思主义者的一致共识和强烈愿望，俄苏也迅速成为中国马克思主义翻译传播的主渠道。中国马克思主义文学理论的翻译传播也迅速向这一主渠道转移。进入 20 世纪 30 年代以后，中国的马克思主义文学理论著作也差不多都来自这一渠道。这一时期，中国从俄苏翻译了大量的马克思主义文学理论著作，其中相当部分是俄苏马克思主义文学理论家的著作，如普列汉诺夫、列宁、卢那察尔斯基、托洛茨基等人的文学理论著作。与此同时，一些非马克思主义的文学理论著作也被当作马克思主义文学理论著作引入中国，主要是无产阶级文化派的文学理论和庸俗社会学。最先将无产阶级文化派文学理论介绍到中国的是蒋光慈。1924 年他从苏联回国后不久撰写的《无产阶级革命与文化》一文中，在介绍苏联文学思想时就"掺杂了'无产

---

① 宋建林、陈飞龙主编：《中国马克思主义艺术理论发展史》，生活·读书·新知三联书店 2011 年版，第 31 页。

② 田子渝等：《马克思主义在中国初期传播史》（1895—1922），学习出版社 2012 年版，第 96 页。

阶级文化派'的许多思想杂质",如他在文章中阐述无产阶级艺术概念时依据的就是"'无产阶级文化派'的理论家波格丹诺夫和前期领导人列别杰夫——波良斯基的观点"。茅盾 1925 年发表的《论无产阶级艺术》的"重要参照论著是波格丹诺夫的《无产阶级艺术的批评》(1918)"①。同时,"拉普"派领导人阿维尔巴赫的《文学与艺术》、法捷耶夫的《创作方法论》也于 20 世纪 30 年代被译介到中国。庸俗社会学代表人物弗里契的代表作《艺术社会学》《艺术社会学之任务及诸问题》《艺术上的阶级斗争与阶级同化》等于 20 世纪 30 年代初介绍到中国后倍受"左翼文艺界所推崇"②。

传播选择的片面性

20 世纪,特别是 20 世纪前期和中期,中国的马克思主义和马克思主义文学理论的翻译传播,在内容的选择上,体现出了一定的片面性。在马克思主义的政治理论方面,不管是无政府主义者、国民党人士,还是民主主义知识分子、马克思主义者,都倾向于重点译介阶级斗争方面的理论;在哲学思想方面,不管是何种信仰和政治派别的翻译传播者,都倾向于选择唯物史观。甚至在一些译者眼里"马克思主义哲学就是唯物史观"③。在经济思想方面,重点选择《资本论》,在 20 世纪中国马克思主义经济思想的译介、研究中,《资本论》的译介者最多。从 20世纪初期开始,朱执信、陈启修、邓中夏、罗章龙、郭大力、王亚南、吴丰农、韬奋、何锡麟、彭迪先、谷鹰、文铭、马经等众多学者,或者介绍过《资本论》,或者译介过《资本论片断》,或者全译过《资本论》。在文学思想方面,20 世纪 20 年代末 30 年代初,翻译传播的内容也多同文学与政治相关,译者选择最多的是马克思主义文学理论中谈文学的外部规律的著述,特别是文学为政治服务、文学与革命之关系等方

① 陈建华:《二十世纪中俄文学关系》,高等教育出版社 2002 年版,第 112 页。
② 宋建林、陈飞龙主编:《中国马克思主义艺术理论发展史》,生活·读书·新知三联书店 2011 年版,第 35 页。
③ 王玉平:《马克思主义哲学在中国的理论嬗变》,中国社会科学出版社 2005 年版,第 39 页。

面的内容。这在对苏俄马克思主义文学理论的译介中体现得更为明显、更为直接，从而相对忽略了有关文学中的人性，文学创作规律方面的内容。当然，这种选择的片面性与时代的需要是密切相关的，在当时也有较大的合时适宜性。但进入新中国以后，这种片面性没有得到及时的纠正和弥补，反而得到了进一步的放大，这就对 20 世纪中国文学和中国文学理论的发展带来了较多的负面影响。"综观 20 年代末 30 年代初期中国进步文艺界对马克思主义文艺理论的翻译与传播，主要是唯物史观（历史唯物论）和阶级斗争学说，对现代中国文学理论产生重大影响。诚如一位现代思想史研究者所论，近现代中国救亡保种的时代主题的急迫现实要求，与中国传统的实用理性的文化制约，使得中国革命文学选择并运用了马克思主义历史唯物论与社会革命论的阶级斗争学说。在新兴的无产阶级革命文学理论发展中，社会历史分析方法，尤其是阶级分析方法，成了主要的文学批评模式与思维方式。'时代'、'社会'、'阶级'等术语，代替了'艺术'、'人生'、'人性'等文艺理论批评语汇。"①

第三节　马克思主义文学理论对 20 世纪中国文学理论的影响

"自十月革命后进入中国以来，马克思主义的影响就贯穿了 20 世纪中国文学的整个发展历程。"② 同样，自俄国"十月革命"以后，马克思主义文学理论也影响了 20 世纪中国文学理论的演进轨迹。具体地说，它影响了 20 世纪中国文学理论的历史进程，改变了 20 世纪中国文学理论的范畴体系，并作为主流价值形态在 21 世纪的中国文学理论发展中产生影响。

---

① 黄曼君主编：《中国近百年文学理论批评史》（1995—1990），湖北教育出版社 1997 年版，第 470 页。

② 刘勇、杨志、李春雨等：《马克思主义与 20 世纪中国文学》，百花洲文艺出版社 2006 年版，第 2 页。

一　马克思主义文学理论影响了中国文学理论的历史进程

马克思主义文学理论影响 20 世纪中国文学理论的进程主要表现在三个方面。首先，马克思主义文学理论的传播，促进了中国马克思主义文学理论的生成，诞生了初级形态的中国马克思主义文学理论。这种初级形态的中国马克思主义文学理论，虽然对文学的认识不够深刻辩证，但所论述的问题却十分全面，对文学与生活的关系、文学与政治的关系、文学的服务对象、文学内容与形式的关系、文学的继承与发展关系等问题都进行了探讨，都作出了马克思主义的回答。其次，马克思主义文学理论，促进了 20 世纪中国文学理论体系的建构。中国的一批马克思主义文学理论家以马克思主义文学理论的立场、观点和方法，搭建起了 20 世纪中国文学理论的框架，建构了 20 世纪中国文学理论的观念系统，形成了马克思主义的文学理论体系。再次，马克思主义文学理论，促进了 20 世纪中国文学理论教材体系的建设。早在 20 世纪 30 年代，就有中国学者运用马克思主义指导文学理论教材编写，初步编写了体现马克思主义观点和方法的中国文学理论教材。50 年代，中国的著名高校北京大学、北京师范大学等又邀请苏联专家毕达柯夫、柯尔尊等来校讲课，培养中国高校的文学理论教师，同时引进了苏联专家编写的文学理论教材，"借助苏联的文论教材，马克思主义文论进入中国文论教材的结构核心"①。随后，参加学习的学员霍松林、蒋孔阳等开始尝试编写有中国特点的文学理论教材。进入 60 年代，编写有中国气派的以马克思主义为指导的文学理论教材已引起中国领导阶层的高度重视，并委托北京的蔡仪、上海的以群主编文学理论教材。蔡仪的《文学概论》、以群的《文学的基本原理》，以马克思主义为指导，注重结合中国的文学实践，认真吸收中国古代文学理论资源，成功地实现了马克思主义文学理论与文学理论教材建设相结合。"蔡仪主编的《文学概论》和以群主编的《文学的基本原

---

① 程正民、程凯：《中国现代文学理论知识体系的建构——文学理论教材与教学的历史沿革》，北京大学出版社 2005 年版，第 137 页。

理》"，"突出了文学理论的马克思主义中国化特点，直到改革开放后，还发挥着巨大的影响力。"这两部教材不仅仅打破了苏联教材的结构模式，而且从古今中外的文学发展的实际出发，一方面吸收传统思想和优秀理论成果，一方面也大胆地提出自己的思考和判断，从而在书中形成了独特的逻辑结构；这两部教材加入了'创作论'和'批评欣赏论'，并将它们与原有的'本质论'、'作品论'和'发展论'结合在一起，用内在的逻辑连贯性和理论统一性将'五大板块'有机地'建'了起来。"① 改革开放以后出现的童庆炳主编的《文学理论教程》，董学文、张永刚著的《文学原理》，虽被人们称为"换代教材"，但同时也是坚持以马克思主义为指导的新一代教材。党的十一届三中全会以后，随着中国的改革开放和马克思主义文学理论翻译传播的进一步丰富，全面拓展了中国文学研究的空间，过去研究的薄弱环节，如文学主体性、文学理论方法变革、文学理论的审美转向、文学的生态批评等得到了加强。

二 马克思主义文学理论改变了中国文学理论的范畴体系

杰姆逊说：新的名词概念和理论范畴的"出现总标志着新的问题，标志着新的思想、新的商榷论争的题目"②。马克思主义文学理论相对于中国传统文学理论，无疑是新的问题，新的思想，新的题目，而且也有一套与之相适应的新的名词概念和理论范畴。这套新的名词概念和理论范畴，随着马克思主义文学理论的中国化，也变成了20世纪中国文学理论的范畴，中国古代文学理论的主要范畴是：兴、观、群、怨、心、性、气、道、象、味、风骨、形神、格调、意境、诗言志、诗缘情、文载道等。这些范畴，产生于中国古代诗歌艺术实践，在20世纪的文学实践中有相当一部分不适用了，很难用于解释小说、戏剧、散文等现代文学实践。随着马克思主义文学理论的翻译传播及中国化进程，

---

① 董学文、金永兵等：《中国当代文学理论》（1978—2008），北京大学出版社2008年版，第342—343页。

② ［美］杰姆逊：《后现代主义与文化理论·自序》，唐小兵译，北京大学出版社1997年版，第4页。

马克思主义文学理论中的现实主义、意识形态、艺术生产、民族化、大
众化、历史标准、美学标准、形象、典型、内容、形式等范畴进入了中
国文学理论中，由于这些概念本身对现代文学实践具有很强的解释力，
逐渐在中国文学理论中扎下了根，成为 20 世纪中国文学理论的主要范
畴。其中，现实主义及其相关的形象、典型、典型人物、典型环境等概
念，在 20 世纪中国文学理论中，一直是理论家们关注的焦点，其研究
成果之多超乎人们的想象。意识形态，在辛亥革命前"被译介到中国，
但这些介绍多半还是零星的、片断的，没有引起广泛注意，更很少谈到
马克思主义有关艺术问题的论述"。1919 年，李大钊在《我的马克思主
义观》中，将文学艺术与意识形态联系起来，"阐明艺术是'观念上的
形态'"①。从 20 世纪 20 年代开始，中国的马克思主义文学批评家就将
意识形态理论运用于文学批评，其后，意识形态成了中国文学理论的关
键术语之一。在 20 世纪后期和 21 世纪初期，文学与意识形态关系的讨
论一度成为学术界的争鸣热点。艺术生产，是马克思主义经典作家提出
的一个崭新概念。马克思在《〈政治经济学批判〉导言》中首先使用了
这一术语并成为马克思主义文学理论的一个重要范畴。中国于 20 世纪
30 年代引进这一范畴，1933 年张泽厚在上海光华书局出版的《艺术学
大纲》中涉及艺术生产问题。其后，于 50 年代末期中国学术界讨论过
物质生产与艺术生产发展是否平衡的问题。到 20 世纪 70 年代末至 90
年代，马克思主义艺术生产论的研究兴起了一个热潮，"并结合中国当
代文艺实践建构中国化的马克思主义艺术生产理论"②。

三　马克思主义文学理论将引导中国文学理论的未来走向

马克思主义文学理论，既是历史的，又是现实的，还是未来的。说
马克思主义文学理论是历史的，是指它产生于 19 世纪，"它所面对的文

---

① 李心峰主编:《20 世纪中国艺术理论主题史》，辽海出版社 2005 年版，第 172—173
页。

② 季水河:《回顾与前瞻：论新中国马克思主义文艺理论研究及其未来走向》，中国社会
科学出版社 2009 年版，第 214 页。

艺实践主要是批判现实主义文艺，是以批判现实主义文艺实践为基础的，是对批判现实主义文艺经验的理论总结和理论升华；它所面对的主要理论成果是以黑格尔为代表的德国古典美学，是对德国古典美学典型观和艺术创作论的扬弃和发展"①。在这个意义上，它是历史的。说马克思主义文学理论是现实的，指它在现代社会得到发展，在当代生活和文学活动中还具有生命力和现实意义。当今时代，马克思主义文学理论"在世界各国都获得各自不同的发展，仍然充满强劲的生命力。西方当代一些重要的美学和文艺学派和著名的文艺理论大家，谁都无法绕过马克思主义文艺理论，他们或者与其展开对话，或者从中吸收理论营养，都把它放在无可替代的重要地位"②。从这个方面看，它无疑是现实的。说它是未来的，指它具有很强的未来指向性，在未来的中国文学理论发展中仍有重要的影响。如马克思主义文学理论中的人学思想，强调人的自由全面和谐发展，对未来中国文学理论中的人学思想和文学主体性无疑是具有指导意义的。马克思主义关于现代性、全球化、批判精神的思想，在未来的马克思主义文学理论范畴建构中，也可以拓展到中国特色的马克思主义文学理论体系里，马克思主义文学批评中的历史与美学标准，在未来的文学批评中仍然具有指导意义。特别是从总体发展趋势看，未来中国文学理论的发展将会呈现出更为开放和多元化的特点，文学理论家们可能从不同的逻辑起点，不同的切入角度，依靠不同的指导思想，不同的哲学基础，吸收不同的理论资源，不同的实践经验，建构出不同特色的文学理论体系，其中，马克思主义文学理论体系无疑是最耀眼、最有影响力的一种。

---

① 季水河：《回顾与前瞻：论新中国马克思主义文艺理论研究及其未来走向》，中国社会科学出版社 2009 年版，第 109 页。

② 童庆炳主编：《20 世纪中国马克思主义文艺理论研究·总序》，北京大学出版社 2011 年版，第 1 页。

第一章

马克思主义文学理论传播与 20 世纪中国
早期马克思主义文学理论形态

"马克思主义在中国传播之初，就是马克思主义中国化之始。"①
马克思主义文学理论与马克思主义学说，几乎同步传入，也同时开始了
中国化。20 世纪伊始至 30 年代初期，是马克思主义文学理论中国化的
早期阶段。在这一阶段，马克思主义文学理论诞生了，并经过一段时期
的发展，建构了马克思主义文学理论的初级形态。

第一节　中国早期马克思主义文学
理论的基本论题

中国马克思主义文学理论的诞生，是受马克思主义和马克思主义文
学理论影响的结果。20 世纪伊始至 30 年代初期，中国的先进知识分子
和马克思主义者们，在翻译传播马克思主义文学理论的同时，也主动接
受了马克思主义文学思想和马克思主义学说，并自觉地运用马克思主义
的立场、观点和方法去分析、研究、指导中国的文艺实践。这一时期的
代表人物有陈独秀、李大钊、恽代英、萧楚女、沈雁冰、沈泽民、邓中
夏、瞿秋白、鲁迅等。他们或者通过马克思主义文学理论译著、译文的
序跋、附记、注解、书评等表达自己的马克思主义文学立场，或者撰写

---

① 田子渝等：《马克思主义在中国初期传播史》（1918—1922），学习出版社 2012 年版，
第 6 页。

马克思主义文学理论、文学批评文章阐述自己的马克思主义文学理论，初步建构了中国化的马克思主义文学理论或称中国马克思主义文学理论的初级形态。这一时期的中国马克思主义文学理论，对文学与生活、文学与政治、文学的阶级性、文学的服务对象、文学的内容和形式、文学的继承与发展等重要问题都进行了探讨，作出了马克思主义的回答。

一 文学与生活的关系

文学与生活的关系，是马克思主义文学理论中的一个基本理论命题，也是马克思主义唯物史观首先回答的问题。马克思主义唯物史观的一个基本立场是"物质生活的生产方式制约着整个社会生活、政治生活和精神生活的过程"①，文学艺术是人类生活过程的表现，是社会生活的反映，因而也是社会生活发展和历史进程的一面镜子。马克思主义创始人还把这一文学观念运用到了他们的文学批评中，他们对狄更斯、巴尔扎克等人的评论，就特别强调这些作家文学作品的高度真实性，称赞他们反映了社会生活的方方面面，汇集了当时社会生活的全部历史，对人们认识当时的社会生活具有镜子般的作用。

马克思主义创始人关于文学是社会生活的反映，是社会历史镜子的观点，在 20 世纪伊始至 30 年代初期的中国马克思主义文学理论家那里得到了积极回应与应用发展。陈独秀于 1915 年发表的《今日之教育方针》一文指出："一切思想行为，莫不植根于现实生活之上"，强调人们应"尊现实"，这种"尊现实"的精神"见之文学美术者，曰写实主义，曰自然主义"。② 在这里，陈独秀提出的"一切思想行为，莫不植根于现实生活之上"与马克思主义存在决定意识，物质决定精神一致，文中所说的文学艺术中的"写实主义"、"自然主义"在很大意义上就是指的 19 世纪以来欧洲现实主义文学传统和创作方法。李大钊在 1919 年发表的《我的马克思主义观》《物质变动与道德变动》《什么是新文

---

① 《马克思恩格斯选集》第 2 卷，人民出版社 1995 年版，第 32 页。
② 陈独秀：《陈独秀著作选编》第 1 卷，上海人民出版社 2009 年版，第 172 页。

学》等文章中，也充分肯定了思想是存在的反映，文学与实现的关系，认为新文学的主要特点之一就是与生活有密切的关系，强调"我们所要求的新文学，是为社会写实的文学"①。萧楚女是直接运用马克思主义反映论的观点去解释文学的第一批人之一。他认为，文学与社会生活的关系是反映与被反映的关系，在某种意义上说，文学就是生活的反映。他指出："艺术，不过是和那些政治、法律、宗教、道德、风俗……一样，同是一种人类社会的文化，同是建筑在社会经济组织上的表层建筑物，同是随着人类生活方式之变迁而变迁的东西。可以说生活创造艺术，艺术是生活的反映。"② 这段话强调了三层意思：其一，文学是社会文化，属于意识形态范畴；其二，社会生活是根基，文学是表层建筑；其三，社会生活创造了文学，文学只能是社会生活的反映。瞿秋白说得更直接、更明确："文学只是社会生活的反映，文学家只是社会的喉舌。只有社会的变动，而后影响于思想；因思想的变化，而后影响于文学。没有因文学的变更而后影响于思想，因思想的变化，而后影响于社会的。"③ 在这里，瞿秋白在文学与生活、文学家与社会的关系上，用了"只是"这一不容否定的词，可见其在坚持文学是生活的反映这一点上态度是何等的坚决；在文学与思想、思想与社会的影响关系上，用了"只有"这一别无选择的词，可见其在文学影响生活变化这一点上立场是何等的坚定。鲁迅则从文学家生活中的种种社会状态，以及种种社会状态影响下的作家心理与文学关系的角度，指出文学与生活的密切关系，认为不同时代的作家有不同的生活，不同的声音，"新的新时代，产出更新的文艺来"④。

二　文学与政治的关系

文学与政治的关系，在马克思主义文学理论中有着极为重要的地

---

① 李大钊：《李大钊全集》第 3 卷，人民出版社 2006 年版，第 129 页。
② 萧楚女：《艺术与生活》，《中国青年》（1924 年 7 月）。
③ 瞿秋白：《瞿秋白文集》第 2 卷，人民文学出版社 1985 年版，第 248—249 页。
④ 鲁迅：《鲁迅全集》第 3 卷，人民文学出版社 2005 年版，第 362 页。

位,在 20 世纪中国马克思主义文学理论中更是居于核心位置。马克思主义认为,文学艺术与"政治、法律、道德、宗教、形而上学等的语言中的精神生产"① 一样,都是物质关系的产物,都属于意识形态的领域,也都具有政治属性。

马克思主义文学理论中关于文学政治属性的观点,引起了 20 世纪伊始至 30 年代初期中国马克思主义文学理论家的高度重视,并结合中国革命的需要和文学实践进行了发挥与发展。陈独秀于 1917 年发表的《文学革命论》中,就指出文学与政治有着密切的关系,认为文学革命是政治革命的需要:"今欲革新政治,势不得不革新盘踞于运用此政治者精神界之文学。"② 李大钊则从文学的审美特性与政治制度之间的关联来看待文学与政治的关系。他于 1923 年 11 月 13 日在上海大学的演讲《社会主义释疑》中指出:"艺术家最希望发表的是特殊的个性的艺术美,而最忌的是平凡。所以现在有一班艺术家很怀疑社会主义实行后,社会必然愈趋平凡化,在平凡化的社会里必不能望艺术的发达。其实在资本主义下,那种恶俗的气氛,商贾的倾向,亦何能容艺术的发展呢?又何能表现纯正的美呢?那么我们想发表艺术的美,更不能不去推翻现代的资本制度,去建设那社会主义制度的了。不过实行社会主义的时候,要注意保存艺术的个性发展的机会就是了。"③ 李大钊说明,文学与政治制度是有矛盾的,资本主义制度下的商业倾向和恶俗气氛是与文学审美和个性表达相敌对的,希望社会主义应力求避免这种气氛和倾向,为文学审美和个性表达提供机会。1924 年,沈泽民发表的《文学与革命的文学》第一次提出了"为革命而艺术"的口号,强调文学家应该是革命家,要深入革命运动中,了解无产阶级,进而创造出革命的文学。他说:"诗人若不是一个革命家,他决不能凭空创造出革命的文学来。诗人若单是一个有革命思想的人,他亦不能创造革命的文学。因为无论我们怎样夸称天才的创造力,文学始终只是生活的反映。革命的

---

① 《马克思恩格斯选集》第 1 卷,人民出版社 1995 年版,第 72 页。
② 陈独秀:《陈独秀著作选编》第 1 卷,上海人民出版社 2009 年版,第 291 页。
③ 李大钊:《李大钊全集》第 4 卷,人民出版社 2006 年版,第 355 页。

文学家若不曾亲身参加过工人罢工的运动，若不曾亲自尝过牢狱的滋味，亲自受过官厅的迫逐，不曾和满身泥活的工人和农人同睡过一间小屋子，同做过吃力的工作，同受过雇主和工头的鞭打斥骂，他决不能了解无产阶级的每一种潜在的情绪，决不配创造革命的文学。"① 1927 年至 1929 年，鲁迅先后发表了《文艺与政治的歧途》《魏晋风度及文章与药及酒之关系》《现今的新文学的概况》等论及文学与政治的文章。鲁迅认为，文学与政治有着复杂的关系，一方面，"文艺和政治时时在冲突之中；……惟政治是要维持现状，自然和不安于现状的文艺处在不同的方向"。另一方面，"文艺和革命原不是相反的，两者之间，倒有不安于现状的同一"。② 文艺不能超越政治，"即使是从前的人，那诗文完全超于政治的所谓'田园诗人'，'山林诗人'，是没有的"③。鲁迅对文学与政治关系的观点，在同代人中是先进的，他能辩证地看待文艺与政治的关系，既指出了二者矛盾冲突的一面，又指出了二者协调一致的一面。1932 年，瞿秋白发表的《非政治主义》一文，对文学与政治的关系作了更为全面的论述。他指出"每一个文学家其实都是政治家。艺术——不论是哪一个时代，不论是哪一个阶级，不论是哪一个派别的——都是意识形态的得力的武器，它反映着现实，同时影响着现实。客观上，某一阶级的艺术必定是在组织着自己的情绪，自己的意志，而表现一定的宇宙观和社会观；这个阶级，经过艺术去影响它所领导的阶级（或者，它所想要领导的阶级），并且去捣乱它所反对的阶级。问题只在于艺术和政治之间的联系的方式：有些阶级利于把这种联系隐蔽起来，有些阶级却是相反的"④。瞿秋白的论述，表达了三层意思：其一，文学家和文学都有政治属性；其二，文学作为意识形态既反映现实生活中的政治又影响现实生活中的政治。其三，文学与政治之间的联系方式是多样的，有隐晦和明显之区别。

---

① 沈泽民：《文学与革命的文学》，《民国日报》副刊《觉悟》1924 年 11 月 6 日。
② 鲁迅：《鲁迅全集》第 7 卷，人民文学出版社 2005 年版，第 115 页。
③ 鲁迅：《鲁迅全集》第 3 卷，人民文学出版社 2005 年版，第 538 页。
④ 瞿秋白：《瞿秋白文集》第 1 卷，人民文学出版社 1985 年版，第 541 页。

三 文学的阶级性

文学的阶级性是马克思主义文学理论的一个重要构成因素。马克思主义认为，在阶级社会中，不仅存在着压迫者和被压迫者，而且"压迫者和被压迫者，始终处于相互对立的地位，进行不断的、有时隐蔽有时公开的斗争"①，即阶级斗争。阶级社会中的文学，在反映现实生活时就必然带有阶级性。在阶级社会中，"统治阶级的思想在每一时代都是占统治地位的思想"②，统治阶级的文学也是占统治地位的文学，更是为统治阶级服务的文学。马克思主义创始人作为无产阶级的代言人，也希望无产阶级的作家描写无产阶级的生活和斗争，为无产阶级服务。可以说，文学的阶级性是阶级社会中文学的固有属性。

马克思主义的阶级斗争学说和马克思主义文学理论中文学阶级性的思想，在 20 世纪中国马克思主义文学理论家那里受到了特别的关注。20 世纪伊始至 30 年代初期，文学的阶级性成为了中国马克思主义文学理论家的热门话题。1919 年，李大钊在《我的马克思主义观》中介绍了马克思主义的唯物史观和阶级斗争理论。1920 年，陈独秀在《谈政治》一文中引入了马克思主义的阶级斗争学说。"随后，马克思主义的阶级观念也逐渐被运用到文艺理论中，成为分析文艺现象、文艺思潮和作品的重要方法。"③ 这一时期对文学阶级性的讨论，又可以分为两个阶段。

第一阶段是 20 世纪伊始至 20 年代中期，主要讨论革命文学和无产阶级文学如何为革命和无产阶级服务。邓中夏于 1923 年发表的《贡献于新诗人之前》认为，诗歌应该用"激动感情的方法"服务于革命斗争，"做醒人们使他们有革命的自觉，和鼓吹人们使他们有革命的勇气"，"鼓励人民奋斗，使人民有为国效死的精神"。④ 1924 年，沈泽民发表了《文学

---

① 《马克思恩格斯选集》第 1 卷，人民出版社 1995 年版，第 272 页。
② 同上书，第 98 页。
③ 李心峰主编：《20 世纪中国艺术理论主题史》，辽海出版社 2005 年版，第 112 页。
④ 中夏：《贡献于新诗人之前》，《中国青年》1923 年第 10 期。

与革命的文学》，认为在过去的历史长河中，"阶级的偏见无情地将人们的心灵践踏着，很少的人能从这里脱离出来"。而革命文学要关注旧的阶级的灭亡和新的阶级的觉醒，"用锐敏的同情，了澈被压迫者的欲求，苦痛，与愿望，用有力的文学替他们渲染出来；这在一方面，是民众的痛苦的慰藉，一方面却能使他们潜在的意识得到了具体的表现，把他们散漫的意志，统一凝聚起来"①。1926 年，郭沫若发表了《革命与文学》，认为阶级社会的作家总会站在一定的阶级立场，成为某一个阶级的代言人。他说："每逢革命的时期，在一个社会里面，至少是有两个阶级的对立。有两个阶级对立在这儿，一个要维持它素来的势力，一个要推翻它。在这样的时候，一个阶级当然有一个阶级的代言人，看你是站在哪一个阶级说话。你假如是站在压迫阶级的，你当然会反对革命；你假如是站在被压迫阶级的，你当然会赞成革命。你是反对革命的人，那你做出来的文学或者你所欣赏的文学，自然是反革命的文学，是替压迫阶级说话的文学"；"你假如是赞成革命的人，那你做出来的文学或者你所欣赏的文学，自然是革命的文学，是替被压迫阶级说话的文学"。② 在这一阶段的马克思主义者看来，文学的阶级性是一种客观存在，关键是革命的作家如何站在无产阶级立场创造出革命的文学并为革命和无产者服好务。

　　第二阶段是 20 世纪 20 年代末期至 30 年代初期。主要争论文学阶级性与共同人性问题。1928 年至 1929 年，梁实秋发表了《文学的纪律》《文学与革命》《文学是有阶级性的吗?》等系列论文，提出了文学是表现共同人性的东西，是没有阶级性的。他说，人性是人类所共有的，无分古今，无间中外，长久的普遍的没有变动。资本家和劳动者虽有很多不同的地方，但"他们的人性并没有两样，他们都感到生老病死的无常，他们都有爱的要求，他们都有怜悯与恐怖的情绪，他们都有伦常的观念，他们都企求身心的愉快。文学就是表现这最基本的人性的艺术"③。因此，"文学是没有

①　沈泽民：《文学与革命的文学》，《民国日报》副刊《觉悟》1924 年 11 月 6 日。
②　郭沫若：《革命与文学》，《创造月刊》第 1 卷第 3 期，1926 年 5 月。
③　梁实秋：《文学是有阶级性的吗?》，《新月》第 2 卷第 6、7 号合刊，1929 年 9 月。

阶级的区别"①，即是没有阶级性的。梁实秋关于文学只表现共同人性而没有阶级性的观点，遭到了马克思主义文学理论家的一致批评。1928 年至 1930 年，鲁迅先后发表了《文学与出汗》《文学的阶级性》《"硬译"与"文学的阶级性"》等系列文章，批评了梁实秋文学只有共同人性而没有阶级性的观点。鲁迅首先否定了梁实秋的共同人性说，从进化论的角度指出人性是具体的，变化的，没有永恒不变的人性。他说："类人猿，类猿人，原人，古人，今人，未来的人，……如果生物真会进化，人性就不能永久不变。不说类猿人，就是原人的脾气，我们大约就很难猜得着的，则我们的脾气，恐怕未来的人也未必会明白。要写永久不变的人性，实在难哪。"② 在这个意义上，文学的阶级性是明显的，无法摆脱的："文学不借人，也无以表示'性'，一用人，而且还在阶级社会里，即断不能免掉所属的阶级性。"③ 当然，鲁迅也没有将阶级性看成文学的全部属性，没有将阶级性与文学画上等号，指出文学"一定都带着阶级性。但是'都带'而非'只有'"④。这里的"都带"而非"只有"，既体现了鲁迅与梁实秋思维方式的差异，鲁迅的思维比较辩证，梁实秋的思维比较绝对化；又"表现了在这个问题上的马克思主义观点"⑤。1930 年，冯乃超在《文艺理论讲座（第二回）》中也批评了梁实秋，认为梁实秋的错误根源"在于把人性普遍化永远化，而不能从特定的社会及历史形态中去具体的认识它"，没有看到"人性离开指定的社会及时代，就变成抽象的概念"。⑥ 1932 年，瞿秋白在《文艺的自由和文学家的不自由》中，批评"第三种人"时也强调，在阶级社会中，文艺家总是一定阶级意识的代表，文艺总是有阶级性的。他说，作家们"不论他们有意的，无意的，不论他是在动笔，或者是

---

① 梁实秋：《文学是有阶级性的吗?》，《新月》第 2 卷第 6、7 号合刊，1929 年 9 月。
② 鲁迅：《鲁迅全集》第 3 卷，人民文学出版社 2005 年版，第 581 页。
③ 鲁迅：《鲁迅全集》第 4 卷，人民文学出版社 2005 年版，第 204 页。
④ 同上书，第 208 页。
⑤ ［斯洛伐克］玛利安·高利克：《中国现代文学批评发生史》，陈圣生等译，社会科学文献出版社 1997 年版，第 288 页。
⑥ 冯乃超：《文艺理论讲座（第二回）》，《拓荒者》第 1 卷第 2 号，1930 年 2 月。

沉默着，他们始终是某一阶级的意识形态的代表"①。可以说，坚持文学的阶级性，是这一阶段马克思主义文学理论家的共同立场。

四　文学的服务对象

文学的服务对象，即文学为谁服务的问题，在马克思主义文学理论中被看成根本的问题，原则的问题。马克思主义创始人就初步确立了文学的服务对象——无产阶级人民大众。认为文学应反映无产阶级大众的革命斗争，为无产阶级大众服务。在《大陆上的运动》中，恩格斯肯定了欧仁·苏的著名小说《巴黎的秘密》"以显明的笔调描写了大城市的'下层等级'所遭受的贫困和道德败坏，这种笔调不能不使社会关注所有无产者的状况"②；在《诗歌和散文中的德国社会主义》中，恩格斯提出无产阶级的文学应当"歌颂倔强的、叱咤风云的和革命的无产者"③；在《致玛·哈克奈斯》的信中，恩格斯强调："工人阶级对他们四周的压迫环境所进行的叛逆的反抗，他们为恢复自己做人的地位所作的极度的努力——半自觉的或自觉的，都属于历史，因而也应当有权在现实主义领域内要求占有一席之地。"④

马克思主义创始人初步确立的文艺为无产者，为人民大众服务的方向，被 20 世纪伊始至 30 年代初期中国马克思主义文学理论家普遍接受，许多人从不同的角度去补充和发展了文学为无产者和人民大众服务的思想。1919 年陈独秀在《文学革命论》中提出的"建设平易的抒情的国民文学"、"建设新鲜的立诚的写实文学"、"建设明了的通俗的社会文学"的主张，⑤ 已经蕴含了文学为人民大众的思想，他提出的"国民文学"、"写实文学"、"社会文学"，是针对"贵族文学"、"古典文学"、"山林文学"而言的，两相对照，其为人民大众的思想是比较明

---

① 瞿秋白：《瞿秋白文集》第 3 卷，人民文学出版社 1985 年版，第 70 页。
② 《马克思恩格斯全集》第 1 卷，人民出版社 1956 年版，第 594 页。
③ 《马克思恩格斯全集》第 4 卷，人民出版社 1958 年版，第 224 页。
④ 《马克思恩格斯选集》第 4 卷，人民出版社 1995 年版，第 683 页。
⑤ 陈独秀：《陈独秀著作选编》第 1 卷，上海人民出版社 2009 年版，第 289 页。

显的。沈泽民在《文学与革命的文学》一文中明确表示，所谓革命的作家就是为民众的作家，革命的文学就是描写人民大众生活、思想、感情的文学。"文学者不过是民众的舌人，民众的意识的综合者"；革命的文学要为"从沉睡中醒来"的无产者，为"民众的反抗精神"留下"一个影片"。① 在 20 世纪伊始至 30 年代初期，对文艺服务大众问题研究最全面、最有代表性的理论家是瞿秋白。"在中国现代文学史上，瞿秋白第一个明确提出为工农大众服务，与工农大众相结合，是'无产阶级运动的中心问题'。他认为文学大众化的关键在于作家向工农大众学习，转变自己的小资产阶级思想感情。"② 1931 年至 1932 年的两年中，瞿秋白发表了《大众文艺和反对帝国主义的斗争》《上海战争和战争文学》《大众文艺的问题》《再论大众文艺答止敬》《文艺的自由和文学家的不自由》等多篇文章，反复强调"所以革命的文艺，必须'向着大众'去！""革命的文艺，向着大众去！""革命文艺必须向着大众！"全面论述了革命文艺为什么要为工农大众服务，怎样为工农大众服务等问题。他指出，革命文艺之所以要为工农大众服务，首先是个态度问题，是"革命文学和普罗文学对于战争的态度，自然就是工人阶级领导之下的劳动民众的态度"。革命文艺要为工农大众服好务，就"要创造极广大的劳动群众能够懂得的文艺，群众自己现在就能够参加并且创作的文艺。劳动民众和兵士现在需要自己的战争文学，需要正确的反映革命战争的文学，需要用劳动民众自己的言语来写的革命战争的文学。中国的革命普罗文学，应当调动自己的队伍，深入广大的群众，来执行这个任务"③。

五　文学的内容与形式

文学内容与形式的关系，是马克思主义文学理论中的一个重要议

---

① 沈泽民：《文学与革命的文学》，《民国日报》副刊《觉悟》1924 年 11 月 6 日。
② 马驰：《艰难的革命——马克思主义美学在中国》，首都师范大学出版社 2006 年版，第 91 页。
③ 瞿秋白：《瞿秋白文集》第 3 卷，人民文学出版社 1985 年版，第 3—11 页。

题。马克思主义创始人提出的文学批评的"历史标准"和"美学标准"，在批评实践中主要表现为对文学作品内容和形式的评价。他们认为，最优秀的文学作品就是内容与形式完美融合的作品，用他们的话说，就是较大的思想深度、意识到的历史内容、突出的艺术表达和进步的美学观念的完美融合。

马克思主义文学理论中关于文学内容与形式相融合的观念，也是20 世纪伊始至 30 年代初期中国马克思主义文学理论家所关注、所讨论的问题之一。但这一时期的内容与形式讨论却不够集中，论题相对分散，论述也不够深入。有人是在强调"革命意识"时论及了文学的形式和意识的关系："单有革命的'目的意识'是不能够写出革命的文学的，还必须有艺术的力量。"① 有人强调要发挥文艺的特殊功能，就要注重文学形式的特点，艺术上的长处，如鲁迅认为："一切文艺固然是宣传，而一切宣传却并非是文艺……要用文艺者，就因为它是文艺。"② 也就是说，文艺在形式上有其自身的优势，在宣传中有其他宣传方式无法取代的独特性。这段时期，有关文学内容与形式关系的论述，最有代表性的成果是沈雁冰的《论无产阶级艺术》。1925 年 5 月开始，沈雁冰在《文学周刊》发表《论无产阶级艺术》的连载长篇论文，文中已涉及了无产阶级艺术的内容与形式问题。沈雁冰指出："无产阶级作家应该承认形式与内容须得谐和，形式与内容是一件东西的两面，不可分离的。无产阶级艺术的完成，有待于内容之充实，亦有待于形式之创造。"③ 虽然沈雁冰的《论无产阶级艺术》在有的方面受到苏联无产阶级文化派的影响，一些观点也不够科学，但是其关于无产阶级艺术内容与形式关系的论述却比较辩证，与马克思主义文学理论的精神实质比较一致。其同十几年后毛泽东《在延安文艺座谈会上的讲话》中关于革命文艺内容与形式关系的论述也相当接近。20 世纪 20 年代末至 30 年

① 瞿秋白：《瞿秋白文集》第 1 卷，人民文学出版社 1985 年版，第 543 页。
② 鲁迅：《鲁迅全集》第 4 卷，人民文学出版社 2005 年版，第 85 页。
③ 北京大学等单位主编：《文学运动史料选》第 1 册，上海教育出版社 1979 年版，第427 页。

代初关于文学内容与形式的讨论，很多人是在讨论其他文学问题时顺便论及文学内容与形式问题，很少有关于内容与形式的专题论文，因而对文学内容与形式本身如何统一的问题注意不够。

六　文学的继承与发展

文学的继承与发展，是马克思主义文学理论关注较多、论述较多的问题。马克思主义创始人认为，继承是发展的前提，发展是继承下的创新，每个时代的文学，每个文学家的创作都不例外。"人们自己创造自己的历史，但是他们并不是随心所欲地创造，并不是在他们自己选定的条件下创造，而是在直接碰到的、既定的、从过去承继下来的条件下创造。"① 当然，人们对前人遗产的继承并非毫不走样地照搬，而是建立在误读、曲解、选择基础上的。"每个前一时期的任何成就，被后一时期所接受，都是被曲解了的旧东西。例如，毫无疑问，路易十四时期的法国剧作家从理论上构想的那种三一律，是建立在对希腊戏剧（及其解释者亚里士多德）的曲解上的。但是，另一方面，同样毫无疑问，他们正是依照他们自己艺术的需要来理解希腊人的，因而在达西埃和其他人向他们正确解释了亚里士多德以后，他们还是长时期地坚持这种所谓的'古典'戏剧。"②

马克思主义创始人所关注的文学的继承与发展问题，在 20 世纪伊始至 30 年代初期中国马克思主义文学理论中同样是一个重要话题，这一时期的中国马克思主义文学理论家们围绕这一话题发表了许多重要见解。其中，鲁迅和瞿秋白的观点颇具代表性。1930 年，鲁迅在《〈浮士德与城〉后记》中谈到新阶级的新文化时指出，新阶级的新文化是对旧阶级的旧文化的继承："新的阶级及其文化，并非突然从天而降，大抵是发达于对于旧支配者及其文化的反抗中，亦即发达于和旧者的对立中，所以新文化仍然有所传承，于旧文化也仍然有所择取。"③ 其后，

---

① 《马克思恩格斯选集》第 1 卷，人民出版社 1995 年版，第 585 页。
② 《马克思恩格斯全集》第 30 卷，人民出版社 1975 年版，第 608 页。
③ 鲁迅：《鲁迅全集》第 7 卷，人民文学出版社 2005 年版，第 373 页。

鲁迅在《关于翻译》《拿来主义》等文章中，进一步阐发和拓展了他的这一思想，对文艺的继承与发展问题作了马克思主义的论述。鲁迅的观点很明确，无产阶级的新文化来自于旧阶级的旧文化，新文化与旧文化之间具有联系性；无产阶级对旧文化的态度是选择性地传承，批判性地利用。瞿秋白与鲁迅的观点具有一致性，他强调建设新的大众文学应该关注、利用旧的大众文学，"旧式的大众文艺，在形式上有两个优点：一是它和口头文学的联系，二是它是用的浅近的叙述方法。这两点都是革命的大众文艺应当注意的"。"革命的大众文艺必须开始利用旧的形式的优点……——逐渐加入新的成分，养成群众的新的习惯，同着群众一块儿去提高艺术的程度。"① 瞿秋白的论述包含了三层意思：其一，新的大众文艺的发展要依靠旧的大众文艺资源和优秀传统；其二，在利用旧的大众文艺资源和传统时要创新，要加入新的成分；其三，艺术造就欣赏者，新的大众文艺能培养群众新的欣赏习惯并提高艺术程度。

第二节　中国早期马克思主义文学理论存在的主要问题

20 世纪伊始至 30 年代初期，是中国马克思主义文学理论的早期阶段，早期阶段的中国马克思主义文学理论，在中国大地上是一种新的理论、新的学说，它同任何其他新理论、新学说一样，在诞生之初都是不成熟的，甚至是有缺陷的。这些不成熟和缺陷主要表现在以下三个方面。

一　思想的浅泛性

中国早期马克思主义文学理论，内容广泛，论题多样：主要探讨了文学与生活的关系、文学与政治的关系、文学的阶级性、文学的服务对象、文学的内容与形式、文学的继承与发展等重要理论问题，并对这些

---

① 瞿秋白：《瞿秋白文集》第 3 卷，人民文学出版社 1985 年版，第 18 页。

问题提出了一些新的见解，给出了新的答案，给人耳目一新之感。但用今天的眼光加以审视，它对这些问题的研究并不深入，见解也不够深刻，有的还停留在浅而泛的层次上。

首先，对文学性质认识的表面化。这一时期的马克思主义文学理论家们基本上都认为文学是生活的反映，强调生活对文学的决定作用；注重文学与政治的关系，强调政治对文学的支配。他们在研究文学与生活的关系时较少研究文学与创作者之间的关系，没有看到文学与文学家精神的世界：感情、才思、无意识等方面的复杂联系，使对文学本质的认识停留在反映论层面。论述文学是生活的反映没有错，但同样是反映，却有机械反映和能动反映之别：同一时代的作家反映同样的生活，为什么结果总是千差万别，这就不能不深入挖掘文学家的主观世界去寻找原因。说文学是生活的反映没有错，说哲学是生活的反映同样没有错，那么，文学和哲学反映生活的本质区别在哪里？这就不能不深入挖掘文学家和哲学家思维方式的差异、心理活动的差异。显然，忽视对文学家感情、才思、无意识心理的探讨，是找不到科学答案的。这正是 20 世纪伊始至 30 年代初期多数马克思主义文学理论家的通病。他们在研究文学与政治的关系时较少研究文学与政治的互动关系，没有看到文学和政治同属于意识形态领域，政治对文学施加影响，文学对政治也有反作用，二者是处于相互影响之中，呈现出的是一种互动关系。同时，他们对政治的理解也比较单一，主要是将其理解为革命政治斗争。其实，政治也是有层次性的，可分为政治斗争、政治制度、政治思想，这不同层面的政治，与文学的关系也不完全相同，它们之间相互影响的程度也有区别。对文学与政治关系思考的表面化，同样是 20 世纪伊始至 30 年代初期多数马克思主义文学理论家的缺陷。

其次，对文学特点认识的简单化。这一时期的马克思主义文学理论家们在论述文学的特点时，较多地注意了文学的阶级性、政治性，这些都是阶级社会中文学的重要特点，但不是文学的全部特点。文学最根本的特点在于其形象性、情感性、典型性。对文学的这些特点，许多理论家都没有予以注意，即使少数理论家注意到了，也论述得不多、不深。

其实，对文学的特点可以从多个角度去认识。从历史的角度，阶级性、政治性是阶级社会中文学的特点，是阶段性的特点，但在非阶级社会，阶级性、政治性就不一定是文学的重要特点了；从体裁类别看，阶级性、政治性更多的是那些篇幅较长、容量较大的叙事文学作品的特点，而对那些篇幅短小、容量较小的山水诗来说，阶级性、政治性就不一定是重要特点了；从文学与其他精神产品的比较看，阶级性、政治性就不是文学的主要特点了，而形象性、情感性、典型性才是文学作品的根本特点。

最后，对文学作用性质认识的片面化。这一时期的马克思主义文学理论家，关注点主要集中在文学的思想教育作用或作为斗争武器的工具作用，强调文学对社会的整体影响或改造功能，提出"革命文学的任务，是要在此斗争的生活中，表现出群众的力量，暗示人们以集体主义的倾向"，"革命文学是要认识现代生活，而指示出一条改造社会的新路径"，完全排除了作为具体创作者和接受者的个体。[1] 他们较少关注文学的审美作用、娱乐作用，更没有看到文学的教育作用或工具作用更多的是文学的附加作用，而审美作用、娱乐作用才是文学的主要作用。当时，对文学的审美说、娱乐说、趣味说都是持批判态度和否定态度的，视其为麻醉青年的鸦片。他们没有看到，再革命的文学，离开了审美，也毫无娱乐性，没一点趣味，恐怕就不是文学了。

二　认识的模糊性

20世纪伊始至30年代初期，一些马克思主义文学理论家对什么是马克思主义，什么是马克思主义文学理论并没有一个清醒的认识，没有一个明确的标准，认识比较模糊。相当一部分人将马克思主义与无政府主义相混淆，在对俄国"十月革命"的评价上就体现出了这一点。本来，俄国"十月革命"是马克思主义指导下的无产阶级革命，俄国"十月革命"的胜利，也无疑是马克思主义的胜利。但当时就有一些

---

① 蒋光慈：《关于革命文学》，《太阳月刊》第2期，1928年2月。

人，包括有的马克思主义者却不这样认为，他们认定俄国"十月革命"是无政府主义的革命，俄国"十月革命"的胜利是无政府主义的胜利。"他们不是把俄国的十月革命看作是马克思主义的革命而是看作无政府主义的革命——或至少是与无政府主义的目标相一致的革命。""许多人认为俄国十月革命的胜利是无政府共产主义的胜利。"① 这种认识的模糊性，反映到对马克思主义文学理论的理解和运用上，就是将经典马克思主义文学理论与阐释性马克思主义文学理论相等同，将马克思主义文学理论与非马克思主义文学理论相混淆。

将经典马克思主义文学理论与阐释性马克思主义理论相等同，是20 世纪伊始至 30 年代初期中国马克思主义文学理论界的一种突出现象。这一阶段马克思主义文学理论的翻译传播，是将经典马克思主义文学理论与阐释性马克思主义文学理论都作为马克思主义文学理论译介到中国的。这一阶段，对马克思主义文学理论的理解运用，也是将经典马克思主义文学理论与阐释性马克思主义文学理论运用于实践中的。不仅在一般马克思主义文学理论家身上存在这种情况，而且在水平比较高、影响比较大的马克思主义文学理论家身上也存在这种情况，如瞿秋白和鲁迅。在瞿秋白 1931 年至 1932 年发表的文艺评论和文学史研究的 10 篇论文中，《文艺的自由与文学家的不自由》一文是引用与马克思主义相关文献最多的一篇，一共引用了 6 段，其中列宁一段，斯大林一段，普列汉诺夫一段，弗里契一段，波格丹洛夫一段，卢那察尔斯基一段。阐释性马克思主义文学理论在瞿秋白那里的分量可见一斑。鲁迅"在1927 年到 1928 年之间他已经成为比较彻底的马克思主义者了"。在他转变为"彻底的马克思主义者"后的 1928 年到 1929 年的一年时间里，鲁迅一连翻译了布哈林的《苏维埃联邦从 Maxim Gorky 期待什么?》，卢那察尔斯基的《艺术论》《文艺与批评》，联共（布）关于文艺政策讨

---

① ［美］阿里夫·德里克：《中国革命中的无政府主义》，孙宜学译，广西师范大学出版社 2006 年版，第 165 页。

论会记录与决议：《文艺政策》以及普列汉诺夫的《艺术论》。① 这段时期，鲁迅所译与马克思主义文学理论相关的著作，均为阐释性的论著，没有一本为经典马克思主义文学理论著述。同时，在鲁迅的《三闲集》中，收录了他于 1928—1929 年发表的 27 篇文章，其中提及和引用马克思主义和马克思主义文学理论观点的文章有 3 篇。第一篇是 1928 年 3 月 12 日发表于《语丝》第四卷第十一期的《"醉眼"中的朦胧》，引用了马克思《黑格尔〈法哲学批判〉导言》中"由批判的武器，到用武器的批判"②；第二篇是 1928 年 4 月 23 日发表于《语丝》第四卷第十七期的《通信》致 Y 先生中提到了卢那却尔斯奇（卢那察尔斯基——引者注）所作的《被解放的吉诃德先生》；③ 第三篇是 1928 年 5 月 7 日发表于《语丝》第四卷第十九期的《我的态度气量和年纪》，文中评论了托洛茨基的一个观点，他说："托罗兹基（托洛茨基——引者注）虽然已经'没落'，但他曾说，不含利害关系的文章，当在将来另一制度的社会里。我以为他这话却还是对的。"④ 可见，在鲁迅那里，阐释性马克思主义文学理论的分量也是相当重的。

将马克思主义文学理论与非马克思主义文学理论相混淆，在 20 世纪伊始至 30 年代初期马克思主义文学理论家那里也并非个别现象。这一阶段马克思主义文学理论的翻译传播，将苏联无产阶级文化派、拉普派的文学思想当成马克思主义文学思想译介到中国，并对中国马克思主义文学理论研究产生了极大影响。特别是"1928 年至 1929 年间，在中国文坛上出现了马克思主义文学艺术观夹杂着某些无产阶级文化派的文化艺术观的一次大宣传与大爆发"。在成仿吾的《从文学革命到革命文学》（《创造月刊》第 1 卷第 9 期，1928 年 2 月 1 日）、蒋光慈的《关于革命文学》（《太阳月刊》第 2 期，1928 年 2 月）、李初梨的《怎样

---

① 童庆炳主编：《20 世纪中国马克思主义文艺理论研究》，北京大学出版社 2012 年版，第 113 页。
② 鲁迅：《鲁迅全集》第 4 卷，人民文学出版社 2005 年版，第 65 页。
③ 同上书，第 101 页。
④ 同上书，第 113 页。

地建设革命文学》(《文化批判》第 2 号,1928 年 2 月 15 日)等文章里,"文学被直截了当地宣布为宣传,是意识形态的一种,是阶级意愿的反映,是阶级的文学,而且所谓革命文学只能是无产阶级的文学,它的所谓组织社会生活的功能就是被当做阶级斗争的武器的能力。这里当然有马克思主义的文学思想,但又强烈地映照出了……苏俄初期无产阶级文化派和后来岗位派、拉普派的文化艺术思想"①。特别需要指出的是,长期被认为最早倡导无产阶级艺术的优秀论文——茅盾的《论无产阶级艺术》,与波格丹洛夫的《无产阶级艺术的批评》在诸多方面存在着相似性,留下了无产阶级文化派的深深印痕,尤其是在倡导无产阶级艺术纯而又纯这一点上,表现得十分明显。②

三 态度的情绪性

20 世纪伊始至 30 年代初期,一些马克思主义文学理论家对建设无产阶级的新文学,有着很高的热情甚至是充满了激情,"尤其是 1927 年轰轰烈烈的大革命失败后,大批知识分子从四面八方云集上海。他们中有的来自战火硝烟的战场,带着复仇与激情;有的来自国外,曾感受着国际无产阶级革命文学的浪潮的冲击,为了适应革命形势的剧变,响应世界范围内的无产阶级革命文学运动,革命文学的倡导与实践势在必行"③。他们所发表的关于革命文学的论文,字里行间都迸发出火热的感情。然而,他们对无产阶级的革命文学却缺少冷静的思考,尤其是对无产阶级的革命文学与"五四"新文化运动所倡导的新文学之间的关系,对"五四"新文化运动中出现的一些著名作家的评价都缺少科学的态度,表现出十分浓厚的情绪性。其主要表现一是否定了"五四"文学与无产阶级文学的联系,二是否定了"五四"时期的一批优秀作家。

---

① 钱中文、刘方喜、吴子林:《自律与他律——中国现当代文学论争中的一些理论问题》,北京大学出版社 2005 年版,第 49 页。

② 陈建华:《二十世纪中俄关系》,高等教育出版社 2002 年版,第 112—113 页。

③ 刘勇、杨志、李春雨主编:《马克思主义与 20 世纪中国文学》,百花洲文艺出版社 2006 年版,第 107 页。

无产阶级的革命文学与"五四"文学有无关系呢？如果从两种文学的追求看，有着根本的区别："五四"文学是强调以人为旨归，立人为目的的"人的文学"；而无产阶级的革命文学却是以革命为旨归，斗争为目的的"阶级的文学"。但从两种文学发展的历史进程看，二者有着密切的关联。从封建的贵族文学到无产阶级的革命文学，中间的过渡是"五四"时期以立人为目的的人的文学，换句话说，"五四"文学是革命文学的前奏。"五四"文学在许多方面已经孕育了革命文学的因素。如"五四"文学强调写小人物，所谓小人物主要指生活于社会底层的下层人物，而无产阶级的革命文学强调的是写工农群众，工农群众仍然是生活于社会底层的下层人物，在这一层面上，无产阶级的革命文学已经同"五四"文学无法划清界限。20世纪伊始至30年代初期，一些马克思主义文学理论家提出了"革命文学是以被压迫的群众做出发点的文学"，"革命文学是反对个人主义的文学"[1]；"革命文学必然的是无产阶级文学"，"无产阶级文学是……以无产阶级的阶级意识，产生出来的一种斗争的文学"。[2] 并且将这种革命文学与"五四"以来的新文学完全对立，认为中国新文学中了"资产阶级文坛的病毒"，说"新文艺闹了已经十年，除了有几篇短篇还差强人意之外，到底有什么东西呢？"[3] 这些文学观念，"集中地体现了革命文学的根本性特征，体现了无产阶级意识的觉醒，是对五四以来'为人生'、'人的文学'等文学观念的突破"[4]。但同时，这些文学观念，也无视"五四"文学对革命文学的影响，割断了"五四"文学与无产阶级文学之间的联系，否定了"五四"文学的进步意义与历史贡献。

如何评价"五四"前后登上文坛的以鲁迅为代表的一批优秀作家，20世纪"革命文学"论争时期的部分马克思主义文学理论家是有失分

---

① 蒋光慈：《关于革命文学》，《太阳月刊》第2期，1928年2月。

② 李初梨：《怎样地建设革命文学》，《文化批判》第2号，1928年2月15日。

③ 麦克昂（郭沫若）：《桌子的跳舞》，《创造月刊》第1卷第11期，1928年5月1日。

④ 刘勇、杨志、李春雨主编：《马克思主义与20世纪中国文学》，百花洲文艺出版社2006年版，第113页。

寸的。由于他们激进的文学主张和偏执的阶级立场，导致其失去了科学的标准，对鲁迅、叶圣陶、茅盾等人进行了粗暴的批评与简单的否定。冯乃超《艺术与社会生活》（《文化批判》创刊号，1928 年 1 月 15 日）、《人道主义者怎样地防卫着自己？》（《文化批判》第 4 号，1928 年 4 月 15 日）、成仿吾《从文学革命到革命文学》（《创造月刊》第 1 卷第 9 号，1928 年 2 月 1 日）、李初梨《怎样地建设革命文学》（《文化批判》第 2 号，1928 年 2 月 15 日）、《请看我们中国的 Don Quixote 的乱舞——答鲁迅"醉眼"中的朦胧》（《文化批判》第 4 号，1928 年 4 月 15 日）、彭康《"除掉"鲁迅的"除掉"》（《文化批判》第 4 号，1928 年 4 月 15 日）、杜荃（郭沫若）《文艺战线上的封建余孽——批评鲁迅的〈我的态度气量和年纪〉》（《创造月刊》第 2 卷第 1 期，1928 年 8 月 10 日）、钱杏邨《死去的阿 Q 时代》（《太阳月刊》3 月号，1928；《我们月刊》创刊号，1928 年 5 月）等文章，对鲁迅进行了讽刺与批判，其语言十分尖刻，其态度极不友好。对于鲁迅本人，其评价是一个战战兢兢的恐怖病者。"对于布鲁乔亚氾是一个最良的代言人，对于普罗列塔利亚是一个最恶的煽动家！"① "是资本主义以前的一个封建余孽。资本主义对于社会主义是反革命，封建余孽对于社会主义是二重反革命。鲁迅是二重性的反革命的人物。以前说鲁迅是新旧过渡期的游移分子，说他是人道主义者，这是完全错了。他是一位不得志的 Fascist（法西斯蒂）"②。可以说，什么语言最能发泄心中的不满，他们就用什么语言；什么词汇最能刺痛对方的心，他们就选择什么词汇。对于鲁迅的创作，特别是其代表作《阿 Q 正传》更是彻底否定。"鲁迅的创作，我们老实的说，没有现代的意味，不是能代表现代的，他的大部分创作的时代是早已过去了，而且遥远了。"代表作《阿 Q 正传》，"根据文艺思潮变迁的形式去看，阿 Q 是不能放在五四时代的，也不能放在五卅

---

① 李初梨：《请看我们中国的 Don Quixote 的乱舞——答鲁迅"醉眼"中的朦胧》，《文化批判》第 4 号，1928 年 4 月 15 日。

② 杜荃（郭沫若）：《文艺战线上的封建余孽——批评鲁迅的〈我的态度气量和年纪〉》，《创造月刊》第 2 卷第 1 期，1928 年 8 月 10 日。

时代的，更不能放到现代的大革命的时代的……阿Q时代是早已死去了！我们不能专事骸骨的迷恋，我们把阿Q的形骸与精神一同埋葬了罢"[1]。同时，克兴《小资产阶级文艺理论之谬误——评茅盾君底〈从牯岭到东京〉》（《创造月刊》第2卷第5期，1929年9月10日）、李初梨《对于所谓"小资产阶级革命文学"底抬头——普罗塔利亚文学应该怎样防卫自己？》（《创造月刊》第2卷第6期，1929年1月10日）等文章，对茅盾及其文学作品进行了批判与否定，说茅盾的《幻灭》"对于革命的憧憬既幻灭了，又怕别人骂反革命，又不得不已把革命的招牌挂起；挂起了革命的招牌，仍旧是幻灭"。批评茅盾的《动摇》对于动摇的观察是根本错误的，除了"暴露他自身机会主义的动摇而外，是没有什么意义的"。指责茅盾的《追求》"更无容讲是暴露他自己缠绵幽怨激昂奋发的狂乱的混合物"[2]。另外，有人对叶圣陶的创作也进行了否定。

第三节　中国早期马克思主义文学理论的重要意义

中国早期马克思主义文学理论，作为中国文学理论史上的新观点、新学说，尽管存在着某些不足与缺陷，但在中国现代文学理论史上，其意义十分重要，影响十分深刻。中国早期的马克思主义文学理论，不仅对文学的诸多问题都作出了新的解答，而且其所涉及的论题还在以后的中国马克思主义文学理论中得到了继续研究；不仅给中国文学理论界提供了新的观念，而且为中国文学理论研究提供了新的范式，从而在多方面影响了中国文学理论的发展。

---

[1]　钱杏邨：《死去了的阿Q时代》，《太阳月刊》3月号，1928年；《我们月刊》创刊号，1928年5月。

[2]　克兴：《小资产阶级文艺理论之谬误——评茅盾君底〈从牯岭到东京〉》，《创造月刊》第2卷第5期，1929年9月10日。

一 促进了中国文学理论研究的转型

20 世纪伊始，中国学术的发展出现了第一次转型。"从文学理论的角度看，在晚清时期，梁启超和王国维为现代学术转型所做出的贡献是特别大的。其中梁启超的《论小说与群治之关系》（1902）和王国维的《论哲学家与美术家之天职》（1905）这两篇文章在观念上的更新可以视为中国文学理论现代性转型的一种标志。"① 这次转型的主要表现是："文学观念的转变"，"文体观念的转变"，"批判意识的勃兴"，"文论话语的转型"，"文学价值观的转型"。"文学观念的转变"表现为从封建正统文学观念转向民众中心观念；"文体观念的转变"表现为将小说文体看成雕虫小技的传统文学观念转向将小说视为"新民"、"新政"的重要文类的现代观念；"批判意识的勃兴"表现为运用西方科学、民主、进化思想批判中国传统文化；"文论话语转型"表现为从中国古代体验式的文论话语转向现代认识性的文论话语；"文学价值观的转型"表现为从中国古代的"教化说"、"载道说"转向现代以真、善、美为基础的价值论。②

20 世纪 20 年代初期至 30 年代初期，中国文学理论的发展发生了第二次转型。这次转型的主要标志是马克思主义文学理论的诞生，影响了中国文学理论研究范式的转变。

首先，马克思主义的唯物史观改变了中国文学理论的思维方式。马克思主义的唯物史观，是中国人最初了解的马克思主义的核心内容之一。"在 20 世纪初期，马克思主义是作为一种社会主义学说传入中国的，而主要思想则是唯物史观的有关内容。"在中国早期马克思主义者的理解中，"'唯物史观'就是马克思主义，就是社会主义的学说"③。马克思主义的唯物史观，也是最早与中国社会实践相结合的马克思主义

---

① 童庆炳等：《中国现代文学理论价值观的演变》，北京大学出版社 2005 年版，第 1 页。
② 同上书，第 2—12 页。
③ 王玉平：《马克思主义哲学在中国的理论嬗变》，中国社会科学出版社 2005 年版，第 39 页。

的重要内容之一。李大钊最早用唯物史观来"观察中国的历史和现实，探讨中国的命运和前途，思考和答解中国问题"①，包括对文学的社会功能、基本特征的思考和解答。从此，唯物史观成为了中国马克思主义文学理论家研究文学的主要思想方法。这种思想方法，主要体现"在哲学的意义上对文艺的性质做出明确的规定，阐明了文学的上层建筑性质，提出了'精神现象是物质的反映'的观点，指出文学与生活之间的反映与被反映的关系"②。20 世纪 30 年代以后的中国文学理论研究，基本上延续了这一思维方式。对文学理论中经济基础与上层建筑关系的思考，文学与生活关系的解读，文学功能与作用的说明，文学批评中的历史标准的界定，都贯穿了这一思维方式。

其次，马克思主义文学理论范畴改变了中国文学理论范畴体系。如果说，20 世纪中国文学理论第一次转型表现在文学理论范畴的变化上是用"艺术"、"写实"、"理想"、"改良"、"游戏"、"超功利"等具有启蒙意义的文学理论范畴，取代了"诗"、"载道"、"言志"、"缘情"、"教化"、"兴寄"、"美刺"、"礼乐"等具有古典意味的文学理论范畴，那么，20 世纪中国文学理论的第二次转型表现在文学理论范畴的变化上则是用"文学"、"生活"、"革命"、"政治"、"唯物"、"宣传"、"内容"、"形式"、"阶级性"等具有马克思主义色彩的文学理论范畴，取代了"艺术"、"写实"、"理想"、"改良"、"游戏"、"超功利"等具有启蒙意义的文学理论范畴。

最后，马克思主义文学理论改变了中国文学理论的价值标准。中国古代，文学的价值标准突出表现在文学对于封建礼教的维护功能，具体表现在"讽喻"与"教化"两个方面。所谓"讽喻"，就是"上以风化下，下以风刺上，主文而谲谏"，所谓"教化"，就是"经夫妇，成孝敬，厚人伦，美教化"（《诗大序》），这种文学价值标准一直延续到19 世纪末期。19 世纪末至 20 世纪初，梁启超提出的"诗界革命"、

① 何萍：《马克思主义哲学史教程》（下卷），人民出版社 2009 年版，第 847—848 页。
② 潘天强主编：《马克思主义文艺学》，复旦大学出版社 2005 年版，第 179 页。

"文界革命"、"小说界革命",对中国古代文学价值观产生了强烈冲击,中国古代的"讽喻"、"教化"文学价值观"开始了政治启蒙维度的现代转型"①,"这种转变的突出标志就是以真、善、美作为文学价值观的基础"②,而 20 世纪伊始至 30 年代初诞生的马克思主义文学理论,再一次改变了中国文学的价值标准,以文学的社会价值、宣传价值、阶级功利价值替代了文学的真、善、美价值观。李初梨于 1928 年提出的无产阶级文学的追求"第一,讽刺的,第二,暴露的,第三,鼓动的,第四,教导的",是这种文学价值观的代表性表述。③

二 确立了中国文学理论前行的方向

20 世纪早期的马克思主义文学理论,不仅促进了中国文学理论的转型,而且确立了中国文学理论未来的前行方向。一些早期马克思主义文学理论家的文学思想影响了后来许多文学理论家;一些早期马克思主义文学理论话题,在后来得到了进一步的深化和发展。

在 20 世纪早期中国马克思主义文学理论家中,瞿秋白是最重要的一员,也是对中国马克思主义文学理论,甚至整个中国文学理论影响最大的人之一。瞿秋白 20 世纪 20 年代末期至 30 年代初期在中国"文学园地中的理论和实践活动,对中国现代文学的建设和马克思主义文艺理论中国化做出了开创性的卓越的贡献,使他成为被公认的中国革命文学事业和中国化的马克思主义文艺理论的主要奠基者和开拓者之一"④。瞿秋白的文学思想不仅影响了周扬、胡风等马克思主义文学理论家及毛泽东的《在延安文艺座谈会上的讲话》,而且影响了中国现代文学批评和文学理论发展。瞿秋白作为"马克思主义文艺思想与中国特殊条件相结合的第一个中国人,他是第一个使马克思主义文艺思想'中国化'

---

① 童庆炳等:《中国现代文学理论价值观的演变》,北京大学出版社 2005 年版,第 19 页。
② 同上书,第 11 页。
③ 李初梨:《怎样地建设革命文学》,《文化批判》第 2 号,1928 年 2 月 15 日。
④ 朱立元等:《马克思主义文艺理论中国化研究》,经济科学出版社 2009 年版,第 54 页。

的人"①。他的"马克思主义文艺理论，在中国现代文艺思想史上占有十分重要的地位。他对文艺与社会生活的辩证关系、文艺的意识形态性和文艺大众化的理论阐发最为有力，影响很大，认识价值较高。在周扬等许多马克思主义文艺理论家的文论中，不难找到相当多类似瞿秋白的理论表述。胡风对中国古代文学的决绝态度，就与瞿秋白同声相应。'第三次文学革命'理论中所包含的文艺大众化思想，直接在江西苏区和以延安为中心的解放区的文艺实践中得到验证和深化。赵树理推崇汉字拉丁化方案，非常接近瞿秋白；而他的创作实绩，也雄辩地证明了文艺大众化的可行性。毛泽东《在延安文艺座谈会上的讲话》的某些观点，不能说与瞿秋白无关"②。瞿秋白评价鲁迅的文章《〈鲁迅杂感选集〉序言》，既是他本人运用马克思主义开展文学批评的代表性作品，又是中国现代文学批评史上的典范性批评文章，更是影响鲁迅研究几十年的经典之作。"瞿秋白的这篇序言，奠定了马克思主义的鲁迅学的基础，开辟了科学的认识鲁迅、评价鲁迅的道路。"③

20 世纪早期的马克思主义文学理论，其中的一些理论命题，引领了后来中国文学理论的走向，成为了后来中国文学理论的课题，并得到了深入研究和丰富发展。

首先，"革命文学"论争确立了马克思主义对文学研究的指导地位。在"革命文学"的论争中，虽然暴露出了诸多问题，其中最突出的问题是许多参与论争的人，都比较缺乏马克思主义的理论修养，不能以马克思主义的立场、观点和方法去分析文学问题，去论述革命文学的性质、任务和发展，甚至将一些非马克思主义的观点当成马克思主义去对待和应用。但是"'革命文学'论争促使双方加强了对马克思主义艺术理论的学习和介绍，并对在此之前中国已宣称的马克思主义艺术思想

---

① ［美］保罗·皮科威兹：《书生政治家——瞿秋白曲折一生》，谭一青、季国平译，中国卓越出版公司 1990 年版，第 223 页。

② 黄曼君主编：《中国近百年文学理论批评史》（1895—1990），湖北教育出版社 1997 年版，第 545 页。

③ 童庆炳主编：《20 世纪中国马克思主义文艺理论研究》，北京大学出版社 2012 年版，第 102 页。

进行了一次严肃讨论。也正因为经过'革命文学'论争，中国左翼文艺界才逐渐确立了马克思主义的指导地位，历史唯物主义和辩证唯物主义成为创立中国革命艺术理论的指导思想"①。

其次，文学大众化讨论为毛泽东的工农兵方向提供了理论资源。在20世纪中国文学理论发展史上，文学大众化思想孕育于晚清出现的"启民"文学思潮。文学大众化讨论可以分为三个阶段，每个阶段文学大众化的含义都不尽相同，因此，文学大众化又可以分为三种不同的类型。第一阶段是1902年至1927年，启蒙式的文学大众化讨论。这次文学大众化讨论，"发端于1902年梁启超提出的'新民说'和'小说界革命'的口号，终止于1927年底开始酝酿的'革命文学'论战，经过了政治启蒙和思想启蒙两个明显的阶段，是'文学大众化'论争的初始化。"第二阶段是1928年至1937年，革命式的文学大众化讨论。这次讨论，"起源于1928年的'革命文学'论战"，终止于1937年的"文学大众化"论争。论争中涉及的主要话题有文学为谁服务、怎样服务、文学形式如何大众化等，重点是"如何以文学的方式促使普通大众走上革命之路"。这次讨论促进了文学大众化从理论探讨向创作实践的转移。第三阶段是1938年至1945年，救亡式的文艺大众化论争。重点是"如何以文学的方式引导普通大众投身于抗日救亡的历史洪流之中"，涉及的主要问题是"民族形式"问题。这次论争伴随了八年抗战的全过程。② 在这三次文学大众化论争中，第二次和第三次有较为紧密的联系，第二次所讨论的问题及其成果，为第三次讨论提供了话题与资源。第二次讨论所提出的文学为大众服务："艺术决不能为少数者所私有，决不能只作少数特权者底生活和感情的面镜"，"艺术若不到多数者底大众里面去，它底根本便不能成立"③；"不是群众应该给文学家服务，而是文学家应当给群众服务。不要只想群众来捧角，来请普罗文学导师指导，而要去向群众唱一出'莲花

① 宋建林、陈飞龙主编：《中国马克思主义艺术理论发展史》，生活·读书·新知三联书店2011年版，第44页。
② 郭国昌：《二十世纪中国文学的大众化之争》，百花洲文艺出版社2006年版，第2页。
③ 独清：《新的开场》，《创造月刊》1928年第2卷第1期。

落'……受群众的教训"①。所论述的文学怎样为大众服务：表现"民众几十年来所蕴藏的反抗意识"，"喊出全中国四百兆人人人心中的痛苦和希望"②。所主张的作家与大众的结合：到人民大众中去，使自己的思想立场达到方向转换，克服自己"小资产阶级的恶劣的根性"，"努力获得阶级意识"③，"到群众中间去学习……去观察，了解，经验那工人和贫民的生活和斗争，真正能够同着他们一块儿感觉到另外一个天地。要知道：单有无产阶级的思想是不够的，还要会象无产阶级一样去感觉"④。所提供的文学语言大众化：用"旧小说式的白话"，因为"旧小说的白话比较的接近群众，而且是群众读惯的"⑤；"文字上力求其显浅易懂"⑥。第二次文学大众化论争所探讨的这些问题，都在第三次文学大众化论争中得到了继续关注与深入讨论，成为了"后来毛泽东文艺为工农兵服务思想的最直接的理论来源"⑦。

最后，强调内容分析在先形式分析在后，是"政治标准第一，艺术标准第二"的源头。20 世纪早期马克思主义文学批评观念，也对后来的文学批评理论与实践产生了重要影响。马克思主义文学理论，由于比较注重文学的阶级性、政治性、功利性，表现在文学批评上，也倾向于将文学的内容分析置于首位，形式分析放在后面。李初梨 1928 年发表的《普罗列塔利亚文艺批评底标准》一文就明确主张意识分析在前，形式分析在后。他说："当我们批评一种文艺作品的时候，在检查它的结构或技巧成功与否以前，应该先分析这个作品是反映着何种的意识。"⑧ 瞿秋白对鲁迅的评论也基本上体现了这一倾向。他在《〈鲁迅杂

---

① 瞿秋白：《瞿秋白文集》第 1 卷，人民文学出版社 1985 年版，第 484 页。

② 沈泽民：《我们需要怎样的文艺——对〈小说月报〉西蒂君的话的感想》，《民国日报》副刊《觉悟》1924 年 4 月 28 日。

③ 石厚生（成仿吾）：《从文学革命到革命文学》，《创造月刊》1928 年第 1 卷第 9 期。

④ 瞿秋白：《瞿秋白文集》第 1 卷，人民文学出版社 1985 年版，第 481 页。

⑤ 瞿秋白：《瞿秋白文集》第 3 卷，人民文学出版社 1985 年版，第 16 页。

⑥ 林伯修：《一九二九急待解决的几个关于文艺的问题》，《海风周报》1929 年第 12 期。

⑦ 宋建林、陈飞龙主编：《中国马克思主义艺术理论发展史》，生活·读书·新知三联书店 2011 年版，第 51 页。

⑧ 李初梨：《普罗列塔利亚文艺批评底标准》，《我们月刊》第 2 期，1928 年 6 月 20 日。

感选集〉序言》中，首先肯定的是鲁迅的杂感"是一种'社会论文'——战斗的'阜利通'（feuilleton）"①，"他的深刻的对于社会的观察，他的热烈的对于民众斗争的同情"。然后，分析了鲁迅杂感的艺术表现："历年的战斗和剧烈的转变给他许多经验和感觉，经过精炼和融化之后，流露在他的笔端。"② 鲁迅的文学批评标准，也体现了内容优先、形式次之的特点，具体地说，他的批评标准"一是要符合人民大众的利益，二是要符合社会生活的实际，三是要符合艺术的规律"③。在一定意义上可以说，这些早期马克思主义文学理论家思想内容先于艺术技巧的批评观念和批评实践，是后来毛泽东所提出的"政治标准第一，艺术标准第二"的理论源头，换个角度说，毛泽东关于"政治标准第一，艺术标准第二"是对早期马克思主义文学理论家思想内容先于艺术技巧批评观念与批评实践的继承与发展。

三　隐含了中国文学理论发展中的问题

早期中国马克思主义文学理论，由于受到历史条件的限制和革命斗争需要的影响，出现了一些问题和偏颇。这些问题和偏颇，在后来的中国文学理论中不但没有被克服和纠正，反而被进一步放大和发展，成为 20 世纪中国文学理论中的问题和偏颇。早期马克思主义文学理论中的问题与偏颇较多，有的学者将其归纳为六个方面："文学与其他意识形态等同论"、"创作方法与世界观简单等同论"、"倡导题材决定论"、"'写群像'论"、"艺术不必追求技巧论"、"庸俗的阶级分析方法"。④ 就对中国文学理论发展影响最大的问题来看，主要有以下三个方面。

首先，早期马克思主义理论家所建立的阶级斗争文学观，影响了 20 世纪中后期中国文学理论中斗争论的发展。早期马克思主义文学理

---

① 瞿秋白：《瞿秋白文集》第 3 卷，人民文学出版社 1985 年版，第 96 页。

② 同上书，第 116 页。

③ 童庆炳主编：《20 世纪中国马克思主义文艺理论研究》，北京大学出版社 2012 年版，第 125 页。

④ 宋建林、陈飞龙主编：《中国马克思主义艺术理论发展史》，生活·读书·新知三联书店 2011 年版，第 63 页。

论，比较强调文学的阶级性，强调文学在阶级革命和阶级斗争中的地位和作用，认为文学家"只是自己所属的阶级的代言人"①，"文学，与其说它是社会生活的表现，毋宁说它是反映阶级的实践的意欲"②，"文艺是阶级的勇猛的斗士之一员，而且是先锋。他只有愤怒，没有感伤。他只有叫喊，没有呻吟。他只有冲锋前进，没有低徊。他只有手榴弹，没有绣花针。他只有流血，没有眼泪"③。中国早期马克思主义文学理论家，"在马克思主义的指导下，初步建立了阶级斗争的文学观。这种文学观把文学视为社会意识形态之一，确认文学与无产阶级斗争、无产阶级政治的紧密关系，大力张扬文学的阶级性、党性原则，宣扬文学要积极地反映生活、认识生活和批评生活，'影响生活'，以促进现实的革命变革……应该说，这对于推动文学的建设，是起到积极作用的"④。即使这种阶级斗争文学观存在着某些偏颇，但是在阶级斗争激烈的时代也是可以理解，可以原谅的。然而，在阶级斗争已经缓和的和平时代，这种阶级斗争文学观应作相应的调整，特别是对其偏颇之处，更应及时加以纠正。遗憾的是，阶级斗争文学观并没有得到调整，其偏颇与问题被进一步放大，甚至发展成了"文艺是阶级斗争的工具"理论，这种偏颇就不可理解，也不可原谅了。

其次，早期马克思主义文学理论家所倡导的"新文以载道论"，影响了20世纪中后期文学理论中工具论的发展。中国古代文学理论的一大特点就是主张文学的教化作用和对社会的维护功能，强调"文以载道"。这种载道论一直延续到了19世纪末20世纪初。20世纪初期所发生的"五四"运动，表现在文学主张上就是强调"为人生"的文学或者"为艺术而艺术"，对传统的载道论文学观产生了强烈的冲击，起到了瓦解作用。但中国早期马克思主义文学理论家又提出了新的载道论：

---

① 冯乃超：《艺术与社会生活》，《文化批判》创刊号，1928年1月15日。
② 李初梨：《怎样地建设革命文学》，《文化批判》第2号，1928年2月15日。
③ 麦克昂（郭沫若）：《桌子的跳舞》，《创造月刊》第1卷第11期，1928年5月1日。
④ 钱中文、刘方喜、吴子林：《自律与他律——中国现当代文学论争中的一些理论问题》，北京大学出版社2005年版，第65页。

要求文学成为无产阶级革命的工具，声称文学是宣传的机器，认为，无产阶级作家"是'为革命而文学'不是'为文学而革命'"；无产阶级的作品"是'由艺术而武器，到武器而艺术'"①。"文艺——广泛地说起来——都是煽动和宣传，有意的无意的都是宣传。文艺也永远是，到处是政治的'留声机'。"②尽管这种新的载道论，特别是其偏颇之处，也引起了少数马克思主义文学理论家的重视，并试图加以纠正，如鲁迅就对一切文艺是宣传的观点进行了补充，提出了一切宣传并非都是文艺，从而使人们对文艺功能的认识更加全面。但是，这种偏颇并没有得到根本的改观，而且随着后来民族革命和阶级革命运动的发展，特别是中华人民共和国成立之后阶级斗争扩大化的影响，这种偏颇进一步扩大，最终形成了文学为政治服务，甚至为当前的政策服务的错误理论。

再次，早期马克思主义文学理论审美意识的薄弱，影响了 20 世纪中后期文学理论发展中的非审美化倾向。中国早期马克思主义文学理论，在整体上，根本上"表现为审美意识的缺席，即对文学的情感及形象的漠视，而其中更为根本的是人道主义精神的缺失"与艺术技巧的轻视。③当然，这种审美意识的缺席，并不是说中国早期马克思主义文学理论家中没有人提到过审美问题，没有人涉及过文学情感。如李大钊在《什么是新文学》中就说过"我们所要求的新文学，是为社会写实的文学，不是为个人造名的文学；是以博爱心为基础的文学，不是以好名心为基础的文学；是为文学而创作的文学，不是为文学本身以外的什么东西而创作的文学"④。沈泽民在《文学与革命的文学》中也强调过诗人"必须是具有对人类的绝大的同情心的人"，"诗人于忠厚的性格之外，必须具有绝伟大绝细腻的人格，然后加以表现的天才，技术的修养才可以成为一个诗人"⑤。他们二人强调了与文学审美意识相关联

---

① 李初梨：《怎样地建设革命文学》，《文化批判》第 2 号，1928 年 2 月 15 日。
② 瞿秋白：《瞿秋白文集》第 3 卷，人民文学出版社 1985 年版，第 67 页。
③ 庄锡华：《中国现代文论家论》，光明日报出版社 2006 年版，第 8 页。
④ 李大钊：《李大钊文集》第 3 卷，人民出版社 2006 年版，第 129 页。
⑤ 沈泽民：《文学与革命的文学》，《民国日报》副刊《觉悟》1924 年 11 月 6 日。

的"博爱心"、"为文学而文学"、"人格"、"天才"、"技术"。但从中国早期马克思主义文学理论的总体趋势和根本特点上看，审美意识相当微弱，大多数马克思主义文学理论家对文学没有审美要求，更强调为革命而文学。陈独秀在《文学革命论》中主张"今欲革新政治，势不得不革新盘踞于运用此政治者精神界之文学……以此而求革新文学，革新政治"①。瞿秋白在《普洛大众文艺的现实问题》中，提出文学创作的目的是"为着时事，为着大事变而写"，文学的作用在于"在情绪上去统一团结阶级斗争的队伍，在意识上在思想上，在所谓人生观上去武装群众"，在该文中，瞿秋白所推崇的作品有三类：第一类是为着鼓动宣传而写的作品；第二类是为着组织斗争而写的作品；第三类是为着理解阶级制度下的人生而写的作品。在全文中，瞿秋白很少谈到普罗文学的艺术性和审美意识，也没有提到审美类型的作品。即没有给文学审美留下立足之地。② 邓中夏在《贡献于新诗人之前》中甚至将欣赏自然、"讴歌恋爱"的文学家看成是干"没志气的勾当"之事；将"怡性陶情"的文学作作品看成是"不问社会的个人主义"。③ 在这里，审美的文学是被排斥的，文学的审美意识是不被重视的。早期马克思主义文学理论审美意识薄弱的这种倾向，在后来的中国文学理论中，特别是在马克思主义文学理论中没有得到纠正，而且愈演愈烈，从 20 世纪 40 年代到 70 年代末，文学的审美意识及与文学审美意识相关的情感、人道主义、艺术表现等几乎成为理论禁区，致使这段时期的文学理论走上了非审美的道路。这一理论禁区到改革开放后才被突破，非审美化倾向直到 20 世纪 70 年代末 80 年代初才得以纠正。

---

① 陈独秀：《陈独秀著作选编》第 1 卷，上海人民出版社 2009 年版，第 291 页。
② 瞿秋白：《瞿秋白文集》第 1 卷，人民文学出版社 1985 年版，第 472—475 页。
③ 中夏：《贡献于新诗人之前》，《中国青年》1923 年第 10 期。

第二章

马克思主义文学理论与 20 世纪
中国文学理论体系的建构

　　20 世纪 30 年代中期至 40 年代末期，既是马克思主义文学理论在中国的系统传播期，又是中国马克思主义文学理论的发展成熟期，还是中国现代文学理论体系的建构期。在马克思主义文学理论的翻译传播方面，马克思主义经典作家的文学理论基本上都译成中文出版，有的著作还出现了多种译本，这为中国文学理论体系的建构提供了丰富的理论资源；在中国马克思主义文学理论发展方面，涌现出了以周扬、胡风、冯雪峰、毛泽东、蔡仪等为代表的一批马克思主义文学理论家，他们将马克思主义文学理论与中国文学实践相结合，促进中国马克思主义文学理论走向了成熟，并为中国文学理论体系建构提供了直接的理论成果；在中国现代文学理论体系建构方面，经历了从范畴系统的形成到基本框架确立再到理论体系建构的发展历程，初步建构了完整的中国现代文学理论体系。

第一节　20 世纪中国文学理论
范畴系统的形成

　　"范畴作为'帮助我们认识和掌握自然现象之网的网上纽结'，反映了人们对客观世界认识和掌握的不同方面和不同阶段。就是说，文学观念的创新，也往往表现为范畴体系的创新，理论创新的路径，首先依赖的是'术语革命'。"① 20 世纪中国文学理论体系的建构，同样首先依赖其文学理论范畴的变革。20 世纪 30 年代中期至 40 年代末期，中国现代文学理论体系中主要形成了以下不同于中国古代文学理论的范畴系统。

一　文学本质范畴系统的构成

文学的本质，是 20 世纪 30 年代中期至 40 年代末期中国马克思主义文学理论所关注的核心问题，也是 20 世纪中国现代文学理论的第一要素，几乎所有的文学理论家和文学理论著作都会涉及这个问题。文学本质研究的重点是文学是什么、文学与社会生活的关系、文学的产生与发展规律等，文学本质问题涉及的主要范畴有"社会生活"、"意识形态"、"继承革新"等。

"社会生活"，在 20 世纪中国现代文学理论中，具有三个方面的含义。第一，社会生活是文学创作的源泉。如以下观点"文学从生活中产生，离了生活，就不能有文学"②，"人民生活中本来存在着文学艺术原料的矿藏，这是自然形态的东西，是粗糙的东西，但也是最生动、最丰富、最基本的东西；在这点上说，它们使一切文学艺术相形见绌，它们是一切文学艺术的取之不尽、用之不竭的唯一的源泉。这是唯一的源泉，因为只能有这样的源泉，此外不能有第二个源泉"③。第二，社会生活是文学作品反映的对象。"文艺是反映生活的"，"文艺底内容是从实际生活中取来"。④ "文学，和科学，哲学一样，是客观现实的反映和认识。"⑤ 第三，社会生活是文学价值的体现对象。文学的价值是"帮助读者认识生活和改造生活"⑥。

"意识形态"，是 20 世纪中国现代文学理论中的一个重要范畴，主

---

① 董学文、金永兵等：《中国当代文学理论》（1978—2008），北京大学出版社 2008 年版，第 39 页。
② 周扬：《周扬文集》第 1 卷，人民文学出版社 1984 年版，第 372 页。
③ 《毛泽东选集》第 3 卷，人民出版社 1991 年版，第 860 页。
④ 胡风：《胡风评论集》（上），人民文学出版社 1984 年版，第 275 页。
⑤ 周扬：《周扬文集》第 1 卷，人民文学出版社 1984 年版，第 58 页。
⑥ 冯雪峰：《冯雪峰选集》（论文编），人民文学出版社 2003 年版，第 460 页。

要用于对文学本质的界定以及文学与社会生活关系的说明。文学意识形态论认为，物质和存在是第一性的，精神和意识是第二性的，文学作为精神产品和意识形式，是社会生活在作家头脑中的反映，在这个意义上，文学是一种意识形态，或称之为特殊的意识形态。文艺是从生活中产生出来的，"在某种社会里产生的作品，它所反映的当然是那个社会底生活，那个社会底特定的风貌，特定的色彩，特定的性格"。但同时，"文艺站在比生活更高的地方"，"文艺并不是生活底复写，文艺作品所表现的东西须得是作家从生活里提炼出来，和作家底主观活动起了化学作用以后的结果。文艺不是生活底奴隶，不是向眼前的生活屈服，它必须站在比生活更高的地方，能够有把生活向前推进的力量"。① 在阶级社会和政治斗争复杂的时代，作为意识形态的文学，就应当"于群众之大多数有所裨益，应当成为革新政治的一种工具"②。

"继承革新"，在 20 世纪中国文学理论中一直是一个热门话题，从20 世纪 20 年代末期引发的文艺大众化论争到 40 年代的文学民族形式问题讨论，继承与革新都是一个重点讨论的领域。关于继承与革新的讨论，主要涉及三个方面的问题。在文艺大众化讨论中，讨论的重点是如何利用过去文学传统中民间文艺的有益成分和大众化的语言，来为人民大众服务。如瞿秋白主张利用白话小说中的某些有益因素和浅近的语言来创造大众能接受的文艺作品。冯雪峰主张利用"大众文艺的旧形式，创造革命的大众文艺，即内容是革命的小调，唱本，连环图画，说书等等"③。在民族形式问题的讨论中，侧重于如何利用旧形式来表现新内容，即旧形式与新内容共存，"旧瓶装新酒"。鲁迅认为，建立新的民族形式的文学，应当继承和改革旧形式，对"旧形式是采取，必有所删除，既有删除，必有所增益，这结果是新形式的出现，也就是变

---

① 胡风：《胡风评论集》（上），人民文学出版社 1984 年版，第 281—300 页。
② 周扬：《周扬文集》第 1 卷，人民文学出版社 1984 年版，第 236 页。
③ 洛扬（冯雪峰）：《论文学的大众化》，《文学》半月刊第 1 卷第 1 期，1932 年 4 月 25日。

革"①。周扬认为，"旧形式之为抗战政治宣传的一种必要而又有力的武器"②，但由于旧形式中也有某些问题，"民族新形式之建立，并不能单纯依靠于旧形式"，③"利用旧形式也并不是停止于旧形式，保存旧形式的整体，而正是要在艺术上思想上加以改造，在批判地利用和改造旧形式中创造出新形式"。④ 在对待外国文学作品的讨论中，侧重于以什么态度去对待外国文学遗产，用什么方式去吸收外国文学作品。20 世纪 30 年代中期至 40 年代末期，代表性的观点有鲁迅的"拿来主义"、周扬的"不徒以皮毛而了解精神"、胡风的"从生活和作品去理解"等。鲁迅的"拿来主义"认为，对待外国文学作品"我们要运用脑髓，放出眼光，自己拿来"，在拿来的过程中，先是"占有"，后再"挑选"，其态度是"沉着，勇猛，有辨别，不自私"，这样，外国文学作品就能成为"新文艺"的养料。⑤ 周扬强调"中国新文学运动是以西洋文学的输入而开始的"，学习西方文学，"不徒以西洋的皮毛为满足，而必须了解西洋的精神，要撷取别国之所长，来补救己国之所短"。⑥ 胡风指出，对于外国作家，"既不是直线地接受他的'思想'，但也不是机械地学习他的'形式'，我们应该从他的生活和作品去理解，他在当时的历史限制下面怎样地接触了现实生活，怎样地从社会的真实创造了艺术的真实，他的作品底哪一些要素在文学史上寄与了积极的意义，由这来提高我们对于生活与艺术的关联的理解，提高我们的艺术认识和艺术创造的能力"⑦。

二　文学创作范畴系统的构成

文学创作，作为文学活动的中心环节，同样是 20 世纪 30 年代中期

---

① 鲁迅：《鲁迅全集》第 6 卷，人民文学出版社 2005 年版，第 25 页。
② 周扬：《周扬文集》第 1 卷，人民文学出版社 1984 年版，第 293 页。
③ 同上书，第 304 页。
④ 同上书，第 295 页。
⑤ 鲁迅：《鲁迅全集》第 6 卷，人民文学出版社 2005 年版，第 40—41 页。
⑥ 周扬：《周扬文集》第 1 卷，人民文学出版社 1984 年版，第 269 页。
⑦ 胡风：《胡风评论集》（上），人民文学出版社 1984 年版，第 86 页。

至 40 年代末期中国马克思主义文学理论所关注和讨论的重要课题；文学创作论是 20 世纪中国现代文学理论中的一个重要组成部分。文学创作研究的主要内容有文学创作的特点，文学创作的方法，文学创作的要求等。文学创作研究所涉及的主要范畴有"形象"、"典型"、"创作方法"等。

　　"形象"是 20 世纪文学理论中的一个重要范畴，"形象"一词在 20 世纪文学理论中包括三层意思。一是指文学反映生活的特点。作为社会意识形态构成要素之一，文学同哲学、宗教、伦理学等一样，都是社会生活的反映，但文学与哲学、宗教、伦理学相比，它作为一种特殊意识形态的基本特点是什么？ 20 世纪 30 年代中期至 40 年代末期，文学理论界比较一致的看法是文学的基本特点是用形象反映社会生活，即以具体生动、鲜活感人的形象反映客观世界。周扬早在 20 世纪 30 年代就认识到了这一点，他指出："文学，和科学，哲学一样，是客观现实的反映和认识，所不同的，只是文学是通过具体的形象去达到客观的真实的。"① 差不多在同一时期，胡风也表达了相近的观点："艺术和科学相同，'为的是表现客观的真理'，所以它所概括的是社会的物事；但艺术和科学不同，它里面的真理是通过感像的个体（this one）表现出来的，所以艺术里面社会的物事须得通过个人的物事，须得个人的物事给以温暖，给以血肉，给以生命。"② 到 40 年代初，冯雪峰进一步强调了这一观点，他说："从'艺术是客观的现实的反映'这一真理出发"，"形象性为艺术的根本的特性"。同时，艺术也是"进行着诗的创造去把握客观现实的真实"③。二是指文学思维的方式。文学与哲学、宗教、伦理学反映生活的不同特点，又是为二者不同的思维方式所决定的。如果说，作为以概念体系反映生活的哲学、宗教、伦理学主要是用抽象思维的话，那么，作为以形象体系反映生活的文学则主要用形象思维。文学的这一思维特点，在 20 世纪 30 年代中期至 40 年代末期的中国文学

---

① 周扬：《周扬文集》第 1 卷，人民文学出版社 1984 年版，第 58 页。
② 胡风：《胡风评论集》（上），人民文学出版社 1984 年版，第 304 页。
③ 冯雪峰：《冯雪峰选集》（论文编），人民文学出版社 2003 年版，第 96—97 页。

理论界，许多理论家都有所认识。周扬认为，形象思维是艺术特殊性的表现，也是塑造艺术形象的要求。他说："艺术的特殊性——就是'借形象的思维'；若没有形象，艺术就不能存在。"① 胡风也强调，艺术有着特殊的目的，艺术家有着特殊的本领，他说："感觉世界才是艺术底目的，'形象底思索'才是艺术家底本领。"② 冯雪峰虽然没有直接说形象思维这个词，但他也强调了艺术创作中感性与感觉的重要性，他说："艺术的形象，自然以感觉和感性为基础，以赋有感性为必要"；"在艺术，直接的经验广阔与否及感觉的敏锐和真切与否，是决定艺术和艺术形象的真实的深浅和生命的贫富的关键之一。"③ 三是指文学作品中的具体人物，如鲁迅《阿 Q 正传》中的阿 Q 形象、《孔乙己》中的孔乙己形象，茅盾《子夜》中的吴荪甫形象、《幻灭》中的静女士形象等。

"典型"是马克思主义文学理论中的一个重要概念，也是现实主义文学理论的重要组成部分，在 20 世纪中国文学理论中占有特殊的位置，从 20 世纪 30 年代到 90 年代，有关典型的讨论持续了半个多世纪。1935 年至 1936 年，胡风与周扬就典型的内涵、典型与类型的区别、典型普遍性与特殊性的关系展开了争论。胡风在《什么是"典型"与"类型"》中认为，所谓"典型"，就是"伟大的现实主义作家们"所写出的成功的"特殊的人物"，"也就是恩格斯所说的典型的环境里面的典型的性格"。"典型"包括了五层意义："第一，它含有普遍的和特殊的这两个看起来好象是相互矛盾的观念。然而，所谓普遍的，是对于那人物所属的社会群里的各个个体而说的；所谓特殊的，是对于别的社会群或别的社会群里的各个个体而说的。""第二，说是从一个特殊社会群里的各个个体里面抽出共同的特征来，那意思是说，得从现象里面剔去偶然的东西，把社会性的必然的特征熔铸在他的人物里面。""第三，所谓综合或艺术的概括，却是有一定的条件即历史的界限的。""第四，所以，一个文学上的典型同时一定是这个人物所由来的社会的

---

① 周扬：《周扬文集》第 1 卷，人民文学出版社 1984 年版，第 105 页。
② 胡风：《胡风评论集》（上），人民文学出版社 1984 年版，第 226 页。
③ 冯雪峰：《冯雪峰选集》（论文编），人民文学出版社 2003 年版，第 102 页。

相互关系之反映。""第五，……前进的有能的作家能在社会生活里面发见还在萌芽状态里的新的性格来，给以艺术的概括，送到一般人底面前，因而被看成了'时代底预言者'。"① 周扬在《典型与个性》一文中，对胡风的观点提出了异议。周扬认为，"在'人的本质是社会关系的总和'这个意义之下，人总是群体的人，各个人具有群体的共同性，但是在同一个群体的界限里面，各个人对于现实的各方面有各种各样的接近和体验，因此虽是群体的利害的表现者，但是各个人的性格却是沿着不同的独特的方向而发展的"。"一个典型应当同时是一个活生生的个体。"② 胡风与周扬的相同点在：都承认典型是普遍性与特殊性，共同性与个体性的统一，但胡风更强调普遍性、共同性，周扬更注重特殊性、个体性。1940 年，冯雪峰发表的《论典型的创造》一文，虽然也谈了典型的内涵与特点，但他更突出如何创造典型："典型艺术创造的命题，不是为了使典型人物有生气而用个人的物事去弥补，却是要使典型人物更有生命而将个人的物事变成为社会的，典型的，凸出的物事。"③ 40 年代，蔡仪、毛泽东等都谈到了典型问题。中华人民共和国成立之后关于典型问题的讨论，基本上都延续了 30—40 年代的命题和观点，在这个意义上，30—40 年代胡风、周扬、冯雪峰有关典型的论述，基本上奠定了中国现代文学理论中典型理论的基础和地位。

"创作方法"也是 20 世纪文学理论中的一个重要概念，"20 世纪 30 年代之前'创作方法'这个概念主要出现在前苏联，是当时苏联文艺界在围绕'如何确定苏联的新的文学特质'这一问题的讨论中逐渐明确和提出来的"④。30 年代至 40 年代，对创作方法的讨论主要围绕着"辩证唯物主义创作方法"和"社会主义现实主义创作方法"展开。1928 年"拉普"提出了"辩证唯物主义创作方法"，1934 年遭到批判，并以"社会主义现实主义"取代了"辩证唯物主义创作方法"。苏联关

---

① 胡风:《胡风评论集》（上）人民文学出版社 1984 年版，第 96—99 页。
② 周扬:《周扬文集》第 1 卷，人民文学出版社 1984 年版，第 163—164 页。
③ 冯雪峰:《冯雪峰选集》（论文编），人民文学出版社 2005 年版，第 87 页。
④ 李心峰主编:《20 世纪中国艺术理论主题史》，辽海出版社 2005 年版，第 265 页。

于创作方法的讨论，迅速影响到中国左翼文艺界，并在中国左翼文艺界引起了热烈的讨论。中国的马克思主义文学理论家周扬、胡风、冯雪峰等都参与了讨论。到 30 年代中期至 40 年代末期中国马克思主义文学理论家谈论最多的是"现实主义"创作方法。1936 年，周扬发表了《现实主义试论》，胡风出版了《文学与生活》《现实主义的一"修正"》。1948 年，胡风出版了《论现实主义的路》。周扬在《现实主义试论》中论述了"现实主义的根源与发展"，"现实主义与浪漫主义的"互相错综、渗透和融合，"创作方法与世界观"的关系，现实主义的本质与追求。① 胡风的《文学与生活》虽然没有专论现实主义，但所提出的"文艺是从生活中产生出来的"，"文艺是反映生活的"，"文艺站在比生活更高的地方"等命题，都是现实主义创作方法的重要内容。② 《现实主义的一"修正"》重点论述了现实主义创作中的典型塑造问题，重申了典型的普遍性与特殊性的关系。③ 《论现实主义的路》重点探讨了作家如何才能和人民相结合，文艺怎样为大众服务，作家怎样深入生活，创作中主观与客观的关系等问题。④ 由于现实主义既是马克思主义文学理论中的核心范畴，又在 20 世纪中国文学创作实践中取得了突出成就，在 30—40 年代的中国文学理论中几乎成为了创作方法的代名词，并在中国现代文学理论体系中占据了一席重要位置。

三　文学作品范畴系统的构成

文学作品，是文学创作活动的最终成果，也是文学功能和价值的主要载体。文学作品研究，是文学研究的重要组成部分；文学作品论，是文学理论的核心内容。文学作品研究的主要内容有文学的媒介、文学体裁及分类、文学风格的含义与形成，所涉及的重要范畴有"文学语言"、"文学体裁"、"文学风格"等。

---

① 周扬：《周扬文集》第 1 卷，人民文学出版社 1984 年版，第 152—162 页。

② 胡风：《胡风评论集》（上），人民文学出版社 1984 年版，第 266—297 页。

③ 同上书，第 341—352 页。

④ 胡风：《胡风评论集》（下），人民文学出版社 1984 年版，第 271—361 页。

　　"文学语言"是文学的第一要素，文学作品中故事的叙述，画面的描写，形象的展示，都是以语言为媒介的，在这个意义上，文学被称为语言的艺术。文学语言，在马克思主义文学批评中占有突出的位置，马克思主义创始人对外国作家的评论，经常有对语言的分析，20 世纪中国文学理论争鸣，特别是关于文学大众化与民族形式的论争，几乎都是围绕语言展开的。20 世纪 30 年代中期至 40 年代末期的著名马克思主义文学理论家周扬、胡风、冯雪峰、毛泽东等，也都论及过文学语言问题。周扬认为："文学大众化首先就是要创造大众看得懂的作品。在这里，'文字'就成了先决问题。'之乎也者'的文言，'五四式'的白话，都不是劳苦大众看得懂的……只有从大众生活的锻冶场里才能锻冶出大众所理解的文字；只有从斗争生活里才能使文字无限地丰富起来。"① 周扬这里所说的"文字"即文学语言。周扬还发表过一篇专谈文学语言的论文《高尔基论文学用语》，全面介绍了高尔基关于文学语言的论述。② 胡风曾发表过《由反对文言文到建设大众语》《"白话"和"大众语"的界限》等关于文学语言的文章，论述了"白话"与"大众语"的联系与区别，口头"大众语"与笔头"大众语"之关系，"大众语"与"大众生活"的联系以及大众语问题讨论的重要性。"大众语"对作家来说，"他的作品能够充分表现他所要表现的大众底生活"，并"适应了大众底需要"，"所以，大众语问题不是一个单纯的言语学上的问题，而是一个以大众底生活需要为基础的文化运动的问题"。③ 胡风进而认为，文学的民族形式问题，也与文学的民族语言密切关联。他说：任何"形式底形成得通过具体的媒介，材料，在文艺上就是语言。现实主义的方法所把握到的、民族现实底活的具体的形象，生活方式上的中国作风与中国气派，非得通过活的民族的语言（文字），语言上的中国作风与中国气派，就不能在形式上取得表现"④。

　　①　周扬：《周扬文集》第 1 卷，人民文学出版社 1984 年版，第 26 页。
　　②　同上书，第 115—117 页。
　　③　胡风：《胡风评论集》（上），人民文学出版社 1984 年版，第 60 页。
　　④　胡风：《胡风评论集》（中），人民文学出版社 1984 年版，第 267 页。

冯雪峰在论述文学的"大众化"时，谈到了对旧形式的利用重点在利用语言。他说："我们正当的'利用'，倘具体地说，如以民歌为例，我以为应将旧的形式完全拆散，将其中可用的言语或音节等取来，和我们新的形式的要素，及民众在新的生活与环境和事件中所产生的新观念及新警句和新言语等，综合地重新构成新的大众艺术。"① 20 世纪中国现代文学理论建构中对文学语言范畴的解说，一般都涉及以上问题。

　　"文学体裁"是文学作品的具体存在样式，是文学形式的重要因素之一。根据马克思主义关于文学与生活关系的论述，文学体裁也是社会生活发展的结果。人类社会早期，文学体裁比较单一，主要有神话和史诗。随着社会生活发展的需要，文学体裁逐渐丰富起来，出现了诗歌、散文、戏剧、小说等多种多样的文学体裁。在 20 世纪 30 年代中期至 40 年代末期，文学体裁问题既是马克思主义文学理论研究的重要内容之一，也是中国现代文学理论体系建构中的重要范畴之一。这一时期对文学体裁的研究，重在探讨不同文学体裁的特点。周扬在《抗战时期的文学》中，重点讨论了他称之为"小形式作品"的"战时随笔，前线通讯，报告文学，墙头小说，街头剧等等"以及作为通俗文艺的"通俗故事，歌曲，以至小调，鼓词"的发展态势，社会功能。② 而胡风谈论得最多的具体文学体裁是杂文、速写和诗歌。他在《论速写》《略谈小品文与漫画》等文章中，论述了"杂文"与"速写"两种文体的不同特点和功能。"'杂文'和'速写'是有同样的社会基础和同样的社会意义的。不同的是，'杂文'是由论理的侧面来反映那些活生生的社会现象，甚至能够使人得到形象的认识，而'速写'是由形象的侧面来传达或暗示对于社会现象的批判。"③ 他在《田间的诗》《吹芦笛的诗人》《略观战争以来的诗》等诗歌批评文章中，重点探讨了诗歌这种体裁的情感性特点以及诗歌与其他文体的差异。冯雪峰作为诗人和文学理论家，对诗歌这一具体的文学体裁有比较独特的见解。他在《论两个诗人及诗的精神形式》一文中，

---

① 冯雪峰：《冯雪峰选集》（论文编），人民文学出版社 2005 年版，第 70—71 页。
② 周扬：《周扬文集》第 1 卷，人民文学出版社 1984 年版，第 234—235 页。
③ 胡风：《胡风评论集》（上），人民文学出版社 1984 年版，第 68 页。

讨论了诗人、诗的精神、诗的形式。他说，诗人是"民族的，国民的，大众的新生的生命和精神的具现者"，"诗和生命同在，诗和国民精神同在，诗和大众同生……诗和一般艺术总是大众的精神的内在的产物"，诗的精神，诗的形式，都与生活、国民、大众相关。① 周扬、胡风、冯雪峰关于这些具体文学体裁的见解，在中国现代文学理论范畴体系中都得到了不同程度的吸收和阐释。

"文学风格"是马克思主义文学理论中的一个重要问题，提倡文学风格的多样化，是马克思主义文学理论的一贯主张。马克思在《评普鲁士最近的书报检查令》中强调，文学是每个创作者"构成我的精神个性的形式。'风格如其人'"，不同的作者有不同的风格，就像"大自然令人赏心悦目的千姿百态和无穷无尽"一样，不应"只能有一种存在形式"。② 列宁在《党的组织和党的出版物》中也强调了保证写作的自由和风格的多样性："必须保证有个人创造性和个人爱好的广阔天地，有思想和幻想、形式和内容的广阔天地。"③ 在 20 世纪 30 年代中期至 40 年代末期，对文学风格的讨论虽不像大众化、民族形式的讨论那样形成了论争热点，但周扬、胡风、冯雪峰、毛泽东等马克思主义文学理论家还是在一些文章中论及到了风格问题。周扬在评价高尔基的浪漫主义和论述现实主义中，从文学的幻想和想象，现实生活的丰富多彩等方面谈到了文学风格的多样性。胡风则从创作主体的主观能动性——"主观战斗精神"、"自我扩张"方面论及了不同的作家具有不同的精神面貌和作品风格。冯雪峰从不同民族文学之间的相互借鉴与"民族的独创能力和独创性的要求"，论述了"各个作家无论在内容和形式上就都以创见和独创性为必要"，从而形成作家个人和每个民族"独自的特色"。④ 中国现代文学理论体系中的文学风格范畴论，对马克思主义的文学风格论进行了认真的吸收、转化和丰富。

---

① 冯雪峰：《冯雪峰选集》（论文编），人民文学出版社 2005 年版，第 77—78 页。
② 《马克思恩格斯全集》第 1 卷，人民出版社 1995 年版，第 110—111 页。
③ 《列宁选集》第 1 卷，人民出版社 1995 年版，第 664 页。
④ 冯雪峰：《冯雪峰选集》（论文编），人民文学出版社 2005 年版，第 94 页。

第二节　20 世纪中国文学理论体系框架的确立

20 世纪中国文学理论体系框架的确立，以毛泽东 1942 年《在延安文艺座谈会上的讲话》为标志。毛泽东不仅是 20 世纪中国最伟大的马克思主义文学理论家之一，而且是 20 世纪中国现代文学理论体系框架的确立者，20 世纪中国文学理论体系的建构，基本上是对毛泽东所确立的文学理论体系框架的丰富和发展。

一　思想体系与理论体系的异同

有学者在评价马克思恩格斯的文艺理论时说："在马克思、恩格斯那里，并不存在一个马克思主义文艺理论和美学的理论体系，但却存在一个马克思主义文艺理论和美学的思想体系，在那些散见于哲学、经济学、人类学笔记及通信当中，马克思恩格斯关于美学、文艺学的观点之间存在着内在的统一性和逻辑性。"① 这一观点，也适合于对毛泽东文艺思想的判断与评价。毛泽东文艺思想，不是一个完整的文艺理论体系，但是一个有着内在统一性和逻辑性的文艺思想体系。

思想体系和理论体系是两个既有区别又有联系的概念。思想体系指一个在某一特定领域或特定对象的研究中，其发表的理论见解和思想观念既有一定的系统性又有一定的内在关联性。它可以是散见在不同场合，不同著述中的理论见解和思想观念，只要这些理论见解和思想观念针对的是同一领域或同一对象，并且又具有内在的统一性和逻辑性。马克思主义创始人的文艺理论、毛泽东文艺思想都具有这种思想体系的特点和要求，都是一种文艺思想体系。理论体系"并不是指具体理论观点、论述的并列、汇集与堆聚，而是像完整生物体的内在结构一样，各个部分依序而立，相融为一，有序的部分在统一的整体中获得各自的生命。体系性要求的不只是形成外在的整体，而是形成一个逻辑连贯、结

---

① 王杰主编：《马克思主义文艺理论》，高等教育出版社 2011 年版，第 3 页。

构严密、思路整一的具有内在生命力的内外结合的有机体"①。概而言之，理论体系必须具有三个条件："它既应具有完整的形式结构，又应具有独特的观点范畴，还应具有严密的推理论证，必须是这三者的相互联系与和谐统一，否则就不是完整的理论体系。"② 用这一标准去衡量马克思主义文艺理论和毛泽东文艺思想，它们都没有达到这一标准，都没有形成完整的理论体系。

然而，对毛泽东文艺思想是否形成理论体系是有争议的。有人认为，毛泽东文艺思想形成了理论体系。如黄曼君主编的《中国近百年文学理论批评史》（1895—1990）就认为，毛泽东文艺思想形成了理论体系，即"毛泽东文艺理论体系"，"毛泽东的文艺理论体系是以强调文艺的大众性、强调理论的实践性、强调思想方法的辩证性为总体特征的"。"毛泽东的文艺理论体系主要地是由文艺和人民的关系、文艺和生活的关系和文艺批评论这三大板块有机地构成的。"③ 这里有关毛泽东文艺理论体系的论述，基本上还是停留在文艺理论思想体系上的，命名是理论体系，论述是思想体系。进而，不管是从主观上看，还是从客观上看，抑或从表现形态看，毛泽东文艺思想都只是一个思想体系而未形成理论体系。从主观上看，毛泽东并无意建立理论体系，毛泽东作为革命家兼文艺家，首先是革命家，是立足于革命工作的需要来看待文艺的。他的文艺思想，包括《讲话》在内，虽然涉及了诸多文艺问题，但也是"革命政党当时策略的反映……也就是说，毛泽东是在立足现实与面向未来的二重价值取向的交切点上来设计、规范当时的文艺实践的"④，文艺理论理论体系的建构并未提上他的工作日程。从客观上看，毛泽东所处的环境也不允许他坐下来冷静、全面思考文艺，构建他的文

① 董学文、金永兵等：《中国当代文学理论》（1978—2008），北京大学出版社 2008 年版，第 48 页。

② 季水河：《回顾与前瞻：论新中国马克思主义文艺理论研究及其未来走向》，中国社会科学出版社 2009 年版，第 51 页。

③ 黄曼君主编：《中国近百年文学理论批评史》（1895—1990），湖北教育出版社 1997 年版，第 715 页。

④ 庄锡华：《中国现代文论家论》，光明日报出版社 2006 年版，第 124 页。

艺理论体系。毛泽东作为革命家和党的领导人，所思考的主要是中国的现实问题，特别是如何取得抗日战争的胜利和中国革命的胜利，与这两个主要问题相比，文艺问题是次要的，处于"螺丝钉"的地位。从表现形态看，毛泽东文艺思想主要散见于讲话、通信或其他相关著作中，除讲话外，极少有专门的文艺论文和著作，即使是讲话，也主要是为了解决当时文艺界存在的文学问题，如文艺的方向问题、作家的思想认识问题等，而不是为了建构文艺理论体系。

二 中国现代文学理论基本框架的确立

按照美国当代文学理论家艾布拉姆斯在《镜与灯——浪漫主义文论及批评》中提出的文学活动由作品、作者、世界、读者四个要素所构成的观点，研究文学的文学理论一般也由文学本质论、文学创作论、作品构成论、文学接受论所构成。毛泽东的文学研究，基本涉及了作品、作者、世界、读者四个要素及其相互关系；毛泽东的文学思想，也可以分为本质论、创作论、构成论、接受论四个方面。这四个方面，也是中国现代文学理论的基本构成框架。

毛泽东的文学本质论，是以反映论为基础的文学本质论。毛泽东认为，"作为观念形态的文艺作品，都是一定的社会生活在人类头脑中的反映的产物。革命的文艺，则是人民生活在革命作家头脑中反映的产物。人民生活中本来存在着文学艺术原料的矿藏，这是自然形态的东西，是粗糙的东西，但也是最生动、最丰富、最基本的东西，在这点上说，它们使一切文学艺术相形见绌，它们是一切文学艺术的取之不尽、用之不竭的唯一源泉"①。毛泽东的文学反映论，既克服了机械摹写的直观反映论的不足，又克服了自我表现夸大主观作用的局限，它在强调生活第一性的同时，又突出了作家的主观能动性。

毛泽东的文学创作论，是以典型论为核心的文学创作论。毛泽东认为，文学典型的创作要注意以下几个方面的问题。一是正确认识典型与

---

① 《毛泽东选集》第3卷，人民出版社1991年版，第860页。

社会生活的关系。毛泽东指出，既然生活是文学的唯一源泉，那么，典型也只能来自社会生活，它是作家在现实生活的基础上创造出来而不同于现实生活的人物，具有"更高，更强烈，更有集中性，更典型，更理想，因此就更带普遍性"的特点。二是要对现实生活中的人物、事件及其相互关系加以典型化。即把人们看得很平淡、很一般的日常生活现象"集中起来把其中的矛盾斗争典型化"，"根据实际生活创造出各种各样的人物来"。三是要注意典型人物的功能和作用。典型人物来自社会生活并又对社会生活产生反作用，"能使人民群众惊醒起来，感奋起来，推动人民群众走向团结和斗争，实行改造自己的环境"，"帮助群众推动历史的前进"①。

毛泽东的文学构成论，是以不同分类标准为依据的作品构成论。毛泽东认为，从文学反映生活的不同方式，文学与现实生活联系的不同程度，文学作品的构成可以分为现实型和浪漫型。现实型文学作品侧重于以写实的方式再现客观现实生活，这类作品的创作方法是现实主义，这类作品具有很强的历史价值与认识作用。《红楼梦》就是这类作品的代表："《红楼梦》不仅要当作小说看，而且要当作历史看，他写的是很细致的、很精细的社会历史。"②浪漫型文学作品侧重于以理想精神反映现实生活，这类作品的创作方法是浪漫主义。这类作品具有很强的情感性与激励性："浪漫主义的主要精神是不满现状，用一种革命的热情憧憬将来……鼓舞人们前进。"③从文学反映生活的不同风格，文学与作家创作个性的联系看，文学作品的构成可以分为婉约型与豪放型。婉约型文学作品优美，"一味儿女情长"；豪放型文学作品苍凉，"一味铜琶铁板"。二者"各有兴会，应当兼读"，每个人可以偏爱某一类型的作品，但不应偏废另一类型的文学作品。④从文学反映生活的不同品位，文学与读者的层次联系看，文学作品的构成又可以分为普及型与提

① 《毛泽东选集》第3卷，人民出版社1991年版，第861页。
② 中共中央文献研究室编：《毛泽东文艺论集》，中央文献出版社2002年版，第206页。
③ 同上书，第16页。
④ 同上书，第189页。

高型。普及型文学作品，指那些"比较简单浅显，因此也比较容易为目前广大人民群众所迅速接受"的文学作品；提高型文学作品，指那些"比较细致，因此也比较难于生产，并且往往比较难于在目前广大人民群众中迅速流传"的文学作品。当然，这两种类型的文学作品也不是完全截然分开的，有时是彼此渗透的。①

毛泽东的文学接受论，是以大众为主导，以工农兵为主体的文学接受论。毛泽东把文学为什么人的问题看成"是一个根本的问题，原则的问题"②。毛泽东强调："我们的文学艺术都是为人民大众的，首先是为工农兵的，为工农兵而创作，为工农兵所利用的。"③ 在具体的文学实践中如何贯彻以大众为主导，以工农兵为主体的文学主张呢？毛泽东提出了三个方面的要求：第一，以人民大众为文学的表现对象，以工农兵为表现重点，去描写他们的生活，当他们的忠实代言人；第二，以人民大众的审美需求为文学的基本导向，面向人民大众尤其是工农兵去进行文学的普及与提高；第三，以人民大众的态度为标准，去衡量文学作品的价值，评判文学作品的意义。④ 毛泽东以大众为主导，以工农兵为主体的文学接受论，"既是对30年代以来关于文艺大众化讨论的积极成果的继承，又是对它的深化"。"从继承方面来说，毛泽东的论述坚持了文艺大众化'目的都在工农大众'的正确主张，要求文艺同整个新民主主义文化一样，'应为全民族中百分之九十以上的工农劳苦民众服务，并逐渐成为他们的文化'。""从深化方面来说，首先，毛泽东根据马克思主义的阶级观点和中国当前革命斗争的性质、任务，对人民大众的具体构成作出了明确的区分。"⑤ "其次，毛泽东根据文艺工作者的思想现状，对他们同人民大众的关系作了新的阐说。"⑥ 再次，毛泽东从

---

① 《毛泽东选集》第3卷，人民出版社1991年版，第861页。
② 同上书，第857页。
③ 同上书，第863页。
④ 季水河：《毛泽东与胡风文艺思想比较研究》，《山东社会科学》2010年第1期。
⑤ 黄曼君主编：《中国近百年文学理论批评史》（1895—1990），湖北教育出版社1997年版，第744—745页。
⑥ 同上书，第747页。

接受者的角度去说明了文学作品的表现内容与语言形式问题，"不是作者自由地选择作品的表现内容和语言形式，而是从接受者出发，去要求作者对接受者所需要的东西予以表现"①。

三 中国现代文学理论基本框架的影响

毛泽东的文学思想体系，"是毛泽东在长期的革命战争和文化实践中，对于马克思主义经典作家的文艺理论遗产和中国左翼文艺运动的成果，加以选择、融合、改造，所形成的独具中国民族特色和时代特色的文艺思想体系的结晶，是对文艺'民族形式'论争的总结与理论升华，同时也是对过往中国马克思主义文艺理论探索的高度概括与系统化定型，是充满中国特色的马克思主义文艺理论的表现形态，也是中国化马克思主义文艺理论基本确立的标志"②。毛泽东文学思想体系，也确立了中国现代文学理论体系的基本框架，并对 20 世纪 40 年代中期至 80 年代初期的中国文学理论产生了重大而深刻的影响。

一是划定了 20 世纪 40 年代中期至 80 年代初期中国文学理论研究的主要范围。回顾这段时期的中国文学理论研究，其主要范围仍然是文学的本质研究，探讨文学是什么、文学从何而来、如何发展等问题；文学创作研究，探讨文学典型的创造、文学典型化的基本规律与方法、世界观与创作方法的关系等问题；文学作品研究，探讨文学作品的基本内容与语言形式、文学作品的体裁形成与分类、文学的风格与流派等问题；文学接受研究，探讨文学创作与文学接受的关系、文学接受的一般规律、文学价值的评判标准等问题。当然，这些只是文学研究的主要范围而非文学研究的所有问题。二是影响了 20 世纪 40 年代中期至 80 年代初期中国文学理论研究的思维路径。回顾这段时期的中国文学理论研究，其思维路径与中国现代文学理论框架的思维路径具有很多的相似性。二者所遵循的都是"本质"—"创作"—"作品"—"接受"的

---

① 黄曼君主编：《中国近百年文学理论批评史》（1895—1990），湖北教育出版社 1997 年版，第 757 页。

② 朱立元主编：《马克思主义文艺理论中国化研究》，经济科学出版社 2009 年版，第 65 页。

思维过程。即从文学是什么开始提问，在对文学的本质问题的追问与回答后，进入作家如何创作的探讨，作品是怎样构成的研究，最后论述作品与作者的关系。三是规范了 20 世纪 40 年代中期至 80 年代初期中国文学理论的体系结构。回顾这段时间的中国文学理论，其体系结构基本上都是这几大板块：本质论、创作论、作品论、接受论。有的研究者对这个基本结构有所突破，但大多也是补充和发展，而非整体上的颠覆。

无可避讳的是，毛泽东文学思想体系所确立的中国现代文学理论的基本框架及这个框架中的一些具体内容，也存在着一定的历史局限性并对 20 世纪 40 年代中期至 80 年代初期的中国文学理论产生过负面影响。如反映论的文学本质观被定于一尊后，限制了人们对文学本质的多侧面、全方位思考，对文学本质的研究长期停留在一种结论、一个层面上；以工农兵为主体的文学接受论形成了固定模式，在新中国成立后的几十年中，随着阶层结构新的调整与变化，这种固定不变的模式也不完全适应新的形势；"政治标准第一，艺术标准第二"这种战争年代形成的文学价值评判标准，由于它本身的特定时代性和含义的不确切性，也对后来"文艺的发展产生了不利的影响"①。

第三节　20 世纪中国文学理论体系的形成

中国现代文学理论体系的形成，以蔡仪 1943 年出版的《新艺术论》为标志。蔡仪不仅是 20 世纪 40 年代以来中国最重要的美学家，也是 20 世纪 40 年代以来中国最重要的文学理论家，他是中国最早运用马克思主义建构现代文学理论体系的学者，他的《新艺术论》是中国现代第一部具有完整理论体系的文学理论专著。

一　中国现代文学理论体系的构成

蔡仪的《新艺术论》所建构的文学论，从外部的形式结构到内部

---

① 胡乔木：《胡乔木回忆毛泽东》，人民出版社 2014 年版，第 677 页。

的逻辑联系，都达到了理论体系的要求，都具备了理论体系的条件，而且超越了过去的文学论，"比以往人文主义立场或早期无产阶级立场的文学论都更富包容性，也更富整体性"①。

从外部的形式结构看，《新艺术论》具有完整的形式结构，是一个"结构完整、系统成型的自足体"②。全书共 8 章 25 节。第一章　序说：第一节　艺术与现实；第二节　艺术与科学；第三节　艺术与技术；第四节　艺术的特性。第二章　艺术的认识：第一节　认识是现实的反映；第二节　艺术是一种认识的表现；第三节　艺术的认识的特质。第三章　艺术的表现：第一节　艺术的表现是艺术的认识的摹写；第二节　艺术的表现与宣传；第三节　艺术表现的技巧。第四章　艺术的相关诸属性：第一节　艺术的内容与形式；第二节　艺术的主观性和客观性；第三节　艺术反映主观的个性与阶级性；第四节　艺术反映客观现实的时代性和永久性。第五章　典型：第一节　现实的典型与艺术的典型；第二节　典型的性格与典型的环境；第三节　正的典型与负的典型。第六章　描写：第一节　典型与描写；第二节　离心的描写与求心的描写。第七章　现实主义：第一节　现实主义概说；第二节　现实主义发展的诸阶段；第三节　社会主义现实主义的艺术思想史的渊源；第四节　创作方法与世界观。第八章　艺术的美与艺术评价；第一节　艺术的真与艺术的美；第二节　艺术的评价。全书章与章之间前后相接，章与节之间总分有序，节与节之间相互关联，从而形成了一个秩序井然、结构严密的有机整体。

从内部的逻辑联系看，《新艺术论》具有严谨的内在联系，是一个逻辑严密、思路整一的统一体。全书从艺术与现实关系的视角切入，依次探讨和论述了艺术的本质与特征问题，即什么是艺术，艺术有何特点："艺术是反映现实的"，"艺术是现实的典型化"，"艺术的形象

---

①　程正民、程凯：《中国现代文学理论知识体系的建构——文学理论教材与教学的历史沿革》，北京大学出版社 2005 年版，第 84 页。

②　董学文、金永兵等：《中国当代文学理论》（1978—2008），北京大学出版社 2008 年版，第 48 页。

性"，"艺术的典型性"；艺术的创作过程和表现性质问题，即艺术是如何创作出来的，艺术的表现有何意义："艺术是一种认识的表现"，"艺术的认识即典型的把握"，"表现是对艺术的认识的摹写"，表现是"艺术创作的完成"；艺术的构成与价值问题，即艺术作品的主要构成要素，艺术作品价值的体现："艺术的内容即认识形式即表现"，"艺术的价值取决于内容和形式的统一"，"艺术典型的根源是现实的典型"，"艺术的典型是现实的典型性的更典型化"；艺术的描写与创作方法问题，即艺术描写的要求与目的，创作方法与世界观："描写是典型所要求的具体的表现"，描写的目的是"创造典型"，现实主义理论中创作方法与世界观的对立是一种误解，文学作品中的矛盾是作者世界观矛盾本身的体现；艺术的美与艺术的评价问题，即艺术美与真的关系，艺术评价立足点："具体形象的真是美的基础"，"艺术美高于自然美"，"艺术评价的立足点——艺术的效用与艺术的特性"，艺术评价的重心是艺术典型意义的高下，效用的大小——"意义愈高、效用愈大，愈真愈美愈有价值"。全书的五大板块，每个板块讨论不同方面的问题，但每个板块之间已"实现逻辑上相连贯、思路上相一致的多层次、多维度、多指向的基础性延伸发挥，总体性的统一整合"①。

二　中国现代文学理论体系的特点

以蔡仪的《新艺术论》为代表的中国现代文学理论体系，除外部形式结构和内在逻辑联系都具备了理论体系的要求外，其最大的特点是研究方法和理论观点的创新。

在研究方法上，蔡仪是中国现代最早运用马克思主义唯物辩证法来建构文学理论体系的文学理论家，他的《新艺术论》"明显受到唯物辩证法式的论述方式的影响，即强调矛盾和统一，总要在一个命题中提取相互矛盾的两方面，而最终论证这两者不可偏废、不能相互取消，只能

---

① 董学文、金永兵等：《中国当代文学理论》（1978—2008），北京大学出版社 2008 年版，第 48 页。

有机地融合在一起，在更高的层次上达到综合与统一"①。作者在论述艺术的认识与表现、艺术的智性与感性、艺术的表现与宣传、艺术的内容与形式、艺术的主观性与客观性、艺术描写中的离心描写与求心描写、艺术的创作方法与世界观、自然美与艺术美等诸多问题时，都是把这一组组相互对应的范畴，看成既对立又统一的两个方面，既看到了二者的矛盾对立，又看到了二者的渗透融合，使二者有机地融合在一起而消除了相互排斥性，如作者对典型的论述，就比较全面和辩证。首先，作者论述了典型中个别与一般的关系，指出"艺术的典型是个别里显现着一般，即个别和一般的统一"②，但同时也强调个别和一般的关系也不是绝对的，永远不变的，"一般的东西和个别的东西，随着规定条件的不同，是相互推移的，互相转变的"③。其次，作者论述了现实典型与艺术典型之间的关系，指出"现实若是没有典型性，决不能产生艺术的典型"，④ 艺术的典型"是根据客观现实的典型性而创造的"，但同时又强调了艺术典型与现实典型的重要区别："艺术的典型固然不是个别的客观现实事物的单纯的摹写，也不是现实典型的再现，而是客观现实事物的一般性的扩大、加深、中心化，也就是个别客观现实事物在艺术中的改造。"⑤ 再次，作者论述了典型人物与典型环境的关系，指出：典型环境狭义上指"较为普遍的具体社会环境"，广义上是指"较为深刻的社会发展情势"，"典型的人物和社会发展的情势原来是统一而不可分的，典型的人物原是社会发展的情势所产生的，不是由于社会发展的情势便不能有典型的人物；而忽视社会发展的情势，就不能创造典型人物"。⑥ 但同时又强调了典型人物对典型环境的反作用和人物与

---

① 程正民、程凯：《中国现代文学理论知识体系的建构——文学理论教材与教学的历史沿革》，北京大学出版社 2005 年版，第 83 页。

② 蔡仪：《美学论著初编》（上），上海文艺出版社 1982 年版，第 97 页。

③ 同上书，第 100 页。

④ 同上书，第 97 页。

⑤ 同上书，第 103 页。

⑥ 同上书，第 106 页。

环境的相互制约性，人物和环境是"互相影响的，互相制约的"①。最后，作者论述了低级典型与高级典型的关系，正的典型与负的典型的关系，指出："高级的典型较之低级的典型所包括的范围要大"，"低级的典型只能代表较少的事或人，而高级的典型却能代表更多的事或人"②；"所谓正的典型，就是根据现实中的正的部分而产生的，代表现实中的正的部分的典型；所谓负的典型，就是根据现实中的负的部分而产生的，代表现实中的负的部分的典型"。但同时又强调典型虽可分为高级与低级、正与负，但它们"都是艺术"，"从艺术的观点来看却无高下之别"③。特别是在典型的塑造中不能将二者简单化、脸谱化，要特别注意它们的多面性与复杂性，不能"把正的现象或人物一定要写得毫无缺点，把负的现象或人物一定要写得毫无是处，这也未必是合乎现实的。而且现实的现象或人物性格的发展，都是由正的一面和负的一面在不断地冲突斗争，它的发展过程，不是直线的，而是曲曲折折的，所以把正的现象或人物一定写得正到底，把负的一定写得负到底，也未必就是对的。林黛玉和贾宝玉并不是天天在哥哥妹妹，奥赛罗最初也没有怀疑他的妻子，由此可知多面性不一定破坏典型性，反而可以加强典型性。"④ 在 20 世纪 40 年代初期，就对典型研究的全面性、深入性而言，蔡仪的《新艺术论》是首屈一指的；就对整个艺术问题看法的辩证性、综合性而言，蔡仪的《新艺术论》仍是值得充分肯定的。

在理论观点上，蔡仪的《新艺术论》也有诸多创新。《新艺术论》关于艺术技巧的看法，关于艺术的内容即认识而形式即表现的观点，关于世界观与创作方法关系的言说，都很具有新意，体现了作者的创新精神。特别值得一提的是作者关于"艺术活动也是一种实践"活动的观点，不仅在当时是极富创新性的，甚至在 20 世纪 50—60 年代都是具有前沿性的。"艺术活动也是一种实践"的观点，是作者在论述"创作方

---

① 蔡仪：《美学论著初编》（上），上海文艺出版社 1982 年版，第 113 页。
② 同上书，第 104 页。
③ 同上书，第 119—120 页。
④ 同上书，第 123 页。

法和世界观的关系"时提出来的。他说："人们的世界观都是从他的实践中逐渐形成，逐渐发展的。艺术活动也是一种实践，但不仅是限于艺术表现的实践，而且需要当作艺术认识的前提的社会的实践，所以艺术实践也自然可以帮助艺术家的世界观的形成、发展。但这并不是说艺术家一创作便可以形成其世界观，只是说艺术实践是形成其世界观的一条道路；也不是说艺术家只有从事艺术创作才能形成其世界观，而是说从艺术的角度可以关联其他各种思想、各种认识，形成一个基本的思想、统一的认识。我们既不能把世界观的范围只限于政治思想、社会思想等，而把艺术思想除外；也不必把艺术家的世界观，认为在艺术创作之前，便成了固定的完整的东西，可以断定与其创作方法是一致或者对立。""艺术的活动过程，无论是艺术的认识过程或艺术的表现过程，都是伴随着实践的。……实践是认识的契机，认识是世界观的源泉。因此艺术实践，实是艺术家的世界观的形成、发展的一条主要的道路。"①蔡仪关于"艺术活动也是一种实践"的论述，包含了三层意思，具有三个方面的意义，首先，肯定"艺术活动也是一种实践"，丰富了实践的内涵。在学术界，一提到实践，人们往往将其归结为一种物质生产活动，将精神生产排除在外，使人们对实践的认识简单化。蔡仪肯定"艺术活动也是一种实践"，丰富了人们对实践内涵的认识，也有利于说明人类实践活动的特性。其次，肯定艺术实践是影响世界观的一条道路，拓展了对世界观与创作关系的认识。在学术界，人们在讨论世界观与创作方法的关系时，往往只看到政治观、社会观、人生观对创作的影响，很少看到创作实践对世界观的影响。蔡仪肯定艺术实践是艺术家世界观形成、发展的一条道路，拓展了人们对世界观与创作关系认识的空间，也更有利于说明世界观与创作的多维联系与复杂关系；再次，肯定世界观与创作活动的过程性，打破了人们对世界观与创作方法认识的模式化。在学术界，人们在谈论世界观和创作时，往往将二者看成静止的东西，没有看到世界观也罢，创作也罢，都是变化发展的，对任何一个

---

① 蔡仪：《美学论著初编》（上），上海文艺出版社 1982 年版，第159—161 页。

作家来说它们都具有过程性，蔡仪肯定世界观与创作的过程性，打破了人们对这一问题认识的僵化模式，同样有利于人们认识作家精神世界的丰富性、动态性。

三 中国现代文学理论体系的影响

蔡仪的《新艺术论》所建构的中国现代文学理论体系，对 20 世纪中后期的文学理论研究产生了较大的影响，这种影响既有积极的方面，也有消极的方面，从总体上看是积极影响超过消极影响，同时，积极影响还主要表现在对整个学术界，消极影响更多地表现在蔡仪自身的学术发展上。

从积极影响方面看，主要表现有以下三点。首先，蔡仪在《新艺术论》中所使用的唯物辩证法的论述方式"对 1949 年后文学理论体系的建构影响深远"[1]。审视中华人民共和国成立以后的文学理论专著和教材，它们所建构的文学理论体系，大多都采用的辩证法论述方式，多是将文学理论中的基本问题归纳为二元对应的范畴进行研究和论述，如主观与客观、再现与表现、形象与典型、生活与艺术、内容与形式、创作与欣赏、继承与革新、风格与流派等。从论述两对范畴各自的含义入题，接着论述二者各自的特点，最后论述二者的交叉与渗透，对立与统一。这种论述方式在教材体系中尤为突出。其次，蔡仪的《新艺术论》中有关艺术典型的论述，对 20 世纪中后期艺术典型的研究产生了不同程度的影响。20 世纪中后期的文学典型研究，或论述典型的共性与个性，普遍性与一般性；或论述典型环境与典型人物的互动关系，典型化的原则与方法。基本上都在蔡仪的《新艺术论》关于典型研究的范围内。再次，蔡仪的《新艺术论》中关于"艺术活动也是一种实践"，"艺术实践，实是艺术家的世界观的形成、发展的一条主要道路"的观点，在 20 世纪 50 年代后的一些文学家、美学家的著述中得到了回应。

---

[1] 程正民、程凯：《中国现代文学理论知识体系的建构——文学理论教材与教学的历史沿革》，北京大学出版社 2005 年版，第 84 页。

如蒋孔阳关于实践的含义中就包括了精神生产活动，特别是艺术实践活动。胡风在《关于解放以来的文艺实践情况的报告》中，也认为艺术是一种实践活动，他不仅使用了"艺术实践"这个概念，同时还强调，通过文艺实践也能改造作家的世界观，"以至达到马克思主义的道路"。①

从消极影响方面看，主要表现有以下三点。首先，蔡仪的《新艺术论》中，个别范畴的界定是不够清楚、不够科学的。如"艺术的认识是利用概念的具象性"这一提法，就需要进一步斟酌，概念本身就是抽象的，概念的具象性到底指的什么？具象在何种意义上可以归入概念。这种情况在蔡仪以后的著述中也偶有出现。其次，蔡仪的《新艺术论》对文学典型的研究无疑是很全面、很充分的，但他关于现实的典型的相关论述却是有瑕疵的，尤其是将艺术中的典型概念移入自然范畴之后，其局限就更为明显。蔡仪的《新美学》中关于自然美的论述，明显受到《新艺术论》中典型观的影响，也为他关于自然美的论述留下了难以克服的矛盾。再次，蔡仪在《新艺术论》中认为艺术是一种社会的意识形态，但对艺术这种意识形态的特殊性和审美性注意不够，这也影响到他本人和以后文艺理论界对艺术这种意识形态的特殊性和审美性的认识不足，如蔡仪主编的《文学概论》仍然留有这种影响的痕迹。

---

① 胡风：《胡风全集》第 6 卷，湖北人民出版社 1999 年版，第 164 页。

第三章

马克思主义文学理论与 20 世纪中国
文学理论空间的拓展

20 世纪 70 年代末期至 21 世纪初期，中国文学理论的发展进入了空间的拓展期。一方面，马克思主义文学理论的传播走向了开放阶段，呈现出空前活跃的态势，不仅新编新译了马克思主义经典作家的文学理论著作，而且出版了 20 世纪以来东西方各马克思主义学派的文学理论与美学著作，为人们全面理解、完整把握马克思主义文学理论提供了丰富的思想资源；另一方面，中国文学理论研究进入了空间拓展阶段，呈现出生动活泼的局面，从研究方法的变革到文学主体性的讨论，从审美意识形态的论争到文学生态批评，文学研究的主题不断变化，文学研究的视角不断更新，文学研究空间得到了极大拓展。这一时期，"马克思主义文艺理论原典的研究以及马克思主义文艺理论中国化进程都取得了重大进展"[1]。"马克思主义文学理论，是科学的原理性与方法论性的东西……因此，以马克思主义文学理论作为文学理论创新的根基和立足点，这是新时期文学理论建设的必然选择。"[2]

---

[1] 朱立元主编：《马克思主义文学理论中国化研究》，经济科学出版社 2009 年版，第 102—103 页。

[2] 董学文、金永兵等：《中国当代文学理论》（1978—2008），北京大学出版社 2008 年版，第 112—113 页。

第一节 马克思主义文学研究方法与
中国文学研究的方法变革

20 世纪 80 年代初期至中期，中国文学批评与研究进入了方法变革时期。1982 年，张世君和曾永成分别发表的《哈代"性格与环境小说"的悲剧系统》(《外国文学研究》1982 年第 4 期)、《运用系统原理进行审美研究试探》(《四川师院学报》1982 年第 4 期)，揭开了中国新时期文学、美学研究方法变革的序幕。1984 年，林兴宅发表的《论阿 Q 性格系统》(《鲁迅研究》1984 年第 1 期)、《论文学艺术的魅力》(《中国社会科学》1984 年第 4 期) 两篇文章，其对文学研究方法的变革引起了学术界的重视。1985 年，在北京、武汉、厦门、扬州等地分别召开了文学批评方法论学术研讨会，将文学研究方法变革的讨论推向了高潮，这一年被学术界称为文学研究的"方法年"。在文学研究方法变革的讨论中，学术界提得最多的是系统论、控制论、信息论、协同论、突变论、耗散结构论、文艺心理学等方法，而较少提到马克思主义文学理论和马克思主义文学批评方法。那么，新时期文学批评与研究方法的变革是否与马克思主义文学理论和马克思主义文学研究方法无关呢？不是，它不仅与马克思主义文学理论与文学研究方法有关，而且是在马克思主义唯物辩证法、文学方法论指导和影响下的文学批评、文学研究方法的变革与创新。

一 文学研究方法变革的主要内容和标志性成果

20 世纪 30 年代中期以来，中国文学创作，现实主义方法占据了主导地位；中国文学研究，社会历史学方法占据了支配地位。新中国成立以后，由于阶级斗争扩大化的政治需要，中国文学研究中的社会历史学方法越来越政治化和庸俗化，逐渐沦为阶级斗争的工具。20 世纪 70 年代末期，中国的思想解放运动在文学研究中的体现就是否定了"阶级斗争工具论"，突破了社会历史学的单一研究方法，出现了文学研究方法的变革和多样化。这种研究方法变革与多样化的主要内容和标志性成果体现在以下四个方面。

一是系统科学方法

运用系统科学方法研究文学的代表性成果有林兴宅的论文《论阿 Q 性格系统》和《论文学艺术的魅力》，杨春时的著作《系统美学》（中国文联出版公司 1987 年版），杨曾宪的著作《审美鉴赏系统模型》（人民文学出版社 1994 年版）。这些成果的共同特点是打破了"把文学作品分为主题、情节、人物……无数条块进行研究的逐项分析"模式，将"文学当作由诸要素组成的互相联系的整体加以把握，克服了逐项分析方法的片面性"①。

林兴宅的《论阿 Q 性格系统》一文："把阿 Q 性格作为一个系统（即一个有机的整体）来研究，考察系统内部各种性格因素的联系以及它们构成整体的结构和层次，从它们的有机联系中把握阿 Q 性格自身的规定性，即它固有的本质。同时把阿 Q 形象放到社会大系统中，从各个侧面来考察它的系统性质。并且历史地考察阿 Q 典型在文艺欣赏中不同时间、空间和读者的审美状态等条件下所产生的不同功能和意义。"论述了阿 Q 性格的自然质、功能质、系统质，对阿 Q 性格的研究取得了突破性的进展。《论文学艺术的魅力》，改变了作品魅力是作品客观属性的传统观念，认为作品的魅力是"作品功能结构在读者心理上产生的美感效应"。作者通过对艺术魅力"系统性、多因性、动态性"的考察，建立了"艺术魅力的静态系统、艺术魅力生成的动力系统等多个模型图式，努力把对艺术魅力的研究从经验描述引到科学化、模型化的方法上来"②。

杨春时的《系统美学》和杨曾宪的《审美鉴赏系统模型》虽是两部用系统科学研究美学的专著，但是其中有很大的篇幅分析了艺术审美系统，将艺术审美作为主客体的复合系统进行研究，并对此进行了纵向

---

① 季水河：《多维视野中的文学与美学》，东方出版社 2002 年版，第 291 页。
② 黄曼君主编：《中国近百年文学理论批评史》（1895—1990），湖北教育出版社 1997 年版，第 1260—1261 页。

结构的历史分析和横向结构的层次分析，从而得出了许多富有创见性的结论。

二是模糊数学方法

运用模糊数学方法研究文学的代表性成果有刘再复的论文《论人物性格的模糊性与明确性》（《中国社会科学》1984 年第 6 期）、王世德的论文《模糊数学与文艺创作》（《江汉论坛》1985 年第 1 期）、张宏梁的论文《试论模糊语言在文学创作中的应用》（《学术月刊》1984 年第 2 期）、李欣复的《模糊文艺学的几个问题》（《人文杂志》1985 年第 6 期）等。这些成果的共同主张是：文学活动，从文学创作到文学批评，都具有较多的模糊性，引进模糊数学方法研究文学活动能够加深对文学特殊性的认识。"用模糊数学的观点看，整个文学活动过程，创作、欣赏，都具有较大的模糊性，很难用简单的'二值逻辑'去判断其是与不是、好与坏。而用模糊数学中的'多值逻辑'去认识，则可能较科学地说明文学活动的特性，认识文学活动的特殊规律。"①

刘再复的《论人物性格的模糊性与明确性》认为，文学作品中典型性格带有模糊与明确的双重性质。"人物性格的模糊性，既是构成性格的各种元素不确定性在整体上的总和，又是各种元素不稳定性在整体上的总和。众多的性格参数形成性格的复杂性，从而也形成性格内涵的不确定性；众多的变量（性格元素的变动流迁）形成性格的流动性，从而也形成性格的不稳定性。而复杂性与流动性的不断综合，便使人物的性格运动形成一种极为复杂的动态过程，从而使人物性格不可能获得科学概念那种精确性"而表现出模糊性。"具体地说，产生人物性格模糊性主要有两个原因：（1）构成人物性格整体的各种性格元素本身带有模糊性。（2）各种性格元素围绕性格核心的组合过程是一个模糊集合过程。"同时，文学的语言特性也形成了整个文学的模糊性和多义性："文学是通过审美的语言，即形象、情感、情节等来描述的，它是非概念性的。这种非概念性，便形成文学的模糊性和多义性。"当然，文学的典型性格带有

---

① 季水河：《多维视野中的文学与美学》，东方出版社 2002 年版，第 292 页。

模糊性但并非只有模糊性："成功的典型性格，总是明确性质与模糊性质的辩证统一。人物形象相对的确定性和相对的稳定性主要表现在两个方面：（1）性格核心的内涵是相对明确的。（2）性格运动的基本指向是相对明确的。"在 20 世纪 80 年代中期，"了解人物形象的模糊性，了解人物性格二重组合过程模糊集合的特点，对于作家在人物性格塑造中摆脱机械论将产生巨大的积极影响"，对文学研究者认识文学的复杂性和特殊规律也将产生巨大的积极影响。

王世德的《模糊数学与文艺创作》认为，模糊数学中的模糊系统观点，对文艺创作很有启发。从文学反映的对象——社会生活来看，"社会生活是一个有无限广阔联系，错综复杂的庞大系统，其中有无限多的参数和变数，各种因素和关系相互交错"，形成了文学反映对象的模糊性；从文学创作主体——作家的心理看，"在现代无限复杂思潮影响下形成的复杂的心理机构"，具有模糊性；从文学创作的成果——文学作品看，"经过作家的取舍、提炼、改造、加工而形成艺术形象体系，它作为作家对生活信息的反馈，已经不同于生活原型，它体现了作家对生活的审美意识，又成为一个复杂的意识形态的体系"，同样具有模糊性。总而言之，"各种体裁反映生活审美属性，表现作者审美意识，要运用很多方法、技巧和手段，每一种因素都是不确定的变数，各种因素之间的结合比例关系更是不确定的变数，都有难于精确界定的模糊性"。然而，强调文艺创作的模糊性并不否定其明晰性的一面。模糊数学对文艺创作最重要的启发就是"用模糊化的方法去处理该模糊的事物；用精确化、清晰化的方法去处理该精确、清晰的内容"。

张宏梁的《试论模糊语言在文学创作中的应用》指出，模糊语言具有不确定性、不精确性、相对性的特点，这些特点，有利于作品"刻划人物复杂的心理活动"，"给人物之间的矛盾瓜葛再添加一点错综的因素，"增强作品的艺术效果。李欣复的《模糊文艺学的几个问题》的基本主张，是由于文艺作品"作为人脑思维创造性活动的产物，它的内容和形式也是一个自成系统的独立工程结构"，具有"模糊性、多义性和不确定性"，因此，应该建立一门能阐释"文艺创作和文艺欣赏中的模糊性现象" 的 "模糊文艺学"。

三是心理学方法

运用心理学方法研究文学的代表性成果是一批文艺心理学专著，20世纪 80 年代中期以前主要有金开诚的《文艺心理学论稿》（北京大学出版社 1982 年版）、滕守尧的《审美心理描述》（中国社会科学出版社1985 年版）、鲁枢元的《创作心理研究》（黄河文艺出版社 1985 年版）等。到 90 年代，一大批学者会集到文艺心理学领域，取得了更为辉煌的成就。金开诚的《文艺心理学论稿》，是新时期最早从心理学角度研究文学的成果的，也是新时期文艺心理学的奠基之作。它的贡献在于"率先把心理学的理论与方法较系统地引进了文艺研究领域，为文艺研究提供了新的视野，为艺术创作和欣赏活动提供了新的描述和解释方式"，它的不足是"用文艺现象注疏、印证了普通心理学的一般理论观点"，还没有实现心理学与文学的有机融洽。[1]

滕守尧的《审美心理描述》，深入而系统地描述了审美心理要素、审美心理过程、审美经验、审美体验、审美无意识，并运用格式塔心理学、符号学对艺术活动中情与理这对古老范畴作出了新颖而深刻的解释。

鲁枢元的《创作心理研究》，结合当代文学现象与作家创作实践，对文学创作过程中的情绪记忆、情感积累、创作冲动、创作心境、心理定式、心理控制进行了系统研究和深入剖析，揭示了创作活动中的心理奥秘与创作规律。"相比较而言，鲁枢元的文艺心理学研究更具创造性和新鲜感，这不仅是因为他有选择地吸收了现代心理学的各家理论学说……而且他一直努力将现代心理学理论和方法同作家的创作实践经验相贯通，通过分析作家创作的心理过程来发现文艺创作的规律……最终达到对人类心灵奥秘的阐释。"[2]

---

[1]　董曼君主编：《中国近百年文学理论批评史》（1895—1990），湖北教育出版社 1997年版，第 1266 页。

[2]　同上。

四是比较方法

运用比较方法研究文学的代表性成果有钱锺书的论文《诗可以怨》（《文学评论》1981 年第 1 期）、乐黛云的论文《尼采与中国现代文学》（《北京大学学报》1980 年第 3 期）、曹顺庆的著作《中西比较诗学》（北京出版社 1988 年版）等。虽然在 20 世纪初期已有中国学者运用比较方法研究文学，但新中国成立以后却处于停滞状态。到 70 年代末 80 年代初运用比较方法研究文学再次兴起并迅速扩展，到 20 世纪末已发展成为一门学科并成为显学。

钱锺书的论文《诗可以怨》，是钱锺书 1980 年 11 月 20 日在日本早稻田大学文学教授恳谈会上的讲稿，1981 年 1 月作为论文在《文学评论》上发表。该文对"诗可以怨"这一理论命题进行了纵向历时比较与横向平行比较。在纵向上，作者对"诗可以怨"这一理论命题的历史发展过程进行了梳理，论述了不同历史时期"诗可以怨"的不同表述方式和含义，如从孔子的"诗可以怨"到司马迁的"发愤著书"再到韩愈的"不平则鸣"的比较；在横向上，作者对"诗可以怨"在不同民族文学传统中的表述方式进行了比较，论述了"诗可以怨"在不同民族的不同内涵与意义。如孔子的"诗可以怨"、尼采的"痛苦使然说"、弗洛伊德的"欲望替代说"之间的比较。最后，作者认为比较研究是很自然的事，同时也是很重要的方法。因为"人文科学的各个对象彼此系连，交互映发，不但跨越国界，衔接时代，而且贯串着不同的学科"。

乐黛云的论文《尼采与中国现代文学》，全面考察了尼采学说与中国现代文学的关系，并以鲁迅、茅盾、郭沫若为例，重点分析了他们对尼采的译介、接受、批判。作者认为"尼采对中国现代文学确实有一定的影响，这种影响随时代和政治需要的不同而变化。辛亥革命前，人们从尼采找到具有伟大意志和智力的'才士'，希冀雄杰的个人可以拯救中国的危亡。'五四'前后，人们心目中的尼采是一个摧毁一切旧传统的光辉的偶像破坏者，他帮助人们向几千年来的封建统治挑战，激励弱者自强不息（虽然这并非尼采本意）。1927 年以后，由于革命形势的发展，进步思想界已经很少提到尼采。到了四十年代，为适应国民党法西斯统治的政治需要，尼采又在国统区一部分知识分子中广为传播，这时对于尼采思想的介绍无论是目的、方法，还是社会效果都与'五四'时期截然不同"。作者指出"鲁迅与尼采思想上的联系是显而易见的"，"尼采对鲁迅思想上的影响在'五四'前和'五四'后是不完全相同的"。"五四"前，鲁迅主要接受的是尼采的超人哲学，希望有少数超人式的先觉者来唤醒民众；"五四"时期，"鲁迅特别强调了尼采彻底破坏旧传统的反抗精神"，同时以批判的态度来审视尼采，到30年代以后鲁迅和尼采决裂。茅盾对尼采的态度首先是批判的，他既称赞尼采的重估一切价值的勇气，"接受尼采的超人理想"，但又批判尼采"贤智阶级"统治"庸愚者"的社会观念。郭沫若虽然认同尼采的反抗精神和个人本位思想，但他更强调发扬尼采所提倡的内心的创造精神。作者对尼采与中国现代文学关系的研究，既全面而又重点突出，既注重了接受者们的共同特点，又突出了不同接受者的个性差异，是新时期最早和最有影响的比较研究的论文之一。

曹顺庆的著作《中西比较诗学》，是作者的博士论文，也是我国新时期最早出版的比较诗学专著。全书以中西古典诗学中的意境与典型，和谐与文采，物感与摹仿，文道与理念，神思与想象，迷狂与妙悟，风格与文气，风骨与崇高，滋味与美感，移情、距离与出入等核心范畴为对象，重点考察了它们各自的含义、历史，相似性与不同点，全面论述了中西艺术本质论、艺术起源论、艺术思维论、艺术风格论、艺术鉴赏论的异同。说明中西古典诗学互有短长，难分高下；在世界诗学史上各有贡献，相互辉映。既强调了中西艺术的共同规律，又突出了中西诗学的不同特色。用今天的眼光看，虽然该著的论述还略显粗略，个别结论也还可以进一步完善，但它作为新时期中西文论与美学比较的奠基之作，其开创之功是值得充分肯定的。

二 马克思主义文学方法论与中国文学研究方法的变革

20世纪80年代中国文学研究方法的变革，坚持了马克思主义的立场、观点和方法，是在马克思主义文学方法论指导下的文学研究方法的变革。

20 世纪 80 年代文学研究方法的变革，最有代表性的是系统科学方法、模糊数学方法、心理学方法和比较方法。这四种方法又可以归纳为两种类型：科学主义方法与人文主义方法。

科学主义方法，即将自然科学的一些研究方法引入文学研究之中，实现自然科学与人文科学的融合。系统科学方法，模糊数学方法可划入科学主义类型。自然科学与人文科学相结合，科学研究走向新的综合，是现代社会科学发展的一大趋势，也是马克思主义创始人的希望。19 世纪 40 年代，马克思就在《1844 年经济学哲学手稿》中预见到了这种趋势，他说："自然科学往后将包括关于人的科学，正象关于人的科学包括自然科学一样：这将是一门科学。"[1] 20 世纪 80 年代中国文学研究中引进自然科学的观念与方法，正是马克思主义创始人预言的实现。

中国文学研究中所引进的系统科学方法，与马克思主义有着密切的联系和相通之处。"系统论的创立者贝塔朗菲自觉地把马克思的思想作为自己的思想来源，说明了辩证思维与现代科学思维之间的关系。"[2] "系统科学方法以系统论作为自己的理论基础，是运用系统的观点来分析和综合事物，把对象看作多方面、多要素联系的动态整体来研究的思维方法"[3]，它与马克思主义的辩证思维十分一致，核心观点相通，认识方法相近。进而，"马克思主义哲学整体的观点，联系的观点，发展变化的观点，对立统一的观点，实际上已是系统科学方法论的雏形"[4]。

中国文学研究中所引进的模糊数学方法，与马克思主义创始人所强调的"中间"观点、"亦此亦彼"思想也有相似之处。马克思主义创始人认为，世界上的事物除有"两极化"、"非此即彼"的明确性外，还

①《马克思恩格斯全集》第 3 卷，人民出版社 2002 年 10 月第 2 版，第 308 页。

② 肖前主编：《马克思主义哲学原理》（合订本），中国人民大学出版社 1998 年第 2 版，第 468 页。

③ 同上书，第 464 页。

④ 季水河：《多维视野中的文学与美学》，东方出版社 2002 年版，第 294 页。

有"中间"状态,"亦此亦彼"的模糊性。恩格斯在《自然辩证法》中指出:"严格的界线是和进化论不相容的——甚至脊椎动物和无脊椎动物之间的界线也不再是固定的了,鱼和两栖动物之间的界线也是一样。鸟和爬行动物之间的界线正日益消失……'非彼即彼'是越来越不够用了……一切差异都在中间阶段融合,一切对立都经过中间环节而互相转移,对自然观的这样的发展阶段来说,旧的形而上学的思维方法不再够用了。辩证的思维方法同样不知道什么严格的界线,不知道什么普遍绝对有效的'非此即彼',它使固定的形而上学的差异互相转移,除了'非彼即彼'!又在恰当的地方承认'亦此亦彼!'。并使对立通过中介相联系:这样的辩证思维方法是唯一在最高程度上适合于自然观的这一发展阶段的思维方法。自然,对于日常应用,对于科学上的细小研究,形而上学的范畴仍然是有效的。"① 模糊数学方法,是美国控制论专家查德1965年发表的《模糊集合论》中提出的一种研究方法,他主张正视事物中客观存在的模糊性,用符合模糊性特点的数学方法去认识和处理模糊性。1975年,查德发表了《模糊集合、语言变量及模糊逻辑》长篇论文,将模糊数学方法拓展到了语言研究领域,形成了模糊语言理论研究模式。模糊数学作为一种处理不肯定性和不精确性问题的新方法和描述人脑思维处理模糊信息的有力工具,与马克思主义唯物辩证法中的"中间状态"观点和"亦此亦彼"思想思考问题的方式是相似的,对客观事物复杂性和模糊性特点的认识是一致的。在某种意义上可以这样说,模糊数学是辩证法的数学化和辅助性工具。

人文主义方法,是人文科学研究的固有方法。心理学方法,比较方法,就属人文主义方法类型,也是人文主义方法类型中较新的研究方法。

将心理学方法运用于人文科学与文学研究,也是马克思主义的构想之一。马克思在《1844年经济学哲学手稿》中指出:"工业的历史和工业的已经生成的对象性的存在,是一本打开了的关于人的本质力量的

---

① 《马克思恩格斯选集》第4卷,人民出版社1995年版,第318—319页。

书，是感性地摆在我们面前的心理学；对这种心理学人们至今还没有从它同人的本质的联系，而总是仅仅从外在的有用性这种关系来理解，因为在异化范围内活动的人们仅仅把人的普遍存在，宗教，或者具有抽象普遍本质的历史，如政治、艺术和文学等等理解为人的本质力量的现实性和人的类活动⋯⋯如果心理学还没有打开这本书即历史的这个恰恰最容易感知的、最容易理解的部分，那么这种心理学就不能成为内容确实丰富的和真正的科学。"① 马克思的论述说明，对于"政治、艺术和文学等等"，人们已从心理学的角度去理解它们同人的本质力量的关系，对于工业的历史和工业，人们更应该从心理学的角度去理解它们同人的本质力量之关系。只有这样，才能使心理学成为内容确实丰富的和真正的科学。马克思恩格斯本人，就已经从心理学的角度去研究了工业的历史和工业，研究了政治、艺术和文学等。20世纪80年代将心理学引入文学研究，是对马克思主义创始人将心理学运用于人文科学和文学研究构想的一种现实化、具体化，是对马克思主义文学批评的一种坚持和发展。

将比较方法运用于文学研究，是马克思主义文学批评的一大特色。"虽然在马克思、恩格斯时代没有诞生比较文学学科，但是，马克思恩格斯在《共产党宣言》中提出的'世界文学'构想却蕴含着比较文学学科诞生的前提，特别是他们在文学批评实践中所熟练掌握和运用的立体交叉的比较方法，是许多当代比较文学研究者都难以企及的。"他们"不管是评论一个时代的文学思潮与流派，还是评论一个作家或作品，多是将其放到一个更长远的历史阶段，甚至是整个文学发展的历史长河中去加以考察和定位，而不是局限于它们所产生的那个时代作孤立的评论"；他们"不管是评论一个国家的文学发展，还是评论一个作家的创作，也多是将评论对象置于一个更为广阔的空间中，在不同的国家之间、地域之间或不同的作家之间进行横向共时性比较，在比较中揭示文学发展的规律或突出作家的个性，发现在孤立研究中未被发现甚至无法

---

① 《马克思恩格斯文集》第1卷，人民出版社2009年版，第192—193页。

发现的新观点、新结论";他们"十分注意将文学与其他学科、文学创作与其他精神活动、文学发展与社会发展等不同学科领域的活动进行比较,在比较中揭示文学的审美属性、文学创作的独特方法、文学发展的独特规律"①。20 世纪 80 年代中国文学研究中比较方法的应用,与马克思主义文学批评的比较方法既一脉相承,又有发展创新,从而使比较方法在当代中国文学的研究中发扬光大并呈现出蓬勃之势。

三 文学研究方法变革与马克思主义文学理论的丰富发展

文学研究方法的变革,坚持了马克思主义文学方法论的指导地位。马克思主义文学理论也从各种新的文学方法中吸取了营养,丰富和发展了自身,实现了二者之间的良性互动。

文学研究方法的变革,丰富了马克思主义文学理论范畴。经典马克思主义文学理论,由于它所面对的理论资源是古典哲学、美学和文学理论,面对的文学实践是批判现实主义和新兴的无产阶级文学,因此,其文学理论范畴也主要是与之相适应的现实主义、典型、典型环境、典型人物、党性、阶级性、大众化等。到 20 世纪 80 年代,文学理论资源得到了极大丰富,除古典哲学、美学和文学理论外,增加了现代哲学、美学、文学理论及部分新的自然科学理论;文学实践已由批判现实主义、新兴无产阶级文学转向了现代主义和后现代主义。随着理论资源的丰富性和文学实践的复杂化,虽不能说经典的马克思主义文学理论范畴已经过时,但可以说这些理论范畴确实不够用了。在 20 世纪 80 年代的文学研究方法变革中,随着系统科学方法、模糊数学方法、心理学方法、比较方法等新方法的应用,出现了一些新的文学理论范畴,如性格系统、功能结构、模糊性、确定性、不确定性、情绪记忆、心理定势、审美无意识、平行比较、影响比较等,都可以成为马克思主义文学理论家族中的成员,从而丰富了马克思主义文学理论范畴。

---

① 季水河:《论马克思恩格斯文学批评的多维向度》,《中国人民大学学报》2010 年第 3 期。

文学研究方法的变革，增强了马克思主义文学理论的开放性。马克思主义文学理论同马克思主义一样，是一个开放的思想体系。这种开放性，一直贯穿于整个马克思主义的创立与发展过程中。马克思恩格斯在创立马克思主义文学理论时，就以一种世界眼光和恢宏气魄，吸收、批判、改造人类的一切优秀文化成果，融入自己的文学理论之内。在其后的发展过程中，也面向新的时代要求和文学实践经验开放，不断完善自己的形式和丰富自己的内容。马克思主义文学理论传入中国后，在与中国传统文化和文学实践的交流对话中实现了中国化。1949 年中华人民共和国成立以后，马克思主义被确立为中国共产党的指导思想，中华人民共和国的国家意识形态，被当作绝对真理而走向了神圣化；马克思主义文学理论也被视为文学理论史上最正确的理论而被神圣化，到1966—1976 年的"文化大革命"时期，马克思主义文学理论的发展几乎处于停滞状态。20 世纪 80 年代文学研究方法的变革，文学研究新方法的引进，激活了马克思主义文学理论，增强了马克思主义文学理论的开放性，系统科学思维方式丰富了马克思主义的艺术辩证法，模糊数学方法深化了马克思主义的"亦此亦彼"思想，心理学方法补充了马克思主义的文学批评内容，比较文学方法拓展了马克思主义的文学比较研究。

文学研究方法的变革，提高了马克思主义文学理论的声誉。在相当长一段时期，由于我国马克思主义文学理论研究过分强调经典化而忽视当代性，过分注重神圣化而忽视现实性，过分强调注释化而忽视创新性，使马克思主义文学理论与当代社会生活、当代文学实践、当代学术发展严重脱节，降低了马克思主义文学理论的声誉。而20 世纪80 年代文学理论方法的变革，文学研究新方法的应用，丰富了马克思主义文学理论范畴，增加了马克思主义文学理论的开放性，突破了马克思主义文学理论研究的旧有格局和传统思维模式，缩短了马克思主义文学理论与当代社会生活和文学实践的距离。新的文学研究方法，不仅推动了文学史研究的创新，对文学史上一些有争议的作品和理论作出了新的解释，如用系统科学分法分析阿 Q 形象，用模糊数学方法分析人物性格，而且科学地说明了文学创作实践和当代文学现象，如用心理学解释作家创作中的心理活动，从信息论的角度分析高晓声的陈奂生系列形象。这从而恢复了马克思主义文学理论的活力，提高了马克思主义文学理论的声誉。

第二节　马克思主义人学思想与中国文学理论中的主体性研究

20 世纪 70 年代末至 80 年代中期，我国哲学界、文学理论界开展了一场广泛而热烈的关于马克思主义人学思想的讨论，讨论的主要问题是人性、异化和人道主义。这场讨论，肯定了人学思想在马克思主义思想体系中的重要地位，张扬了人的自觉意识与主体意识，促进了 20 世纪 80 年代中国文学理论中的文学主体性研究。

一　马克思主义人学思想论争的三大主题

马克思主义人学思想包括三大主题：人性、异化、人道主义。"在马克思主义人学思想系统中，人性理论侧重于研究人的属性与本质，回答人之所以为人，人区别于其他动物的特点等问题；异化理论侧重于研究人在私有制社会中，特别是在资本主义制度下，异己的、强制性的劳动对人的本质的否定，对人的肉体的摧残，对人的劳动成果的掠夺，以及人的非人化等问题；人道主义理论，侧重于研究如何正确对待人的本质，尊重人的个性，实现人的解放，促进人的全面发展等问题。"[①] 20 世纪 70 年代末期至 80 年代中期的马克思主义人学思想论争，主要是围绕这三大主题展开的。

人性问题的讨论

人性问题的讨论主要涉及两个方面的问题。

其一，马克思主义人学思想中"人性"的含义与构成。朱光潜认

---

① 季水河：《回顾与前瞻：论新中国马克思主义文艺理论研究及其未来走向》，中国社会科学出版社 2009 年版，第 113—114 页。

为，马克思主义的人性概念指人的"自然本性"，主要由人的肉体力量和精神力量所构成。他说，马克思所"强调的'人的肉体和精神两个方面的本质力量'便是人性"①。王元化则不同意朱光潜将人性归结为人的自然本性，他认为马克思主义的人性主要是指人的"社会属性"即社会本质。他说，马克思主义的人性概念主要指人的本质，"人的本质是人的社会属性，而不是人的自然属性……构成人的本质的东西，恰恰是那种为人所特有、失去了它人就不成其为人的因素。而这种因素是人的社会性"②。王润生、朱晶等人则持一种折中的观点，认为马克思主义的人性观包括人的自然属性和社会属性，是这两种属性的对立统一。王润生说："马克思是把人性和需要这两个概念联系在一起的，需要由人性所决定，而决定需要的人性当然包括自然属性和社会属性这两个方面。"③ 朱晶、傅树声则进一步强调：在任何情况下，人性都是自然性和社会性的对立统一，自然性是社会性的基础，但自然性又往往受到社会性的影响和制约。④ 除以上三种主要观点外，还有人认为人性就是一切社会关系的总和或人的类特性等。

其二，马克思主义人性观与文学艺术的关联。20 世纪有关人性问题的讨论，一直都与文学艺术相关联。30 年代初期，鲁迅与梁实秋关于人性问题的论争也是主要围绕文艺问题展开的，讨论的主题是文学到底有没有永恒不变的人性。40 年代初期毛泽东《在延安文艺座谈会上的讲话》重提人性问题，也主要是批判文学艺术领域中存在的抽象的人性、超阶级的人性观，强调文学艺术只能表现具体的人性、阶级的人性。50—60 年代的人性问题论争也始于文艺界，是以文学艺术为载体，以文学艺术中的问题为出发点去讨论人性问题的，巴人、王淑明、钱谷融都是针对当时文坛和文艺创作缺少人性、人情味而呼唤文学艺术作品中人性回归的。70 年代末至 80 年代中期的马克思主义人性问题讨论同

---

① 朱光潜：《关于人性、人道主义、人情味和共同美的问题》，《文艺研究》1979 年第 3 期。
② 王元化：《人性札记》，《上海文学》1980 年第 3 期。
③ 王润生：《人的自然本性、社会性和阶级性》，《辽宁大学学报》1980 年第 4 期。
④ 朱晶、傅树声：《论人性与文学艺术的解放》，《吉林大学学报》1980 年第 4 期。

样与文学艺术相联系，既是文学艺术创作中人性回归的结果，又在讨论中进一步促进了文学艺术对人性的深度开掘。朱晶、傅树声首先批判了"人性即阶级性"公式对文学艺术的不良影响，认为"'人性即阶级性'的公式，看似强调了阶级性的重要，实则是一种形而上学的人性观，它否定了人的自然本质，抽掉了人性的现实基础，势必导致文艺创作以及哲学、心理学、美学等学术研究中的简单化、庸俗化倾向"①。刘再复认为，新时期的文学创作所取得的成果，与马克思主义人性论的讨论有着重要联系，马克思主义人性问题的讨论恢复了人性在文学中的地位，"从根本上说，就是人性的重新发现，从伤痕文学开始就是如此。伤痕文学的根本优点，就在于它开始接触到人性深处的矛盾内容，在一定程度上展示了人性的深度"②。毛星则认为，文学艺术表现人性没错，但应该有一个度，即不能脱离社会现实。他说："阶级社会中有共通的人性、人情，但不能脱离社会现实来探索个人的心灵"，不能对人性的所有方面都毫无选择地加以表现。③敏泽对文学艺术作品中过度描写抽象人性表现出了担忧，他指出："把抽象的人性作为旗帜高举起，并把它和人的阶级性和社会性看做是对立的观点，则不仅在理论上是荒唐的，而且，在实践上也是有害的。"④

异化问题的讨论

异化问题的讨论主要集中在四个方面。

其一，马克思主义异化概念的含义。大多数学者认为，马克思主义的异化概念可以理解为劳动异化。劳动异化有四个方面的规定性"劳动对象和劳动产品的异化、生产活动即劳动本身的异化、人的类本质的异化，以及人和人的异化"。⑤

---

① 朱晶、傅树声：《论人性与文学艺术的解放》，《吉林大学学报》1980 年第 4 期。

② 刘再复：《两极心理对位效应和文学的人性深度》，《文艺理论研究》1985 年第 2 期。

③ 毛星：《关于文学的阶级性》，《文艺评论》1979 年第 2 期。

④ 敏泽：《坚持思想和文学领域中的历史唯物主义原则》，《光明日报》1983 年 11 月 17 日。

⑤ 薛德震、杨昭：《马克思关于人的学说与费尔巴哈的人本主义》，《学术月刊》1981 年第 12 期。

　　其二，异化理论在马克思主义思想体系中的地位。一种观点认为，异化劳动理论是马克思主义的一个重要组成部分，地位重要，作用突出。薛德震等人肯定地说："马克思的劳动异化理论在唯物史观的形成过程中占有重要地位，它揭露了资本主义制度违反人性的罪恶现象……揭示了资本主义剥削的实质。""马克思在成熟时期的著作中，还进一步发挥了他在早期著作中已经提出的资本主义条件下的劳动异化必然导致人性异化的思想。"① 周扬也强调："关于'劳动异化'的思想，马克思在《1844 年经济学—哲学手稿》中有详细的论述。后来，他把这个思想发展为剩余价值学说。这在《资本论》中说得很清楚。那种认为马克思在后期抛弃了'异化'概念的说法，是没有根据的。"② 另一种观点认为异化劳动理论不是成熟的马克思主义，也不是马克思主义的组成部分。黄枬森就是这种观点的代表，他说："我认为把马克思的异化理论简单地看成是马克思主义的重要组成部分，甚至是核心部分，是不对的。"③

　　其三，马克思的异化劳动理论能否用于对社会主义的分析。对这一问题存在着三种不同的看法。一种观点认为社会主义存在着异化，并且在政治、经济、思想领域都有异化表现，马克思主义异化理论还适用于对社会主义的分析。这种观点以王若水为代表，他说："社会主义还有没有异化？……我想我们应当承认，实践证明还是有异化。不仅有思想的异化，而且有政治上的异化，甚至经济上的异化。"④ 另一种观点认为，社会主义没有异化，马克思的异化劳动理论不适用于对社会主义的分析。这种观点以林建公等人为代表。他们强调："社会主义不产生异化，这是历史的必然。因为异化作为一种社会现象，不是从来就有的，也不会永远不断产生和存在下去。"⑤ 第三种观点认为，社会主义时期

① 薛德震、杨昭：《马克思关于人的学说与费尔巴哈的人本主义》，《学术月刊》1981 年第 12 期。
② 周扬：《关于马克思主义的几个理论问题的探讨》，《人民日报》1983 年 3 月 16 日。
③ 黄枬森：《关于人的理论的若干问题的探讨》，《人民日报》1983 年 3 月 16 日。
④ 王若水：《谈谈异化问题》，《新闻战线》1980 年第 6 期。
⑤ 林建公、咎瑞礼：《评"社会主义异化论"》，《红旗》1983 年第 22 期。

还不同程度地存在着异化现象但并非马克思说的异化劳动。这种观点以黄枬森为代表，他说："不仅从广义的异化，即使从狭义的异化，在任何时候都是不能避免的，都会出现的，很难想象在共产主义社会没有异化现象，何况社会主义社会？……但是异化现象不等于马克思所说的劳动异化。"①

其四，马克思主义异化理论与文学研究。有研究者认为，"马克思的异化劳动理论，是马克思'历史唯物主义的发端'，在马克思主义哲学中具有方法论的意义"。可以"借助这一方法论，来探讨异化与文学的关系"，特别是与西方文学的关系。就异化与西方文学的整体关系而言，"异化是促进西方文学变革的动力之一"，"异化为西方文学内容和形式的多样性和丰富性提供了条件"，"异化是西方现代派文学的永恒主题"。异化和西方现代派文学的关联非常紧密，西方现代派作家是以"异化的讴歌者"的姿态出现的。他们作品中的人物是被社会、环境所异化的"无家可归的异化人"、"页边旁注的人"；他们作品中的生活，是"技术异化"的图景，表现的是"科学技术给人类带来的灾难"；他们的读者观，多是"有意识地推行使他们与读者隔离的体裁"，"让人摸不着头脑"。②

人道主义问题的讨论

人道主义问题的讨论主要涉及四个方面的问题。

其一，人道主义在马克思主义中的地位。多数学者认为人道主义是马克思主义的一个重要组成部分。汝信强调："人道主义是马克思主义必不可少的因素"，从马克思的早期著作到成熟著作中都有人道主义思想。"唯物史观和剩余价值这两个伟大发现……不仅没有取消或削弱马克思的人道主义理想，反而使它建立在真正科学的基础上而得到了加

---

① 黄枬森：《关于人的理论的若干问题的探讨》，《人民日报》1983 年 4 月 6 日。
② 季水河：《浅谈异化劳动与美的创造》，《学术月刊》1983 年第 3 期；《异化与西方文学变革》，《九江师专学报》1989 年第 2—3 期合刊；《文学的异化与异化的文学——批判现实主义与现代派文学异化之比较》，《文艺理论与批评》1989 年第 4 期。

强。"① 胡皓等人对这种观点也持赞同态度，他们指出："马克思主义中包含着非常深刻的人道主义价值，其根本原因如前所说，在于现代无产阶级同样深受异化压抑之苦，存在着解放人性的强烈愿望，马克思主义是现代无产阶级的人道主义要求的集中表现；同时，还在马克思主义批判地继承了以往人道主义发展的积极成果。"② 当然，也有少数学者持反对意见，如邢贲思、蔡仪就认为，人道主义与马克思主义不相容，是两种不同的思想体系，马克思主义者曾用过人道主义口号，但并不意味着"马克思主义可以包容人道主义"③，人道主义是资产阶级意识形态"它在思想实质上和马克思主义是根本矛盾而不相容的"④。

其二，马克思主义与人道主义的关系。影响最大的是"包含说"，即认为马克思主义思想体系中包含着人道主义思想。黄万盛、尹继佐认为，人道主义在马克思主义者那里是一种革命的人道主义，"革命人道主义是无产阶级的思想意识形态"，是马克思"科学共产主义世界观的有机组成部分，也是无产阶级道德的行为准则之一"⑤。周扬也同样认为：虽然不能"把马克思主义全部归结为人道主义；但是，我们应该承认，马克思主义是包含着人道主义的。当然，这是马克思主义的人道主义"⑥。

其三，马克思主义人道主义与共产主义的关系。黄万盛等认为，马克思主义的革命人道主义与共产主义具有基本的一致性："共产主义与革命人道主义都是以人类的解放为根本目标的"，"革命人道主义与共产主义的一致性还表现在它们的实现手段上，都是以阶级斗争作为推翻

---

① 汝信：《人道主义就是修正主义吗？——对人道主义的再认识》，《人民日报》1980年8月15日。

② 胡皓等：《试论人道主义》，《人是马克思主义的出发点》（论文集），人民出版社1981年版。

③ 邢贲思：《怎样识别人道主义》，《百科知识》1980年第1期。

④ 蔡仪：《试论人本主义、人道主义和"人化自然说"——〈经济学哲学手稿〉再探》（下篇），《文艺研究》1982年第4期。

⑤ 黄万盛、尹继佐：《试论革命人道主义在马克思主义中的地位》，《复旦学报》（社会科学版）1980年第1期。

⑥ 周扬：《关于马克思主义的几个理论问题的探讨》，《人民日报》1983年3月16日。

资本主义制度的根本途径的"。① 黄枬森持反对意见，认为人道主义与共产主义具有"原则的区别"："人道主义眼中的人是孤立的、抽象的个人"，共产主义"眼中的人则是处于一定社会关系总和中的个人"；"人道主义把历史发展看成个人的发展过程"，共产主义把历史看成"由各个在一定社会关系内的个人组成的集体、阶级、人群的历史……人类社会的历史"。②

其四，人道主义与文学的关系。人道主义与文学有着天然的关系：在世界文学史上，那些伟大的作家往往是伟大的人道主义者；那些伟大的作品也往往闪耀着人道主义思想的光辉。因此，在 20 世纪 50—60 年代的人学思想论争中，钱谷融等人就主张把人道主义作为评价文学作品的标准。70 年代末至 80 年代中期"文学理论上关于人道主义的论争，最早是由文学创作引起的。伤痕文学、反思文学、寻根文学，都表现了强烈的人道主义情感，在很大程度上激起了读者的共鸣，在社会上引起反响"③。高尔太认为，"人道主义肯定是在艺术中表现出来的，它一开始就与艺术结下了不解之缘……历史上所有传世不朽的伟大文学艺术作品，都是人道主义的作品，都是以人道主义的力量、即同情的力量来震撼人心的……艺术本质上也是人道主义的"④。何西来强调："我们的社会主义文学，应该是最富于人道精神的文学；我们的社会主义社会，应该是中国历史上最人道的社会。我们的旗帜上不能没有人道主义；文学离开了人道主义，就没有了灵魂。"⑤ "人的重新发现，是新时期文学潮流的头一个也是最重要的特点，它反映了文学变革的内容和发展趋势。……表现在文学上，就是人性、人情、人道主义的重新提出。"⑥

---

① 黄万盛、尹继佐：《试论革命人道主义在马克思主义中的地位》，《复旦学报》（社会科学版）1980 年第 1 期。

② 黄枬森：《关于人的理论的若干问题》，《人民日报》1983 年 4 月 6 日。

③ 董学文、金永兵等：《中国当代文学理论》（1978—2008），北京大学出版社 2008 年版，第 259 页。

④ 高尔太：《人道主义与艺术形式》，《西北民族学院学报》1983 年第 3 期。

⑤ 何西来：《我崇尚为人生的艺术——〈探寻者的心踪〉自序》，《批评家》1986 年第 6 期。

⑥ 何西来：《人的重新发现——论新时期文学潮流》，《红岩》1980 年第 3 期。

二 中国文学理论中的文学主体性研究

20 世纪 70 年代末至 80 年代中期的马克思主义人学思想论争，具有重要的理论价值和现实意义，"一方面为重新认识马克思主义人学理论作了必要的舆论准备，为以后文学主体性观点的提出作了必要的理论铺垫；另一方面也有力地支持了当时的文学创作更好地描写和剖析复杂、丰富的人性"①。

刘再复文学主体性理论的主要观点

刘再复是 20 世纪 80 年代文学主体性研究的代表人物。1984 年前后，刘再复先后发表了《文学研究应以人为思维中心》（《文汇报》1985 年 7 月 8 日）、《论人物性格的二重组合原理》（《文学评论》1984 年第 4 期）、《论人物性格的模糊性与明确性》（《中国社会科学》1984 年第 6 期）等多篇论文。这些论文，对文学作品中的人物性格有了比较深入的研究，也初步论及了文学的主体性问题。1985 年底和 1986 年初，刘再复在《文学评论》推出了他的长篇论文《论文学的主体性》（《文学评论》1985 年第 6 期，1986 年第 1 期），全面、系统地阐述了他的文学主体性思想，主要观点如下：

其一，《论文学的主体性》阐述了研究文学主体性的主旨："我们可以构筑一个以人为思维中心的文学理论与文学史研究系统，也就是说，我们的文学研究应当把人作为主人翁来思考，或者说，把人的主体性作为中心来思考。"

其二，《论文学的主体性》阐述了"文学主体性原则"："在文学活动中不能仅仅把人（包括作家、描写对象和读者）看做客体，而更要尊重人的主体价值，发挥人的主体力量，在文学活动的各个环节，恢复人的主体地位，以人为中心、为目的。"

其三，《论文学的主体性》阐述了文学主体的特性："主体是在实践中建立起来的概念。人既是主体，又是客体，人作为存在是客体，而

---

① 朱立元：《选择·激活·对接——以人学问题为例》，《学术月刊》2008 年第 1 期。

人在实践中、在行动时则是主体。"人作为客体具有受动性，作为主体具有能动性。"人的主体性包括两个方面：首先人是实践的主体，其次人又是精神的主体。所谓实践的主体，指的是人在实践过程中，与实践对象建立主客体的关系，人作为主体而存在，是按照自己的方式去行动的，这时人是实践的主体；所谓精神主体，指的是人在认识过程中与认识对象建立主客体关系，人作为主体而存在，是按照自己的方式去思考，去认识的，这时人是精神的主体。"

其四，《论文学的主体性》阐述了文学主体的构成："（1）作为创造主体的作家；（2）作为文学对象主体的人物形象；（3）作为接受主体的读者和批评家。"作为创造主体的作家的主体性，虽然包括实践主体性与精神主体性两个方面，但在文学创作活动中主要探讨的是其精神主体性。即具有巨大能动性的内宇宙。"这个内宇宙是一个具有无限创造力的自我调节系统，它的主体力量可以发挥到非常辉煌的程度，可以实现到非常辉煌的程度。"作家主体性的最高表现是自我实现，"是打开内宇宙的大门，用内宇宙去感应外宇宙的脉搏，使内宇宙与外宇宙相通，并且具有外宇宙的巨大投影，负载外宇宙的壮丽图景，因此，作家主体力量的实现，必须使自己的全部心灵、全部人格与时代、社会相通，必须'推己及人'，把自己的精神世界中一切最美好的东西推向社会，推向人类。作家的自我实现归根到底是爱的推移，这种爱推到愈深广的领域，作家自我实现的程度就愈高。爱所能达到的领域是无限的，因此，自我实现的程度也是无限的"。从而，使作家的创作达到"超常性、超前性和超我性"。作为创作对象主体的人物形象的主体性，"就是文学对象结构中人的主体地位和人的主体形象"。"相对于他的生活环境（社会）来说，他又是主体——他是有意识的存在物，他的环境和他的生活是被他所感知的对象。""作家给笔下的人物以主体的地位，赋予人物以主体的形象，归结为一句通俗的话，就是把人当成人——把笔下的人物当成独立的个性，当作具有主体意识和自身价值的活生生的人，即按照自己的灵魂和逻辑行动着、实践着的人，而不是任人摆布的玩物与偶像。""作家要允许笔下的人物超越自己的意图，允许他们突破自己一切先验的安排，只有当笔下的人物有充分的独立活动的权利，非常自由地按自己行动逻辑展开自己的行动时，这种人物才是活生生的。"作为接受主体的读者和批评家的主体性，"就是指人在接受过程中发挥审美创造的能动性，在审美静观中实现人的自由自觉的本质，使不自由的、不全面的、不自觉的人复归为自由、全面、自觉的人，整个艺术接受过程，正是人性复归的过程——把人应有的东西归还给人的过程，也就是把人应有的尊严、价值和使命归还给人自身的过程"。使"人的心境获得一种自由，一种解放，一种平衡"。批评家的主体性还表现在对作家的超越，即"发现作家自身没有意识到或未充分意识到的但反映在作品之中的潜意识层次的内容"。

刘再复的《论文学的主体性》发表以后，在学术界产生了强烈的反响，掀起了一场关于文学主体性的论争。除学者个人发表文章参与讨论外，中国社会科学院文学研究所文艺理论研究室还于1986年2月18日和3月1日两次召开了文学主体性问题座谈会，《文学评论》于1986年第3期发表了座谈会上十余位专家学者的发言。在这场关于文学主体性问题的讨论中，学术界对文学主体性问题进行了深入的讨论，发表了不同的看法。

学术界对刘再复文学主体性理论的肯定性评价

刘再复的《论文学的主体性》发表以后，受到了学术界部分学者的认同与肯定。他们认为，刘再复的文学主体论批判了旧的文学观念，切中了现实中存在的要害问题，抓住了文学之所以成为文学的关键点，是文学理论研究和文学批评实践的重大突破，有利于民族特色和时代特色马克思主义文学理论体系的构建。何西来认为，文学主体性问题的提出和强调，"就是从根本上对一种长期存在的历史性荒谬的反拨和纠正。只有这样才能打开文学观念变革的通路，才有希望构造中国化的具有民族特色和时代特色马克思主义文学理论体系，从而取得文学研究和文学批评的重大突破，并最终推动文学创作的长足发展"。石汝祥认为，"忽视人存在的独断论和机械决定论，在我们文艺界是长期存在着……甚至对作家世界观的改造，也完全把作家看作被动的存在物，把人作为物理解，使我们的作者不能进入正常的创作过程，使作者不能发挥应有的作用"。而文学主体论对独断论和机械论的批判，对作家主体性的强调与弘扬，"抓住了现实中存在的实际的要害"。王春元认为，文学主体性问题的提出，顺应了学术发展的时代潮流，当哲学的发展逐渐走向人的主体意识的探索后，"文学，当然不会不关心主体意识对文学过程的干预和介入"。在这个前提下，"文学主体意识的探讨是应该的和必要的，也是切合时宜的"。汤学智认为，文学主体性理论，具有突破性的意义："提出文学应该成为'人的心灵学，人的性格学，人的精神主体学'，这就使'文学是人学'这一命题沿着正确的方向大大向前跨进了一步，使我们的认识更进一步逼进了文学的内在本质"。《论文学的主体性》"第一次把文学对象的主体、文学创造的主体和文学接受的主体统一起来，作为文学主体性的整体，从理论上加以论述……大大地开阔了理论视野，从而会对调整和更新文学理论的基本框架发生重大影响"①。孙绍振认为，刘再复的文学主体论，标志着审美意识的觉醒和理论上的自觉。他说："刘再复主体论的提出，标志着在文艺理论被动的、自卑的、消极的反映论统治的结束，一个审美主体觉醒的历史阶段已经开始。这不是低层次经验的复苏，而是理论上的自觉。在新的逻辑起点上，刘再复提出新的范畴：实践主体性和精神主体性，创作主体性和欣赏主体性"②，对于文学理论研究从反映论向主体论的过渡，突出个体的主体性具有重要的意义。

学术界对刘再复文学主体论的否定性批评

刘再复的《论文学的主体性》发表以后，也受到了学术界部分学者的批评与否定。他们认为，刘再复的文学主体论，夸大了主体的作用，忽视了主体发挥作用的前提条件，有违创作实际，包含着主观唯心主义的实质，基本上背离了马克思主义的基本原理与方法。陈涌认为，刘再复的文学主体论中"反复谈到了'自我实现'、'主体性'、'能动

---

① 文学研究所文艺理论研究室：《关于刘再复〈论文学的主体性〉一文的讨论》，《文学评论》1986 年第 3 期。

② 孙绍振：《论实践主体性、精神主体性和审美主体性》，《文学评论》1987 年第 1 期。

性'等等,但却忽视了所谓'自我实现'或'行动着的人'发挥主体能动作用的基础和前提"。在马克思主义看来,"不存在超越时间空间、超越社会历史条件的'行动着的人'的主体性,不存在无条件的、可以无限扩张的主观能动性或主体性的'自我实现'"。在这个意义上,刘再复的文学主体论,否定了"马克思主义观点和方法"。① 敏泽认为,刘再复的《论文学的主体性》,"在某种意义上说,是一篇地地道道的关于人的自由、博爱的宣言书","作者说是'以人为本,实即古老的'人本主义'"。同时,《论文学的主体性》提到的"人性复归"也与马克思早期提出的"人性复归"有着根本的区别:"马克思所说的'人性复归'是'人向作为社会的人即合乎人的本性的人自身的复归,这种复归是彻底的自觉的、保持以往丰富成果的'",而刘再复的文学主体论"却恰恰相反,是反对和排斥'社会的人'以及道德与'以往全部丰富成果的'。前者所主张的是高度文明道德的'作为社会的人即合乎人的本性'的'人性的复归',后者所主张的却是排斥人的社会性与任何道德伦理规范的人,他所要求的'复归'是复归到原始洪荒人作为动物的类存在尚未分化出来的'人'"。② 姚雪垠认为,刘再复的《论文学的主体性》,在"貌似新颖的论点中,包含着主观唯心主义的实质"。"从'五四'新文学运动以来,我们没有看见过哪一篇文章将主观唯心主义表现得这么充分","它基本上是背离了马克思主义的"。③

三　马克思主义人学思想与文学主体论

20 世纪 80 年代中国文学理论中的文学主体性研究,特别是以刘再复为代表的文学主体论,与马克思主义和马克思主义文学理论中的人学思想有何关系?是坚持了马克思主义还是违反了马克思主义?笔者的看法是,20 世纪 80 年代中国文学理论中的文学主体性研究,包括刘再复

---

① 陈涌:《文艺学方法论问题》,《红旗》1986 年第 6 期。

② 敏泽:《论〈论文学的主体性〉——与刘再复同志商榷》,《文艺报》1986 年 6 月 12 日。

③ 姚雪垠:《创作实践和创作理论》,《红旗》1986 年第 21 期。

的文学主体论，是 20 世纪 70 年代末期至 80 年代中期马克思主义人学思想讨论的延续和深化，它整合了马克思文学理论中的人学思想资源。在总体基调上是马克思主义的，但同时还带有某些费尔巴哈人本主义的色彩。

一是接续和延伸了 20 世纪 70 年代末至 80 年代的马克思主义人学思想讨论，将讨论引向了深入和系统。20 世纪 70 年代末至 80 年代中期的马克思主义人学思想讨论，在哲学、文学理论多个领域展开，在总体趋向上是哲学探讨胜于文学研究。但在讨论中还是涉及了文学中的人性、异化、人道主义等问题，刘再复的文学主体化，全面论述了这些问题，对这些问题的认识更加系统和深入。具体言之，刘再复的文学主体论在三个方面延续和深化了 20 世纪 70 年代末至 80 年代中期的人学思想讨论。对阶级斗争扩大化给人们带来的伤害及人性异化现象在文学中的表现批判更有力，否定更彻底。刘再复指出，在阶级斗争扩大化的极左年代，人的主体性被消灭了，成为无知无欲的工具，人成为了一个阶级的符号，成为了阶级机器上的齿轮和螺丝钉，完全丧失了主动性。面对这种状况，刘再复提倡文学的主体性，强调恢复和发挥人的主体精神，既是必要的，也是切合时宜的。将"文学是人学"这一命题的讨论引向了更深入的层次。20 世纪 70 年代末至 80 年代中期的马克思主义人学思想讨论，仅是恢复了"文学是人学"的命题，刘再复的文学主体论将这一命题的讨论引向了深入。在刘再复以前，文学理论界仅将"文学是人学"中的人学理解为以人为对象，尊重人的感情，表现人的思想，满足人的愿望。刘再复则将"文学是人学"中的人学理解为"具有人性深度和丰富情感的精神的主体学"，它不仅突出了实践主体，还强调了精神主体性，深入到了主体的内宇宙，深化了"文学是人学"这一理论命题。将文学主体性理论引向了系统化。20 世纪 70 年代末至 80 年代中期的人学思想讨论，已零星地涉及了文学的主体性问题，但不成系统。刘再复的文学主体论，将文学主体分为创作主体、对象主体、接受主体三个既各有特点又相互联系的部分，论述集中而又自成体系，将文学主体性理论引向了系统化。

二是利用和整合了马克思主义的人学思想资源，形成了以马克思主义为基调的文学主体性理论。刘再复的《论文学的主体性》，引用和整合了较多的马克思主义思想资源，特别是人学思想资源。他所引用的马克思主义创始人的观点主要有："人是一个特殊的个体，并且正是他的特殊性使他成为一个个体，成为一个现实的、单个的社会存在物，同样地他也是总体，观念的总体，被思考和被感知的社会的主体的自为存在，正如他在现实中既作为社会存在的直观和现实享受而存在，又作为人的生命表现的总体而存在一样"；① "有意识的生命活动把人同动物的生命活动直接区别开来。正是由于这一点，人才是类存在物。或者说，正因为人是类存在物，他才是有意识的存在物，也就是说，他自己的生活对他是对象。仅仅由于这一点，他的活动才是自由的活动"；② "人以一种全面的方式，也就是说，作为一个完整的人，占有自己的全面的本质。……他的个体的一切器官，正象在形式上直接是社会的器官的那些器官一样，通过自己的对象性关系，即通过自己同对象的关系而占有对象"；③ 等等，一共引用了六段马克思主义创始人的相关论述。然后围绕马克思主义创始人的这些观点展开全文，论述了人作为存在是客体，在实践中是主体，强调在文学活动中不能仅仅把人看作客体，而更要尊重人的主体价值，发挥人的主体力量，在文学活动的全过程恢复人的主体地位，以人为中心和目的。同时，分别论述了文学创作主体、对象主体、欣赏主体的含义、特点、历史命运、活动规律，以及人作为实践主体的现实性、制约性、有限性，作为精神主体的自由性、超越性、无限性。由此看来，刘再复的文学主体论，其基调是马克思主义的，其"见解大体上也是合乎马克思主义的，是马克思主义在文学活动问题上的具体运用"。④

三是在具有马克思主义基调的同时夸大了精神主体的作用，带有费

---

① 《马克思恩格斯全集》第 42 卷，人民出版社 1979 年版，第 123 页。

② 同上书，第 96 页。

③ 同上书，第 123—124 页。

④ 童庆炳主编：《20 世纪中国马克思主义文艺理论》，北京大学出版社 2012 年版，第 464 页。

尔巴哈人本主义的色彩。刘再复的文学主体论，在受到学术界一些人高度评价、充分肯定的同时，也受到了一些人的强烈批评和完全否定。我们认为，这两种态度都含有某些情绪化色彩，都缺少理性的审视和辩证的思维。充分肯定者仅看到了刘再复文学主体论的批判精神和现实意义，并没有对其理论自身的逻辑结构和推理论证进行全面分析；完全否定者仅看到了刘再复文学主体论中的某些逻辑矛盾和论证疏漏，没有看到其理论价值和现实意义。辩证地看，刘再复的文学主体论，其基调是马克思主义的，是对马克思主义人学思想和文学主体论的深化，在 20世纪 80 年代中期也是有较大理论创新和现实意义的。但同时也应指出，刘再复的文学主体论，虽然总体基调是马克思主义的，但并非完全是马克思主义的，其中带有费尔巴哈人本主义的痕迹，存在主义、新人道主义的影响，特别是在论述精神主体的自由性、超越性、无限性时，没有看到其与实践主体之现实性、制约性、有限性的相互影响和制约，的确有夸大人的主观能动性之嫌疑。刘再复作为一位鲁迅文艺美学思想的研究专家，出版过颇有影响的专著《鲁迅美学思想论稿》，但在《论文学的主体性》中，却没有体现出鲁迅的辩证思维。鲁迅在论作家的自由性、超越性、无限性时，始终没有忘记其现实性、制约性和有限性的一面。他在论述艺术作品中的鬼神形象时，看到了与常人的相通之处，他在论述艺术家的超常性时看到了他无法离开现实土壤。刘再复在论述这些问题时却缺少鲁迅的慧眼，显得有些顾此失彼。同时，"由于刘再复诗人的激情长于理论家的思辨，在对文学主体论的具体阐发中，少数观点也有自相矛盾之处。如关于'爱'的范围的主张就前后不一致。特别是他提出的创作中的'二律背反'现象，没有作出令人信服的论证"。这些问题，仅是美中不足，并不如有的批评者所说的那么一无是处，甚至判定为"反马克思主义"。这些问题，并不影响刘再复文学主体论马克思主义的基调，也"不足以改变刘再复文学主体论的马克思主义性质，也并不影响其在新时期文学研究中的地位和作用"①。

---

① 季水河：《多维视野中的文学与美学》，东方出版社 2002 年版，第 300 页。

第三节　马克思主义美学观与中国
文学理论的审美转向

　　20 世纪的中国文学理论研究，从 40 年代开始，"政治第一，艺术第二"的模式逐渐占据主导地位。进入 50 年代，政治因素得到了进一步的强化，艺术因素走向了式微。到 1966 年至 1976 年的十年"文化大革命"期间，几乎走向了政治唯一的歧途。20 世纪 70 年代末至 80 年代中期，被中国学术理论界淡忘已久的马克思主义美学已回归文学界，审美成为了中国文学创作的自觉追求和文学理论研究的重要课题，在马克思主义美学观的指导和影响下，中国文学理论研究发生了审美转向：文学批评实现了美学标准与历史标准的回归，文学本质论研究实现了哲学反映论向审美反映论的转向，文学属性论研究实现了意识形态论向审美意识形态论的转型。

一　美学标准与历史标准的回归

　　马克思主义创始人"美学与历史"相统一的批评标准产生于 19 世纪中期。1847 年，恩格斯在《诗歌和散文中的德国社会主义》中，首次使用了"美学与历史的观点"这一概念。作为文学批评标准，是针对卡尔·格律恩《从人的观点论歌德》中把人作为文学批评标准而提出来的。恩格斯认为，卡尔·格律恩从人的观点论歌德，以人为标准去评价歌德的作品，将歌德说成人的代表、人的诗人，称赞歌德的作品展示了完美的人性，实际上是对歌德的曲解和误解，只有从"美学和历史的观点"去论歌德，以"美学和历史观点"相统一的标准去评价歌德，才能正确地理解歌德，科学地说明歌德创作与经历中的各种矛盾现象。"美学与历史"批评标准的完整表述是："我们决不是从道德的、党派的观点来责备歌德，而只是从美学和历史的观点来责备他；我们并不是用道德的、政治的、或'人的'尺度来衡量他。"① 用"美学和历

---

　　① 《马克思恩格斯全集》第 4 卷，人民出版社 1958 年版，第 257 页。

史的观点"相统一的标准去看歌德，他是一个伟大与渺小、天才与庸人、反抗与妥协、叛逆与谨慎集于一身的矛盾体，这种矛盾正是由德国社会生活环境所造成的。同样，歌德的作品也体现出了这种矛盾性。1859 年，恩格斯在《致斐迪南·拉萨尔》的信中，重申了"美学与历史"相结合的批评标准。他说："我是从美学观点和史学观点，以非常高的、即最高的标准来衡量您的作品的。"① 恩格斯以这个标准去评价拉萨尔的剧本《济金根》，肯定了剧本"情节的巧妙的安排和剧本的从头到尾的戏剧性使我惊叹不已"，但同时又指出剧本存在的不足"为了观念的东西而忘掉现实主义的东西，为了席勒而忘掉莎士比亚"②。

　　"美学与历史相结合的批评标准，被马克思恩格斯认为是文学批评的'最高标准'，也是马克思恩格斯文学批评实践中始终贯彻的重要标准，更是马克思主义文学理论发展史上影响最大、流传最广的文学批评范畴之一。"③ 马克思主义创始人"美学观点与历史观点"相统一的批评标准，于 20 世纪 30 年代传入中国，并在部分中国现代批评家的批评实践中得到了应用。但从主导倾向看，却没有得到全面和长期的坚持。因为，马克思主义文学理论在中国的传播，从一开始就被纳入了为政治服务的轨道；马克思主义文学批评在中国的实践，从一开始就带有强烈的政治功利的色彩。这样，就有意无意地淡化了中国马克思主义文学批评的历史内容，忽略了中国马克思主义文学批评的审美分析。40 年代，毛泽东《在延安文艺座谈会上的讲话》，将马克思主义文学理论与中国的文艺实践相结合，特别是结合中国革命和抗日战争的需要，明确提出了"政治标准第一，艺术标准第二"的文学批评标准。这一批评标准，与马克思主义创始人"美学与历史"相统一的批评标准相比较，除"艺术"和"美学"具有较多一致性外，其他方面就相去甚远了。中华

---

① 《马克思恩格斯选集》第 4 卷，人民出版社 1995 年版，第 561 页。
② 同上书，第 557—559 页。
③ 季水河：《论马克思恩格斯文学批评的多维向度》，《中国人民大学学报》2010 年第 3 期。

人民共和国成立之后，由于阶级斗争扩大化的需要，中国的文学批评实践与马克思主义创始人提出的"美学与历史"相统一的标准完全脱节，几乎变成了政治批判，除偶尔提及一些马克思主义词句外，在精神上与马克思主义"美学与历史"相统一的批评标准毫无共同之处。到十年"文化大革命"期间，中国的文学批评完全陷入了混乱，帮派的、政治的需要彻底取代了马克思主义创始人"美学与历史"相统一的批评标准，成为了政治斗争的工具。

20 世纪 70 年代末期至 80 年代中期，中国一方面确立了改革开放、解放思想的指导方针，另一方面又提出了完整、准确地理解马克思主义的理论要求。"回到马克思"成为这一时期马克思主义和马克思主义文学理论研究的一大特点。在这一背景下，马克思主义文学批评中"美学与历史"相统一的批评标准回归了中国理论界和文艺界。在中国文学理论界，70 年代末期至 80 年代初期，展开了一场文学批评标准的讨论。在那场讨论中，马克思主义创始人提出的"美学与历史"相统一的批评标准成为了重要议题之一。人们对什么是"美学"标准、什么是"历史"标准、"美学和历史"标准如何统一等问题进行了深入的探讨。有人认为，马克思主义文学批评的"美学"标准，就是文学批评"从艺术实际出发，从艺术规律出发，而不是从某种政治的、伦理的或哲学的观念出发，它的根本任务也不是借艺术来论证这些观念"[1]。"历史"标准，就是将作家作品"放在历史发展中，放在一定的生活环境中去考察研究"、"美学和历史"标准的统一，就是将二者作为一个整体运用于文学批评实践之中。[2] 这一看法，代表了 70 年代末期至 80 年代中期人们对"美学和历史"标准的基本认识水平。在中国文学批评实践中，70 年代末期至 80 年代初期，基本上都贯彻了这一标准。具体表现在三个方面：(1)"对'五四'以来中国新文学史上一些被误解了的作家作品，运用'美学与历史'的标准重新加以衡量，恢复了他们

---

① 冼民：《关于"美学观点"和"历史观点"》，载《马列文论百题》编辑委员会主编《马列文论百题》，陕西人民出版社 1982 年版，第 263 页。

② 同上书，第 267 页。

的本来面目和应有地位"。在 20 世纪，由于中国革命和斗争的特殊需要，文学批评界和文学史家们比较看重那些反映革命斗争，描绘时代变革，塑造典型性格的现实主义作品，相对忽视了那些反映普通生活、描绘民俗风情、表达个人情绪的作家作品，甚至贬低和忽略了这些作家作品在文学史上应有的地位，如沈从文、郁达夫、林语堂、周作人等。70年代末期至 80 年代中期，陈平原、许子东、蓝棣之、凌宇等人，运用"美学与历史"的批评标准，对这些被忽略的作家进行了重新评价，肯定了他们的历史地位，恢复了他们的本来面貌。（2）对新中国成立以来，特别是"1957 年以来被错误政治伤害的作品，运用'美学与历史'的观点，进行了有说服力的论证，推倒了加在这些作品上的一切不实之词，使其成为'重放的鲜花'，回到了文艺的百花园"。新中国成立以后，特别是 1957 年的反右斗争扩大化，将王蒙、陆文夫、李国文、邓友梅、宗璞等一批青年作家划为右派，将他们的作品《组织部新来的青年人》《小巷深处》《改选》《在悬崖上》《红豆》等作为毒草，打入冷宫。70 年代末 80 年代初，中国文学批评界、出版界用马克思主义"美学与历史"相统一的批评标准，进行了重新审视，否定了加在这些作家和作品头上的一切政治帽子和不实之词，实事求是地肯定了他们的思想意义与艺术贡献，同时也指出了他们的问题与不足，使这些作家和作品重新回到了文学界和读者的视野。（3）"对新时期的文学作品研究，或从美学分析进入历史把握，或从历史角度导向美学分析，然而都无一例外地致力于从'美学与历史'观点的统一中去把握"①，20 世纪70 年代末期至 80 年代中期一批活跃的文学批评家，如雷达、阎钢、吴亮、黄子平、季红真、周政保等人，他们与老一代批评家最明显的区别是跳出了"政治标准第一，艺术标准第二"的批评模式，自觉回归马克思主义"美学与历史"相统一的批评标准，他们对新时期作家作品的评论，既有美学分析，又有历史把握，并以其批评实绩为文学批评界赢得了好名声。

---

① 季水河：《多维视野中的文学与美学》，东方出版社 2004 年版，第 290 页。

二　哲学反映论向审美反映论的过渡

从反映论角度去看待文学与社会生活的关系，是马克思主义文学理论的一个基本立场。自 20 世纪初期马克思主义文学理论传入中国后，这一角度和立场一直影响着中国文学理论界。20 世纪初期，陈独秀、李大钊就明确主张用哲学反映论来解释文学与生活的关系，肯定文学是社会生活的反映。30—40 年代，瞿秋白、毛泽东、周扬、胡风、冯雪峰等人进一步强化了文学是社会生活的反映的观点，并形成了一套相关的理论。50—60 年代，文学是社会生活的反映，已经成为中国文学理论界的一个普遍命题，一种不证自明的公理。这种影响一直持续到 20 世纪 70 年代中后期。

20 世纪 70 年代末期至 80 年代初期，中国文学理论界对文学与生活关系的认识，开始出现了由哲学反映论向审美反映论的过渡，其标志性的事件是文学理论界关于"形象思维"的讨论。"中国文学理论中审美因素的复苏，从对'形象思维'的探讨开始。"[1] 1977 年 12 月 31 日《人民日报》和 1978 年 1 月《诗刊》同时发表了毛泽东 1965 年 7 月 21 日致陈毅的信。毛泽东在信中说："诗要用形象思维，不能如散文那样直说，所以比、兴两法是不能不用的。……宋人多数不懂诗是要用形象思维的，一反唐人规律，所以味同嚼蜡。"[2] 毛泽东的话包括两层意思：诗歌有自身特殊的思维方式，这是诗歌具有艺术魅力的基本条件之一；宋人作诗不懂形象思维，所以宋诗缺少韵味。在毛泽东的论述里，已经流露出了文学应该具有审美思维和艺术意味的思想。由于毛泽东给陈毅的信关于"诗要用形象思维"的观点，涉及了艺术的审美思维问题，它一发表便在美学界和文学理论界引起了强烈的共鸣，掀起了一场关于"形象思维"的讨论。朱光潜、李泽厚、蒋孔阳等著名美学家都参与了这场讨论。朱

---

① 董学文、金永兵等：《中国当代文学理论》（1978—2008），北京大学出版社 2008 年版，第 130 页。

② 中共中央文献研究室编：《毛泽东文艺论集》，中央文献出版社 2002 年版，第 333—334 页。

光潜发表了《形象思维：从认识角度和实践角度看》（《美学》第 1 期，
上海文艺出版社 1979 年版）、《形象思维在文艺中的作用和思想性》（《中
国社会科学》1980 年第 2 期）；李泽厚发表了《关于形象思维》（《光明
日报》1978 年 2 月 11 日）、《形象思维再续谈》（《文学评论》1980 年第
3 期）；蒋孔阳发表了《形象思维与艺术构思》（《文学评论》1978 年第 1
期）、《形象思维与议论》（《山花》1979 年第 2 期）等。这些学者的共同
点是：从美学的角度论述了形象思维的含义、特点、作用。形象思维是
"不脱离形象想象和情感的思维"①，是审美活动的特有思维方式，在审美
活动中占有特殊的地位。审美活动中的情感、想象、移情、直觉等特点，
都是形象思维活动的体现。文艺活动作为审美活动的集中体现，更是需
要形象思维。文艺活动的主要目的是创造"具有个别性、具体性、生动
性、丰富性、完整性以及真实性、典型性、倾向性、感染性等特点的艺
术形象"，"为了要塑造形象，我们就必须按照形象本身的特点，采用形
象思维这一特殊的思维形式，来进行构思"。②

　　从美学的角度看，形象思维的讨论为审视文学与生活的关系，开辟
了一条新的路径，奠定了文学与生活关系中审美反映说的美学基础。在
此基础上，文学理论界的一些专家学者转向美学的角度审视文学与生活
的审美关系，明确提出了文学是对生活的审美反映。刘再复、鲁枢元、
童庆炳、钱中文、王元骧等都持"审美反映论"这一立场，并从不同
的层面进行了阐释。刘再复提出"艺术是一种创造性的审美活动"。因
此，"审美判断"就成为了文学批评的基本方式。③ 鲁枢元认为，文学
属于"美的领域"，文学创作的出发点是"某种社会生活现象拨动了作
家的心弦，激起了作家审美感情的波涛，产生一种强烈的、持续的爱，
或者憎"，这种带有审美性质的爱憎情感通过语言符号表现出来就是文
学作品。④ 童庆炳于 1984 年出版的《文学概论》，明确提出了"文学是

---

① 李泽厚：《美学论集》，上海文艺出版社 1980 年版，第 263 页。
② 蒋孔阳：《蒋孔阳全集》第 1 卷，安徽教育出版社 1999 年版，第 278 页。
③ 刘再复：《论文艺批评的美学标准》，《中国社会科学》1980 年第 6 期。
④ 鲁枢元：《文学，美的领域》，《上海文学》1981 年第 6 期。

社会生活的审美反映"的命题，其第一章第三节的标题就是"文学是社会生活的审美反映"。他说："社会生活是文学的唯一源泉。文学是社会生活的反映。其实，包括文学在内的全部意识形态（政治、法律、道德、哲学、艺术、宗教等）和一切社会科学，都是客观的社会生活的反映，都以客观的社会生活为源泉，所以文学是社会生活反映的论断只是阐明了文学和其他社会意识形态以及一切社会科学的共同本质……我们还必须阐明文学区别于其他社会意识形态以及社会科学的特征。弄清文学本身特殊的本质……文学之所以是文学就在于它是对社会生活的审美反映，文学的崇高目的是要按照一定的社会审美理想来改造人的生活，使人的生活变得更美好。"① 钱中文也于 1986 年提出了文学审美反映论。他指出："文学的反映是一种特殊的反映——审美反映，由于其自身的特殊性，较之反映论原理的内涵，丰富得不可比拟。反映论所说的反映，是一种二重的曲折的反映，是一种可以使幻想脱离现实的反映，是一种有关主体能动性原则的说明。审美反映则涉及具体的人的精神心理的各个方面，他的潜在的动力，隐伏意识的种种形态，能动的主体在这里复杂多样，而且充满着种种创造活力，这是一个无所不在的精灵。"② 王元骧也于 1988 年提出了文学"审美反映"论，1990 年进一步深化了文学"审美反映"论。与前面几位文学"审美反映"论者相比，他的论述最为全面。如果说刘再复是从文学批评的层面说明文学是一种审美创造，鲁枢元则从文学的归属的层面说明文学属于美的领域，童庆炳是从文学反映生活与其他意识形态反映生活区别的层面说明文学是一种审美反映，钱中文是从一般反映和审美反映不同点的层面说明文学审美反映论的特征，即他们都是从某一方面论述文学是一种审美反映，那么，王元骧则从多个层面论述了文学反映生活是一种审美反映。他认为，从反映对象看，文学的对象与认识的对象有明显的区别："在审美者看来，它们的地位价值就不大一样。这就是因为审美情感作为审

---

① 童庆炳：《文学概论》（上），红旗出版社 1984 年版，第 46—48 页。
② 钱中文：《最具体的和最主观的是最丰富的——审美反映的创造性本质》，《文艺理论研究》1986 年第 4 期。

美主体面对审美对象的一种态度和体验，总是以对象能否契合和满足主体自身的审美需要为转移的：凡是契合和满足主体审美需要的，哪怕是在别人看来微不足道的东西，也会成为爱慕倾倒、心醉神迷的对象；否则不论事物本身的客观意义多么重大，人们也照样无动于衷，漠然置之。"从达到的目的看，文学的目的与认识的目的有较大的不同："由于审美的对象是事物的价值属性，是现实世界中的美的正负价值（即事物的美或丑的性质），而美是对人而存在的，是一对象能否满足主体的审美需要从对象中获得某种满足而引起的。所以，从审美愉快中所反映出来的总是主体对对象的一种直接或间接的肯定的态度，亦即'应如何'的问题。这决定了审美反映是不可能以陈述判断，而只能是以评价判断来加以表达。"从反映形式看，认识的反映和审美的反映差异很大，认识的反映形式是逻辑的，而审美反映是"以崇敬、赞美、爱悦、同情、哀怜、忧愤、鄙薄等情感体验的形式来反映对象的"①。王元骧的文学审美反映论完整而深刻，是对文学审美反映论的深化与丰富。

文学审美反映论的前提是对文学认识反映论的不满和反驳，提出的契机是关于形象思维的讨论和争鸣，其意义是突出了文学的本性和特点。在中国文学理论界，长期流行的是文学反映论："文学是社会生活的反映"。文学反映论相对于自我表现说，能更好地说明文学与社会生活的关系，更好地坚持了马克思主义的唯物论立场，具有重要的意义，这也是它能被广泛认同的重要原因。但"文学是社会生活的反映"这一命题，有着非常明显的缺陷。它将哲学反映与文学反映相等同，认识反映与审美反映相混淆，忽视了文学反映的审美本质和情感特点。而文学审美反映论的提出，恰好弥补了其缺陷，纠正了其偏颇，突出了文学的审美本性和情感特点。

三 社会意识形态论向审美意识形态论的转型

把文学看成一种社会意识形态，既是经典马克思主义文学理论的一

---

① 王元骧：《艺术的认识性与审美性》，《文艺理论研究》1990 年第 3 期。

个重要观点，又是中国马克思主义文学理论的一个重要传统，更是 20 世纪中国文学理论界的一个基本命题。20 世纪初期，陈独秀、李大钊等中国早期马克思主义文学理论家就明确肯定了文学的意识形态属性；30—40 年代，瞿秋白、毛泽东、周扬、胡风、冯雪峰等著名马克思主义文学理论家，坚持和发展了马克思主义的文学意识形态论；新中国成立以后，文学意识形态论已统领了中国文学理论界，文学是一种社会意识形态的观点，广泛出现在文学论文、文学理论著作，特别是高等学校文学理论教材中。文学意识形态论支配中国文学理论界近 80 年，一直到 70 年代末期至 80 年代中期才逐渐受到挑战，90 年代才被审美意识形态论取代。

"70 年代末至 80 年代，随着中国'文革'十年的结束和改革开放时期的到来，人们开始对'文革'十年进行反思，文学艺术理论界也开始重新审视传统的艺术意识形态论，在此期间发生了关于艺术意识形态问题的大讨论。"① 这次讨论是由朱光潜的两篇文章引起的。1978 年底和 1979 年初，朱光潜分别发表了《研究美学史的观点和方法》(《文学评论》1978 年第 4 期)、《上层建筑和意识形态之间的关系质疑》(《华中师院学报》1979 年第 1 期) 朱光潜在文章中提出了艺术不是上层建筑的主张。朱光潜强调，马克思著作所讲的上层建筑不包括意识形态在内，恩格斯的著作偶尔让上层建筑包括意识形态在内，而斯大林明确将上层建筑与意识形态相等同。他的结论是反对将上层建筑和意识形态等同起来，或者让意识形态代替上层建筑，他坚持认为"马克思把艺术当作一种社会意识形态，而没有把它列入上层建筑"②。朱光潜的文章发表后，引起了文艺理论界的热烈讨论和争鸣。

这次讨论和争鸣可分为前后两个时间段。

前期为 20 世纪 70 年代末期至 80 年代初期，"争论的焦点最初主要集中在意识形态与上层建筑的关系上"③。在这一时期的讨论和争鸣中，

---

① 李心峰主编：《20 世纪中国艺术主题史》，辽海出版社 2005 年版，第 183 页。

② 朱光潜：《上层建筑和意识形态之间关系的质疑》，《华中师院学报》1979 年第 1 期。

③ 李心峰主编：《20 世纪中国艺术理论主题史》，辽海出版社 2005 年版，第 183 页。

除有个别学者表示有保留地认同朱光潜的观点外，大多数学者表示朱光潜的观点不能成立，并提出了文艺不能排除在上层建筑之外，认同者的理由是有些意识形态，如语言等不属于上层建筑，虽然文学是反映社会生活的意识形态之一，是上层建筑，但文学在上层建筑中有它的特殊性，而且包含了某些非上层建筑因素，这些因素是语言带来的。语言是文学的基本构成要素，既然语言是非上层建筑，那么，文学也必然含有非上层建筑因素。① 反对者认为，朱光潜上层建筑不包括意识形态的理由不能成立。其理由是马克思恩格斯都肯定了上层建筑包括意识形态在内。同时，也不能因为文艺领域中存在着某些复杂的、特殊的现象，就推翻文艺属于上层建筑的结论。② 还有学者指出：文艺和政治都是由经济基础决定的，它们都属于上层建筑，它们之间的关系是上层建筑内的关系。说文艺不是上层建筑，就是否定文艺是由经济基础产生的。③

后期为 20 世纪 80 年代中期至 90 年代，讨论和争鸣的重点转向了文艺作为意识形态的特殊性，其重要收获是提出了文学是一种审美意识形态。在 80 年代，我国文学理论界最早提出并论述文艺具有审美意识形态性质的是张涵。1982 年，张涵在《论艺术作品的审美性质》一文中率先提出了艺术作品是具有"审美性质的意识形态"。他说："意识形态性、思想性、认识性、形象性、典型性、主观性、情感性、愉悦性、工艺性等等，均为艺术作品的属性，都是艺术作品所不可缺少的。然而无论其中哪一种属性，都必须同时具备审美的性质，才有可能成为艺术作品的本质属性"，"审美性质在构成艺术作品的本质上，起着一种决定性的作用，是一种具有全局性的属性"。作为特殊精神产品的艺术，"只有当它成为审美性质的意识形态的时候，它的特殊性才能显示出来"④。可以说，张涵关于艺术作品是具有"审美性质的意识形态"

---

① 蔡厚示：《作为上层建筑的文学之特殊性》，《文学评论》1980 年第 4 期。

② 吴元迈：《也谈上层建筑与意识形态的关系——与朱光潜先生商榷》，《哲学研究》1979 年第 9 期。

③ 梅林：《文艺和政治是上层建筑内的关系》，《文学评论》1980 年第 1 期。

④ 张涵：《论艺术作品的审美性质》，《杭州大学学报》1982 年第 3 期。

的表述，是后来"文学是审美意识形态"理论的滥觞。80 年代中期，我国文学理论界最先明确提出"文学是审美意识形态"，并进行深入研究和全面论述的是钱中文。1984 年至 1987 年的三年中，钱中文先后发表了《文艺理论的发展和方法更新的迫切性》（《文学评论》1984 年第6 期）、《最具体的和最主观的是最丰富的》（《文艺理论研究》1986 年第 4 期）、《论文学观念的系统性特征》（《文艺研究》1987 年第 6 期）等文学论文，系统论述了"文学是审美意识形态"。1984 年，钱中文在《文艺理论的发展和方法更新的迫切性》一文中，回顾了文学理论研究中的各种文学本质论，指出有人认为文学是"审美意识形态"，并对这一看法表示了认同。1986 年，钱中文在《最具体的和最主观的是最丰富的》一文中，明确指出文学的特性就是"审美的意识形态性"。他说："文学作为一种审美的意识形态性，其重要的特性就在于它的审美性和意识形态性。"1987 年，钱中文在《论文学观念的系统性特征》中进一步细化和强化了文学是审美意识形态的观点。他说：一方面"文学确实是反映与认识生活的一种意识形态。问题在于，它只是阐明了文学本质特性的一个方面。如是要以这点来代替文学本质特性的全面、总体的把握，就显得不够了。另一方面，"绝对排斥认识论、反映论、意识形态等观念在文学理论中的使用，也是一种极端偏颇的表现"。辩证地看，作为语言艺术的文学的特性既非单纯的意识形态性，也非单纯的审美，"讨论文学特性，必须使审美方法与哲学方法融为一体"，看到文学"是审美意识形态"，"文学的根本特性就在于审美的意识形态性"。童庆炳对文学与生活的关系的认识持"审美反映说"，认为文学是对生活的审美反映，这一点与钱中文提出的"审美意识形态论"有着内在的一致性，所以他很快就认同并接受了钱中文的文学"审美意识形态论"，并在其主编的教材和教学参考书中对文学是"审美意识形态"的命题作了较多的补充性阐释，进一步传播了文学"审美意识形态论"，扩大了"文学审美意识形态论"在文学理论界，特别是在高校文学专业师生中的影响。1992 年，高等教育出版社出版的童庆炳主编的《文学理论教程》，其中对文学的定义是"显现在话语含蕴中的审美意识形态"。1998 年高等教育出版社出版的童庆炳主编的《文学理论教程》（修订版），对文学的定义略作了修改，进一步完善了审美意识形态论，将文学定义为"显现在话语蕴藉中的审美意识形态"。2004 年，高等教育出版社出版的童庆炳主编的《文学理论教程》（修订二版），坚持了修订版中的观点并进一步作了阐述，强调"文学是一种语言艺术，是话语蕴藉中的审美意识形态"，认为"文学的审美意识形态属性，是指文学的审美表现过程与意识形态相互浸染、彼此渗透的状况，表明审美中渗透了意识形态，意识形态借审美表达出来"。以钱中文、童庆炳为代表的文学"审美意识形态"论，在 20 世纪 80 年代中后期至 21 世纪初，在中国文学理论界得到了大多数学者的认同，并日渐普遍化，甚至被有的学者看成"文艺学的第一原理"[①]，似乎"以它在时间、空间上广泛的物理性存在而确立为'传统'力量了"[②]。

文学"审美意识形态"论，虽然获得了很多学者的认同与支持，但并非没有不同声音，部分学者也对这一命题提出了商榷。董学文对"审美意识形态"这一概念的合理性提出了质疑："'审美'是什么？'审美意识形态'又是什么？文学的意识形态特性是不是仅用'审美'来规定？'审美'与感情和认识是什么关系？'审美'本身是不是意识形态？"[③] 等。单小曦则从经济基础的角度否定了"审美意识形态"论的合法性。他认为，"意识形态指的是存在于一定的社会经济基础之上，由包括审美意识在内的各种社会意识形式和意识因素构成的、表现在各种意识领域中的社会意识的整体面貌和样态"，在这个意义上，"所谓'审美意识形态'之说，不过是人为虚构和神化出的概念"[④]。周忠厚则从意识形态内涵的角度，质疑"审美意识形态"论的科学性。他指出："意识形态不是意识加形态，不是意识的样态或意识的外化形

---

① 童庆炳：《审美意识形态论作为文艺学的第一原理》，《学术研究》2000 年第 1 期。

② 凌玉建：《意识形态作为一种价值性功能性的命题——兼谈社会意识形式的实践向度》，载李志宏主编《文艺意识形态学说论争集》，吉林大学出版社 2006 年版，第 94 页。

③ 董学文：《文艺学：站在世纪之交的高度》，《文学评论》1995 年第 3 期。

④ 单小曦：《"文学的审美意识形态论"质疑——与童庆炳先生商榷》，《文艺争鸣》2003 年第 1 期。

态，意识形态是思想体系。""马克思恩格斯所说的意识形态是指体系化了的、系统化了的学说和理论。"从这个角度看，不能说文艺是意识形态。"关于文艺的本质，可以说是审美情感，也可以说是审美意识，但是说文艺是意识形态，是审美意识形态就说不通了。"①

那么，到底应该如何评价"文学是审美意识形态"这一命题呢？一方面，是从美学角度审视文学本质的必然结果。在美学发展史上，一直有从美学角度审视文学的传统，"美学是艺术哲学"的命题，"艺术是美的集中体现"的观点都是这一传统的体现。这一传统发展到 20 世纪 50 年代，进一步明确了从审美意识的角度来说明文学的属性。1956年，苏联文学理论家、美学家布洛夫在《美学应该是美学》中提出："艺术是审美意识的最高的、最集中的表现。"② 1959 年，苏联美学家叶果洛夫在《艺术和社会生活》中提出与布洛夫相似但距艺术"审美意识形态"说更近的观点：艺术"是'审美方面'的意识形态现象"。进入 70 年代，布洛夫再次强调并论述了"艺术作为意识形态现象，其特殊实质就在于这种'审美方面'"，"无论审美关系还是艺术都将是意识形态的审美变体，是它的独特的、特殊的表现"。③ 80 年代，中国的美学家们也开始了从美学角度审视文艺的本质。1980 年，蒋孔阳发表的《美和美的创造》中就指出："美是艺术的基础属性。"④ 钱中文在20 世纪 80 年代中期提出"文学是审美意识形态"，顺应了从美学角度审视文学本质的学术发展趋势，是从美学角度审视文学本质在 80 年代的必然结果。另一方面，是对文学意识形态特性认识深化的结果。马克思主义文学理论，一直比较强调文学的意识形态属性。20 世纪初期，中国引进马克思主义文学理论时，就对文学意识形态属性论表示了认同，并结合中国的社会实践和文艺实践发展了马克思主义的文学意识形

① 周忠厚：《关于审美意识形态的几点思考》，《河北师范大学学报》2003 年第 6 期。
② 《美学文艺问题论集》，学习出版社 1957 年版，第 39 页。
③ ［苏］阿·布洛夫：《美学：问题和争论》，凌继尧译，上海译文出版社 1987 年版，第 41—43 页。
④ 蒋孔阳：《美和美的创造》，江苏人民出版社 1981 年版，第 52 页。

态属性论。到 20 世纪 40—70 年代，"文学是社会意识形态"的命题已十分流行。在 70 年代末期至 80 年代初期的文艺与意识形态关系的论争中，有的学者为了说明文艺这种意识形态与其他意识形态的区别，强调文艺这种意识形态的特殊性，提出了"文艺是一种特殊的社会意识形态"。80 年代中期，人们在进一步追问文艺这种特殊意识形态到底特殊在何处时，将目光投向了文艺的审美特性，提出文艺是"审美意识形态"，在这个意义上，文学"审美意识形态"论，是对文学意识形态特性认识的深化。尽管文学"审美意识形态"论还不够完善，在有的方面还应继续深化，但其意义是较大的，其价值是不容忽视的。"审美意识形态论辩证地吸取和扬弃了意识形态论与审美本性说两派文艺本质观的成就和局限，在一种新的学术视野上对文艺的本性作了富于创造性的理论综合。这种综合不是一种简单的折中和调和，而是对文艺本质的一种新的把握、新的阐释。它克服了传统的意识形态论文艺观，重视艺术的意识形态普遍性而轻视文艺自身的特殊性和审美本性说，以审美性排斥艺术的意识形态性，尤其是艺术认识的客观性的偏颇，将文艺的普遍本质与特殊本质有机地融为一体，从而对文艺的本质作出了新的规定。这种新的艺术本质观的产生，标志着我国的文艺学研究已走出了依从和模仿的阶段，就其理论成就来说，似乎在本世纪的马克思主义文艺学的发展中也应占有重要的一席之地。"①

---

① 谭好哲：《文艺与意识形态》，山东大学出版社 1997 年版，第 118—119 页。

第四章

马克思主义现实主义文论与 20 世纪
中国文学理论中的现实主义范畴

在中国，现实主义作为一种文学精神和文学传统古已有之，从《诗经》开始，中经乐府民歌、唐诗、宋词、元曲，再到明清小说，都体现了一种反映现实生活、关心民间疾苦的现实主义文学精神，形成了一种现实主义文学传统；在中国，现实主义作为一个文学范畴和一种文学理论却是舶来品，是 20 世纪初期从西方引入的。准确地说，20 世纪中国文学理论界所使用的现实主义概念，所理解的现实主义内涵，都是受马克思主义创始人现实主义文学理论影响的成果。马克思主义创始人的现实主义文学理论，自 20 世纪 30 年代中期引入中国以来，就成为了对 20 世纪中国文学理论和文学实践产生重大影响的文学范畴和理论主张。

第一节　马克思主义现实主义传入前中国对现实主义文学理论表述的模糊性

马克思主义创始人的现实主义文论传入中国之前，中国文学界和学术界对现实主义文学理论的翻译和论述，基本不用现实主义这个概念。现实主义这个概念"仅仅在胡愈之 1921 年所写的《近代文学概观》中出现过一次"①。20 世纪中国文学界和理论界。对现实主义文学理论的

---

① 杜书瀛、钱竞主编，旷新年著：《中国 20 世纪文艺学学术史》第二部（下），中国社会科学出版社 2007 年第 2 版，第 94 页。

认识和理解，经历了一个从模糊到清晰的认识过程。在马克思主义创始人现实主义文学理论传入中国之前，中国文学界和理论界对现实主义文学理论认识和表达是比较模糊的、不规范的。

一　马克思主义现实主义传入前中国对现实主义的几种表述

马克思主义现实主义传入前，现实主义这个概念极少出现在中国文学界和理论界。对现实主义文学理论的翻译和研究中，主要采用的是与现实主义相似或相通的概念加以表述的，如写实主义、自然主义、新写实主义等。

写实主义替代现实主义

写实主义是 20 世纪对现实主义的最早表述，也是 20 世纪初期使用最频繁的一个概念。写实主义概念的形成，经历了从写实向写实主义的转换。中国最早提出写实概念的是梁启超和王国维。1902 年，梁启超发表的《论小说与群治之关系》，首先使用了写实概念。他说："小说为文学之最上乘也。由前之说，则理想派小说尚焉；由后之说，则写实派小说尚焉。小说种目虽多，未有能出此两派范围外者也。"[①] 1908 年，王国维的《人间词话》在谈到词的境界时，也使用了写实概念。他说："有造境，有写境，此理想与写实二派之所由分。然二者颇难分别，因大诗人所造之境必合乎自然，所写之境亦必邻于理想故也。"[②] 梁启超和王国维关于写实与理想的相关论述，也被学术界"当作是中国现代现实主义文学观念的起源"[③]。

"五四"时期，是从写实向写实主义的过渡时期。这一时期，虽然还在沿用写实概念，但更多人却在使用写实主义术语。用写实概念时，偏重于对中国文学的改良或文学革命；用写实主义术语时，偏重于对外国现实主义文学的评介。李大钊、陈独秀在谈到文学革命时，都主张建

---

① 郭绍虞主编：《中国历代文论选》第 4 册，上海古籍出版社 1980 年版，第 208 页。

② 同上书，第 371 页。

③ 杜书瀛、钱竞主编，旷新年著：《中国 20 世纪文艺学学术史》第二部（下），中国社会科学出版社 2007 年第 2 版，第 86 页。

立新型的写实文学。李大钊在《什么是新文学》中强调："我们所要求的新文学，是为社会写实的文学。"① 陈独秀在《文学革命论》中主张，文学革命的重要目标之一就是"推倒陈腐的铺张的古典文学，建设新鲜的立诚的写实文学"②。而在介绍外国现实主义文学时，李大钊、陈独秀也同胡适等人一样，多用写实主义去介绍、评价外国作家作品。李大钊在《俄罗斯文学与革命》一文中介绍"俄国之平民诗派"的代表人物涅克拉索夫时，认为他诗歌中的议论，"几分起于其诗之比喻的说明极重写实主义"③。陈独秀在《现代欧洲文艺史谭》中，梳理了现代欧洲文艺发展的轨迹，指出了现代欧洲文艺发展的趋势。他说："十九世纪之末，科学大兴，宇宙人生之真相，日益暴露，所谓赤裸时代，所谓揭开假面时代，喧传欧土，自古相传之旧道德、旧思想、旧制度，一切破坏。文学艺术，亦顺此潮流由理想主义，再变而为写实主义（Realism）更进而为自然主义（Naturalism）。"④ 胡适在《易卜生主义》中认为，易卜生主义就是写实主义。他说："易卜生的人生观只是一个写实主义。易卜生把家庭、社会的实在情形都写了出来，叫人看了动心，叫人看了觉得我们的家庭、社会真正不得不维新革命——这就是易卜生主义。"⑤ 正因为"五四"时期文学界在译介外国现实主义作家作品时多用写实主义，所以，"现实主义，在'五四'时期一般叫做写实主义"。⑥

自然主义混同现实主义

自然主义是 20 世纪初期对现实主义的另一称谓，也是"五四"前后影响较大的文学理论概念。那时，人们之所以将现实主义与自然主义交替使用和混为一谈，这与当时文艺界和理论界"还分不清现实主义

① 李大钊：《李大钊全集》第 3 卷，人民出版社 2006 年版，第 129 页。
② 陈独秀：《陈独秀著作选编》第 1 卷，上海人民出版社 2009 年版，第 289 页。
③ 李大钊：《李大钊全集》第 2 卷，人民出版社 2006 年版，第 237 页。
④ 陈独秀：《陈独秀著作选编》第 1 卷，上海人民出版社 2009 年版，第 182 页。
⑤ 胡适：《易卜生主义》，《新青年》1918 年第 4 卷第 6 号。
⑥ 杜书瀛、钱竞主编，旷新年著：《中国 20 世纪文艺学学术史》第二部（下），中国社会科学出版社 2007 年第 2 版，第 90 页。

与自然主义两种文学思潮的界限有关"①。自然主义的代表人物有茅盾、谢六逸、李之常等。他们全面探讨了欧洲自然主义文学形成的根本原因、主要特点及其对中国现代文学的重要意义。

研究中国现代文学理论史上的自然主义理论，首先必谈茅盾，他既是自然主义讨论的发起者，又是自然主义理论的领军人物。1922 年，茅盾作为《小说月报》的主编，发起了对自然主义的讨论。他在当年 2 月出版的《小说月报》第 13 卷第 2 号上，发表了致读者信。他在信中明确提出："中国文学若要上前，则自然主义这一期是跨不过的"，并呼吁读者参加讨论，对自然主义发表自己的看法。他在同年 5 月出版的《小说月报》第 13 卷第 5 号上，开辟了"自然主义的论争"专栏，发表了 10 多封读者来信和他与谢六逸等人关于自然主义的答问。茅盾除了做组织工作外，还身体力行地投入研究，他的《自然主义与中国现代小说》一文，是当时自然主义研究中的名作。该文介绍了欧洲自然主义与现代科学的关系，概括了欧洲自然主义的特点，指出了中国现代小说中存在的主要问题，肯定了欧洲自然主义对于中国现代小说的意义。他说："自然主义是经过近代科学的洗礼的；他的描写法，题材，以及思想，都与近代科学有关系。""自然主义最大的目标是'真'；……所以若求严格的'真'，必须事事实地观察。这种事事必先实地观察便是自然主义者共同信仰的主张。"左拉作为自然主义的代表，他的作品写法"最大的好处是真实与细致。一个动作，可以分析的描写出来，细腻严密，没有丝毫不合情理之处"。中国现代小说存在的重要问题之一是"专记连续的许多动作的'记账式'的作法，和不合情理的写法，只有用这种严格的客观描写方法能慢慢校正。其次，自然主义者事事必先实地观察的精神也是我们所应当引为'南针'的"。这种"客观描写与实地观察"是医治中国现代小说"游戏消闲的观念，和不忠实描写的两件法宝。"② 谢六逸是自然主义理论的又一力倡者和

---

① 温儒敏：《新文学现实主义的流变》，北京大学出版社 1988 年版，第 42 页。

② 沈雁冰：《自然主义与中国现代小说》，《小说月报》1922 年第 13 卷第 7 号。

研究者，他关于自然主义的研究成果有《自然派小说》《小说作法》等。谢六逸认为，自然派小说突出的特点是"用科学家的态度"去"探求人生社会的真相"，"考究材料的善恶美丑"；用理智"去分析解剖一切事实，寻出人类社会的虚伪"。自然派所强调的"观察要细密，却不可预有成见"的"客观的态度是作小说唯一的要件"，也是医治中国小说虚伪、仿拟弊端的一剂良药。① 李之常关于自然主义的研究也颇有影响，他的《自然主义的中国文学论》一文，在当时也是代表性成果之一。他最突出的特点是主张用自然主义的"真"去医治当时中国文学中存在的"空想和教训"。②

当然，"五四"前后中国文学界和理论界在介绍欧洲自然主义，强调用自然主义来矫正中国现代文学中的某些弊端时，也没有完全信奉和照搬欧洲自然主义，而是在对自然主义的审视中融入了自己的独立思考，指出了欧洲自然主义存在的问题并力图克服其弊端。茅盾指出，自然主义"所主张的纯粹的客观描写是不对的，因为文学上的描写，客观与主观——就是观察与想象——常常相辅为用，犹如车之两轮。太偏于主观，容易流于虚幻，诚如自然派所指摘，但是太偏于客观，便是把人生弄成死板的僵硬的了"③。谢六逸也表达了与茅盾相似的看法，认为自然派"全凭客观，不算完美"，强调"不偏重主观，也不过重客观，二者都有适当的调合，因为有客观的态度，便可得到人生的真相，有主观的态度，更可表现自己的本能，做小说的时候才能将自己的思想，概念，材料等等，推移发展"④。李之常更是强调，在学习欧洲自然主义的客观描写时，应"渗熔作者底思想于事实之中"，要求达到"描写现实而超现实"的自然主义。⑤ 他们的这些观点，已经接近于现实主义的典型化了。

---

① 谢六逸：《小说作法》，《文学旬刊》1921年第16期。
② 李之常：《自然主义的中国文学论》，《文学旬刊》1922年第46期。
③ 沈雁冰：《自然主义与中国现代小说》，《小说月报》1922年第13卷第7号。
④ 谢六逸：《小说作法》，《文学旬刊》1921年第16期。
⑤ 李之常：《自然主义的中国文学论》，《文学旬刊》1922年第46期。

新写实主义等于现实主义

新写实主义是 20 世纪初期与现实主义紧密联系的一个概念，也是 20 世纪 20 年代末期最响亮的文学口号之一。新写实主义又称"普罗列塔利亚写实主义"、"无产写实主义"、"无产阶级写实主义"。相对于写实主义和自然主义，新写实主义不仅提出的时间较晚，而且冠以了"无产阶级"的定语以示同写实主义和自然主义相区别，所以，有学者认为："'新写实主义'的提出，对于现实主义发展有极大的影响，这是可以看作现实主义朝新方向发展的标志的。"① 新写实主义的代表人物有钱杏邨、林伯修、勺水等。

钱杏邨是新写实主义的重要代表之一，他在中国现代文学史和批评史上第一个提出新写实主义概念。1928 年 7 月，钱杏邨在《太阳月刊》上发表的评茅盾小说的论文《动摇》，其结尾处使用了"新写实主义"这一概念。随后，他又在《关于中国文艺的断片》《中国新兴文学中的几个具体问题》等论文中进一步论述了新写实主义。钱杏邨强调，新写实主义有四个鲜明特质，这四个特质对中国先进的文艺家有着重要借鉴作用。第一，新写实主义是"承继着旧写实主义的"，"要离开一切主观的构成来观察现实，描写现实。但作家的立场，应该是无产阶级的"；第二，新写实主义是"克服了布尔乔亚写实主义的自然科学的写实主义，而获得和个人相反的社会的观点，把一切的个人问题也用社会的观点来观察的方法，去和那把社会问题也归于人的本性的认识方法对抗"；第三，新写实主义是"必然的获得了明确的阶级的观点，是站在战斗的无产阶级的立场的。他们是用无产阶级前卫的眼光在观察这个世界，而把它描写出来"；第四，新写实主义在取材上可以广泛包括农民、小市民、资本家等一切与无产阶级解放有关的题材，但同时应是"舍弃了对于无产阶级解放的无用的偶然的东西"②。一句话，在钱杏邨眼里，"无产阶级"的性质是新写实主义最根本的特性：新写实主义属

---

① 温儒敏：《新文学现实主义的流变》，北京大学出版社 1988 年版，第 112 页。
② 阿英（钱杏邨）：《阿英文集》第 1 卷，安徽教育出版社 2003 年版，第 506—507 页。

于无产阶级，表现无产阶级，为无产阶级服务，是无产阶级的斗争武器。这也是旧写实主义和新写实主义的根本区别。林伯修是中国新写实主义的另一位著名人物。他在中国文艺界最早译介外国新写实主义理论。1928 年 7 月，他在《太阳月刊》上发表了日本文艺家藏原惟人《到新写实主义之路》的译文，是第一个向国内文艺界介绍外国新写实主义的人。同时，他还利用新写实主义理论来对照当时的中国文艺创作，提出用新写实主义来克服中国普罗文学中存在的问题。他在《1929 年急待解决的几个关于文艺的问题》一文中说，当时的中国无产阶级文学创作存在着公式化、概念化的问题，其主要原因是无产阶级作家没有站到辩证唯物主义的立场，没有运用新写实主义。要解决无产阶级文学创作中存在的问题，就要求无产阶级作家站到"辩证法唯物论的立场上来"，"观察现实，描写现实"，成为"一个写实的作家"，否则，就难以解决"公式地概念地描写的缺点"。[①] 勺水的《论新写实主义》也较有影响。该文系统地介绍了日本新写实主义，并为新写实主义正名。他说：日本文坛将新写实主义称之为无产写实主义是欠妥的，因为无产写实主义对应的是有产写实主义，而新写实主义对应的是旧写实主义。因此，新写实主义这个名称是最恰当的。他强调，新写实主义在当时的中国文坛是最缺少的，也是最需要的。应用新写实主义能创作出"最适于中国大众的需要的文学"[②]。

　　20 世纪 20 年代末的新现实主义讨论，虽然大多数学者都突出了新写实主义新的特点及其无产阶级属性，但是并没有完全割断它与写实主义的联系。尤其是在强调文学创作应细心观察，客观描写这一重要问题上，它与写实主义保持了一致性。因此，尽管新写实主义理论还存在较多问题，但它仍然属于现实主义范畴，是现实主义在特定时期的不同表达。

---

① 林伯修：《1929 年急待解决的几个关于文艺的问题》，《海风周报》1929 年第 12 期。
② 勺水：《论新写实主义》，《乐群月刊》1929 年第 1 卷第 3 期。

二 马克思主义现实主义传入前中国对现实主义文学理论含糊表述的主要原因

20 世纪初期，特别是"五四"前后，中国文学界和理论界进入了一个开放时代，各种文学思潮和理论观念源源不断地涌入中国：现实主义、浪漫主义、写实主义、自然主义等文学理论同时登场。形成了"各种思潮相互冲突、相互交锋、相互激荡、思想解放、理论创新"①的生动局面。这为中国的现实主义研究提供了多种混合资源和思想观念，也使得"新文学的倡导者们对于现实主义本身的理解常常是模糊的"②。

欧洲现实主义文学

中国现实主义理论的外国资源，最早是来自欧洲的现实主义文学，特别是对批判现实主义文学的译介。"五四"前后，林纾翻译了多部英法等国的批判现实主义作品，仅狄更斯的作品就翻译了《老古玩店》《雾都孤儿》《大卫·科波菲尔》（当时译名《块肉余生录》）等五部作品，并对狄更斯的现实主义精神表示了赞同。他说，"若迭更司者，则扫荡名士美人之局，专为下等社会写照。"③ 提出中国文学界也应学习狄更斯并"极力抉摘下等社会之积弊"④。这说明林纾"已经敏锐地感觉到了近代现实主义的某些特征"⑤。稍后，鲁迅、周作人、刘半农、耿济之等翻译了大量俄国现实主义作家的作品：普希金的《叶甫盖尼·奥涅金》《上尉的女儿》，果戈里的《狂人日记》《死魂灵》，屠格涅夫的《父与子》《罗亭》，列夫·托尔斯泰的《复活》《安娜·卡列尼娜》，等等。这些作品被陆续介绍到中国，并在中国掀起了一股研究

---

① 邓光东：《二十世纪中国学术论辩书系·总序》，刘勇等《马克思主义与二十世纪中国文学》，百花洲文艺出版社 2006 年版，第 2 页。
② 杜书瀛、钱竞主编，旷新年著：《中国 20 世纪文艺学学术史》第二部（下），中国社会科学出版社 2007 年第 2 版，第 89 页。
③ 陈平原、夏晓虹编：《二十世纪中国小说理论资料（第 1 卷）1897—1916》，北京大学出版社 1997 年版，第 293 页。
④ 同上书，第 353 页。
⑤ 温儒敏：《新文学现实主义的流变》，北京大学出版社 1988 年版，第 5 页。

俄罗斯现实主义文学的热潮。当时文坛上比较活跃的人物鲁迅、周作人、沈雁冰、瞿秋白、胡愈之、郑振铎、蒋光慈等，都研究过俄罗斯文学。他们充分地肯定了俄罗斯文学的现实主义精神及其对中国文学界的重要意义。他们认为，俄罗斯文学的重要特点是都能"写实有生活"，"描写俄国的现实生活，取材于平民的环境，适应当时社会的精神上的需要"。① 他们呼吁中国文艺界学习俄罗斯文学的现实主义精神，并期待中国文艺界出现一批像普希金那样将"社会之伪善，既灼然现于人前"②；"刚健不挠，抱诚守真；不取媚于群，以随顺旧俗；发为雄声，以起其国人之新生，而大其国于天下"的精神战士。③

欧洲现实主义文学，尤其是俄罗斯文学，对 20 世纪初期的中国文学界具有极其重要的意义：不仅影响了鲁迅、茅盾、王统照、巴金、田汉、郁达夫等一大批作家的创作，成为了 20 世纪初期中国现实主义文学的精神基质，而且影响了鲁迅、茅盾、瞿秋白、蒋光慈、钱杏邨等一大批文学批评家的文学观念，成为了 20 世纪初期中国现实主义理论的最初资源。

法国自然主义文学思想

法国自然主义文学思想，是 20 世纪初期中国现实主义理论的重要思想资源。中国学者最早从西方输入的现实主义思想，不是马克思主义的现实主义文学理论，而是法国的自然主义思想。"五四"前后，中国文学界是从进化论的角度去认识西方文学发展史的，是将自然主义作为西方文学的最新发展和最新思想加以介绍和接受的。在这方面，陈独秀最具代表性。他在《现代欧洲文艺史谭》中勾勒了西方文学发展的轨迹，认为"欧洲文艺思想之变迁，由古典主义（Classicalism），一变而为理想主义（Romanticism）……由理想主义，再变而为写实主义（Realism），更进而为自然主义（Naturalism）"。他还介绍了自然主义的特点与代表人物。他说，自然主义"文艺家所信之真理，凡属自然现象，

---

① 瞿秋白：《瞿秋白文集》第 2 卷，人民文学出版社 1998 年版，第 160 页。
② 鲁迅：《鲁迅全集》第 1 卷，人民文学出版社 2005 年版，第 90 页。
③ 同上书，第 101 页。

莫不有艺术之价值，梦想理想之人生，不若取夫世事人情，诚实描写之有以发挥真美也。故左氏之所造作，欲发挥宇宙人生之真精神真现象，于世间猥亵之心意，不德之行为，诚实胪列"。左拉为自然主义的领军人物，被"称为自然主义之拿破仑"。"龚枯尔（Goncourt）、佛罗倍尔（Guctave Flaubert）及都德（Alphonse Daudet）"都是自然主义的作家。①胡愈之对陈独秀的观点表示了呼应。他在《近代文学上的写实主义》一文中，也将欧洲近两百多年的文学发展分为四个时期：古典主义、浪漫主义、写实主义或自然主义、新浪漫主义。他将写实主义与自然主义等同。他认为写实主义第一个特色是冷静客观："只用着客观的冷静的态度，细心观察事物的真象……不管悲的、喜的、好的、歹的、美的、丑的，他只把真相切切实实的写来，好像作者是一个钢铸的人，全没感觉似的。"写实主义的第二个特点是描写平凡丑恶的题材："把人世一切的事情，都看作必然的结果，所以都是平平淡淡，没有一点奇异的地方……却只写几个'匹夫匹妇'，谁也找不出一个英雄美人来"，同时，"把生活上一切秽污恶浊可憎可怕的现象，放胆写出来，没有什么忌讳"。写实主义的第三个特点是坚守艺术为人生的立场，注重人生描写，"总不脱人生的问题……诗和小说、剧本，大概都是拿人生的片段做题材；所以可称他为'为人生之艺术'"，"没有涉及人生问题之外的"。②胡愈之在文中所介绍的写实主义的特点，主要是自然主义的特点。谢六逸对法国自然主义的介绍也倾注了极大的热情，他的《自然派小说》一文，既概括了法国自然主义小说的总体特征，又评论了自然主义小说的代表性作家。他认为，自然派小说的总体特征是："摒斥神秘，奇异，空谈幻想，注重现实，适合常规。不凭技巧，不因袭成因，用科学的方法，描写出现实的真像"。他评论了左拉、福楼拜等自然主义的代表性作家。他说：左拉自然主义理论的核心是创作"当以科学方法，研究人生的自然现象"，科学方法的要义有二："一是观察，

---

① 陈独秀：《陈独秀著作选编》第 1 卷，上海人民出版社 2009 年版，第 182 页。
② 愈之：《近代文学上的写实主义》，《东方杂志》1920 年第 17 卷第 1 号。

二是实验"；左拉的小说创作实践了他的自然主义理论，其《卢贡·玛卡尔家族》"可作自然主义派运动的宣言"。他对福楼拜的作品评价很高，认为福楼拜的小说在自然小说中也带有先行者的意义，其《包法利夫人》"为自然派小说之嚆矢"①。除陈独秀、胡愈之、谢六逸等人专文介绍法国自然主义文学思想外，李之常、茅盾等人在论述自然主义与中国文学关系的论文中，对法国自然主义理论的起源、特点、核心内容也有较多涉及。

20世纪初期，中国对法国自然主义文学思想的引进，其明确目的是医治中国文学的脱离实际、耽于空想、流入肤浅的弊端，并且在理论界和创作界也产生了重要的影响：催生了中国文学界的自然主义理论，影响了中国文学创作中自然主义倾向的形成，也为中国现实主义理论的发展提供了思想资源。当然，其消极作用也是不可回避的。特别是在较长的时间内，理论界分不清自然主义与现实主义的区别，这与法国自然主义文学思想的影响也不无关系。

俄日杂糅的新写实主义

俄日杂糅的新写实主义理论，是中国新写实主义的直接思想资源，它不仅促进了中国新写实主义理论的产生，而且影响了20世纪初期中国现实主义理论的发展。

新写实主义发源于俄国，发展于日本，是俄国拉普与日本纳普两种文艺思想杂糅的产物。俄国虽然没有新写实主义这一名称，但俄国无产阶级文化派和拉普文艺思想的许多文艺主张无疑是新写实主义的理论源头。日本学者藏原惟人所提出的新写实主义，许多观点与俄国无产阶级文化派和拉普的文艺主张是相似的。俄国无产阶级文化派的核心主张有四个方面：一是强调艺术的阶级属性，认为"艺术有时纯属这一或那一阶级意识形态的表现，有时则受几个阶级的交互影响；但对艺术作品作阶级分析是研究该作品的最富有成果的方法"②。要求无产阶级艺术

---

① 谢六逸：《自然派小说》，《小说月报》1922年第13卷第1、2、3、5、6、7、11号。

② 郑异凡编译：《苏联"无产阶级文化派"论争资料》，人民文学出版社1980年版，第83页。

"美化无产阶级的生活和斗争，组织无产阶级的心灵"①。二是突出艺术的社会功能，认为"艺术不仅在认识范围，并且也在情感和意象范围通过生动的形象组织社会经验。因此，它是组织集体力量的最强大的武器"②。三是标举无产阶级的独立作用，认为"建立无产阶级文化的任务只有靠无产阶级自己的力量，靠无产阶级出生的科学家、艺术家、工程师等才能得到解决"③。四是拒斥人类文化遗产，强调无产阶级文化"不仅战胜而且摧毁资产阶级文化的一切"④。俄国的无产阶级文化派，由于其激进的文化主张和试图摆脱布尔什维克的领导，遭到批评和解散，但其文化主张和思想观念却在拉普那里得到了转换和延续。"无产阶级文化派作为一个组织，在20世纪20年代初就受到批评而一蹶不振。但后来组织起来一些文学团体如1920年组织起来的《锻冶场》，1922年成立的'十月'社（拉普前身），1923年成立的'列夫'（左翼艺术阵线），同年出版了莫斯科无产阶级作家协会机关刊物《在岗位上》（岗位派）以及1925年在'十月'社组织基础上成立的'拉普'派，则在很大程度上呼应了无产阶级文化派思想观点。"如波梁斯基宣称文学"不仅是认识生活的手段，而且是组织生活的手段"；"列夫"声明："我们的艺术向群众宣传，从群众中获得组织力量"；岗位派宣扬应坚持无产阶级文学要"为吞并形形色色资产阶级和小资产阶级文学而进行的顽强而系统的斗争原则"。⑤藏原惟人作为日本纳普的理论家，于1925—1926年留学苏联，接受了无产阶级文化派和拉普的文艺思想，并融入其新写实主义理论中。如他所提出的要"用阶级的观点——用现在的唯一的客观的观点"去表现普罗列塔利亚，"普罗列塔利亚作家的主要的主题，就是普罗列塔利亚的阶级斗争吧"；无产阶级

① 郑异凡编译：《苏联"无产阶级文化派"论争资料》，人民文学出版社1980年版，第109页。
② 同上书，第89页。
③ 同上书，第24页。
④ 同上书，第179页。
⑤ 钱中文等：《自律与他律——中国现当代文学论争中的一些理论问题》，北京大学出版社2005年版，第45—46页。

文学要用"普罗列塔利亚前卫的（眼光）去观察世界"，只有无产阶级前卫的眼光"才能成为真正的写实主义者"①；"艺术在某种意义上是生活的组织"，"艺术是把感情和思想'社会化'的手段，同时又由它而组织生活"。② 可见，藏原惟人的"新写实主义"，实际上是俄国拉普思想与日本无产阶级文学主张的杂糅。中国对俄国拉普文艺思想的接受，主要是通过藏原惟人"新写实主义"的中介作用而实现的。

三　马克思主义现实主义传入前中国现实主义文学理论研究的历史意义

20 世纪初期，中国的现实主义理论研究具有认识上的模糊性，资源引进的混杂性，对中国的文艺批评和文艺实践都产生过消极的影响。然而，这并不意味着 20 世纪初期的现实主义理论研究可以忽略不计，甚至全盘否定。辩证地看，20 世纪初期中国现实主义文学理论研究还是具有重要的历史意义的。

开启了中国现实主义文学理论发展的先河

20 世纪初期的中国现实主义文学理论研究，不仅为中国文艺理论界输入了新的范畴，而且为中国文学理论界提供了新的视野，开启了中国现实主义文学理论发展的先河。

尽管有学者认为，中国古代文学理论是一种表现论，不管是"诗言志"还是"诗缘情"概念，强调的都是创作主体思想感情的表达。但是也有学者强调，中国同样有"再现论"，有与西方现实主义相似的文学实践与理论主张：在创作实践上，《诗经》开创了中国现实主义文学的先河，中经乐府民歌、唐诗宋词，再到宋元话本、明清小说，形成了一个现实主义的文学传统；在理论研究中，《易传》提出的"观物取象"说，相当于西方的模仿论，是中国现实主义理论的源头。孔子提出的"兴观群怨"说，是中国现实主义的雏形，到钟嵘力倡的"物感

---

① ［日］藏原惟人：《到新写实主义之路》，林伯修译，《太阳月刊》1928 年停刊号。
② ［日］藏原惟人：《作为生活组织的艺术和无产阶级》，《新写实主义论文集》，之本译，上海现代书局 1930 年版。

说",刘勰主张的"随物宛转"论,白居易坚持的"直笔"、"实录"观,再到明清小说理论中有关文学与生活关系的论述,形成了中国现实主义理论传统。然而,一个不可否认的事实是:中国文学理论界并没有提出现实主义理论概念,现实主义是一个来自西方的舶来品。20 世纪初期,中国现实主义文学理论研究中所使用的"写实主义"、"自然主义"、"新写实主义"等概念,虽然对现实主义的表述还比较模糊,但它却有蓬勃的生命力。它不仅"不同于'诗言志'/'诗缘情'这样一种传统",而且逐步取代了中国古代文学理论中"观物取象"、"兴观群怨"、"随物宛转"、"直笔"、"实录"等概念,成为了中国 20 世纪初期现实主义文学创作、文学批评、文学理论的通用术语,开启了中国现实主义文学理论发展的先河,也使中国现代"文学思维的空间已经在不同的基础和不同的方向上展开"①。从此,在中国文学界,"世界现实主义批评理论开始扎实地落下根基"②。

促进了中国现实主义文学思潮的发展

20 世纪初期,中国文学理论界的现实主义研究是从引进西方现实主义开始的。而中国引进和研究现实主义,都不是为学术而学术或为艺术而艺术的,而是为了解决中国文学发展中出现的问题。

20 世纪初期,中国文学的发展面临诸多的问题,引进和研究现实主义主要是为了解决三个问题:一是解决传统文学中存在的"瞒"和"骗"的问题;二是解决文学界流行的游戏消遣问题;三是解决如何建设无产阶级革命文学的问题。梁启超、陈独秀、胡适、鲁迅等人提倡写实主义,其重点在解决中国传统文学中存在的"瞒"和"骗"的问题。他们一致认为,中国传统文学中存在着"瞒"和"骗"的现象,大团圆结局是"瞒"和"骗"的典型体现。要医治"瞒"和"骗",最好的方法就是引进和提倡西方的写实主义。因为,写实主义"意在彻底

---

① 杜书瀛、钱竞主编,旷新年著:《中国 20 世纪文艺学学术史》第二部(下),中国社会科学出版社 2007 年第 2 版,第 86 页。

② 许道明:《中国现代文学理论批评史新编》,复旦大学出版社 2002 年版,第 6 页。

暴露人生之真相"①，可以揭穿"瞒"和"骗"。中国文艺界"今后当趋向写实主义，文章以纪事为重，绘画以写生为重，庶足挽今日浮华颓败之恶风"②。茅盾、谢六逸、李之常等人提倡自然主义，意在纠正当时文学界的游戏消遣文学观；"以文学为游戏为消遣，这是国人历来对于文学的观念；凭借想当然，不求实地观察，这是国人历来相传的描写方法；这两者实是中国文学不能进步的原因。而要校正这两个毛病，自然主义文学的输入似乎是对症的"③。钱杏邨、林伯修、勺水等人提倡和研究新写实主义，侧重于如何建设无产阶级的新文学。他们认为，五四时期的新文学还不是无产阶级的新文学，因为作家们所使用的创作方法还是资产阶级时代的写实主义。要创造无产阶级的新文学必须运用新写实主义。新写实主义创造的无产阶级文学"不仅仅是时代的反映，社会生活的反映"，还是无产阶级解放运动的武器，"是站在他的阶级和时代的前面"的先锋主义文学。④

20 世纪初期，中国文学界和理论界对现实主义的引进、研究、倡导，对当时的文艺实践产生了重要的影响，促进了中国现代与写实主义相关的"问题小说"，与自然主义相关的"乡土派文学"，与新写实主义相关的革命文学等文学思潮的兴起与发展。"'乡土文学派'主要是自然形成的流派，并没有任何社团在自觉地提倡乡土写实的方向与风格，但也不等于'乡土写实派'就没有理论依托。1922 年现实主义作家围绕'自然主义'的讨论，总结前半期创作上（特别是'问题小说'）那种主观性和理性过强，现实主义流于空泛的教训，固然对'乡土派'的产生有过直接的影响。"⑤ 新写实主义的文学观念，对左翼作家的革命文学创作影响也是较深刻的，特别是"唯物辩证法的创作方法"，"深刻地改变了作家对于社会现实观察、认识和理解的方式，同

---

① 陈独秀：《陈独秀著作选编》第 1 卷，上海人民出版社 2009 年版，第 205 页。
② 陈独秀：《答张永言》，《青年杂志》1916 年第 1 卷第 4 号。
③ 《一年来的感想与明年的计划》，《小说月报》1921 年第 12 卷第 12 号。
④ 钱杏邨：《茅盾与现实》，《新流月报》1929 年第 4 期。
⑤ 温儒敏：《新文学现实主义的流变》，北京大学出版社 1988 年版，第 66 页。

时也深刻地改变了文学创作的方式。作家自觉地采用'重大题材',自觉地用阶级的观点来理解社会"。①1931 年至 1932 年之间出现的丁玲的《水》、沙汀的《法律外的航线》、茅盾的《秋收》、洪深的《五奎桥》等,都是这方面的代表作。

奠定了中国接受经典马克思主义现实主义文学理论的基础

20 世纪初期,中国对现实主义的引进和研究,已初步涉及了马克思主义谱系中某些马克思主义理论家的现实主义文学思想,如普列汉诺夫关于文艺与生活关系问题的论述,列宁关于列夫·托尔斯泰是俄国革命镜子的分析。但那时所介绍的马克思主义现实主义理论是碎片化的,也是非马克思主义创始人的经典现实主义文学理论。马克思主义创始人的经典现实主义文学理论系统地进入中国,是 20 世纪 30 年代的事。

那么,20 世纪初期中国的现实主义文学理论研究是否与马克思主义经典现实主义理论无关呢?不是。它的重要意义之一是为中国接受经典马克思主义现实主义文学理论奠定了基础。二者之间的联系主要表现在三个层面。第一,20 世纪初期中国所引进和研究的欧洲现实主义文学理论,与经典马克思主义现实主义理论,有着文学实践基础的相似性。欧洲现实主义理论,是对批判现实主义文学实践的经验总结和理论升华。马克思主义创始人的现实主义理论,其产生的文学背景也主要是欧洲批判现实主义文学。他们谈到现实主义文学大师时,称赞最多的作家是狄更斯、巴尔扎克、易卜生等。这种实践基础的相似性,增强了二者之间的接近性。第二,20 世纪初期中国所引进和研究的现实主义文学理论,与经典马克思主义现实主义理论,有着内容关联性。两者都强调文学与生活的依存关系,都突出文艺真实性的地位,都要求作家要熟悉生活,仔细观察和描写生活。这种内容的关联度,使二者在某些方面具有通约性,增强了两种现实主义理论之间的亲和力。第三,20 世纪初期中国的现实主义文学理论研究,为经典马克思主义现实主义理论进

---

① 杜书瀛、钱竞主编,旷新年著:《中国 20 世纪文艺学学术史》第二部(下),中国社会科学出版社 2007 年第 2 版,第 105 页。

入中国做了知识铺垫和理论准备。尽管中国有着类似于欧洲的现实主义文学观念，但都是用模糊语言加以表达的，如"观物取象"、"兴观群怨"、"随物宛转"、"外师造化"等。这些概念与西方现实主义文学理论中的模仿、再现等范畴相距实在太远。在这个意义上，20世纪初期中国的现实主义文学理论研究，为中国文学界普及了现实主义的知识，进行了现实主义理论的启蒙，也为经典马克思主义现实主义理论在中国的传播做了知识铺垫和理论准备。当20世纪30年代经典马克思主义现实主义理论在中国登场时，中国文学界不仅不感到陌生，而且产生了似曾相识的熟悉感、亲近感，接受起来没有障碍，并且将"中国的现实主义文学观念"自觉契合到了"马克思主义文艺精神的发展历程"中①。

第二节　马克思主义现实主义文论提供了20世纪中国现实主义文学理论的主要范畴

20世纪30年代中期，"写实"、"写实主义"、"新写实主义"等与现实主义相关的模糊概念逐渐退出了文学理论界，在20世纪30年代中期至80年代这半个多世纪里，中国文学理论论著和教材中出现频率最高的是与马克思主义创始人现实主义理论相关的文学理论范畴：典型人物、典型环境、世界观与创作方法、倾向性与艺术性的统一等。

一　典型人物范畴

典型人物是马克思主义创始人现实主义文论中的一个核心概念，也是20世纪30年代中期至80年代中国文学理论中的一个重要范畴。典型人物在马克思恩格斯那里又称典型。典型作为文学理论术语最早出现

---

① 刘勇等：《马克思主义与二十世纪中国文学》，百花洲文艺出版社2006年版，第42页。

在1844年马克思恩格斯合著的《神圣家族》中。他们在评论欧仁·苏《巴黎的秘密》时指出，欧仁·苏笔下的阿拉斯塔西娅·皮普勒太太是"巴黎看门女人的典型"。① 这里所说的典型，更多的是一种代表性，即皮普勒太太体现了所有巴黎看门女人的共同特点，是她们中的代表。1885年，恩格斯在《致明娜·考茨基》的信中评价她的小说《旧与新》时，再次使用了典型一词。恩格斯说，明娜·考茨基对盐场工人的生活和维也纳社交界"这两种环境里的人物，我认为您都用您平素的鲜明的个性描写手法刻画出来了；每个人都是典型，但同时又是一定的单个人，正如老黑格尔所说的，是一个'这个'，而且应当如此"②。这里的典型概念发生了深刻的变化，主要指独特个性与高度概括性相统一的文学人物形象。1888年，恩格斯在《致玛格丽特·哈克奈斯》中，在继续使用典型概念的同时提出了典型人物概念。他说："据我看来，现实主义的意思是，除细节的真实外，还要真实地再现典型环境中的典型人物。您的人物，就他们本身而言，是够典型的；但是环绕着这些人物并促使他们行动的环境，也许就不是那样典型了。"③ 这里典型人物，主要指文学作品里特定环境中的特定人物。

20世纪30年代中期至80年代，马克思主义现实主义文论中的典型人物概念在中国文学理论界得到了广泛传播和应用。由于翻译上的不同表达，典型人物在中国文论中有三种称谓：典型、典型人物和典型性格。在中国现代，最早使用马克思主义现实主义文论中典型人物概念的是胡风，紧随其后的是周扬。1935年，胡风在《什么是"典型"和"类型"》一文中讨论了什么是文学典型。他说："所谓'文学的典型'"是文学作品中创造出来的人物。"这些人物实际上是不存在的，但也并不是作者凭空的假造。实际上存在的人物是，虽然和他们相似，然而却没有他们那么完整，性格没有他们那么明显或凸出。作者为了写出一个特征的人物，得先从那人物所属的社会的群体里面取出各样人物

---

① 《马克思恩格斯全集》第2卷，人民出版社1957年版，第94—95页。
② 《马克思恩格斯文集》第10卷，人民出版社2009年版，第544页。
③ 同上书，第570页。

底个别的特点——本质的阶层的特征，习惯，趣味，体态，信仰，行动，言语等，把这些特点抽象出来，再具体化在一个人物里面，这就成为一个典型了。"① 胡风关于文学典型的论述包括两层意思：第一，文学典型来自生活但不等于生活中的人物，他们比生活中的人物形象更完整，性格更突出；第二，文学典型集中了社会生活中各类人物的特点，并将这些具体化到了一个人物身上。胡风重点论述了文学典型的创造方法及典型的群体性特征。1936 年，周扬在《现实主义试论》中也提出了自己的典型观。他说：典型人物"具有某一特定的时代，某一特定的社会群所共有的特征，同时又具有异于他所代表的社会群的个别的风貌"②。周扬更侧重于考察典型的时代性、群体性和个性化特征，认为典型是特定时代的文学形象，具有社会中同类人物的共有特性，但也有异于群体的个别风貌。40 年代，对典型人物研究贡献最大的是冯雪峰和蔡仪。1940 年，冯雪峰写了《论典型的创造》，全面论述了典型人物与社会生活的关系，典型人物创造的具体过程，典型人物的普遍性与特殊性等。③ 1942 年，蔡仪出版的《新艺术论》第五章"典型"，考察了现实典型与艺术典型的区别，典型性格与典型环境的关系，正典型与负典型的不同价值。相比 30 年代，40 年代的典型人物研究更具体、更全面。新中国成立以后，马克思主义的典型人物理论走向了普及，特别是在文学理论教材中，几乎到了无书不谈典型人物的程度。

二　典型环境范畴

典型环境是一个与典型人物相关的概念。在 20 世纪中国文学理论中，也是一个使用频率很高的理论范畴。马克思主义创始人非常注重人与环境关系的考察。早在 1845 年，马克思在《关于费尔巴哈的提纲》中就探讨了人与环境的关系，强调了人与环境的相互影响性。1878 年，恩格斯在《自然辩证法》中谈到人与自然的关系时，也表达了与马克

---

① 胡风：《胡风评论集》（上），人民文学出版社 1984 年版，第 96 页。
② 周扬：《周扬文集》第 1 卷，人民文学出版社 1984 年版，第 160 页。
③ 冯雪峰：《雪峰文集》第 2 卷，人民文学出版社 1983 年版，第 42—49 页。

思相似的观点，特别突出了人与自然环境的相互影响性。但是，对文艺作品中人与环境关系的考察，明确提出典型环境的概念，是 1888 年恩格斯《致玛格丽特·哈克奈斯》一文。至此，典型环境才成为马克思主义文学理论中的一个专门术语。瞿秋白与胡风在 1934 年将典型环境概念引入中国，随后在中国文学理论界被广泛使用并成为中国文学理论中的一个重要范畴。1936 年，周扬在《现实主义试论》中引入恩格斯关于现实主义的论述时，在中国学者的文学理论论著中使用了典型环境。然而，周扬仅是引用了这个概念却没有对其进行解释和分析。1940年，冯雪峰在《论典型的创造》中这样解释了典型环境：它是"社会的，世界的，历史的矛盾的斗争"，"生活的历史的实践"。① 1942 年，蔡仪在《新艺术论》第五章第二节中专门论述了"典型的性格与典型的环境"，认为典型环境有狭义与广义之分。狭义地说，典型环境是一种较为普遍的具体社会环境；广义地说，典型环境是一种极为深刻的社会发展情势。在新中国成立前，蔡仪对典型环境的解释、对典型环境与典型人物关系的论述是最全面和最辩证者之一。新中国成立以后，在公开出版的文学理论论著中，霍松林 1957 年出版的《文艺学概论》第一编第三章第一节即为"典型环境和典型性格"。他引用恩格斯关于典型环境与典型性格的论述后，对典型环境作了这样的界定："简单地说：典型环境是指一定的历史时代阶级斗争的总的形势；在具体作品中，就体现在那总的形势下最足以造成主人公的性格特征和驱使他行动的一些社会关系和人物上面。"② 霍松林对典型环境的论述，突出了典型环境中所包含的社会关系。50 年代末至 80 年代所出版的文学理论著作和教材，只要涉及典型问题的差不多都会谈论典型环境。直到 20 世纪 90 年代，这种趋势才有所减弱。

三 世界观与创作方法范畴

世界观与创作方法并不是马克思主义现实主义文论中的一个现成命

---

① 冯雪峰：《雪峰文集》第 2 卷，人民文学出版社 1983 年版，第 45 页。
② 霍松林：《文艺学概论》，陕西人民出版社 1957 年版，第 17 页。

题，而是后来的马克思主义文学理论研究者们根据恩格斯《致玛格丽特·哈克奈斯》信中评价巴尔扎克的那段话中概括出来的。恩格斯认为，巴尔扎克在政治上是一个正统派，但他却违背自己的阶级同情和政治偏见，经常毫不掩饰地赞赏的唯一的一批人，却是他政治上的死对头，圣玛丽修道院的共和党英雄们。这是现实主义的最伟大的胜利之一，也是老巴尔扎克最大的特点之一。在中国文学理论界，最早将恩格斯的观点看成世界观与创作方法问题的是瞿秋白。1933 年，瞿秋白在《现代》杂志上发表的《马克思恩格斯和文学上的现实主义》一文，这样归纳了恩格斯的观点："恩格斯认为巴尔扎克虽然同情于保王党，然而他的现实主义是革命的。"① 虽然瞿秋白没有明确将恩格斯的论述命名为世界观与创作方法，但他已明确地指出恩格斯所论述的是世界观与现实主义创作方法之间的关系问题。在 20 世纪 30 年代，明确将恩格斯评论巴尔扎克那段话概括为世界观与创作方法命题的是周扬。1936 年，他在《文学》上发表的《现实主义试论》中指出："作家的世界观和创作方法的矛盾是他所属的社会层的主观的利害和现实性的客观倾向之间的矛盾的反映。这矛盾并不是永久的，它将在历史的发展中得到解决……假如说以前的现实主义者艺术家违反了自己的世界观，达到了现实之正确的表现，那末我们的现实主义是借我们的世界观之助给与现实更正确的表现的。"② 周扬的论述强调了两点：第一，巴尔扎克时代，作家的世界观与创作方法具有矛盾性；第二，新的时代，作家的世界观和创作方法之矛盾已经解决，作家的世界观能帮助现实主义创作者正确地表现现实。周扬的论述发表以后，世界观与创作方法关系的研究出现了两种走向：一种走向是世界观与创作方法关系的矛盾说，另一种走向是世界观与创作方法关系的统一说。

　　关于世界观与创作方法的矛盾说，主要表现在对巴尔扎克、托尔斯泰等批判现实主义作家的评论中。一些人认为，巴尔扎克和托尔斯泰，

---

① 瞿秋白：《瞿秋白文集》第 4 卷，人民文学出版社 1998 年版，第 9—10 页。
② 周扬：《周扬文集》第 1 卷，人民文学出版社 1984 年版，第 158—159 页。

一个是政治上的保皇党，一个是反动的托尔斯泰主义者，但他们都创作了不朽的现实主义杰作，取得了现实主义的伟大胜利，这是作者世界观与创作方法矛盾的表现。或是作家世界观自身的矛盾："大多数古典作家的世界观总是充满着复杂的矛盾的，不仅在他们的哲学观点、政治观点、宗教观点、伦理观点和美学观点等等之间，会有不一致的情况，即使这些观点本身，也常常是进步的因素和落后、反动的因素交织在一起。例如，列甫·托尔斯泰的哲学观是唯心主义的，而他的文艺观点却基本上是现实主义的。他在政治上反对沙皇专制制度和资本主义，但又反对暴力革命而提倡宗教。这些矛盾主要是由当时的历史条件和作家所处的阶级地位所造成的。"① 或是世界观与创作实践（创作方法）的矛盾：托尔斯泰的"世界观不但有缺陷和限制，而且是反动的。""但另一方面，他是一个天才的作家，写出了世界文学第一等作品。"巴尔扎克"是保皇党，他的世界观不但有缺陷和限制，而且是反动的"。但他的作品是"现实主义最伟大的胜利之一"②。这是因为他们在创作实践中坚持了现实主义的"向下看"的精神，从而使他们"正视现实、深入现实、保证了他们的现实主义。现实主义的实践又推动了他们的感受世界的扩大和深入，变成了他们寻求美学立场的力量"③，从而"使作家的世界观从实践中得到提高，并改正自己世界观中的错误部分，这正是创作方法对世界观的能动作用的表现"④。

　　关于世界观与创作方法统一说，主要体现在对革命的现实主义文学"应当如此"的言说中。部分学者认为，革命的现实主义文学创作，是世界观与创作方法的统一，思想与艺术的一致，不存在二者之间的矛盾。蔡仪 1942 年出版的《新艺术论》，在对世界观与创作方法关系的认识上延续了周扬的统一说。他指出，由于"现实主义即渊源于唯物

---

① 以群主编：《文学的基本原理》（上册），上海文艺出版社 1964 年第 2 版，第 240 页。
② 胡风：《胡风全集》第 6 卷，湖北人民出版社 1999 年版，第 175—176 页。
③ 同上书，第 184 页。
④ 《马列文论百题》编辑委员会主编：《马列文论百题》，陕西人民出版社 1982 年版，第 358 页。

论"，因此，在现实主义艺术家眼里，"艺术是对于客观现实的从现象到本质的一种认识。这就是说，现实主义认为艺术是一种认识，而认识又是客观现实的反映，这就和唯物论的反映论是一致的"①。在这个意义上，世界观与创作方法是一致的。从哲学层面看"文学创作是一种意识活动，是受世界观的支配和制约的。文艺为什么人服务，对一个作家来说，主要取决于他站在什么立场上和以什么样的世界观指导创作"。"否认世界观对文艺创作的指导意义，不符合文艺发展的客观规律，就会背离马克思主义文艺理论的根本原理。"②

　　世界观与创作方法的矛盾说和统一说，都看到了世界观与创作方法关系某一方面的表现：矛盾说看到了世界观与创作方法之间的特殊现象，唯心的世界观、落后的世界观也能采用现实主义的创作方法，创作出优秀的文艺作品；统一说看到了世界观与创作方法之间的一般联系，有什么样的世界观采用什么样的创作方法，唯物的世界观先进的世界观主要采用现实主义的创作方法。但是，矛盾说和统一说都存在一定的偏颇：矛盾说过分强调特殊而忽视一般，没有看到世界观与创作方法在一般情况下具有一致性，更没有看到世界观与创作方法的矛盾有时是世界观本身存在矛盾，甚至与文学创作中情与理的冲突、动机与效果的不一致、文学作品中形象大于思想都有关联；统一说过分强调一般而忽视特殊，没有看到世界观与创作方法之间并非单向的直线的联系，更没有看到创作方法本身具有较强的独立性，世界观与创作方法的相互作用性，作家选择创作方法的灵活性，同一世界观的作家可能选择不同的创作方法，不同世界观的作家可能选择同一创作方法，甚至同一世界观的同一作家可能选择多种创作方法。

四　倾向性与艺术性的统一范畴

　　倾向性与艺术性的统一，同样是中国马克思主义文艺理论研究者根

---

　　①　蔡仪：《美学论著初编》（上），上海文艺出版社 1982 年版，第 142 页。
　　②　十四院校《文学理论基础》编写组：《文学理论基础》（修订本），上海文艺出版社 1985 年第 2 版，第 264—265 页。

据马克思恩格斯关于文艺问题两封书信中的以下内容概括出的一个现实主义理论范畴。马克思在《致斐迪南·拉萨尔》中告诫拉萨尔说：作者应该"用最朴素的形式恰恰把最现代的思想表现出来"，应该"更加莎士比亚化"，而不应该"席勒式地把个人变成时代精神的单纯的传声筒"；① 恩格斯在《致明娜·考茨基》中强调，文学中的"倾向应当从场面和情节中自然而然地流露出来，而无须特别把它指点出来"②。

20世纪30年代中期，中国的马克思主义文学理论家就将马克思恩格斯的以上两段话概括为文学倾向性与艺术性相统一的现实主义理论范畴。1936年，周扬在他的《现实主义试论》中，将其表述为："把广大的思想上的世界观和最高度的丰富的艺术形式结合起来"③；同年，胡风出版的《文学与生活》一书，将其表述为："文艺上所表现的真理或真实是必须通过'形象化''个性化'的过程的。"④ 进入20世纪40年代以后，中国文学理论界对倾向性与艺术性相统一的表达趋于明确。这可以从冯雪峰和毛泽东等人的论述中得到印证。1940年，冯雪峰发表的《文艺与政论》一文，不仅引用了恩格斯关于文艺倾向性与艺术性相统一的论述，而且明确提出文艺的政治倾向应该艺术化地加以表现。1942年，毛泽东《在延安文艺座谈会上的讲话》明确要求革命文艺做到"政治和艺术的统一，内容和形式的统一，革命的政治内容和尽可能完美的艺术形式的统一"⑤。这三个统一归结到一点，就是倾向性与艺术性统一。新中国成立至80年代，倾向性与艺术性的统一在中国文学理论界的表达走向了定型化。

马克思主义现实主义理论中倾向性与艺术性相统一的思想传入中国后，其内涵已发生了一定的改变，相当一部分中国文学理论家将内容与形式的统一或思想与艺术的统一替换了倾向性与艺术性的统一。虽然内

---

① 《马克思恩格斯文集》第10卷，人民文学出版社2009年版，第171页。
② 同上书，第545页。
③ 周扬：《周扬文集》第1卷，人民文学出版社1984年版，第160页。
④ 胡风：《胡风评论集》（上），人民文学出版社1984年版，第303页。
⑤ 《毛泽东选集》第3卷，人民出版社1991年版，第869—870页。

容和思想中包含倾向，但内容或思想却远比倾向宽泛。这种替换和变异，既有中国文艺理论家表达习惯的因素（中国文学理论界从 20 世纪初开始就多用内容、思想，少用倾向），又受到中国现代社会对文艺功能要求扩大化的影响，认为内容和思想远比倾向含义更为丰富，功能更加多样。

第三节　马克思主义现实主义文论构成了 20 世纪中国现实主义文学理论争鸣的重要主题

20 世纪 30 年代中期，马克思主义现实主义文论传入中国后，很快引起了中国文学理论界的关注和讨论，成为了 20 世纪中国文学理论界争鸣的重要主题。在 20 世纪 30 年代中期至 80 年代的半个多世纪里，一直回荡着与现实主义有关的争鸣声音。

一　30—40 年代："典型"与"类型"问题的激烈交锋

马克思主义现实主义文论在中国引起的第一次论争，发生在 20 世纪 30—40 年代，最初在胡风与周扬之间展开，争论的重点是如何理解现实主义文学中的典型。1935 年，胡风发表了《什么是"典型"和"类型"》一文，他说："一个典型，是一个具体的活生生的人物，然而却又是本质上具有某一群体底特征，代表了那个群体的。"[①] 1936 年，周扬发表的《现实主义试论》一文，对胡风的典型观提出了异议。他认为，"典型具有某一特定的时代，某一特定的社会群共有的特征，同时又具有异于他们代表的社会群的个别的风貌"。他批评胡风突出典型的普遍性时对其独特性注意不够，强调典型作为一类人的代表，但"他也是一个特殊的存在，他有他自己独特的经历，独特的生活样式，

---

① 胡风：《胡风文艺评论集》（上），人民文学出版社 1984 年版，第 96—98 页。

自己独特的心理的容貌，习惯，姿势，语调等"①。随后，胡风于 1936 年 1 月和 4 月分别发表了《现实主义的一"修正"》《典型论的混乱》两篇文章，对周扬的典型论进行了"修正"，并进一步深入地阐述了自己的典型观。周扬也于 1936 年 4 月发表了《典型与个性》一文，再次对胡风的典型观展开了批评。审视胡风与周扬的典型理论，既有相似处，又有不同点。相似之处在于：他们的哲学基础都是马克思主义唯物辩证法中普遍性与特殊性的对立统一说；他们都引用了恩格斯"典型环境中的典型性格"作为理论依据；他们都认为典型是"具体的活生生的人物"，②"活生生的个人"。③ 不同点在于：胡风更突出典型的普遍性和代表性，周扬更强调典型的特殊性和个性化。胡风写《什么是"典型"和"类型"》《现实主义的一"修正"》《典型论的混乱》等论文，其本意在于区分"典型"与"类型"的不同点，但由于他过分强调典型创造的综合或艺术概括，对个性化重视不够，特殊性论述不详，最终"他并没有将典型与类型清晰地区分出来"，④ 周扬的《现实主义试论》《典型与个性》，一直突出典型的特殊性与个性化，强调典型必须从普遍性见出特殊性、独特性，相比之下，周扬对典型与类型的区分更为清楚，对典型的理解也更加符合马克思主义现实主义中的典型观。由于典型论是马克思主义现实主义文论的核心范畴，典型环境中的典型人物是马克思主义现实主义对现实主义文学创作的最高要求，加之胡风与周扬都着重论述了现实主义文学中的典型，因此，他们两人关于典型的论争，在实质上也是一场关于现实主义的争鸣。

　　胡风与周扬关于典型问题的论争，到 20 世纪 40 年代演变成了对胡风现实主义理论的批判。虽然胡风对典型的理解不够科学，但他对现实主义文学理论的整体研究却是独树一帜的。他的现实主义理论特别重视

①　周扬：《周扬文集》第 1 卷，人民文学出版社 1984 年版，第 161 页。
②　胡风：《胡风文艺评论集》（上），人民文学出版社 1984 年版，第 96 页。
③　周扬：《周扬文集》第 1 卷，人民文学出版社 1984 年版，第 166 页。
④　韩毓海主编：《20 世纪的中国：学术与社会》（文学卷），山东人民出版社 2001 年版，第 190—191 页。

作家的主体性、能动性、创造性，是以创作主体为轴心的现实主义理论。他现实主义理论中的几个重要命题，如"主观战斗精神"、"自我扩张"、"人格力量"等，既是一种独特标志，又是他被人批判的靶子。1944 年 7 月，黄药眠率先批评了胡风的以上命题。他说，胡风的"人格力量"、"战斗要求"，"不是从现实生活里得出来的结论……未免太空洞，而且未免过分强调文艺家那个人"。① 1948 年，香港、上海两地的一些文艺理论家对胡风的现实主义文学理论展开了合围，并进行了上纲上线的否定。其中，最具代表性的是邵荃麟和乔冠华。1948 月 3 月 1 日，邵荃麟在《大众文艺丛刊》第一辑发表了《文艺的新方向》，5 月 1 日，在《大众文艺丛刊》发表了《论主观问题》。在前一篇文章中，邵荃麟没有点出胡风的名字，却对他的观点进行了批判。邵荃麟说，胡风的主观精神、人格力量是"追求主观精神的倾向……把个人主观精神力量看成一种先验的、独立的存在，一种和历史、社会并立的、超越阶级的东西，因此，把它看成一种创造和征服一切的力量。这首先就和历史唯物论的原则相背离了。从这样的基础出发，便自然而然地流向于强调自我，拒绝集体，否定思维的意义，宣布思想体系的灭亡，抹煞文艺的党派性与阶级性，反对艺术的直接政治效果；在创作上，就自然地走向了个人主观感受境界和个人内在世界底追求了……实质上，也就是向唯心主义发展的一种倾向了"②。在后一篇文章中，邵荃麟公开点名批评了胡风，认为胡风作为一个主观论者，"忽略了思想意识对于领导革命实践的意义，把感性活动和具体的实践分开，进一步把感性活动转化为主观的感受力量，再一化而为主观精神、人格力量、道德力量等等，于是不仅唯物论被取消了，阶级观点也被取消了"③。乔冠华 1948 年 5 月 1 日发表的《文艺创作与主观性》一文，点名批判了胡风，指责他的文艺观点是"主观唯心主义"。"用自以为是革命的小资产阶级的主观，去涂抹、歪曲、篡改人民大众觉醒和斗争的客观事实"，"否定

① 黄药眠：《读了〈文艺工作底发展及其努力方向〉》，《云南日报》1944 年 7 月 29 日。
② 邵荃麟：《邵荃麟评论选集》（上册），人民文学出版社 1981 年版，第 144—145 页。
③ 同上书，第 227—228 页。

新文艺的革命功利性"，"事实上走了精神重于一切的道路"，"在实际上不过是取消了作家和人民结合的基本命题"，"混乱了自己的立场，闹到了敌友不分的境地"。① 1948 年 9 月，胡风写成了《论现实主义的路》，对邵荃麟、乔冠华等人的批判进行了反批评。综观 1948 年对胡风的批判，已有几种不良倾向明显地显现出来；一是断章取义，攻其一点，不及其余；二是将学术批评转向了政治批判，文风简章粗暴，无限上纲；三是群体围堵，情绪发泄，缺少理性精神。这些倾向，为 1955 年胡风冤案的发生奠定了思想基础和组织基础。

二 50—60 年代：典型理论争鸣的横向拓展

马克思现实主义现实主义的第二次论争，发生于新中国成立以后的 20 世纪 50—60 年代，主要围绕四大问题展开。一是典型的共性与个性问题。其基本观点为：典型是共性与个性统一，也称普遍性与特殊性的统一："文学艺术中的典型人物之所以是典型人物，不仅是个别性和普遍性的统一；而且是以鲜明生动而突出的个别性，能够显著而充分地表现他有相当社会意义的普遍性"② 的统一。二是典型中的正面人物与理想性格问题。本来，在马克思主义现实主义理论中，典型是衡量文学作品中人物塑造是否成功的一个艺术标准，而不是人物的一种阶级划分尺度。但在 50—60 年代那个特殊时期里，阶级论占据了主导地位。因此有人主张社会主义时期的文学典型应是正面人物或理想性格："任何时代的文学典型，都是阶级的典型，都是一定阶级（或阶层）在一定历史条件下的阶级本质的艺术概括。"社会主义时期，"我们必须创造出我们时代的主人公形象，亦即创造出能够充分体现时代精神的英雄典型"③ 三是典型创造与创作方法问题。由于马克思主义文论中所谈的典型，主要是现实主义方法所创作的成功人物形象。现实主义能创造典型，几乎成为文学理论界的共识。针对这种情况，有人提出了浪漫主义

---

① 《大众文艺丛刊》第二辑，1948 年 5 月 1 日。
② 蔡仪：《文学艺术中的典型人物问题》，《文学评论》1962 年第 6 期。
③ 陈鸣树等：《时代精神与文学典型》，《收获》1964 年第 5 期。

能否创造典型的问题。赞成者认为，浪漫主义创作方法也能创造典型，甚至"神话传说的题材的作品中能够创造出典型来"；反对者强调："因为典型创造要求典型环境中的典型性格。浪漫主义的形象都是特殊性格，并常常活动在特殊环境中，所以不能创造典型。"① 四是典型环境与典型人物（性格）关系问题。代表性的观点是"典型环境对于典型性格的形成具有决定作用"；"典型性格固然是在典型环境中形成起来，但不是某种典型环境一定产生某种典型性格"；"典型性格对于典型环境具有反作用，即环境一方面形成人物的性格，同时人物也改变着环境"。② 这次现实主义的讨论，核心是典型问题的论争，重点讨论了典型的概念、典型的时代特点、典型的创造问题、典型与环境的关系，同时旁及"社会主义现实主义"、"革命现实主义与革命浪漫主义相结合"。审视这次现实主义问题的论争，成绩明显，问题突出：论题集中，在一定程度和范围上扩大了典型讨论的领域，深化了某些问题的认识；但由于当时过分突出阶级论，没有在整体上推进对现实主义的认识。虽然在讨论中人们也引用了恩格斯"现实主义的意思是，除细节的真实外，还要真实地再现典型环境中典型人物"等论述，但是在讨论中却在一定程度上偏离了历史唯物主义的原则，误解了马克思主义创始人的论述。

三　80—90 年代：现实主义讨论的返本开新

　　马克思现实主义的第三次论争，是改革开放以后的 20 世纪 80 年代初至 90 年代末。这次论争突出了两个重点：一是典型环境与典型人物，二是现实主义的真实性。关于典型环境与典型人物的关系，代表性的观点是：二者"既有相联系的一面，又有相区别的一面，既有相互制约性，又有相对独立性"③。"典型环境是典型人物赖以生存和发展的现实

---

① 狄其骢：《关于典型问题的讨论综述》，《文史哲》1963 年第 4 期。
② 韦呐：《略述关于典型人物的几个问题》，《文学评论》1963 年第 4 期。
③ 张国民：《试论马克思主义创始人的典型观》，《马克思恩格斯美学思想论集》，人民文学出版社 1983 年版，第 343 页。

基础，没有典型环境，典型人物就成为无源之水，无本之木。典型人物
又是典型环境存在和变化的条件，因为所谓环境当然是相对于人物来说
的，离开了人物，它也就失去了意义"，"因此，典型人物和典型环境
是辩证的统一，二者相互依存，缺一不可"。① 学者们在讨论典型环境
与典型人物的关系时，也分别重新审视和界定了典型人物、典型环境。
从思维方式看，20世纪80—90年代关于典型环境与典型人物关系的讨
论与50—60年代有很大的不同。如果说，50—60年代偏重"二元对立
的思维模式和为斗争而斗争的实践方式"②，那么，80—90年代更侧重
于对话思维和复杂思维，"超越了50年代至60年代典型环境与典型人
物决定与被决定，作用与反作用的线性联系，突出了典型环境与典型人
物的复杂联系和多向作用；环境可以影响人，人也可以影响环境；环境
典型，人物亦典型；环境典型，人物不够典型；人物典型，环境不够典
型，等等。这样，既看到了环境与人物关系的必然性联系，又承认了环
境与人物关系的偶然性、曲折性表现"③。关于现实主义的真实性讨论，
主要强调现实主义真实性的地位与现实主义真实性的特点。其中的代表
观点是：真实性在马克思主义现实主义文论中具有基础性地位，"没有
文艺的真实性，即'合规律性'的客观尺度，也就不可能有真正的艺
术生产"④。真实性与典型性密切相关联："真实性是典型性的基础；典
型性是真实性的深化、提高和升华……因此，我们不能脱离典型性来谈
真实性；也不宜离开真实性来谈典型性。"⑤ 真实性与倾向性、艺术性
相统一："现实主义艺术并不反对、也可以说是理应表现一定的思想倾
向和政治见解，但这种表现必须符合艺术的特点，必须是隐蔽的、从场

---

① 李思孝：《马克思恩格斯美学思想浅说》，上海文艺出版社1981年版，第119—120
页。
② 朱立元等：《马克思主义文艺理论中国化研究》，经济科学出版社2009年版，第84
页。
③ 季水河：《回顾与前瞻：论新中国马克思主义文艺理论研究及其未来走向》，中国社会
科学出版社2009年版，第104页。
④ 李中一：《马克思恩格斯文艺学体系》，华中师范大学出版社1994年版，第252页。
⑤ 陆贵山、周忠厚主编：《马克思主义文学概论》，花山文艺出版社1999年版，第
447—448页。

面和情节的发展中自然而然地流露出来。"① 20 世纪80—90年代的现实主义讨论，具有返本开新的特点，一方面，它返回到了马克思主义创始人的经典现实主义的文本，纠正了对马克思主义现实主义及其典型观的误解、曲解；另一方面，它又在新的时代语境下，发掘了马克思主义现实主义理论和典型观中的未来因素，增强了其时代感。

马克思主义现实主义文论，是马克思主义文学理论的核心，对20世纪中国现实主义文学理论的发展产生了重大影响，构成了20世纪中国现实主义文学理论的基本范畴，成为了20世纪中国现实主义论争的重要主题。讨论马克思主义文论在中国的传播与影响，现实主义是一个无法回避也不能回避的问题。

---

① 刘崇义等：《文艺科学的一次辉煌的日出》，学林出版社2000年版，第276页。

第五章

马克思主义文艺意识形态论与20世纪中国文学理论中的意识形态范畴

文艺与意识形态的关系问题是 20 世纪中国文学理论史上的一个核心问题与关注焦点，它在相当的程度上塑造了 20 世纪中国文学理论的基本格局。这一切都来自马克思主义文艺意识形态理论的强大影响，而意识形态是讨论马克思主义文学本质观念的一个内在维度。

第一节　马克思主义文艺意识形态理论概说

意识形态是个复杂的问题，在马克思主义创始人那里针对不同的学科，处在不同的语境，具有变化性与多义性。因此就存在着人言人殊、含义多歧之处。这在一定程度上导致了后人对于此一问题的理解、阐释及其发展呈现出更为复杂的面貌。而文艺意识形态的相关理论的展开也受制于此起源学上的繁复模糊的理论面貌。

一　马克思主义意识形态论的两个维度与发展分期

一般而论，意识形态问题包括两个向度：关于意识形态真假问题的认识论维度；关于意识形态功能问题的结构主义、功能主义维度。意识形态含义也有着广狭之分：传统（"正统"）马克思主义所界定的属于阶级信仰和国家意志等领域（也即葛兰西意义上的"政治社会"领域）的狭义意识形态概念，可以称为"政治性意识形态"；属于宗教仪式、社会意识、日常生活等世俗领域的泛化的意识形态概念。①

而马克思意识形态概念有两个起源：以唯物主义为代表的法国启蒙思想传统为其提供了社会学方法和唯物主义基础；而以观念论为代表的德国哲学传统则为马克思意识形态概念提供了辩证法立场和历史性维度。马克思意识形态概念经过了一个较为长期的发展过程，主要是通过两个阶段将上述两个理论来源进行了整合与超越：以大约 1850 年为界，分为前期和后期两个阶段。前期是指以《德意志意识形态》（以下简称《形态》）等著述为主的早期阶段，马克思依然具有经过费尔巴哈中介过的浓厚的黑格尔主义色彩，主要致力于用费尔巴哈的原则来开展意识形态的政治—哲学批判；而在以《资本论》（特别是第一卷以及 MEGA2《资本论》三大手稿群）为代表的后期阶段，马克思则开始更为清晰而明确地用历史唯物主义立场，通过政治—经济学批判来阐发自己的意识形态观。如果说前期阶段的马克思主要是对意识形态的唯心主义本质开展认识论探讨，那么后期阶段则对意识形态政治功能进行社会—历史批判。马克思文本中的意识形态概念，还在逻辑关系上表现出从劳动异化到商品拜物教的阶段性转换。在 19 世纪 50 年代前，马克思主要在异化特别是劳动异化的名义下来探讨意识形态产生的根源；而在 19 世纪 50 年代之后则更多从拜物教，特别是商品拜物教的立场来探讨意识形态的表现形式。② 马克思在其全部著作中是"从不同的层次、不同的涵义上使用意识形态概念的"。马克思在早期著作中所说的意识形态是虚假的、错误的，主要是针对宗教和青年黑格尔派的哲学，而不是指社会主义意识形态。社会主义意识形态则既是工人阶级根本利益的表述，也是现实的客观规律的反映。③ 后来恩格斯提出"思想的上层建筑"概念，实际上，"思想的上层建筑"和"意识形态"这两个概念在

---

① 关于"意识形态"概念的泛化，可参见 Norman Birnbaum， "The Sociological Study of Ideology（1940 – 1960）：A Trend Report and Bibliography"，*Current Sociology*，Vol. 9，No. 2，1960，pp. 91 – 92.

② 本节论述参考了张秀琴《英语世界对马克思意识形态理论的解读方式》，《中国社会科学》2012 年第 6 期。

③ 吴元迈：《文艺与意识形态》，《外国文学评论》1990 年第 2 期，第 6 页。

马克思主义经典作家那里基本同义。而在恩格斯这里，意识形态则是一种"虚假的"意识，他在 1893 年 7 月 14 日致梅林的信中所指出的，"意识形态是由所谓的思想家有意识地、但是以虚假的意识完成的过程。推动他行动的真正动力始终是他所不知道的，否则这就不是意识形态的过程了。因此，他想象出虚假的或表面的动力。因为这是思维过程，所以它的内容和形式都是他从纯粹的思维中——不是从他自己的思维中，就是从他的先辈的思维中得出的"①。

二 马克思主义意识形态论的"照相机比喻"与"建筑比喻"

马克思关于意识形态理论的探讨还有两个著名的"比喻"：前期阶段的"照相机比喻"和后期阶段的"建筑比喻"。"照相机比喻"是马克思恩格斯在《德意志意识形态》中提出的："如果在全部意识形态中，人们和他们的关系就像在照相机中一样是倒立呈像的，那么这种现象也是从人们生活的历史过程中产生的，正如物体在视网膜上的倒影是直接从人们生活的生理过程中产生的一样。"②

"建筑比喻"［亦称空间比喻或"（经济）基础—上层建筑公式"］是《1859 年〈政治经济学批判〉序言》中马克思在讨论自己的新（历史）唯物主义时对意识形态观的经典比喻性论述："人们在自己生活的社会生产中发生一定的、必然的、不以他们的意志为转移的关系，即同他们的物质生产力的一定发展阶段相适应的生产关系。这些生产关系的总和构成社会的经济结构，即有法律的和政治的上层建筑竖立其上并有一定的社会意识形式与之相适应的现实基础。物质生活的生产方式制约着整个社会生活、政治生活和精神生活的过程。不是人们的意识决定人们的存在，相反，是人们的社会存在决定人们的意识……在考察这些变革时，必须时刻把下面两者区别开来：一种是生产的经济条件方面所发生的物质的、可以用自然科学的精确性指明的变革，一种是人们借以意

---

① 《马克思恩格斯全集》第 39 卷，人民出版社 1974 年版，第 94 页。
② 《马克思恩格斯选集》第 1 卷，人民出版社 1995 年版，第 72 页。

识到这个冲突并力求把它克服的那些法律的、政治的、宗教的、艺术的或哲学的，简言之，意识形态的形式。"① 马克思正是在这里明确提出了艺术作为意识形态的形式的观点。在马克思看来，文艺归根结底要受经济基础决定，还要受政治、法律、道德等"中间环节"的意识形态和宗教、哲学等"更高的"意识形态的错综复杂的影响（以及交互作用），这也使得文艺的发展和社会的一般发展呈现出不成比例、不平衡的特点。文艺和某些意识形态（哲学、宗教）较之于政治上层建筑更具历史继承性和相对独立性，意识形态的变革也自有其特点，但决不能以此就抹杀或否认文艺的意识形态性质或思想的上层建筑性质。有学者认为"随后关于马克思意识形态理论的探讨，无不关乎两个传统之间的张力以及两个阶段的具体表述。实际上，今天的人们正是以早期阶段的典型表述'照相机比喻'和后期阶段的典型表述'建筑比喻'，作为主要理论参考坐标来理解马克思主义创始人的意识形态观的。"②

马克思关于文艺是意识形态的命题是对于文艺理论史的一个重大贡献。"把文艺确定为意识形态之一，这是马克思主义对人类文艺理论的一个重大的历史性发现。"③ 它既不像形形色色的历史唯心主义、文艺的非意识形态论（如移情说、自我表现说、直觉说、原型说和精神分析学）那样标举精神与意识形态的独立性，夸大意识、思想、观念的作用，完全割断了文艺同经济基础之间的任何联系；也不像庸俗社会学那样把经济基础看作文艺的唯一决定因素，忽视了意识、思想、观念的作用；更有别于过去的唯物主义代表人物（从赫拉克利特起），他们虽一再肯定文艺与现实的密切关系，但却始终未能像马克思恩格斯那样提出经济基础与上层建筑、意识形态的关系这种"极其完整严密的科学理论"（列宁语），从而"科学地、全面地、完满地解决文艺是什么这个历来众说纷纭的问题"④。

---

① 《马克思恩格斯全集》第 31 卷，人民出版社 1998 年版，第 412—413 页。
② 张秀琴：《英语世界对马克思意识形态理论的解读方式》，《中国社会科学》2012 年第 6 期。
③ 吴元迈：《文艺与意识形态》，《外国文学评论》1990 年第 2 期。
④ 参见吴元迈《文艺与意识形态》，《外国文学评论》1990 年第 2 期。

马克思、恩格斯探索了文艺与经济基础之间的曲折复杂的联系，承认文艺的历史继承性、相对独立性，并提出物质生产与艺术生产的不平衡性原理，这些都是马克思主义文艺意识形态理论的重要贡献。

第二节　马克思主义文艺意识形态理论与 20 世纪 80 年代前的中国文学理论

文艺意识形态理论是 20 世纪中国文学理论批评界的核心论题，尤其是在马克思主义文艺意识形态论广泛传播并占据主流地位后，对中国现代文艺理论框架的构建产生了巨大的影响。20 世纪以来，文艺理论家就自觉运用意识形态理论来分析、创作文学，并随着社会文化环境的变化而不断转换着自身，形成了独具中国特色的文艺意识形态论。

一　马克思主义文艺意识形态理论在 20 世纪 20—30 年代的传播与影响

文艺意识形态理论强调文学对社会生活的反映，从而规定了文艺归属于社会结构中上层建筑的构成部分，属于社会意识形态；同样也强调了世界观对文学创作的决定性作用，认为政治意识形态规定着文艺的特质和方向，并决定着文艺是否具有进步性。马克思主义文艺理论从传入中国，就成为一种政治手段。随着主导性政治意识形态的变化并对其作出反应。从 20 世纪初到"五四"运动时期，马克思主义意识形态还处于边缘地位，与当时虽然没落却异常顽固的封建政治意识形态作斗争；20 年代之后，无产阶级意识形态逐渐居于主导地位，马克思主义文艺意识形态转而对无产阶级政治意识形态进行辩护、强调与推崇，成为宣传政治的工具。

20 世纪初马克思主义唯物史观和意识形态理论开始传入中国，但多半是片段的、零散的，而马克思主义关于文艺问题的论述更是极少了。直到"五四"新文化运动时期，陈独秀、李大钊、鲁迅等一批先进知识分子通过学习马克思主义文艺意识形态理论，看到了文艺在社会改革中的巨大作用，开始以文艺为武器，向封建意识形态发起了进攻，迸发出对科学民主意识形态的热烈渴望，投入到挽救国家和民族命运的战斗中去。由此，马克思主义文艺观在中国逐步传播开来。

20 世纪 20 年代是中国马克思主义文艺论的启蒙时代。20 年代初，中国共产党成立并自觉运用马克思主义意识形态理论审视文艺的社会本质，分析研究革命文艺实践问题。瞿秋白 1924 年就在上海大学社会学系演讲时提出真正正确的是列宁的文艺观："文艺是一种特别的上层建筑，一种特别的意识形态，它反映实质而且影响实质；意识是实质'镜子里的形象'，实质不受意识的'组织'，而是在'组织'意识，然而意识并不是消极的，它的确会影响到实质方面去，阶级是在改变着世界而认识世界。"①萧楚女、蒋光慈、沈泽民等人在《革命与文学》等一系列的文章中提出了"无产阶级文学"、"我们需要革命的文学"、"第四阶级的文学"等口号。中国先进知识分子已经接受马克思主义文艺意识形态理论，并将其结合中国实际情况，说明文艺具有阶级性，而阶级则可以改变世界，这些为马克思主义文艺观在中国更广泛的传播和发展奠定了基础。

由创造社和太阳社在 20 世纪 20 年代末发起的无产阶级文学运动标志着文学革命向革命文学的转型。在这次革命文学的论争中，意识形态成为革命文学的关键术语，强调了阶级社会中一切文学都具有阶级性，而无产阶级作家的创作更是要获取无产阶级的阶级意识，对此，李初梨做了最明确的表述：无产阶级的作家，"是'为革命而文学'，不是'为文学而革命'"②，而无产阶级文艺家的创作也是武器的文艺。这场文学运动大大地推动了马克思主义文艺理论的传播，特别是马克思主义文艺意识形态理论的发展。这些无产阶级革命文学的倡导者都自觉地以马克思主义文艺意识形态论为理论基础，为了革命和宣传而进行文艺创作，为当时革命的爆发做出了贡献；但由于过分地强调文艺的阶级性和工具性，反而忽略了文艺自身的审美性和复杂性，导致了文艺的僵化公式化的板结状态。

革命文学的星星之火点燃了左翼文学的燎原之势。20 世纪 30 年代

①　瞿秋白：《瞿秋白文集》第 3 卷，人民文学出版社 1953 年版，第 567 页。
②　李初梨：《怎样地建设革命文学》，《文化批判》第 2 号，1928 年 2 月 15 日。

的革命文学发展为马克思主义阶级革命的文艺，随着左翼文学的日益兴盛，左翼作家和自由派作家展开了一场关于文艺与政治及阶级斗争、文艺与生活关系的论争，这也是中国文艺理论界对于文艺意识形态理论展开的新一轮的讨论。革命性的政治文化占据主导地位，无产阶级文学成为时代主流。瞿秋白、鲁迅、周扬等站在左翼作家的立场，对反对文艺为政治服务、提倡文艺至上的观点提出了强烈的批判：瞿秋白指出在阶级社会里，文艺家都会受到阶级意识的影响，是不会有真正的自由的；周扬则从文学武器的角度出发，认为自由派作家的文艺消极论反而不能让文艺发挥其应有的积极作用，即文学的政治功能；鲁迅也讽刺了这种超阶级、不合现实的论调。

这个时期的左翼作家为了推动夹在民族斗争和阶级斗争艰难处境里中国无产阶级革命的发展，他们更加突出了马克思主义意识形态论与革命文艺行动的联系，更加强调文艺的实践性、阶级性和工具性，但由于对马克思主义意识形态论研究尚处于初步阶段，加之当时国内的马克思主义原著多从苏联和日本转译过来，这样就无可避免对马克思主义文艺意识形态理论造成一些误读：如把文艺作为一种意识形态的规律生搬硬套为对文艺本身规律的探讨，把文艺与意识形态的复杂关系简单化为直线性的，把文艺自身的其他特质有意无意地忽略，等等。

二 马克思主义文艺意识形态理论与毛泽东的《讲话》

马克思文艺意识形态理论传入中国后，被中国共产党人运用于阶级斗争和民族斗争的实践上，虽然在一定程度上存在着缺陷，却仍是结合中国具体国情的产物，是马克思文艺意识形态理论的中国化的必然组成部分。毛泽东的文艺思想更是创造性地发展了马克思主义，带有鲜明的中国特色和民族特色，并强化了理论的阶级意识，具有极强的实践性特征。这种文艺思想集中体现在其 1942 年 5 月发表的《在延安文艺座谈会上的讲话》中，这标志着毛泽东文艺思想体系的形成，也标志着马克思主义文艺意识形态理论中国化和模态化的初步成功。面对文艺界的复杂局面，毛泽东开篇点题，阐明了文艺作为一种社会意识形态的本质，他指出：“作为观念形态的文艺作品，都是一定的社会生活在人类头脑中的反映的产物。革命的文艺，则是人民生活在革命作家头脑中的反映的产物。”① 那么，文艺既然作为一种社会意识形态，它必然是对社会生活的反映，在阶级社会中，就必然带有阶级意识，具有一定的阶级性；同时文艺又是经由文艺家创作出来的，无意识地会受到文艺家阶级性的影响，也就必然带着文艺家对于社会的改造，这并非是全然消极地接受，而是有着文艺创作改变现实的反作用的。因此，文艺在阶级社会中总是具有阶级性，必然从属于阶级政治的一部分，不存在超越阶级的文艺。而关于文艺家创作文艺作品的原则，毛泽东则对优秀的文艺作品提出了一些标准，即文艺作品的形象要源于生活，反映典型的、普遍的人物形象，同时也要高于生活，要融入时代的需求，塑造理想的人物形象。最后毛泽东通过分析马克思主义经济学，在政治、经济、文化三者之间突出强调了政治在经济基础和文化之间的作用，即经济是基础，政治是经济的表现，而文化由经济决定同时又通过政治对经济起到一定的反作用。

毛泽东的文艺思想对于抗日战争和解放战争时期的解放区乃至全国的文艺发展有巨大的指导作用，也对中华人民共和国成立后的文艺理论建设和创作实践产生了深远的影响，奠定了新中国文艺理论体系的基础框架。虽究其思想中有着诸如“文艺服从于政治”等绝对化的论断，是出于对战争非常时期的一个合理化调整，有其历史的合法性和特殊的实践意义，但却并不能以此引导规范和平时期的整个文艺的发展，因为从根本上说，政治和文艺属于上层建筑，并无特别的主从之分。过于强调文学的阶级斗争性质，导致了文艺意识形态和政治意识形态的相互混淆，文艺意识形态被局限在政治领域，政治意识形态占据着绝对的霸权地位，进而为了巩固政权、消除异己、构建主流意识形态，引发了一系列意识形态批判运动和社会文化改造运动，最终达成了主流意识形态在社会文化各个领域的统摄力。从这时起，左倾思潮开始发展、扩散，其消极影响逐渐显露出来。

除了把马克思主义文艺意识形态理论作为宣传革命的工具之外，20

---

① 《毛泽东选集》第 3 卷，人民出版社 1991 年版，第 860 页。

世纪 40 年代之后，对马克思主义文艺理论自身的研究也越来越深化，蔡仪出版了《新艺术论》，根据马克思主义文艺意识形态论对文艺与现实及科学、文艺的本质特征、文艺的内容和形式、文艺的主客观性等问题做了深入系统的探讨。蔡仪主要论证了文艺的本质特征，即文艺与现实的关系。他指出具有一般意识形态的基本属性：文艺来源于现实生活，也反映了现实生活，是一种社会意识形态，归属于上层建筑，要服务于经济基础，巩固经济基础；文艺作为一种社会意识形态，它既具有反映现实的形象性，也包含着表现现实的思维性，既有正确的科学意识形态，也有歪曲地违反客观真理的意识形态："我们强调文艺要正确地、真实地反映现实现象的本质，强调文艺要是对显示从现象到本质的正确认识，强调文艺要创作典型的形象，强调文艺要是符合于客观现实、符合于客观真理的，也就是强调文艺的作为社会意识形态要是正确的，强调作者的思想意识是要正确的。因为只有这样的文艺是优秀的，也是我们的社会基础所要求的。"① 至此，中国文艺的"形象认识"说得到普遍认同，但是仍未从本质上认清楚文艺意识形态的复杂性和特殊性，不能将文艺意识形态与其他意识形态相区分。

三　马克思主义文艺意识形态论与 20 世纪 50—70 年代的中国文学理论

新中国成立后，50—70 年代的中国文学理论的主导性原则是将文学看作一种意识形态。大部分教科书往往宣称"文学是一种社会意识形态"，归属于上层建筑，强调文学与政治的关系及其工具价值，比如：在以群主编的《文学的基本原理》（1960 年初编，1978—1979 年修订）中就把文学定义为一种意识形态，着力强调了文学的阶级政治功能："在阶级社会里，文学总表现着一定阶级的意识和倾向，从属于一定阶级的政治。"② 蔡仪主编的《文学概论》中的观点也大体相似：

---

① 《蔡仪文集》第 1 卷，中国文联出版社 2002 年版，第 21—23 页。
② 以群主编：《文学的基本原理》（上册），上海文艺出版社 1964 年版，第 117 页。

"文学是一种社会现象，是一种社会意识形态。"① 他还进一步说，"阶级社会的文学，既是属于一定的阶级并为一定阶级的利益和需要服务的，也就必然要和政治发生关系，不是和这个阶级的政治发生关系，就是和那个阶级的政治发生关系"②。人们更侧重于坚持文艺的一般意识形态特性，很少强调其特殊性质。尽管有论者虽然不忘声称"文学是反映社会生活的特殊意识形态"③，但在具体论述中却基本上是在讲文艺从属于一般意识形态阶级属性等。

在 20 世纪 50 年代曾经有过一场承接苏联文艺意识形态论争的讨论，但限于重复言说的状态，乏善可陈。值得一提的是，1964 年冯雪峰写了题为《论民主革命的文艺运动》的长篇论文，肯定了文艺的政治功能，也批判了"文艺就是被公式化了的政治口号或被抽象化了的世界观"④ 的"左"倾机械论和主观教条主义观点，力图从理论上纠正这种错误。

从 20 世纪 20 年代以来尤其是 40—50 年代，在中国马克思主义理论的建设中，除了帮助中国革命取得了巨大的成功，文艺意识形态理论也逐渐狭隘化，并将文艺意识形态问题完全置换为主体的世界观与阶级性问题，这样，"左"倾机会主义和教条主义开始萌芽并迅速膨胀，对革命斗争和建设实践造成了严重的阻碍。在这种僵化的文艺意识形态理论指导下，特别是中华人民共和国成立后发起的一波波的文艺运动，加上政治意识形态的僵化、经济政治策略的失误，最终导致了"文革"十年的盛行极左政治和国民经济的濒临崩溃。政治化的文艺意识形态论在中华人民共和国成立后的相当长时间内主导着中国文艺学的发展，其文艺观念在总体上制约着中国文艺以及文艺批评的发展态势。⑤

---

① 蔡仪主编：《文学概论》，人民文学出版社 1979 年版，第 1 页。

② 同上书，第 56 页。

③ 同上书，第 1 页。

④ 冯雪峰：《冯雪峰文集》第 2 卷，人民文学出版社 1983 年版，第 130 页。

⑤ 本节论述参考了梁婷、杨义行《意识形态论文学理论在 20 世纪中国的流变及其影响》，《毛泽东文艺思想研究》第 14 辑，吉林大学出版社 2002 年版；陆华《艺术意识形态论》，载李心峰主编《20 世纪中国艺术理论主题史》，辽海出版社 2005 年版。

第三节　马克思文艺意识形态理论与 20 世纪 80 年代以降的中国文论

20 世纪 50—70 年代的那些纯粹意识形态论、工具论、泛政治化的文学观在进一步说明文学的特殊性时也会讲"文学用形象反映生活"和"文学是语言艺术"之类。如以群的《文学的基本原理》就这样说："文学作品的特点，是通过生动具体的形象反映客观存在的社会生活，表达作家的思想感情，即通过个别的形象概括一般的事物"①，"总之，用形象说话，通过形象表达作家的思想、感情、观点、意见，是文学的特殊性能"②。这些强调文学阶级性、政治性的文学意识形态观念，固然在一定侧面揭示了文学某一方面的特性，自然有其存在的价值，但总体上，这些说法难脱工具论、狭隘反映论、泛哲学化的窠臼。于是到了新的时代背景下，它们也就成了需要继续深入反思的对象。20 世纪 70 年代末期以来，随着中国大陆改革开放的深入展开，文学理论界的多样化发展趋势得到进一步彰显，学者们开始在文艺与意识形态的关系问题上质疑、松动既有的意识形态研究框架，一些非（反）意识形态文论开始崛起。最近 30 多年文学理论的发展史，同时也是一部文学理论的论争史，特别是关于文艺意识形态的三次讨论与争鸣，贯穿于整个新时期，并且成为新时期文学理论地图的一个重要图景。这三次论争分属于三个时段，主要是围绕意识形态与上层建筑之间的关系、文艺的意识形态性与非意识形态性、关于"审美意识形态"成立与否几个大问题展开的。"尤其是近年的讨论，对纠正文学理论的美学化和虚无化倾向，回归唯物史观的意识形态理论批判功能，起到了很大作用。"③ 我们大致按照这种划分，梳理并评

---

① 以群主编：《文学的基本原理》（上册），上海文艺出版社 1964 年版，第 202 页。
② 同上书，第 206—207 页。
③ 董学文、陈诚：《近三十年文艺意识形态论争与反思》，《商丘师范学院学报》2008 年第 2 期。

析新时期关于文艺意识形态问题的研究。①

一　重提意识形态与上层建筑之间的关系问题

　　第一次论争发生于新时期初期的 20 世纪 70 年代与 80 年代之交，主要由朱光潜 1979 年发表的一篇文章②引发。朱光潜怀着极大的学术勇气重提上层建筑与意识形态的关系，对传统的意识形态属于上层建筑的观点提出了质疑。朱光潜认为关于意识形态和上层建筑之间关系，"过去有三种不同的提法"：意识形态与上层建筑平行，但上层建筑显然比意识形态重要；③ 上层建筑包括意识形态在内，意识形态比政治、法律机构还重要；④ 上层建筑等于意识形态。⑤

　　朱光潜明确宣称自己有两个观点：其一，他"并不反对上层建筑除政权、政权机构及其措施之外，也可包括意识形态或思想体系，因为这两项都以'经济结构'为'现实基础'，而且都是对基础起反作用的"。进而，他认为马克思主义创始人在较早的著作里也偶尔让上层建筑包括意识形态在内，如恩格斯在《反杜林论·引论》里所说的："……每一时代的社会经济结构形成现实基础，每一个历史时期由法的设施和政治设施以及宗教的、哲学的和其他的观念形式所构成的全部的上层建筑，归根到底都是应由这个基础来说明。"⑥ 其二，他又"坚决反对在上层建筑和意识形态之间划等号"或"以意识形态代替上层建筑"。但朱光潜该文

---

　　① 鉴于本课题的性质，本文不会像一些论争综述文章那样详细罗列论争过程，而主要选择论争各方富于创见的观点纳入研究。

　　② 朱光潜：《上层建筑和意识形态之间的关系质疑》，《华中师院学报》（哲学社会科学版）1979 年第 1 期。还包括他在《西方美学史》上卷的"序论"（人民文学出版社 1979 年版）和《研究美学史的观点和方法》，《文学评论》1978 年第 4 期上的相关观点。

　　③ 这个观点的出处"指马克思在《政治经济学批判·序言》里，恩格斯在给布洛赫的信里和列宁在《马克思主义的三个来源和三个组成部分》里阐明历史唯物主义的三段话"。（朱光潜：《上层建筑和意识形态之间的关系质疑》）

　　④ 按朱光潜的说法是这种观点提得最明确的是斯大林在《马克思主义与语言学问题》里的一段话："基础是社会发展的一定阶段上的社会经济制度，上层建筑是社会的政治、法律、宗教、艺术观点，以及和这些观点相适应的政治、法律机构。"

　　⑤ 这还是斯大林在《马克思主义与语言学问题》中的提法。

　　⑥ 《马克思恩格斯选集》第 3 卷，人民出版社 1995 年版，第 365 页。

也存在内在矛盾或意指含混滑移的情况：前文他还在申称上层建筑可以包括意识形态，但在后文却一再强调"上层建筑和意识形态不能混合"、"意识形态既有专名，何必僭用上层建筑这个公名，以致发生思想混乱？"而且他还特别肯定毛泽东一段讲话的精神："并没有把意识形态列入上层建筑，更没有在它们中间划等号。"看来，朱光潜更为真实的意图是：强调政治和经济的密切联系，而政治和经济都是"社会存在"，至于"意识形态则是这两者的反映"，不能把存在和意识等同起来。换句话说，朱光潜将上层建筑的政权、政权机构及其措施与经济基础同归入"社会存在"，而反映这二者的"意识形态"则自然与"上层建筑"分别开来。但需注意的是，依据此种逻辑，也并不必然就导致认为上层建筑是不包括意识形态在内的观点，因为我们可以说，尽管"意识形态"可以反映政治等"上层建筑"，并相互区别，这并不排斥"意识形态"可以纳入"思想上层建筑"范畴，成为"上层建筑"的一部分。而且，朱光潜也没有明确提出"上层建筑是不包括意识形态"的观点。

　　朱光潜的对于上层建筑与意识形态之间关系的质疑，引来吴元迈、陆梅林、吕德申、张薪泽等学者的热烈讨论①。吴元迈认定：朱光潜认

---

① 参见吴元迈《也谈上层建筑与意识形态的关系——与朱光潜先生商榷》，《哲学研究》1979年第9期；李本先、苏宗强《关于历史唯物主义的几个问题——与朱光潜同志商榷》，《华中师院学报》1979年第4期；吕德申《有关历史唯物主义的一点理解——与朱光潜先生商榷》，《北京大学学报》1980年第1期；姜东赋《略说"社会意识形态不在上层建筑之外"及其他——朱光潜著〈西方美学史〉（第二版）"序论"读后》，《天津师院学报》1980年第1期；张薪泽《〈也谈上层建筑与意识形态的关系〉一文质疑》，《哲学研究》1980年第5期；王岳、姜葆夫《恩格斯在致布洛赫的信中没有把意识形态列为上层建筑的一种因素吗——与朱光潜先生商榷》，《齐鲁学刊》1981年第1期；王锐生《上层建筑属于社会存在吗？——与朱光潜先生商榷》，《哲学研究》1979年第11期；刘让言《论文学艺术的社会本质》，《兰州大学学报》1981年第1期；王锐生《论上层建筑不是社会存在》，《哲学研究》1981年第2期；庄国雄《上层建筑就是意识形态系列——与朱光潜先生商榷》，《哲学动态》1979年第11期；卢婉清《不能把意识形态排除在上层建筑之外——兼与朱光潜先生商榷》，《华中师范大学学报》（人文社会科学版）1980年第1期；彭会资《文艺不能称为上层建筑吗？——与朱光潜教授商榷》，《广西师范大学学报》（哲学社会科学版）1980年第2期；焦凤贵《谈谈上层建筑的形成问题》，《哲学动态》1981年第12期；吴元迈《文艺与意识形态》，《外国文学评论》1990年第2期；余继坤《关于上层建筑和意识形态关系问题讨论情况综述》，《哲学研究》1980年第8期。还可参见余世谦《新时期文艺学争论资料：1976—1985》（上、下），复旦大学出版社1988年版；陆梅林、盛同主编《新时期文艺论争辑要——文艺学美学教学研究参考资料》（上、下），重庆出版社1991年版；上海师范学院中文系文艺理论教研室《文学理论争鸣辑要》（上、下），上海文艺出版社1983年版。

为马克思说的上层建筑是不包括意识形态在内的，恩格斯只在"较早的著作"中，"偶尔让上层建筑包括意识形态在内"，唯有斯大林"最明确"地指出"上层建筑包括意识形态在内"。最后，朱光潜得出一个结论：意识形态不是上层建筑，只有法律和政治机构才是上层建筑，并且认为这个看法并非由他首先发现的，这已经是一个老问题了。而这个老问题则来自苏联 20 世纪 50 年代初期文艺理论界的一场激烈争论，①朱光潜由此指出了这次讨论的一个潜文本。朱光潜提出了这一场讨论对他的启发，他赞同这次讨论中被批判压制的特罗菲莫夫等人的观点："不承认进步艺术的上层建筑性质"，认为"马克思把艺术当作一种社会意识形态，而没有把它列入上层建筑，他只把政治和法律列入上层建筑"。②

吴元迈不认同朱光潜将意识形态排除在上层建筑之外的说法，而认为意识形态作为观念的上层建筑，自然应该被包括在上层建筑之内；进一步的问题是，是否所有的意识形态都属于上层建筑？换句话说，属于观念上层建筑的意识形态是否只是统治阶级的意识形态，而不涉及一般意识形态？我们主要以具有代表性的吴元迈与朱光潜之争，围绕文艺的意识形态属性问题展开对于这次论争的评论。吴元迈认为斯大林关于基础与上层建筑之间关系的论述是正确的，但是斯大林没有能够像马克思主义创始人那样强调指出作为上层建筑的意识形态的历史继承性和相对独立性，相反地却说："如果基础发生变化和被消灭，那末它的上层建筑也就会随着发生变化和被消灭。"上层建筑"被消灭"这个提法是欠妥的，它容易导致特罗菲莫夫等人的误解：既然上层建筑要随着基础的消灭而被消灭，可是过去时代的优秀艺术作品至今也没有"被消灭"，于是错误得出结论认为全部艺术或者没有"被消灭"的那一部分艺术

---

①　主要参考《苏联文学艺术论文集》，学习杂志出版社 1954 年版。

②　在 1950 年举行的斯大林《马克思主义与语言学问题》讨论会上，特罗菲莫夫提出："艺术中有上层建筑的东西，这就是其中所体现的大部分思想，但也有非上层建筑性的东西，这就是包藏在艺术名著中的客观真理和审美价值。"（参见《苏联文学艺术论文集》，学习杂志出版社 1954 年版。）

是不属于上层建筑的，并进而提出整个意识形态也不属于上层建筑的论断。对于特罗菲莫夫等人提出的文艺领域中存在的复杂现象诸如：进步的文艺作品并没有因为经济基础的消灭而被消灭、艺术不等于艺术观点等提法，吴元迈认为是有意义的，但这不能推翻艺术属于上层建筑的结论。

那么，"过去时代的优秀艺术"与意识形态、上层建筑的关系到底怎样？这就涉及对于上层建筑性质与内涵的理解问题。特罗菲莫夫主张意识形态非上层建筑化，把进步的思想理论、进步的文学艺术绝对地排斥在上层建筑之外的又一个"理由"在于他认为上层建筑是清一色的，是一个阶级即统治阶级的上层建筑，而不是一个时代的上层建筑。而在吴元迈看来，尽管斯大林谈到上层建筑的阶级性在原则上是正确的，一个时代的上层建筑主要方面是为基础服务，但这并不意味着"全部上层建筑在任何情况下都是积极地促进基础的形成和巩固"。任何社会除了占统治地位的生产关系外，还存在其他的生产关系，因而也相应地存在着其他彼此矛盾或对抗的意识形态。他引用马克思的话"在不同的所有制形式上，在生存的社会条件上，耸立着由各种不同情感、幻想、思想方式和世界观构成的整个上层建筑"，说明上层建筑在阶级社会里具有矛盾性和对抗性的道理。相应地，吴元迈认为上层建筑的意识形态既包括受到经济基础制约的上层建筑，也包括一般意义上的意识形态，由此，作为上层建筑的意识形态内部可能是矛盾的、多元斗争的，从这一思路出发，对于文学意识形态的（意义）看法则是：先进的、进步的文艺也可以包括在意识形态之中。吴元迈还进一步反对特罗菲莫夫等将"艺术"和"艺术观点"相对立的看法，提出"不能以艺术观点和艺术的某些区别，把艺术观点说成是上层建筑的，而艺术是非上层建筑的"。

关于这一点，吴元迈并没有进行深入论述，但这一问题却至关重要，可以说，其后的文学审美意识形态相关论争在一定程度上是围绕着"艺术"和"艺术观点"的相互复杂的关系而展开的，我们可以看到从 20 世纪 50 年代的苏联到贯穿整个改革开放时期的中国主流文艺学界，这个文艺意识形态的关系线索是一个隐约而强大的存在。

　　而张薪泽则认为吴元迈是将"作为上层建筑的意识形态与一般的意识形态混同起来了"。他认为上层建筑的意识形态仅仅包括统治阶级的意识形态，不包括被统治阶级的意识形态，应该把属上层建筑的意识形态与一般的意识形态区别开来。对于这种论断之于文学意识形态论的意义，尽管张薪泽并没有进行明确的说明，他只是提到，"作为上层建筑的意识形态随其基础被消灭之后，它不过只失去了上层建筑的地位。这时适合新基础性质的意识形态，随着新的上层建筑的确立便得到了上层建筑的地位。失去上层建筑地位的意识形态，由于它的相对独立性，此时完全可以作为一般的社会意识形态而继续存在下去"。按照此一逻辑，我们可以说先进的、进步的文艺虽然属于意识形态，但不（一定）归属于（统治阶级的）上层建筑，而是具有其相对独立性。

　　这次讨论的结果，绝大部分学者不认同朱光潜将意识形态排除在上层建筑之外的说法。我们可以从此次讨论中得出文艺与意识形态、上层建筑的三种关系的论断：文艺不属于意识形态；文艺属于意识形态，且归属于（观念的）上层建筑；文艺属于意识形态，但不（一定）归属于（统治阶级的）上层建筑。

　　我们还可以对这次论争再进行一些初步"历史化"的探讨，有学者总结这次论争认为"这里讨论的虽然是上层建筑与意识形态之间的关系问题，其实是在讨论文艺问题，即文艺是否属于上层建筑。在当时的论争语境中，文艺属于一种社会意识形态似乎是能够为大家所接受的"[1]。我们可以说，朱光潜发起讨论的初衷既是对于过去沿袭苏联的"把原属意识形态的文艺说成上层建筑"的说法的一次严肃的自我反思，也是为了在新的时代背景下推动中国理论界的更进一步的思想变革与开放，不愿意文艺、文艺学界继续受到政治"上层建筑"的过多干扰，希望将文艺从极左与僵化的"意识形态论"中解放出来，把文艺意识形态与上层建筑脱钩借以保护文艺的健康发展，可谓用心良苦。作

---

　　① 董学文、陈诚：《近三十年文艺意识形态论争与反思》，《商丘师范学院学报》2008 年第 2 期。

者也自承"经过三个月的慎重考虑",才得以冲破"禁区"。朱光潜文中用语颇多谦谨,文章发表之地也选择了一份不太重要的学术刊物(《华中师院学报》),或许是为了适当减轻这篇文章可能带来的文化政治的冲击与震荡?他确实是怀着极大的理论勇气开启了这次理论探索。尽管讨论的大体结果可能并不如朱光潜之意,文艺归属于一种(特殊)社会意识形态与上层建筑看法的既有框架在当时政治化色彩仍然浓厚的论证语境下恐怕难以取得根本性的突破,很多论者仍然满足于直接从文本中寻找理论阐释的出发点与归宿,具有浓厚的经院哲学与本本主义的色彩(这也包括朱光潜自己);但是这次讨论也让大家进一步明晰了上层建筑与意识形态之间的复杂关系、文艺与政治即使同属于上层建筑也具有的内在不同、文艺意识形态上层建筑相对于政治上层建筑的独特性与相对独立性的强调等。这次讨论的更大的意义还在于,在新的时代背景下,这次讨论没有受到过多的政治意识形态的干预,基本上属于学术界内部的争鸣,讨论风气较为健康,实事求是、以理服人,少有"文革时期"常见的扣帽子式的政治评断。借着马克思主义文艺意识形态理论的自我反思与自我更新,冲击了传统僵化的意识形态框架,这次讨论可说是包括文论界在内的新时期理论界的第一次"拨乱反正",为中国文艺学日后的健康发展扫除了一些障碍,为文艺学新时期的到来创造了必要的宽松氛围。

二 文艺的意识形态属性之争

我们看到,对于马克思主义的上层建筑与意识形态之间关系的研讨与澄清,将会给文艺的意识形态性之争、文学审美意识形态论争奠下必要而深厚的理论基石。第二阶段的讨论核心围绕着文艺的意识形态性与非意识形态性之间的复杂关系而展开,① 时间从 20 世纪 80 年代中期开始,下迄 20 世纪 90 年代初。这次论争,在前述意识形态与上层建筑之

---

① 参阅陈理宣《文艺的意识形态性讨论综述》,《文艺研究》1992 年第 2 期;倪纳《关于文艺意识形态性质讨论综述》,载陆梅林、盛同主编《新时期文艺论争辑要》(上),重庆出版社 1991 年版。

间关系论争的基础上，将文艺的意识形态性的相关理论继续引向深入。

　　这一次讨论随着改革开放、思想解放等时代主题的进一步彰显，加以外来思潮涌入和美学热的勃兴，讨论者们的学术勇气得以空前激发，学术氛围更为浓厚，学者们讨论问题异常热烈，一些大胆超越、突破传统文艺意识形态理论框架的主张开始出现，尽管并没有成为这次讨论中的一个主流思潮；一些较为系统性的理论也随之被初步提出。众所周知的主流意识形态的原因，"在我国现实理论领域中，'非意识形态化'的主张并没有长时间地得到表现，不同见解之间的论争基本上是在肯定坚持意识形态性的前提下进行的"①。总体上看，这段时间的讨论仍然不太充分，也不很深入，文艺的"意识形态本性说"仍然成为这一阶段学界思潮的主流。纵观此一阶段的论争，关于文艺与意识形态之间的关系的论点有三种：文艺属于意识形态；文艺非意识形态；文艺是意识形态与非意识形态的混合体。文艺纯意识形态论是中国文论界几十年来的一贯观念，而文艺非意识形态则是此一阶段近些年的激进主张。

　　这次讨论的一个重点是明晰马克思主义经典作家们关于"意识形态"概念的真实用法。毛星率先正本清源，首先比较了 Ideologie（意识形态）和 Bewu Btseinsformen（社会意识形式）这一对概念的差异，在他看来，按照马克思的原意，这两个概念是不同的：政治、宗教、艺术等归属于 Bewu Btseinsformen，而把政治的、宗教的、艺术的思想理论（观念或观点）归属于 Ideologie，应该将"意识形态"这个译名从一向误用的 Ideologie 改为 Bewu Btseinsformen，这"不是个别词句问题，而是一个重大原则问题"②。"意识形态"意指高级的心理活动的形式，是形成了思想体系的观念形态的理论，是理论形态的观念。"意识形式"则由"意识"和"形式"（"形态"）组成，而"意识"在此指广义的意识，不仅包括认知的从最低级到最高级的形态，而且包含情感与意志等诸种形态，包括整个心灵的全部活动。"意识形式"是指广义的"意

---

① 李志宏：《怎样科学地坚持文艺的意识形态性——兼析"形似审美意识形态论表述"》，《吉林大学社会科学学报》2008 年第 4 期。
② 毛星：《意识形态》，《文学评论》1986 年第 5 期。

识"外化后具有物质（性）内容的形式，包括了整个政治、宗教、艺术等。艺术自然属于包括人的高级、低级意识在内的广义的意识形式。它们与上层建筑的关系为：整个上层建筑既包括了法律和政治的上层建筑，还包括 Ideologie 和 Bewu Btseinsformen，只不过 Bewu Btseinsformen 位于法律和政治之上，而 Ideologie 则耸立在上层建筑更高的地方。如此一来，文艺则是一种"社会意识形式"，它与作为理论观念或思想体系的意识形态之间并不是一回事，艺术是意识形式之一，而不是意识形态之一。而为了突出哲学的、宗教的、道德的、艺术的等思想理论的非物质的精神属性，马克思把它们称为 Ideologie；而 Bewu Btseinsformen 则既有着 Bewu Btseins 的精神性，又有着外化（或对象化、异化）后的物质性形式，艺术作品如建筑、雕塑、音乐、文学都是物质的存在，能成为社会的客观存在，在社会中发挥作用。明确这一点的理论意义在于："正是由于把艺术错误地归结为 Ideologie 一种，因而大大缩小了艺术和艺术活动的意义与范围，如许多人分析艺术时只着重分析思想，把艺术创作活动简单化为认识活动，艺术问题因而也就变为了一般的认识论问题，艺术实践中的一系列问题，也因而不是被蔑视就是被轻视。"① 这种认识在文艺的庸俗社会学仍然盛行的 20 世纪 80 年代自然有其开拓性意义。其实，"意识形态"译名的改换与否只是枝节问题（按照毛星的观点，如果改换译名，虽则文艺属于意识形态的说法表面上成立，但其根本内涵已经发生了根本变化），真正重要的是，责名求实，毛星澄清了马克思的原意在于文艺属于我们通常所谓的"社会意识形式"。这个观点的隐含之意还有：文艺有精神性的一面，从而文艺可以具有意识形态性，但并不等于意识形态，文艺还可以有其他非意识形态的规定性。这一点对于日后的审美意识形态论论争影响深远。毛星除了进行词句上的考证之外，还强调并论证了意识形态的非物质性特点。毛星似乎没有注意到意识形态也有物质性，有着实践性的物质功能，还是在传统马克思主义的文本框打转。

---

① 毛星：《意识形态》，《文学评论》1986 年第 5 期。

　　这次讨论在上次讨论的基础上进一步加大了对于传统文艺意识形态理论的反思。栾昌大、董学文在 1988 年初不约而同对于文艺意识形态本性的反思引起了学界的极大反响。栾昌大对于文艺意识形态本性（本质）论提出了明确的否定性意见。在他看来，马克思在建立自己的历史唯物主义学说时把文艺作为意识形态形式来看，这在美学文艺学说史上是一个"巨大的跃进"。但在今天看来，把文艺与意识形态归于一流，这个观念也有其明显的片面性。事实上，"文艺就总体而言，有意识形态性，又有超意识形态性"。意识形态特性既不是文艺的唯一特性，也不是文艺的基本特性，应该把文艺作为文化系统中的一个相对独立的子系统，作为"与哲学、政治（意识形态方面）等意识形态形式并列存在的精神（意识）现象范畴"来看待。栾昌大还将"意识形态"等同于"意识形态形式"、"意识形态观点"、"意识形态体系"等。①董学文站在马克思主义文艺学整体思维的高度，主张在意识形态理论的基础上，"科学地打开文学艺术非意识形态层面的研究"，提出"文学艺术的特殊性即在于它是意识形态和非意识形态的集合体"。②实际上，二人并没有主张文艺的"非意识形态化"（但笔者以为栾昌大确实有此倾向），他们只是强调了文艺的非意识形态因素；而且两人论述的侧重点也不尽相同，"栾昌大主要是在文艺实践的意义上对非意识形态因素作了探讨；董学文则是通过对马克思主义经典作家有关言论的重新阐释以及对意识形态赖以存在的物质基础、文化的物化、审美中介、符号的性质、美学模式、非理性等相关问题的论述，从理论上论证了文艺非意识形态因素存在的合理性"③。总体上，他们的观点比较折中。

　　陆梅林的观点也比较中性，他从艺术类型学的角度将艺术分为观念形态的和物质形态的艺术两大类，观念形态（即"意识形态"）的艺术

---

　　① 栾昌大：《关于文艺本质探讨的几个问题》，《吉林大学社会科学学报》1986 年第 3 期；栾昌大：《文艺意识形态本性说辨析》，《文艺争鸣》1988 年第 1 期。
　　② 董学文：《马克思主义文艺学当代形态论纲》，《文艺研究》1988 年第 2 期。
　　③ 黄擎：《文艺意识形态本性论研究检视》，《浙江大学学报》（人文社会科学版）2005 年第 2 期。

可以纳入意识形态的范畴，诸如文学（诗歌）、绘画、音乐、雕塑和舞蹈等具有明显的观念渗入其中的艺术即是如此；而物质形态的艺术一般指实用艺术，它们不具有强烈的观念性。而在马克思那里，艺术则是指观念形态的艺术。物质形态的艺术则属于非意识形态，但可以具有意识形态性。① 邵建的折中态度是认为文艺具有一种介乎文艺的纯意识形态性与非意识形态性两者之间的"准意识形态性"②。另外，在本时期也还出现了较为持中的、后来影响深远的"审美意识形态"论（钱中文提出）。当然，坚持传统的文艺意识形态论观点的主张者仍然较多③。吴元迈承继以往，继续坚持文艺意识形态论，主张克服文艺的非意识形态化倾向。他尖锐指出，文艺意识形态论是"马克思主义文艺理论和其他一切文艺理论的重要分水岭"④。李思孝也认为，不能对"艺术是意识形态和非意识形态的集合体"的观点进行让步，不能从马克思主义基本原理上退却，仍然要坚持文艺作为一种意识形态的理论主张。⑤

这次讨论的主流意见突破了政治化的文艺意识形态论，开始普遍注意到并肯定了文艺的非意识形态的维度，大多数学者认识到要结合纯意识形态性与非意识形态性两个维度来谈论文艺，要充分认识并尊重文艺的复杂性，坚持文艺既有意识形态性，又有超（非）意识形态性的观点。经此讨论，文艺的纯意识形态论日渐没落，文艺界、文艺学界的空气大为活跃，文艺界、文艺学界的自由开放的探索空间得以空前扩展，文艺学者、文艺工作者的自主自律意识也得到极大的增强。

三　文艺"审美意识形态"论之争

在文艺意识形态论方面，20 世纪 80 年代我国文学理论界的一个重

---

① 参见陆梅林《何谓意识形态——艺术意识形态论之一》，《文艺研究》1990 年第 2 期；陆梅林《观念形态的艺术——艺术意识形态论之二》，《文艺研究》1990 年第 5 期。

② 邵建：《文艺的准意识形态性》，《文艺研究》1991 年第 2 期。

③ 如牟豪戎《不能否定文艺的意识形态理论——对〈文艺意识形态本性说辨析〉的质疑》，《文艺理论与批评》1989 年第 5 期。

④ 吴元迈：《文艺的非意识形态化》，《文学争鸣》1987 年第 4 期。

⑤ 李思孝：《文艺和意识形态——兼评几种观点》，《文学评论》1991 年第 5 期。

要创获就是文学"审美意识形态"论。"审美意识形态"论的提出当然建基于马克思主义的文艺意识形态论之上,同时也受到时代情势的推动与塑造:它是对于"文革"极左的文艺意识形态政策的反拨,是适应社会改革开放新时代思潮的产物,也可以说,它在某种程度上是对于马克思主义的文艺意识形态论本源的健康回归。我们可以以"审美意识形态"论争时段为线索,围绕文学审美意识形态理论的论争各方,① 从一个侧面来较为全面地描述与阐释文艺意识形态论在改革开放后的历史发展状况。"审美意识形态"论这一重要的理论命题,在诞生之后 30 年间的我国文学理论研究和教学中曾占据着至关重要的地位,并发挥着重要的影响。但差不多与此同时(特别是在 20 世纪 90 年代以来),对此一命题的反思、质疑也在进行。"审美意识形态"论争在某种程度上是上两次论争的进一步深化(同时也有很多讨论主题、思路、话语上的非创造性的重复),但也呈现出更为广泛深入的论争态势,出现了明显的分裂扩大景象,对于文艺学话语场产生了深刻的影响,"论争一方面包含着由学术观点、学术思想的差异而引起的因素,但其深层潜藏着文化资本的角逐和话语权力的争夺。论争引发了文学理论不同学派归属意识的强化,在一定程度上,标志着文学理论共同体成员内部的一次分庭抗礼局面的形成"②。

"审美意识形态论"孕育于 20 世纪 80 年代初期,形成于 80 年代中期,但作为一次重要的学术论争,却始于 21 世纪初。2000 年,童庆炳先后发表了两篇重要文章:《审美意识形态论作为文艺学的第一原理》(《学术研究》2000 年第 1 期)和《审美意识形态论的再认识》(《文艺研究》2000 年第 2 期)。这两篇文章实际上是针对当时一些质疑审美意识形态论的看法而作出的较为高调的辩护。这种辩护引来学界一些人的

---

① 与一般的总结这一论争的综述评论文章不同的是,由于本书的性质,我们不会就论争而巨细无遗地讨论论争本身,而是将着眼点放在有重要理论创新的学者及其论述的关注上,从而揭示出中国的文艺审美意识形态理论在这一时期的真正实绩与不足。

② 参见邢建昌、徐剑《关于文学"审美意识形态"论争的梳理和反思》,《燕赵学术》2008 年春之卷。

批评，特别是 2005 年董学文发表重头文章《文学本质界说考论》《"审美意识形态"能成立吗?》等进行质疑，随后引爆了两军对垒式的论战。① 迄今为止，这次论战仍然余波未了。

审美意识形态论的主要代表人物及其主张

钱中文、童庆炳和王元骧被公认为是文学审美意识形态理论的主要创立者和重要代表人物，他们也是文学审美意识形态论的最具影响力的主张者。② 他们都质疑传统的文学反映论，也是"审美反映"论的主张者，他们主要在"文学反映论"和"文学意识形态论"的"文学—现实""文学—意识形态"二元对立的单向关系中引入"审美"的中介因素，从而将审美与反映、将审美与意识形态性相统一、融合，提出了"文学是社会生活的审美反映"、"文学是审美意识形态"等新命题，论证

---

① 随之而来的 2006 年 4 月，在北京大学召开"文艺意识形态学说学术研讨会"，有来自北京大学、中国社科院、中国人民大学、吉林大学、山东大学、浙江大学、中国艺术研究院、南京大学、华中师大、江西师大等单位 40 多位学者参加了讨论，参加者多是"审美意识形态"论的质疑者，会后结集出版了论文集。(可参见李志宏《文艺意识形态学说学术研讨会纪要》，《文艺理论与批评》2006 年第 3 期；陈诚:《"文艺意识形态学说"学术研讨会综述》，《高校理论战线》2006 年第 6 期；李志宏主编:《文艺意识形态学说论争集》，吉林大学出版社 2006 年版。两年后，另外一个阵营也将相关论文结集出版(北京师范大学文艺学研究中心编:《文学审美意识形态论》，中国社会科学出版社 2008 年版)，进一步确认"文学审美意识形态理论是我国当代文艺理论中具有较高成就、影响较大而且具有中国特色的文艺理论。以钱中文、王元骧、童庆炳等先生为代表的学者，在对文学机械反映论进行审美修正，创造'审美反映'论的过程中提出来的"。随后，该阵营也召开了一次学术会议:2009 年 6 月"文学与审美意识形态"研讨会在北京师范大学文艺学研究中心召开，国内著名学者童庆炳、钱中文、王元骧、冯宪光等 30 多位教授参加，会议确认"'审美意识形态'这一概念虽然并非由中国学者首创，但文学的'审美意识形态论'在上世纪 80—90 年代的提出和发展，则确乎是中国文艺理论学者的创造"。(参见新闻报道《"文学与审美意识形态"研讨会在我中心顺利召开》，北京师范大学文艺学研究中心网，http://wenyixue.bnu.edu.cn/html/xinwenzhongxin/zhongxinxinwen/2009/0616/2882.html) 上述会议的召开与论文结集出版，可说是两大理论阵营对垒形成的标志。

② 尽管有研究者考证出孔智光、周波、江建文等学者提出或使用文艺本质是一种"审美意识形态"的观点都早于钱中文提出文学"审美意识形态"论的时间(1984 年，另一说是 1982 年，后说参见余虹、马元龙《意识形态·知识·底层——2006 年文学理论论争扫描》，《文艺报》2007 年 1 月 30 日，全文转载于《人大复印资料·文艺理论》2007 年第 4 期) 但作者还是承认钱中文是"明确提出并系统论证了文学'审美意识形态'的理论"的学者。参见邢建昌、徐剑《关于文学"审美意识形态"论争的梳理和反思》，《燕赵学术》2008 年春之卷。

颇见功底。① 在"文学反映论"上，钱中文主要致力于"文学反映论的审美化"的理论建构、王元骧则侧重于"文学反映论的情感化"研究、童庆炳较为重视"文学形象的审美化"探索。② 他们三人其实还共同走过了从文学"审美反映论"到"审美意识形态论"再到"实践论"理论之路。③ 固然，钱中文、童庆炳等人的文学"审美意识形态论"脱胎于文学的"审美意识反映论"，但在笔者看来，两论在理论出发点和基本原则上大体还是一致的，还主要是在传统反映论的认识论大框架里对文学反映论作一些修正，只是更加强调主体性与审美性等文学自身的属性而已，还难以全面揭示文学的特征。④ 不同处在于，前者比后者的提法更为理论化、系统化，且保留了更多的意识形态色彩与批判性意义。

　　由于钱中文是文学"审美意识形态"论的最为系统的阐释者，也可说是文学"审美意识形态"论的集大成者，下边笔者主要介绍他的相关思想，旁及其他代表人物。

　　对于文学"审美意识形态"论的提出背景，据钱中文自承，之所以在新时期文学观念大讨论时期提出文学审美意识形态论，在于看到国内国外的各种文学观念（如结构主义文学观、解构主义文论、文学符号论、文学语言学、文学心理学、精神分析论、文学感情论、文学表现论、文学生产论、文学接受论、读者反应论、文学现象学、文学是人学、文学心学论、主体性文学论、文学象征论、文学数学化论、信息论、控制论、系统论的文学论），在于它们"都只是接触了文学本质特

　　① 主要参见钱中文《最具体的和最主观的是最丰富的——审美反映的创造性本质》（《文艺理论研究》1986 年第 4 期）；童庆炳编著《文学概论》（红旗出版社 1984 年版）；王元骧《审美反映与艺术创造》（《文艺理论与批评》1989 年第 4 期）以及他发表的一系列有关文章。

　　② 参见杜卫《走出审美城》第四章"审美反映论"，东方出版社 1999 年版。

　　③ 可参考杜卫《走出审美城》第四章"审美反映论"、第五章"审美实践论"的相关内容。

　　④ 当然，刘再复提出的从反映论向主体论转换的思路自身也具有片面性，同样不利于认识文学自身的复杂性，相比之下，"（主体论）完全排除文学的反映性质和认识因素虽然可以比较简便地突出文学的某些特征，可同时也容易对文学的复杂性状作简单化处理。事实上，从现实性、思维性、意识形态性等方面看，由话语组织起来的文学作品，其内容是最为丰富和广泛的，文学的全方位、多角度面向世界的观照特征，恰恰呼唤着文学理论研究的多学科参与"。（杜卫：《从反映论到审美反映论的发展和意义》，《浙江社会科学》1998 年第 5 期。）

征的某一方面，在文学本质的不同层次上都自有意义，但总觉得缺乏总体的涵盖力；或是它们只是一种研究文学的方法与切入点，而非文学理论本身"①。故此，我们不应忽视钱中文的总体性的理论追求与思想品质。

钱中文在1982年发表的《论人性共同形态描写及其评价问题》（《文学评论》1982年第6期）一文中提出"文艺是一种具有审美特征的意识形态"，但没能深入展开。在1984年发表的三篇文章，尤其是在《文学理论的发展和方法更新的迫切性》一文②中较为明确地提出文学是一种"审美的意识形态"、文学创作过程"不是一般的反映，而是一种审美的反映"等观点。其后，在《最具体的和最主观的是最丰富的——论审美反映的创造性本质》一文中重点阐述了"审美反映的创造性本质"，运用了发生认识论、心理学等方法，"提出了创作中的审美心理结构、层次、审美心理定势、动力说、表现与再现的合一说"等观点，与传统的反映论创作观拉开了距离。在随后的两篇文章《文学观念的系统性特征——论文学是审美意识形态》与《论文学形式的发生》中，钱中文较为详细地阐明了文学审美意识形态观。后来在《论文学审美意识形态的逻辑起点及其历史生成》钱中文还就"文学审美意识形态"历史生成的进程重新进行了简要论述。③ 在他看来，与意

---

① 钱中文：《钱中文文集（第2卷）·文学发展论》，黑龙江教育出版社2008年版，第412页。

② 载《文学评论》2004年第6期。另外两篇分别是《当前文艺理论中的现代主义思潮》，《文学评论》1984年第1期；《评波斯彼洛夫的〈文学原理〉》（后更名为《文艺理论中的"意识形态本性论"》），《文学评论》1984年第4期。

③ 钱中文：《论文学审美意识形态的逻辑起点及其历史生成》，《文学评论》2007年第1期。还可参见钱中文在另外一个地方对此一思路的简要论述："先民在长期的生活实践中形成并具有了审美意识，这是他作为人的本质特征之一的确证。但是作为前文学的先民的审美意识，未能作为一种实有的形态而保存下来。只有当先民的审美意识，融合了与他的在长期的生存活动中所积累的对生命的感悟与生存意蕴，并和后来出现的语言文字结构完美地相结合，才逐渐形成了以语言文字结构为载体的审美意识的形态，即原初文学。这种原初的文学形式，在后来的社会不同阶段的发展中，逐渐发展而为现代意义上的审美意识形态，即现代意义上的文学。"（《钱中文文集》"作者自序"，上海辞书出版社2005年版）这些提法大同小异，几乎没有多大变化。

识一样古老的审美意识形成于人的长期劳动、生存实践活动中，"审美意识在长期发展中积淀了人的生存感受与感悟；先在口头语言的形式中获得表现，成为一种审美意识形式；其后融入了具有符号象征意义的文字；融入了具有独特的节奏、韵律的诗性语言的文字结构；使得审美意识获得了书写、物化的形式；特别在话语、文字多种结构的样式中，显示了与生俱来的诗意的审美与社会价值、意义、功能的复式构成的基本特性，以及它们之间高度的张力与平衡，历史地生成而为现代意义上的审美意识形态"①。由此，文学在历史生成上完成了从原初的"有声性"的"审美意识形式"（"前文学形式"，也即"审美意识形态的初始性形式"）到文字化的"审美意识形态"的转换。值得注意的是，作者其实并未从根本上将"审美意识形式"与"审美意识形态"两个被弄得歧义纷呈的概念加以区分，在他这里，二者在根本上是一致的，区别仅仅在于口头化、原始化与文字化、现代化等阶段表现、存在形态上的非本质差异而已，他实际上突出的是"审美意识形态"的一般、普遍化的"审美意识形式"内涵，而确实遮蔽甚至遗漏了马克思主义所强调文艺及其理论的倾向性、阶级性特点。这就难怪批评者认为这种理论只是一种人类学意义上的"文化学"维度的主张。文学作为这种"现代意义上的"审美意识形态，从总体上说，是"以感情为中心，但它是感情和思想认识的结合；它是一种虚构，但又具有特殊形态的真实性；它是有目的的，但又具有不以实利为目的无目的性；它具有阶级性，但又是一种具有广泛的社会性以及全人类性的审美意识的形态"。②钱中文对文学是一种"审美的意识形态"的此一论定，对后来文学理论界"审美意识形态论"产生了深远影响。后来，钱中文还将"审美反映"与"审美意识形态"作为核心概念写进自己的《文学原理——发展论》一书。在该书中，他从历史的逻辑方面深入论证了"文学作为审美的

---

① 参见钱中文《论文学审美意识形态的逻辑起点及其历史生成》"内容提要"，《文学评论》2007 年第 1 期；还可参见《文学意识形态与不是意识形态论引起的论争——兼论文学审美意识形态的逻辑起点及其历史生成》，《中外文化与文论》2008 年第 14 辑，第 2—51 页。

② 钱中文：《文学原理——发展论》，社会科学文献出版社 1989 年版，第 110 页。

意识形态"的基本主张。①

钱中文并不承认批评者们所宣称的"审美意识形态"论属于"偏正结构"、"硬拼凑",而申明"文学审美意识形态"论的逻辑起点在于"审美意识",而不是"意识形态"。钱中文强调的并不是"意识形态",而应该是"审美意识",但他好像也并不是主张将此一论断看作"正偏结构",而是强调二者间的不偏不倚的并存及其张力结构,以及由此融合生发出整体性的"系统质":"审美与意识形态的融合,强调的正是文学本质复合特性的有机融合与统一,并在融合与统一的关系中使得各自的特性和功能有所改变,形成文学本质的新的系统质",而"综合审美意识形态的系统质,实际也就是我们在上面论及的以审美意识为逻辑起点、历史地生成的审美意识形态所显示的最基本的复合特性:即在文字多种结构的样式中,文学的诗意审美与社会意义、价值、功能两者的融合,并在这两个方面保持高度的张力与平衡"②。

其实,钱中文之所以从发生论、起源学的角度来探讨审美意识形态论,是与他要接受的写作《文学原理》的"发展论"任务密切关联的。再后来,童庆炳将"审美意识形态"作为文学理论的一个基本原理结撰 20 世纪 90 年代末新编《文学理论教程》,并且断言:"'文学审美意识形态论'理论的建立,应该说是百年来中国现代文论的一大收获",是中国学者"寻找到的在诗意审美和社会功利之间、文学自律与他律之间取得某种平衡的现代文学理论。历史将证明,这一思想的确立是中国现代文学观念走向成熟的一个标志"。而且,在《文学原理——发展论》一书的第三编中,钱中文还提出了文学是文化的组成部分的观点,讨论了文学与审美文化和非审美文化的关系及其介乎两者之间的独特的文化形态,主张文学的文化研究态度,纠正"新批评"的"作品本体论",而主张真正的"文学本体论":文学研究必须在宽阔的文化背景上进行,并认同童

---

① 钱中文:《钱中文文集(第 2 卷)·文学发展论》,黑龙江教育出版社 2008 年版。
② 钱中文:《论文学审美意识形态的逻辑起点及其历史生成》,《文学评论》2007 年第 1 期。

庆炳等提出的"文化诗学"主张，反对纯粹的"文化研究"。①

　　钱中文还批评了董学文为了驳斥"文学审美意识形态论"，"硬把审美与意识形态拆了开来"，考论出"马克思本人从来就没有直接或间接地说过文学是某种'意识形态'"，进而否定了文学是意识形态的做法。而且，他认为后者对于马克思"意识形态"的文本解读是一种"完全离开了"马恩文本的自由"考论"，并举出三点理由：一是仍然使用20世纪80年代前的那种"凡是"的思想方法；二是"对有利于自己观点的马、恩论述就引用，不利于自己的就视而不见"；三是将马克思《〈政治经济学批判〉序言》中的一段著名论述的中译文与展示给我们的三种外语的引文都理解错了，把诸种意识形态形式概括为一个"意识形态的形式"，一个"总体性概括"，消解了意识形态自身的具体性与丰富性。②

　　童庆炳在提出"审美反映"的基础上接受了"审美意识形态"论的基本主张，并在其主编的《文学理论教程》中提出："文学不仅是一般意识形态，而且更是审美意识形态。文学的一般意识形态性质是其普遍性质，而文学的审美意识形态性质才是其特殊性质。""所谓审美意识形态，就必然是审美与意识形态这样双重性质的复杂组合形式。"作者进一步分析了"审美"与"认识"（意识形态）的显隐关系，"文学既是审美也是认识—实践"③"双重性质中，审美性质总是直接的、突出的，而认识—实践性质（即社会性质）则是间接的，隐蔽的"④。有学者认为，此种辩证说法兼顾了文学的双重性质：既是无功利的、意象—直觉的、评价的，又是功利的、概念—推理的、认识的，而后者隐含于前者之中。这种辩证法，较之20世纪80年代的一些文学审美意识形态论，使"审美"与"意识形态""粘合得较为紧密，在一定程度上

---

　　①　关于钱中文的审美意识形态论，还可参见钱中文的相关自我说明，《钱中文文集》（上海辞书出版社 2005 年版）"作者自序"；《钱中文文集》（黑龙江教育出版社 2008 年版）之第一卷《审美反映论》"前言"、第四卷之《〈新理性精神文学论〉自序》等。

　　②　参见钱中文《对文学不是意识形态的"考论"的考论》，《文艺研究》2007 年第2 期。

　　③　参见童庆炳主编《文学理论教程》，高等教育出版社 1992 年版，第 84—85 页。

　　④　同上书，第 93 页。

避免了审美与意识形态这两种范畴的二元对立"。① 与此同时，文学艺术是建立在社会经济基础之上的上层建筑，是上层建筑中的一种社会意识形态。把文学艺术看成"审美意识形态"，意味着文学艺术是社会意识形态的变体，它既具有意识形态的性质，又具有审美的性质，是这两者的有机结合。②

其实，我们在这里隐约发现了此说可与李泽厚"积淀论"相同的意蕴，功利的目的被包含于无功利的目的之下、概念—推理潜隐于意象—直觉之内，认识因素被吸收到审美评价之中，外显属性（文学审美）与内涵属性（意识形态）有机融合，这之间的中介就是人类的审美"历史积淀"。当然"历史积淀"构成了历史的实践，审美与意识形态两种范畴达成了较为深刻的辩证而历史的统一。由此逻辑，让我们不会吃惊的是童庆炳也走到了审美"实践论"，他明确提出"实践"是审美与意识形态结合的"中介"。③

在文学不仅是一般意识形态而且更是审美意识形态的双重性质的认定基础上，作者还提出了文学性质的第三层："文学是显现在话语含蕴中的审美意识形态。"（P94）所谓"话语"，指的是一种具体的社会存在形态，是指与社会权力关系相互缠绕的具体言语方式。是特定社会语境中人与人之间从事沟通的具体言语行为，即一定的说话人与受话人之间在特定社会语境中通过文本而展开的沟通活动。而"话语蕴藉"则是指文学活动的蕴蓄深厚而又余味深长的语言与意义状况，表明文学作为社会话语实践蕴含着丰富的意义生成可能性。我们可以想象此一论述所依凭的福柯式的"话语"理论资源，它既突破了传统的静态文艺学的窠臼，引入了过程思维，将文学看作一种"活动"（"话语"本身有"冲突"、"斗争"等"活动"的内涵）；又突出了文学"话语"中的语

---

① 杜卫：《走出审美城》，东方出版社 1999 年版，第 188—189 页。

② 参见童庆炳主编《文学理论教程》（修订二版），高等教育出版社 2004 年版，第 98—99 页。

③ 参见童庆炳《"实践"是"审美"与"意识形态"结合的中介》，载《文学审美论的自觉》"后记"，北京师范大学出版社 2011 年版。

言特性（如与图像、音符等相比的较为确定的语义、更加理性的内涵等），及"话语"内在包含的社会、权力、意识形态等因素，还强调了文学的审美本质，这样就将文学的本质纳入到了广阔而深邃的理论视野之中，而且各种组成因子可以相互融通，形成有机联系，使得理论较为完满周全。

童庆炳还为"审美意识形态"论进行了辩护，较为完整地阐述了"审美意识形态"论作为"文艺学的第一原理"的理论基础和原理构成。① 通过与新时期以来流行的其他六种文学观念比较，强调"更符合作为文艺学第一原理的条件"。反对将审美意识形态理解为是"审美"与"意识形态"的简单相加，维护审美意识形态论的"整一性"和"独立性"，并强调了"审美意识形态"论所揭示的文学客体、主体和功能的特征。② 在《新时期文学审美特征论及其意义》一文中，他还阐述了新时期以来文学审美特征论产生的"政治工具"论、文学理论"泛政治化"、"泛哲学化"的历史文化背景及其由一般的议论到形成"文学审美反映"论、"文学审美特征"论的历史过程，进一步揭示了其内在的"整一性和复合结构的理论特征"，并断言文学审美特征论是"新时期以来我国学术界基于马克思主义基础上的一种理论创新"③。

"审美意识形态"论的质疑与批评

对"审美意识形态"论的质疑者中最有影响的是董学文，他试图从马克思主义经典著作出发，重新考察马克思运用"意识形态"的原始概念，作者通过马克思《〈政治经济学批判〉序言》中一段论述的文献学考证，用德文、英文和俄文的原文进行比对分析，得出结论为：马克思"显然是没有把文学与'意识形态'相等同的"。马克思在论述的行文过程中，严格使用的是"社会意识形式"和"意识形态的形式"两个概念，用来指称他所要说明的不同对象，"意识形态"实际上不等于"意识形式"；那种认为是马克思提出了文学是"一种意识形态"的

---

① 童庆炳：《审美意识形态论作为文艺学的第一原理》，《学术研究》2000 年第 1 期。
② 参见童庆炳《审美意识形态论的再认识》，《文艺研究》2000 年第 2 期。
③ 童庆炳：《新时期文学审美特征论及其意义》，《文学评论》2006 年第 1 期。

观点，然后用《〈政治经济学批判〉序言》中的论述作为"文学是社会意识形态"或"文学是审美意识形态"界定的理由是"缺少有力根据的"。① 董学文自己对于文学"审美意识形态"论的改造是："要求得'审美'性和'观念'性因素的融合机制，最好的办法是把'意识形态'概念换成'社会意识形式'概念，把'审美'性、'意识形态'性和其他相关特性，都作为一种特殊'社会意识形式'的属性。这样，既可能避开概念之间的龃龉和冲突，又能保持学理上的合理和谨严。"② 如果说，董学文对于马克思"意识形态"的原始概念的考证还与前述的毛星颇多相似之处的话，那么他自己的修正看法在说法与逻辑上似乎比批评对象更显得圆融、自洽。

这次论争中的另一位质疑派代表人物李志宏，他与董学文的观点相互呼应（更有合作发表文章），在一系列的论文中③，则更是承继董学文明确提出文艺的本质不是"审美意识形态"而是"审美意识形式"，是可以具有意识形态性的审美意识形式，并进一步确认"意识形态不等同于观念上层建筑"——对"审美意识形态论"哲学根基进行了诊断性分析，主张要"科学地"坚持文艺的意识形态性，反对"形似审美意识形态论表述"。④ 李志宏指出：文艺本性与意识形态问题研究的要义及主要问题在于要不要坚持文艺的意识形态性、要坚持怎样的意识形态性、怎样科学地坚持意识形态性。"审美意识形态论"是不讲求唯物史观意识形态性的；还有一些学者虽然主张唯物史观的意识形态性，但却使用着"审美意识形态论"的字面说法，因而表里不统一，形成了"审美意识形态论"话语群体中的"形似表述"，也不能切实地坚持意识形态性；"审美社会意识形式论"的主张才是对文艺唯物史观意识

---

① 参见董学文《文学本质界说考论——以"审美"与"意识形态"关系为中心》，《北京大学学报》（哲学社会科学版）2005 年第 2 期。
② 董学文：《"审美意识形态"能成立吗?》，《高校理论战线》2005 年第 10 期。
③ 参见李志宏《马克思主义意识形态学说与文艺的意识形态性》，《文艺争鸣》（理论综合版）2008 年第 3 期。
④ 李志宏：《意识形态不等同于观念上层建筑——"审美意识形态论"哲学根基分析》，《学术月刊》2006 年第 5 期。

形态性的科学坚持。① 李志宏还指出，"审美意识形态论"的哲学基础是建立在误将意识形态与观念上层建筑相等同之上，它混淆了马克思主义唯物史观下的两大序列：属于社会结构方面的经济基础—设施上层建筑—观念上层建筑序列以及属于社会性质方面的经济形态—社会形态—意识形态序列。意识形态应该"是对特定社会性质的反映，不是对社会意识形式的分类"。经济形态和意识形态之间是社会性质方面的对应性关系，不是社会结构方面的级层性关系。哲学、艺术等社会意识形式都归属于观念上层建筑，是意识形态的表现形式，但其本身不是意识形态。② 此种说法颇有新意，在这里，作为社会结构一个部分、一个层次的"观念上层建筑"无关乎社会性质、阶级属性，无关乎特殊的经济形态，而是具有普遍性，所有的社会都在组成结构包含此一部分；而"意识形态"作为"社会性质"的概念，则反映了特定社会性质（包括阶级性）。意识形态与上层建筑之间的复杂关系由此被给出了一个得以崭新理解的思路。

另外，周忠厚明确提出文艺不是审美意识形态的说法。③ 陆贵山也提出了质疑："主张文学是审美意识形态的学者，把这个问题的着眼点和着重点只放在意识形态的审美特性上，而不是放在意识形态上，更不是放在意识形态的社会属性上和意识形态的人文属性上。与此相反，往往表现出用被扩张和夸大了的审美包揽、蕴涵和统摄一切的核心概念，来软化、冲淡和消解意识形态和意识形态的社会历史因素、人文因素，特别是政治因素的倾向。"④ 刘锋杰也认为，文学是一种特殊的审美意识形态的观点来自于钱中文、童庆炳等人试图在文学艺术的意识形态性与审美性之间建立关联。但从构词法看，这是一种"偏正结构"，落脚

---

① 参见李志宏《怎样科学地坚持文艺的意识形态性——兼析"形似审美意识形态论表述"》，《吉林大学社会科学学报》2008 年第 4 期。

② 李志宏：《意识形态不等同于观念上层建筑——"审美意识形态论"哲学根基分析》，《学术月刊》2006 年第 5 期。

③ 周忠厚：《文艺不是审美意识形态》，《乌鲁木齐职业大学学报》2003 年第 3 期。

④ 陆贵山：《文学·审美·意识形态》，载李志宏主编《文艺意识形态学说论争集》，吉林大学出版社 2006 年版，第 37 页。

点仍然在意识形态之上，并没有摆脱"意识形态中心论"。而且他特别提出，文学作为一种审美活动，审美才是它的本体性质，意识形态只是它的功能性质，这之间不能混同和完全融合。① 他还进而提出文学创作是一种"艺象形态"的观点。

在众多的质疑声中，单小曦的质疑较早，他认为"审美意识作为独立的意识类型不过是一定社会意识形态的表现者，不能单独成为一种意识形态。文学与意识形态不同质，文学是'一种意识形态'或'一种审美意识形态'的说法不能成立。当我们说文学具有一定的意识形态性时，其审美因素已经内在地包含其中了。意识形态性的现实实用特征和审美的非功利、超越及自由性特征使两者具有天然的相斥性，它们不可能融汇成为一个实存事物。所谓'审美意识形态'之说，不过是人为虚构和神化出的概念"②。

陈吉猛发出的质疑声音较早也较为特别，在他看来，人们的审美意识（对于"美"、"丑"、"悲"、"喜"等的意识）本身就是一种意识形态，即审美意识形态，审美意识形态与政治意识形态、道德意识形态、哲学意识形态、宗教意识形态等其他具体的意识形态在社会结构中处于并列位置。文学不是"一种"意识形态，而是"全方位"性的意识形态，是多（各）种意识形态的集中表现形式，是政治、道德、哲学、宗教、审美等意识形态的交汇、出入之所，同时，文学还是非意识形态性的社会意识——科学意识的一种表现形式，文学是意识形态与非意识形态场。由此，文学的"审美意识形态论"是非科学、不合理的。他还批判了童庆炳将审美意识形态论作为"文艺学的第一原理"的本质主义思维方式所带来的"终极化"、"绝对化"的独断，坚持"对于文学本质的多重辩证的理解要比为文学确立'第一原理'更具合理性"。③

---

① 刘锋杰：《"文学是审美意识形态"观点之质疑》，《安徽师范大学学报》（人文社会科学版）2008年第2期。

② 单小曦：《文学的审美意识形态论质疑》，《文艺争鸣》2003年第1期。

③ 参见陈吉猛《文学与审美意识形态——兼与童庆炳先生商榷》，《南华大学学报》（社会科学版）2003年第4期。

也许是由于看到了从意识形态出发论述文学本质的巨大弊端，陈文认识到"将文学视为意识形态和非意识形态场仍有其特殊视角对于文学理论的局限性"，因此他还从反本质论的角度深入探索了对于文学"这种存在者进行存在论的整体观照方式的可能性"①。陈文提出的一些观点颇有教益，比如其中对于审美意识就是一种意识形态的论证，文学是"全方位"性的意识形态等观点的提出等。但该文也存在一些重要的理论误判，比如它将审美意识具有一种意识形态性误认为"审美意识本身就是一种意识形态"，要知道，审美意识包括非意识形态的部分，不能将其简单等同于"意识形态"。由此误判出发，作者进而批判童庆炳"既是审美的，又是意识形态的"的说法就是"非科学性拼凑"，因为童庆炳在此犯下了两大错误：其一，审美本身就是意识形态，文学就不能既是审美又是意识形态；其二，审美这种具体的意识形态不能与作为抽象的种概念（普遍性）的意识形态进行复杂的组合，它只能与其他具体的意识形态进行组合。在笔者看来，正是因为审美意识不完全是意识形态，它可以与意识形态（并非重复地）结合；而审美意识本身具有意识形态性，这恰恰成为与意识形态结合的内在依据。至于"种属"概念间何以不能进行组合，陈文也未说明原因，在笔者看来，这恰恰是可能的，而审美意识构成了对于意识形态的范围上的限制。陈文的文学是"全方位"性的意识形态的说法也颇启人深思，尽管"文学是意识形态与非意识形态场"的论断显得大而无当，内容缺乏精准的指向性，正好比说"世界是由人与非人的事物组成的"说法一样（当然陈文也并不认为这种论断就到此为止）。

"审美意识形态"论的背后实际上潜藏着或者可以转换为一个古老的二元论的难题：那就是形式与内容的关系、美学与社会学的关系，这两组关系之内的互相对立的异质元素如何才能协调，实现"无缝对接"，并达成真正内在的统一，这确实是一个亘古的难题。"审美意识形态"论的质疑者也多就此一论断提出有两张皮的机械组合的嫌疑：

①　参见陈吉猛《文学的"什么"与"如何"》，吉林大学出版社 2008 年版。

要么是立足于外在社会学的意识形态理论连接审美论，要么是从审美论出发接续意识形态，但都没有实现真正的内在对接。要实现这一点，首先必须明确理论的出发点不能侧重于文学元素的外在或内在的某一方面，要能够做到兼顾，才可能实现理论对于文学实践的全面阐释以及逻辑的内在自洽；其次，要找到二者之间的交叉、包含与融合因素。

杜卫在《走出审美城：新时期文学审美论的批判性解读》一书中深入分析了"审美意识形态"论的成就与局限。作者特别指出了新时期关于文学审美特征的理论在方法论上的失误，在质疑论者中颇具代表性，他认为这些理论在寻求文学审美特征上多数存在运用"对比法"上的不足："对比作为一种寻找差异、确立对立的研究方法，虽然有一定的作用，但它作为一种知性方法，仍存在明显的局限。倘若把对比的结果视为对事物本质属性的最终把握，就容易走向简单化、片面性。而新时期关于文学审美特征的理论多数存在这种方法论上的不足，具体表现为把求异的对比和求同的类比对立起来，单一地运用对比，采用非此即彼的逻辑，在一个层面上直线式地区分对象的差异，只见区别，不见联系，即使想要把两个被决然割裂开的概念再'统一'起来，也不可能达到'融合'。"因此，"对比方法容易不适当地扩大差异，单一地确定事物的属性，并把差别的双方孤立地对立起来"，"在强调文学的审美性与意识形态性之间差异时，也把二者对立、孤立起来，看不到审美性本身就包含着意识形态性，也看不到文学的意识形态性包含着审美性，所以，在提出'审美意识形态'这个概念时，就无法将已被割裂开来的双方有机融合在一起"，"审美意识形态"命题就只是"简单粘和"，而非"有机融合"。作者在方法论上的建议是"为求得对事物相对全面的把握，应该变单一的对比为多层次、多角度的整体性比较，不仅要同中见异，还要异中见同；比较的参照物也应该是'全景式'的，不能只局限于一个层面"①。

① 杜卫：《走出审美城：新时期文学审美论的批判性解读》，东方出版社 1999 年版，第214—216 页。

　　由此，杜卫强烈反对社会学文学理论与审美论文论都仅仅是把文学的一部分特征看作文学的全部，犯下了"知性分析"的方法论错误，所以意识形态或审美（美）论都不能作为文学理论的逻辑起点；而"审美意识形态"论则由于"实际上处在理论的矛盾状态"，也无法被用来作为文学理论的"切实的出发点"，因为"文学理论的出发点不应该是二元对立的文学某一方面特征，而应该是在知性分析之前的那个整体的文学"①。作者提出要参照珍妮特·沃尔夫的"社会学美学"的方案，反对纯粹审美主义和社会学"简约主义"，执两用中，切实沟通社会学与美学之间的鸿沟，以打破二者的简单对立抑或机械相加，切实弥合文学本质论的意识形态与审美之间的逻辑分歧与漏洞。② 作者还进一步提出了"文学作为审美话语"的论题，就笔者视域所见，这是迄今为止中国文学理论界对于文学本质论说的最为简明也颇具周延性的定义。"审美话语"强调了文学是"一种感性的文化存在"，而且是"由话语组织构成的感性的文化存在"。由此，正是在与"文化的血肉相连关系中"，文学一方面才具有"整体的意义"；另一方面，文学不同于一般的语言作品，在于有着自己独特的结构方式与文本特性，因为，文学作为感性的文化存在，由审美作为基本原则的话语组织形式所构成。这样，"审美话语"论突出了文学作为语言文化产品的性质与功能，强调从人文主义视角观照下的"审美话语"的生活世界的意义："审美话语"是"一种去蔽性话语"，是"一种人与世界的对话"；而审美话语的展开，则是"文化的人文化"，是对"文化的人文精神的澄明"。总之，"作为审美话语的文学是人的生命世界的实现和伸展"③。

　　笔者以为，"审美话语"的优点（尽管杜卫并没有完全挖掘出其中的理论意蕴）是，其理论出发点不再是支离破碎的文学某一方面特征，

---

　　①　参见杜卫《文学审美论的"知性方法"批判》，《文史哲》1998 年第 6 期。

　　②　参见杜卫《走出审美城：新时期文学审美论的批判性解读》，东方出版社 1999 年版，第 218—237 页。

　　③　同上书，第 257—262 页。至于何为"审美"，作者在该书第七章专列一节"作为文学特性的'审美'"中，总结了新时期文学审美论中文学的"审美性"的四点意义：感性特征、情感特征、非实用功利性和自由性。

运用的也非"知性分析"方法,而是整体的辩证论的;其"作为一种文化的文学"的论断也具有内在的逻辑自洽性:不像"审美"与"意识形态"之间的互不相容,"审美"可以完全包容于文化之中;而且该理论的阐释空间更为包容周全,理论视野与胸怀更为宏阔,它可以兼顾审美价值(评价)与社会学维度、非伦理的纯粹语言学方法等多重的文学本质。本源于福柯的"话语"论既强调了文学的语言特质,又考虑到了文学作为活动、过程的动态性,并且暗含了文学来源的社会属性,这似乎要比较为静态化、政治化、单一化的"意识形态"论来得更为全面,可以说是超越传统"反映论"框架的一次可贵的理论努力。

不过该范畴仍然存在不足。首先,杜卫反对习见的陷入"知性分析"法的审美特征论,但他自己也没有明确提出一个整体化的"审美本质论",还是使用了"审美"的限制性关键词,但对此具体内涵却语焉不详;其次,文学是"审美的话语",那么,文学中的"非审美的话语"将何处容身?作者在书中明确提出了"仅仅从审美范畴推导出文学属性是不适当的"[①],但在此处却自我矛盾,自我否定了。也许作者可以辩解说,"话语"已经包括了非审美的一面了,但这还是脱离不了前述的"审美的"一词的限定。为了更加圆满自足,在此基础上,我们尝试着将此定义向前推进一步,可以改为:"文学在根本上是一种审美的话语(行动)"。如此一来,既强调了文学本质上的"审美属性",又可以包容文学的非审美属性的一面,而且突出了其活动论的过程性质。

质疑者们坚持文艺既具有意识形态性因素又具有非意识形态性因素的多种属性,这种观点在 20 世纪 80 年代曾经颇为盛行。而质疑者们更进一步,"上升到能够包容了'意识形态性'与'非意识形态性'的'社会意识形式'"[②]的更高的理论层面上去认识文学问题,进而把文艺

---

① 参见杜卫《走出审美城:新时期文学审美论的批判性解读》,东方出版社 1999 年版,第 216 页。

② 董学文、王金山:《审美与意识形态之间——对"文学是审美意识形态"之反思》,《黑龙江社会科学》2006 年第 6 期。

本性界定为"可以具有意识形态性的审美社会意识形式"。①

　　这次讨论中，"文学"与"审美"之间的关系问题，为绝大多数学者所忽略了，大家都集中精力于探讨文艺与意识形态之间的关系了。还是有极少数学者论及了此一问题，例如杜卫指出，一方面，从审美的角度看，审美比文学范围大，前者除了文学的审美之外，还包括对非文学的其他艺术门类、非艺术的人工产品以及非人工的自然的审美，文学的审美特征只是审美范畴的一部分。另一方面，从文学的角度看审美，文学则比审美大，"审美只是文学的一部分属性"，比如"文学的语言属性就不是审美范畴所能包容的"。总之，"文学对审美只是交叉关系，不是从属关系，仅仅从审美范畴推导出文学属性是不恰当的"②。我们可以进一步讨论二者的关系，甚至将艺术的主要功能设定为审美，也许都只是一个理论偏见，艺术的价值功能并不一定表现在审美上，还有着艺术的自我参照的自反性的创新价值，比如毕加索的立体主义绘画，可能谈不上审美，但在绘画史上却有着巨大的艺术上的创新价值；另外，艺术还有着海德格尔所谓的存在论上的价值，这些都不是审美价值所能够完全规范或者涵盖（渗透）的。

　　除了在直接的论争中，各方各派极大地拓展了文艺意识形态思想内涵之外，值得一提的还有谭好哲《文艺与意识形态》③ 一书，该著是中国学者专题探讨文艺与意识形态关系的较早的一部著作。该著的最大特点是梳理概括了马克思主义文艺意识形态理论在中国的传播、影响及其发展过程，并从多方面深入分析了其对于 20 世纪中国文艺学的意义与局限。李志宏的博士论文《新时期中国文学意识形态问题研究史论》④ 较为全面深入地梳理了新时期以来文论界就文学意识形态问题展开的讨论。

---

　　① 董学文、李志宏：《文学是可以具有意识形态性的审美意识形式——兼析所谓"文艺学的第一原理"》，《广西师范大学学报》（哲学社会科学版）2006 年第 2 期。
　　② 参见杜卫《走出审美城：新时期文学审美论的批判性解读》，东方出版社 1999 年版，第 216 页。
　　③ 谭好哲：《文艺与意识形态》，山东大学出版社 1997 年版。
　　④ 李志宏：《新时期中国文学意识形态问题研究史论》，博士学位论文，吉林大学，2007年。

"审美意识形态"论论争反思

这次论争的论题较为广泛深入，大致在如下几个关键问题上展开：到底该如何理解"意识形态"这个概念；"审美"与"意识形态"二者之间的复杂关系如何；在理论性质上文学的"审美意识形态"论是否植根于"马克思主义理论的完整的理论建树"，是否属于马克思主义的；文学是"审美意识形态"与文学具有"意识形态性"的论断区别何在；如何理解"审美意识形态"的内涵与特征等。① 不可否认，马克思主义理论本身的复杂性与深刻性以及不同阐释者的不同主体性的认识共同塑造了文学审美意识形态理论论争各方的歧出之见。

纵观这次论争，"审美意识形态"论者（简称"主张者"）的内在理论逻辑与外在名分之寻求间确实存在矛盾，主张者强调其马克思主义的文论性质，但它的辩护如果将逻辑起点建立在"审美意识"之上，成为远离唯物史观的、去政治化的"审美意识（的）形态论"，那么，"审美意识（的）形态论"改作"审美意识（的）形式论"也就没有本质的差别，这显然对其理论的准确性、严肃性大有损害。而质疑的一方（简称"质疑者"）考证更为细致，在总体逻辑上更为自洽，马克思主义色彩较为浓厚。"主张者"确实马克思主义色彩较为淡薄，在某种程度上溢出了经典马克思主义的理论框架。另外，在笔者看来，论争各方都较为忽视的是存在两种"审美"意识形态，一种是单纯的、单门类的主要呈现在文学与美学理论中的与政治（学）、道德（伦理学）、宗教（学）、哲学、法（学）等意识形态并列的"美学"意识形态；另外一种才是主要呈现在文学艺术中的，渗透性的隐含在其他各种意识形态之内的"全方位性"的意识形态。

这次论争的一个大的意义基本在于"正名"上，或者说是纠正"审美意识（的）形态论"概念表述的不确切，进而澄清一些唯物论的基本原理，其实在理论上并没有真正重大的推进。因此，就这次论争而

---

① 参见李志宏《当前文艺意识形态学说主要论争焦点概略述评》，《黑龙江社会科学》2006 年第 4 期。

言，让人有些"雷声大雨点小"之感，看似人们说了很多，但其实不过多是概念术语的名相之争，总体上并没有进入到新的深层次学理论证的阶段，而且质疑者们多从经典文本里去寻章摘句，拘囿于马列原著的片言只语，大多缺乏理论创新突破的意愿与能力，胶柱鼓瑟、"本本主义"的方法论意味明显，难怪也遭到反驳者的一再讥嘲（参见钱中文、吴子林的相关文章）。①

　　尽管存在争议，但学界似乎基本上达成了这样的共识，"审美意识形态"这一概念虽非由中国学者首创，但文学的"审美意识形态论"在 20 世纪 80—90 年代的提出和发展，则确乎是中国文艺理论学者的创造。我们还是谨慎保守地认为，不宜过高估计中国学者提出的"文学是一种审美意识形态"的提法，且不说其根本内涵上并未超越认识论的反映论框架，仍然在后者的框架内打转；而且其主要理论来源在苏联美学家那里已经得到了较为充分的论证，其理论原创性并不像国内许多学者所说的那么强，包括布罗夫、涅托希文、万斯托夫、斯托洛维奇、鲍列夫等在内的 20 世纪 50 年代中期以降的苏联美学家都早已认定，艺术的本质特征在于审美，其根源又在于艺术的特殊审美对象或对现实的特殊审美掌握方式，② 而且已经做出了相当的论证，中国学者们的努力更多的是一些扩展、综合和完善工作。③

---

　　① 有学者就道破了这次表面热闹的论争背后不免贫乏的实质：澄清马克思的基本意愿当然是重要的，我们要从习见的"把意识形态等同于观念上层建筑"的哲学误区中走出来，但只要"审美意识形态论"的首倡者稍作调整，把握好马克思主义唯物史观的社会两个序列的要义，"循着社会两个序列做出相应的调整"，以"审美意识形式"来述说文学的本质，还是"定会以其深邃的文学素养和丰厚的理论资源发挥更加出色、耀眼的中国化马克思主义文艺学建设的领军作用"。参见曾簇林《一个不容忽视的哲学误区——也谈意识形态不等同于观念上层建筑》，《学习与探索》2009 年第 4 期。

　　② 参见刘宁《苏联美学界关于艺术本质问题的讨论情况》，《文学评论》1982 年第 2 期；杜卫《走出审美城》，东方出版社 1999 年版，第 211 页。

　　③ 其实，在承认文学的意识形态属性或审美意识形态属性的前提下，文艺理论研究不仅只有反映论的一个出发点，而且还可能有更为基本的出发点：着眼于人的实践活动及作为实践主体的人。以实践论作为出发点，仍然坚持马克思主义将实践看作物质活动的物质第一性原理，更有利于从主体性建构的角度，更贴切揭示文学的特性与价值（参见杜卫《走出审美城》，东方出版社 1999 年版，第 115 页）。

颇堪玩味的是，这次论争中的各方在理论立场与定位上都自称是马克思主义的，①表示自己是以马克思主义哲学为基础的，都批评对方不是真正马克思主义的，话语间不乏独断论的表现。特别是质疑派猛烈抨击坚持派表面上是打着马克思主义的"意识形态"的旗号，而实际上却背离了唯物论的基本原则；坚持派则批评对方死守文本、缺乏开拓创新，失去了真正马克思主义的精神。在我们看来，坚持派的"审美意识形态论"从文化哲学的角度立论自有其道理，完全可以成为关于文艺本性论的一种主张，但按照其主要代表人物的阐释，这种主张确实离唯物论的基本原则较远，确实难脱质疑派指责的"名实不符"的嫌疑。这里的关键恐怕还在于话语场的意识形态正确性的潜在规制，论争双方谁也不愿僭越这一作为"大他者"的文化政治律令；不仅如此，论争双方还要尽力将自己的理论主张指认为符合主流意识形态的，这固然有着争取更大的话语权力的因素，但也有着对于马克思主义的不同理解阐释上的分歧因素使然。而且值得让人注意的是，新时期以来，包括文艺理论在内的中国思想文化界，有一种在主流意识形态的符号下，发展或创立属于异质理论主张的趋向，这种趋向对于中国文艺理论乃至思想文化界的多元化态势的形成无疑发挥了巨大的历史功用。这次论争，当然也可以从这样一些角度深入分析。②

这次论争中还出现了本本主义的毛病，双方论者都有从马克思主义经典原著中获得支持自己理论合法性的强烈意愿，这固然体现了回到原典的扎实学风，有利于澄清论争中经常出现的概念定义及其理解含混、

---

① 诸如：声称"只要在方法论上有马克思主义的历史唯物主义和辩证唯物主义的依据，多种文学观念完全可以有自己活动的空间"。（童庆炳：《审美意识形态论的再认识》，《文艺研究》2000年第2期）；宣称"社会意识形式说"的阐述"坚持正规的唯物史观理论"（李志宏：《当前文艺意识形态学说主要论争焦点概略述评》，《黑龙江社会科学》2006年第4期，第93页）；朱立元：《新时期以来文学理论和批评发展概况的调查报告》，以一节标题来强调"文艺学的发展应始终坚持以马克思主义为指导"，春风文艺出版社2006年版。
② 其中一个运用话语政治学的初步分析参见邢建昌、徐剑《关于文学"审美意识形态"论争的梳理和反思》，《燕赵学术》2008年春之卷。

模糊和歧义,① 但如果过于胶柱鼓瑟地唯本本是问，也容易陷于教条主义的泥淖里而不能自拔，不利于马克思主义的发展和创新，特别是不利于使理论在直面现实的问题语境中得到推进。② 笔者以为，经过了这么多次的文艺意识形态论的多方面的深入论争，虽然学界一时还不能在此一问题上达成普遍的共识，但问题与思路已经得到了较为充分的梳理与呈现，在短时间之内再难取得突破，对此一问题的继续讨论难以再有知识的可生产性。下一步的当务之急，恐怕是要转向当代中国马克思主义文艺学素所缺乏的直面本土语境的文化实践，摆脱经院学风与理论"空转"的不及物性，认真面对活生生的现实，切实担当起马克思主义理论的批判职能，运用马克思主义文艺意识形态理论解释与改造文化生活与世界。

---

① 事实上，这种分歧至今仍未得到消除，可特别参见毛星《意识形态》，《文学评论》1986 年第 5 期；董学文《文学本质界说考论——以"审美"与"意识形态"关系为中心》，《北京大学学报》（哲学社会科学版）2005 年第 2 期；钱中文《对文学不是意识形态的"考论"的考论》，《文艺研究》2007 年第 2 期。

② 还可参见段吉方《本土话语的紧张与回到原典的挑战——关于"审美意识形态"的论争》，《文艺争鸣》2009 年第 9 期。

第六章

马克思主义民族文化论与 20 世纪
中国文学理论中的民族形式范畴

马克思主义经典作家都很关心不同民族的文艺问题，文艺"民族形式"是马克思主义文学理论的重要范畴之一。20 世纪中国文学理论中的"民族形式"范畴，密切联系阶级革命、马克思主义中国化、"五四"新文学运动、文艺大众化思潮、民族主义文艺运动、新启蒙运动、中华文化世界影响力等众多重大的社会运动、文艺思潮、理论命题，堪称中国现当代文学理论中影响巨大、争议广泛的范畴之一。文艺"民族形式"范畴是马克思主义文学理论与 20 世纪中国文学理论变迁的重要环节。经由译介与传播、改造与变异，马克思主义文学理论对 20 世纪中国文学理论中"民族形式"范畴的内涵、呈现、走向等产生了深远影响，并使其成为中国化马克思主义文学理论的重要组成部分，在时至今日的新世纪文艺理论学科建设中仍然发挥着重要作用。

第一节　马克思主义经典作家论民族与民族文化

民族与阶级、民族文化与社会革命、旧形式与新内容……马克思主义经典作家的文艺"民族形式"论述及时回应了社会实践中的重大现实问题，充满思想火花、历史张力、人文关怀，对包括中国在内的整个现当代思想界产生了重大影响。植根于不同的社会语境、联系着不同的历史阶段、服务于具体的政治使命，马克思、恩格斯、列宁等马克思主义经典作家关于文艺（文化）"民族形式"的相关论述不尽相同，既体现了马克思主义文学理论的一贯性、整体性，又展示了其丰富性、生动性。

一　马克思主义创始人论阶级革命中的民族主义问题

据统计，在《马克思恩格斯全集》中，大约有 360 多篇文章、200 多万字涉及民族和殖民地问题，但没有民族问题专论，除晚期少部分著作进行学术性的历史考察外，大部分经由报刊评论、集会演讲与革命宣传等形式发表，负荷着鲜明的民族立场与观念，这并不意味着马克思、恩格斯的民族理论缺少内在逻辑，不具备与马克思主义思想体系的一脉相承性。虽然马克思、恩格斯没有专门论述过文艺"民族形式"问题，但他们关于民族问题的整体观点为审视文艺"民族形式"提供了方法论，为马克思主义文学理论本土化提供了理论命题，因而具有重大意义。

在《共产党宣言》中，马克思、恩格斯从资本主义世界市场日益形成的现实出发，强调"一切国家的生产和消费都成为世界性的了"，指出民族工业正在逐渐被消灭，"新的工业的建立已经成为一切文明民族的生命攸关的问题"，"过去那种地方的和民族的自给自足和闭关自守状态，被各民族的各方面的互相往来和各方面的互相依赖所代替了"，与此种物质生产方式相适应，"各民族的精神产品成了公共的财产。民族的片面性和局限性日益成为不可能，于是由许多种民族的和地方的文学形成了一种世界的文学"①，随着资本主义的进一步发展、世界贸易体系的建立，基于"至今一切社会的历史都是阶级斗争的历史"②的总观点，"各国人民之间的民族分隔和对立日益消失。无产阶级的统治将使它们更快地消失。联合的行动，至少是各文明国家的联合的行动，是无产阶级获得解放的首要条件之一。人对人的剥削一消灭，民族对民族的剥削就会随之消灭。民族内部的阶级对立一消失，民族之间的敌对关系就会随之消失"③，政治变革和人类解放不断冲击着民族

---

① 《马克思恩格斯选集》第 1 卷，人民出版社 1995 年版，第 276 页。
② 同上书，第 272 页。
③ 同上书，第 291 页。

文化。

在此转型过程中，马克思、恩格斯认为，"共产党人强调和坚持整个无产阶级共同的不分民族的利益"①，不同于其他无产阶级政党；"所有的无产者生来就没有民族的偏见，所有他们的修养和举动实质上都是人道主义的和反民族主义的"②；"工人没有祖国……因为无产阶级首先必须取得政治统治，上升为民族的阶级，把自身组织成为民族，所以它本身还是民族的，虽然完全不是资产阶级所理解的那种意思"③。在马克思、恩格斯这里，"民族的"反映了每个民族正常、合理的要求，因为"无产阶级的国际运动，无论如何只有在独立民族的范围内才有可能"④，"不恢复每个民族的独立和统一，那就既不可能有无产阶级的国际联合，也不可能有各民族为达到共同目的而必须实行的和睦的与自觉的合作"⑤，它完全不同于作为"民族主义"表现形式之一的资产阶级沙文主义，后者为马克思、恩格斯所多次揭露和激烈批判，"资产阶级的沙文主义只不过是最大的虚荣，它给资产阶级的种种横蛮要求罩上一件民族的外衣。沙文主义是借助常备军来使国际斗争永久化的手段，是用挑拨本国的生产者反对另一国生产者弟兄的办法以压服本国生产者的手段，是阻挠工人阶级的国际合作的手段，而这种合作是工人阶级解放的首要条件"⑥。可见，虽然总体上马克思、恩格斯以无产阶级的国际主义反对资产阶级的民族主义，强调阶级斗争、社会革命的重要性，貌似"共产主义与民族主义的利益是会有冲突的"⑦，但在具体的论述语境中，他们并没有抹杀民族独立的价值，忽视民族文化，因为"民族是一种最终的生活方式，它既不能、更不应该通过社会主义而被消解。

---

① 《马克思恩格斯选集》第1卷，人民出版社1995年版，第285页。

② 中国社会科学院民族研究所编：《马克思恩格斯论民族问题》，民族出版社1987年版，第6页。

③ 《马克思恩格斯选集》第1卷，人民出版社1995年版，第291页。

④ 《马克思恩格斯全集》第35卷，人民出版社1971年版，第261页。

⑤ 《马克思恩格斯选集》第1卷，人民出版社1995年版，第269页。

⑥ 《马克思恩格斯文集》第3卷，人民出版社2009年版，第210页。

⑦ ［美］塞缪尔·P.亨廷顿：《变动社会的政治秩序》，张岱云等译，上海译文出版社1989年版，第363页。

社会主义绝不意味着终点，而只是民族共同体的充分实现，并非意味着通过阶级来消解民族人民共同体，而是，通过一个真正的民族人民共同体来消灭阶级"①。

二　苏俄马克思主义者论民族文化与民族形式

马克思、恩格斯作为马克思主义民族理论的开创者，他们身处资本主义的上升时期，民族问题尚未成为全球性的焦点。列宁作为马克思主义民族理论的拓展者，其时资本主义已进入帝国主义时代，"各国政治经济发展不平衡的矛盾越来越明显，民族问题越发成为国际政治的重要因素，甚至民族主义还成为了一战爆发的动因"②，二者情况大不相同。在此种时代背景下，列宁和斯大林一起着力探讨和批判了封建君主制的民族主义、资产阶级民族主义、大俄罗斯民族主义等各种类型的民族主义，在《论民族自决权》《民族问题提纲》《关于民族问题的批评意见》《关于民族或"自治化"问题》等著作中，列宁提出了不少关于民族问题的重要观点。

民族文化是列宁较早关注的问题。1909 年《路标》文集出版，路标派以保卫"民族文化"为由，反对工人进步运动，谴责"全世界无产者"破坏"文化的完整性"，称其"背叛了祖国和民族文化"③。针对他们的言论，列宁撰写《论〈路标〉》一文，进行了严厉批评。列宁强调，每一种民族文化都存在进步成分和反动因素，必须区别对待。随后，在探讨资本主义世界体系中的民族问题时，列宁进一步关注了民族文化问题。在 1913—1914 年期间所写的《关于民族问题的批评意见》《论民族自治权》《论大俄罗斯人的民族自豪感》等著述中，列宁用大量篇幅专门研究了民族文化及其世界性影响问题，提出了对民族文化的

---

① ［德］赫尔曼·黑勒：《国家学的危机——社会主义与民族》，刘刚译，中国法制出版社 2010 年版，第 93 页。

② 张三南：《列宁关于民族主义论述的三个层次——基于列宁世界革命思想演变的分析》，《民族研究》2012 年第 6 期。

③ ［苏］鲍·索·梅拉赫：《列宁和俄国文学问题》，臧仲伦等译，中国社会科学出版社 1982 年版，第 294 页。

独特看法。① 一方面，列宁肯定和坚持了马克思、恩格斯民族观的基本立场，警惕"民族文化"口号对全世界无产阶级共同利益的分裂，"资产阶级的民族主义和无产阶级的国际主义——这是两个不可调和的敌对口号，这两个同整个资本主义世界的两大阶级营垒相适应的口号，代表着民族问题上的两种政策"，"马克思主义同民族主义是不能调和的，即使它是最'公正的'、'纯洁的'、精致的和文明的民族主义。马克思主义提出以国际主义代替一切民族主义"。② 另一方面，列宁立足于当时的民族革命实践，认为"帝国主义的特点，正如我们所看到的那样，就是现在全世界已经划分为两部分，一部分是为数众多的被压迫民族，另一部分是少数几个拥有巨量财富和强大军事实力的压迫民族"③，提出"民主主义的和全世界工人运动的各民族共同的文化"这个口号，区分了两种民族主义（压迫民族的民族主义、被压迫民族的民族主义）并制定了相应对策（"消除各种民族主义偏见"、"同大俄罗斯沙文主义决一死战"、"让步与宽容"三者的有机结合），在同俄国现实的结合中发展了马克思、恩格斯的民族观。除所处时代、政治使命存在巨大差异之外，列宁之所以与马克思、恩格斯的民族观有所不同，还在于"马克思认为关键是社会阶级而列宁认为关键是政党"，"列宁认为无产阶级不可能自己培养出阶级意识。这种意识必须由知识分子从外面灌输。革命意识是理论上的洞察力的产物，而革命运动则是政治组织的产物"④，强调布尔什维克政党对民族运动的组织、领导功能，注重在无产阶级革命策略整体视域下思考民族及民族文化问题，列宁在民族文化理论上的最重要贡献是他提出了"两种民族文化"的学说。他说："每个民族文化，都有一些民主主义的和社会主义的即使是不发达的文化成分，因为每个民族都有被剥削劳动群众，他们的生活条件必然会产生民

① 黄力之：《列宁论民族文化问题的悖论辨析》，《马克思主义研究》2009 年第 9 期。

② 《列宁全集》第 24 卷，人民出版社 1990 年版，第 128、136 页。

③ 《列宁选集》第 4 卷，人民出版社 1995 年版，第 275 页。

④ ［美］塞缪尔·P. 亨廷顿：《变动社会的政治秩序》，张岱云等译，上海译文出版社 1989 年版，第 364 页。

主主义的和社会主义的意识形态。但是每个民族也都有资产阶级的文化（大多数还是黑帮的和教权派的），而且这不仅表现为一些'成分'，而表现为占统治地位的文化。"① 列宁 "两种民主文化" 的学说，对毛泽东的民族文化遗产理论产生了直接而重要的影响。

斯大林正是延续这一思路进行相关论述的。同为马克思主义民族理论的拓展者，斯大林比列宁更进一步，在文艺 "民族形式" 问题上，尤其如此。在《马克思主义与民族问题》《论东方民族大学的政治任务》《民族问题和列宁主义》《十月革命和民族问题》《十月革命的国际性质》《马克思主义与语言学问题》等大量著述中，斯大林关于文艺（文化）"民族形式" 的思考相对成熟，论述也更为全面、深入、辩证。一方面，斯大林以 "十月革命" 为论述重点，指出其国际主义性质、世界性意义。斯大林在《十月革命的国际性质》一文中认为 "十月革命的特点是它在苏联进行的这种民族殖民地革命不是以各民族仇视和各民族冲突为旗帜，而是以苏联各民族工人农民互相信任和亲密团结为旗帜，不是为了民族主义，而是为了国际主义"②，继续坚持马克思、恩格斯、列宁民族观的一贯思路和基本逻辑。另一方面，斯大林以民族文化为讨论中心，强调无产阶级文化是 "无产阶级内容" 与 "民族形式" 的统一体。

首先，斯大林在《马克思主义与民族问题》一文中将 "民族" 界定为 "人民在历史上形成的一个有共同语言、共同地域、共同经济生活以及表现在共同文化上的共同心理素质的稳定的共同体"③，同时，他又强调，民族与人类、民族文化与人类无产阶级文化并不是相互排斥的，而是相互依存的。他在《论东方民族大学的政治任务》一文中表明："全人类的无产阶级文化不是排斥各民族的民族文化，而是以民族文化为前提并且滋养民族文化，正像各民族的民族文化不是取消而是充

---

① 《列宁选集》第 2 卷，人民出版社 1995 年版，第 336 页。
② 中国社会科学院民族研究所编：《斯大林论民族问题》，民族出版社 1990 年版，第 390 页。
③ 同上书，第 28—29 页。

实和丰富全人类的无产阶级文化一样"①。

其次，斯大林辩证分析了无产阶级、资产阶级专政下的民族文化性质。《联共（布）中央委员会向第十六次代表的政治报告》（以下简称《报告》）中指出"什么是民族资产阶级统治下的民族文化呢？这是一种资产阶级内容和民族形式的文化，其目的是用民族主义的毒素来毒化群众和巩固资产阶级的统治。什么是无产阶级专政下的民族文化呢？这是一种社会主义内容和民族形式的文化，其目的是用社会主义和国际主义精神来教育群众"②，突出了资产阶级统治的民族文化与社会主义的民族文化的本质区别，不同作用。

最后，针对列宁反对"民族文化"口号可能引起的误解，斯大林进行了驳论性阐释，指出"列宁反对资产阶级制度下的民族文化的口号时，打击的是民族文化的资产阶级内容，而不是它的民族形式，这难道不是很明显吗？如果以为列宁把社会主义文化看做是一种无民族性的即没有某种民族形式的文化，那就愚蠢了"③，强调形式与内容的相对分离，认为"在一个国家内无产阶级专政的条件下繁荣民族形式和社会主义内容的民族文化，是为了当无产阶级在全世界取得胜利和社会主义化——列宁关于民族文化问题的提法的辩证性正在于此"，"苏联无产阶级专政和社会主义建设的时期是社会主义内容和民族形式的民族文化的繁荣时期"，彰显苏联社会主义文化的独特性。斯大林还论述了一个国家民族文化在世界社会主义文化中的价值与作用。他说："在一个国家内无产阶级专政时期繁荣民族文化（和语言）是为了给社会主义在全世界胜利时期各民族的文化（和语言）消亡并融合成一种共同的社会主义文化（和一种共同的语言）准备条件。"④ 他在《民族问题与列宁主义》一文中，回答了苏联共产党在这方面的具体做法，"必须帮

---

① 中国社会科学院民族研究所编：《斯大林论民族问题》，民族出版社 1990 年版，第 308 页。

② 同上书，第 414 页。

③ 同上。

④ 同上书，第 416 页。

助我国各个已经复兴的民族完全站立起来，振兴和发展自己的民族文化，兴办使用本民族语言的学校、剧场和其他文化机关，使党的、工会的、合作社的、国家的、经济的机关民族化，就是说，使这些机关在人员成分上是本民族的，培养本民族的党和苏维埃的干部，制裁所有那些企图阻挠党的这种政策的分子"①。虽然斯大林民族文化"内容"与"形式"二分法存在简单、机械化的不足，但以历史眼光视之，其民族文化观确实前进了一大步，尤其是在颇具现实操作性和政策指导性方面，是前人所不及的，这也是毛泽东等格外看重的一点。

第二节　毛泽东文艺民族形式范畴的生成与阐释

在全民族抗战、建立革命统一战线的时代大背景下，借鉴马克思主义经典作家关于民族问题的相关论述，毛泽东在20世纪30年代后期提出了"民族形式"范畴，强调马列主义基本原理与中国革命具体实际的结合，彰显"中国作风和中国气派"的重要性。毛泽东眼中的文艺"民族形式"范畴关涉革命文学运动、苏联模式、文艺大众化等许多方面，后经由《新民主主义论》《在延安文艺座谈会上的讲话》《同音乐工作者的谈话》等重要文艺理论文本的进一步确认，不仅成为中国共产党、新中国文艺政策的一项重要内容，而且也成为马克思主义文学理论的重要组成部分，对后世产生了广泛而深远的影响。

一　毛泽东文艺民族形式范畴的生成过程

从历时角度视之，毛泽东文艺"民族形式"范畴的提出关联其思想成熟期，表现了他对中国革命、建设形势的独立思考和精辟见解，同时又不断推进、逐步完善，其生成过程可以分为四个阶段：

第一，酝酿阶段。20世纪20、30年代，马克思、恩格斯的《共产

① 中国社会科学院民族研究所编：《斯大林论民族问题》，民族出版社1990年版，第408页。

党宣言》《资本论》（部分章节）、《家庭、私有制和国家的起源》《反杜林论》，列宁著《唯物主义与经验批判主义》《左派幼稚病》《帝国主义论》《国家与革命》，斯大林著《论列宁主义基础》《马克思主义和民族问题》《再论民族问题》《论南斯拉夫的民族问题》等重要著作陆续被译成中文在中国出版，其中不少涉及民族问题，为毛泽东提出文艺"民族形式"范畴提供了思想借鉴和理论参考。1938 年 4 月，在陕甘宁边区工人代表大会的晚会上，毛泽东观看了秦腔《升官图》《二进宫》《五典坡》等戏曲，他对柯仲平说，"要搞这种群众喜闻乐见的中国气派的形式"①。毛泽东的上述提议很快体现在同年 5 月陕甘宁边区文化界救亡协会发表的《我们关于目前文化运动的意见》一文中，"文化的新内容和旧的民族形式结合起来，这是目前文化运动所最需要强调提出的问题"，"新文化的民族化（中国化）和大众化，二者实是不可分开的。忽视民族化而空谈大众化，这是抽象的，非现实的"。②事实上，毛泽东这种思想在他 1937 年 7、8 月发表的《实践论》《矛盾论》中已有类似表述，前者强调"只有人们的社会实践，才是人们对于外界认识的真理性的标准"③，"马克思、恩格斯、列宁、斯大林之所以能够作出他们的理论，除了他们的天才条件之外，主要地是他们亲自参加了当时的阶级斗争和科学实验的实践"④，注重理论与实践的结合；后者指出"十月社会主义革命不只是开创了俄国历史的新纪元，而且开创了世界历史的新纪元，影响到世界各国内部的变化，同样地而且还特别深刻地影响到中国内部的变化，但是这种变化是通过各国内部和中国内部自己的规律性而起的"⑤，强调以我为主、因地制宜。

第二，提出阶段。1938 年 10 月，毛泽东在《中国共产党在民族战争中的地位》中，正式提出"民族形式"范畴。在他看来，中华民族

---

① 艾克恩编：《延安文艺运动纪盛》，文化艺术出版社 1987 年版，第 77 页。
② 陕甘宁边区文化界救亡协会：《我们关于目前文化运动的意见》，《延安文艺丛书·文艺理论卷》，湖南人民出版社 1984 年版，第 388 页。
③ 《毛泽东选集》第 1 卷，人民出版社 1991 年版，第 284 页。
④ 同上书，第 287 页。
⑤ 同上书，第 303 页。

历史悠久，"有它的特点，有它的许多珍贵品。对于这些，我们还是小学生"，作为国际主义者、马克思主义者的中国共产党人必须懂得，"马克思主义必须和我国的具体特点相结合并通过一定的民族形式才能实现"，马克思列宁主义的巨大力量在于"它是和各个国家具体的革命实践相联系的"，中国共产党人要学会"把马克思列宁主义的理论应用于中国的具体的环境"，"成为伟大中华民族的一部分而和这个民族血肉相连的共产党员"，"使马克思主义在中国具体化，使之在其每一表现中带着必须有的中国的特性"。① 在毛泽东看来，民族化的马克思主义是马克思主义的"分店"，"分店"开得越多，就越能反映"总店"的特色、活力和影响范围。虽然毛泽东的"民族形式"在原初含义上主要用于反对教条主义，针对党内工作思路而非文艺问题，但同样适用于文艺领域，解放区、国统区文艺界纷纷掀起讨论热潮，便是明证。

第三，深化阶段。毛泽东的文艺"民族形式"范畴就迅速在延安、上海、香港、桂林、重庆等地传播，引发了众多的解读和阐释，也引起了热烈的讨论和论争，影响广泛而巨大。站在建立新民主主义共和国、整顿党的作风等高度，毛泽东又深化了对这一问题的思考。在 1940 年 1 月发表的《新民主主义论》中，毛泽东将新民主主义文化（中华民族的新文化）界定为"民族的科学的大众的文化"，就是"人民大众反帝反封建的文化"，强调"必须将马克思主义的普遍真理和中国革命的具体实践完全地恰当地统一起来"，并将其具体表述为"和民族的特点相结合，经过一定的民族形式，才有用处，决不能主观地公式地应用它"②，从创造新文化的高度和全局，强调创造民族形式的方向和必要性。在 1942 年 2 月 1 日发表的《整顿党的作风》中，毛泽东强调中国化理论的创造性，指出"中国共产党人只有在他们善于应用马克思列宁主义的立场、观点和方法，善于应用列宁斯大林关于中国革命的学说，进一步地从中国的历史实际和革命实际的认真研究中，在各方面作

---

① 《毛泽东选集》第 2 卷，人民出版社 1991 年版，第 534 页。
② 同上书，第 706—709 页。

出合乎中国需要的理论性的创造，才叫做理论和实际相联系"①，从全党工作作风和思想观念高度，彰显民族形式的内涵和价值。在 1945 年 4 月 20 日发表的《论联合政府》中，毛泽东提出了面对外国文化、中国古代文化的基本方针，即"以中国人民的实际需要为基础，批判地吸收"，"以利于推进中国的新文化"②，论述更加具体，更具针对性、指导性。

第四，巩固阶段。1956 年 8 月 24 日，在同中国音乐家协会负责人谈话时，毛泽东指出，"艺术的基本原理有其共同性，但表现形式要多样化，要有民族形式和民族风格"，"艺术有形式问题，有民族形式问题"，"音乐可以采取外国的合理原则，也可以用外国乐器，但是总要有民族特色，要有自己的特殊风格，独树一帜"，"在中国，马列主义的基本原理要和中国的革命实际相结合。十月革命就是俄国革命的民族形式。社会主义的内容，民族的形式，在政治方面是如此，在艺术方面也是如此"③，进一步强调了自己的看法，使其继续发挥文艺政策的指导功能。1960 年 12 月 24 日，毛泽东同古巴妇女代表团、厄瓜多尔文化代表团谈话时强调，"在文化方面，各国人民应该根据本民族的特点，对人类有所贡献。各国文化有共同点但也有差别"④。1965 年 7 月 21 日，毛泽东在《给陈毅的信》中指出，"要作今诗，则要用形象思维方法，反映阶级斗争与生产斗争，古典绝不能要。但用白话写诗，几十年来，迄无成功。民歌中倒是有一些好的。将来趋势，很可能从民歌中吸引养料和形式，发展成为一套吸引广大读者的新体诗歌"⑤，他的关于古典诗歌不宜表现阶级斗争的看法不一定科学，但强调从民歌中汲取营养、进行新诗创作，却反映了他利用民间形式来助益文艺"民族形式"创造的一贯观点，延续性明显。事实上，时至今日，文艺"民族

---

① 《毛泽东选集》第 3 卷，人民出版社 1991 年版，第 820 页。

② 同上书，第 1083 页。

③ 中共中央文献研究室编：《毛泽东文艺论集》，中央文献出版社 2002 年版，第 146—148 页。

④ 同上书，第 213 页。

⑤ 《毛泽东文集》第 8 卷，人民出版社 1999 年版，第 422 页。

形式"主张依然是我国文艺领域的重要指导方针，这从邓小平、江泽民、胡锦涛的类似表述中便可充分见出，即"所有文艺工作者，都应当认真钻研、吸收、融化和发展古今中外艺术技巧中一切好的东西，创造出具有民族风格和时代特色的完美的艺术形式"①，"要立足自我，博采众长，以推进我国文艺形式、流派、风格的充分发展，实现体裁、题材、主题的极大丰富"②，"广大文艺工作者要适应时代变化和人民精神文化生活发展的要求，坚持古为今用、推陈出新，立足中华文化丰沃土壤，从源远流长的传统文化、激昂奋进的革命文化、争奇斗艳的民族民间文化中汲取养分，努力为中华文化书写新的篇章。要积极借鉴和吸收世界各国文化优长，坚持海纳百川、融会贯通，开创中国文艺新风貌新气象。要打开想象空间，鼓励文艺原创，激发创作活力，提倡体裁、题材、形式、手段充分发展，推动观念、内容、风格、流派积极创新，着力增强艺术的表现力、吸引力、感染力，推出更多具有中国特色、中国风格、中国气派的精品力作"③，这些主张已经成为建设有中国特色文学理论、社会主义文化强国的指导思想和重要组成部分，影响依然巨大。

二　毛泽东文艺民族形式范畴形成的原因

从表面上看，文艺"民族形式"只是毛泽东文艺思想的重要范畴之一，它的主要指向是马克思主义中国化的现代性追求，但不可小瞧其能量、作用，其中蕴含着以小见大、牵一发动全身的巨大声势，它不仅负荷着毛泽东的战略眼光与策略思维，同时也体现了身处"政治化"语境下的中国现代文学理论的"非文学化"倾向。毛泽东之所以提出并强调文艺"民族形式"范畴，其成因是多方面的，既有服务于全面抗战、打击民族主义文艺运动等反动思潮、汲取新启蒙运动精髓的一时

---

① 《邓小平文选》第2卷，人民出版社1994年版，第212页。
② 《江泽民文选》第3卷，人民出版社2006年版，第162页。
③ 胡锦涛：《在中国文联第九次全国代表大会、中国作协第八次全国代表大会上的讲话》（单行本），人民出版社2011年版，第5页。

之需，更有推动马克思主义中国化、延续与推进文艺大众化思路、继承与超越"五四"新文学的长远考虑，从中可以窥见其与 20 世纪中国政治、文化、军事的复杂关系和丰富指涉，可以发现马克思主义文学理论对 20 世纪中国文学理论的重要影响。

服务全面抗战的需要

"五卅"运动以血的代价、惨痛的教训宣告了中国共产党必须走武装反抗反动统治之路，南昌起义开启了"党指挥枪"的革命新历程，"八七会议"提出了"枪杆子里出政权"口号，古田会议确立了中国共产党对军队绝对领导等一系列根本原则和制度，中国革命面貌从此焕然一新。伴随日军侵华行动的升级，九一八事变、一·二八事变、一二·九运动、西安事变相继发生，而卢沟桥事变标志着日本开始全面侵华，中国进入全面抗战阶段，中华民族面临生死存亡的严峻考验。调动一切因素、动员所有力量进行全民族抗战，成为当时最重要的工作和任务。在此大背景下，包含文艺"民族形式"在内的文化作为抗日救亡宣传教育工作的一部分也就理所当然了，出于对中国革命及其前途的准确认知和正确构想，这是毛泽东提出文艺"民族形式"最明显的原因。

首先，体现在关于文艺的一般论述与基础主张上。在毛泽东看来，"没有文化的军队是愚蠢的军队，而愚蠢的军队是不能战胜敌人的"①，所以"现在我们不但要武的，我们也要文的了，我们要文武双全"，"要从文的方面去说服那些不愿停止内战者，从文的方面去宣传教育全国民众团结抗日。如果文的方面说服不了那些不愿停止内战者，那我们就要用武的去迫他停止内战"②，强调文艺的教育功用。朱德也认为，"一个宣传家不必是一个艺术家，但一个马列主义的艺术家应当是一个好的宣传家"，"一个好的艺术家，应当同时是一个政治家"③，重视文艺的宣传作用。中共中央宣传文化政策因之强调，"须知一个在社会上

---

① 《毛泽东选集》第 3 卷，人民出版社 1991 年版，第 1011 页。

② 中共中央文献研究室编：《毛泽东文艺论集》，中央文献出版社 2002 年版，第 3—4 页。

③ 朱德：《三年来华北宣传战中的艺术工作》，《延安文艺丛书·文艺理论卷》，湖南人民出版社 1984 年版，第 105—106 页。

有相当地位、相当声望、能有一艺之长的文化人，其作品在对内对外上常常有很大的影响"①，这些论述，彰显了文化的巨大社会影响。

其次，表现为对文艺"民族形式"服务抗战的内涵阐释上。毛泽东的"民族形式"理论，在抗日战争时期，得到了理论界的高度关注和重点阐释。陈伯达认为，"抗战的内容与民族的形式，是今日文艺运动的主流"，"文艺家的创作应面着现实，并应极力思索如何使自己的表现形式能真正为抗战而服务，能发生感召千百万人的力量"②；宗钰指出，"我以为当前的民族文艺之最恰当解释是：抗战的内容，民族的形式"③；潘梓年强调，"民族形式问题的提出，主要的要求是文艺活动与抗战建国的具体实践的结合"④，"目前民族形式问题的提出……为了为抗战建国服务的新文艺，为大众服务的文艺，需要有它自己的民族形式"⑤；艾思奇表示，"文艺应该成为抗战的力量，它应该成为，而且事实上已经成为全面抗战中的一个要素，一个部门"⑥；成仿吾主张，"我们应该是民族抗战中的勇敢的号兵，确实的情报部与严正的法官，当然在文艺的形式上，用着我们的笔"，"时代规定了我们今天的作品原则的标帜……譬如写春花秋月吧！今天的春花是在疮痍满目中，今天的秋月是在照着中国人民受日本强盗的残酷压迫"⑦。这些论述都强调文艺"民族形式"是抗战内容与民族形式的有机统一体。

再次，呈现为一种"文艺助益政治"的具体文艺政策。一方面，在文艺政策的整体思路上，文艺"民族形式"范畴呼应着中国共产党

---

① 《中央宣传部、中央文化工作委员会关于各抗日根据地文化人与文化人团体的指示》，《延安文艺丛书·文艺理论卷》，湖南人民出版社 1984 年版，第 208 页。

② 陈伯达：《关于文艺的民族形式问题杂记》，《文艺战线》第 1 卷第 3 号，1939 年 4 月 16 日。

③ 宗钰等：《〈文艺〉鲁迅纪念座谈会记录》，香港《大公报·文艺副刊》1939 年 10 月 25 日。

④ 潘梓年：《民族形式与大众化》，重庆《新华日报》1940 年 7 月 22 日。

⑤ 潘梓年：《新文艺民族形式问题座谈会上潘梓年同志的发言》，重庆《新华日报》1940 年 7 月 4—5 日。

⑥ 艾思奇：《旧形式运用的基本原则》，《文艺战线》第 1 卷第 3 号，1939 年 4 月 16 日。

⑦ 成仿吾：《写什么》，《延安文艺丛书·文艺理论卷》，湖南人民出版社 1984 年版，第 266—267 页。

的抗日统一战线理论和总方针，基于"抗日战争和统一战线之所以能够坚持，是由于许多的因素：全国党派，从共产党到国民党；全国人民，从工人农民到资产阶级；全国军队，从主力军到游击队；国际方面，从社会主义国家到各国爱好正义的人民；敌国方面，从某些国内反战的人民到前线反战的兵士"① 这一广泛的社会基础。因为"在以坚决的民族战争反抗日本帝国主义进攻中国总任务之下，首先须在一切政治的军事的号召上与实际行动上，确定'把国内战争同民族战争结合起来'的方针"②，所以"目前中国文艺作者应有的态度，也必然是联合一切被日本法西斯所残害的阶级和民族，以反抗日本法西斯的、民族统一战线的态度"③，具有合理性、迫切性、针对性。另一方面，在文艺政策的具体呈现上，受苏联民族文化理论与文化政策的直接影响，文艺"民族形式"范畴具有鲜明的文艺政策属性。唯明认为，"民族形式这口号，大概是想到苏联'社会主义的内容，民族的形式'这一个口号而提出的。但是在苏联这一个口号非常明显，意思是把社会主义的内容通过不同民族原有的文化形式表现出来。这是一个文化政策"，"民族形式企图把文化政策（在文艺上是文艺路线）加以确定并由这个确定的政策造成今后民族文艺可遵循前行的文艺形式。如果在以前通俗化只是一个宣传技术问题而与高级文艺分离，民族形式企图在内容与形式两方面把它们统一起来"④，突出文艺"民族形式"的政策属性和规范功能；郭沫若强调，"'民族形式'的提起，断然是由苏联方面得到的示唆。苏联有过'社会主义的内容，民族的形式'的号召……"⑤，这里所说的"示唆"、"号召"即指苏联提出的"社会主义内容和民族形式的文化"观点的启示。郑伯奇表示，"民族形式这个名词的提出，大概是在苏联新宪法传入到中国前后，假使我的记忆不错的话。苏联所流行

---

① 《毛泽东选集》第 2 卷，人民出版社 1991 年版，第 440 页。
② 《毛泽东文集》第 1 卷，人民出版社 1993 年版，第 376 页。
③ 艾青：《我对于目前文艺上几个问题的意见》，《延安文艺丛书·文艺理论卷》，湖南人民出版社 1984 年版，第 293 页。
④ 唯明：《抗战四年来的文艺理论》，《文艺月刊》1941 年 7 月。
⑤ 郭沫若：《"民族形式"商兑》，重庆《大公报》1946 年 6 月 9—10 日。

的‘民族的形式，社会主义的内容’这种对于民族文艺的政策，也引起中国文坛的注意”①，强调文艺“民族形式”范畴对苏联文艺政策的援用与借鉴。在这里，“列宁对组织起来的强调反映在布尔什维克及共产主义的实践中，并且在后来的共产主义领导人的思想中引起共鸣。在中国共产党的早期历史中，毛以强调组织起来的重要性而著称”②，以“民族形式”为抓手做好革命文艺的宣传组织工作，为列宁、毛泽东所倚重，而之所以选择“民族形式”，借用“民族自治”、“民族统一”和“民族认同”三位一体诉求的民族主义意识形态与政治情感策略，在于韦伯所言的民族主义与政治合法性的紧密相关性，“现代的统治者惯于利用民族主义来提高自己的政治合法性”③，反而视之，“从民族主义的产生看，普通民众提供激发民族主义情绪的氛围和土壤；而民族文化的制造者，通常是知识分子，他们从历史文本中发掘出往往是乌托邦式的文化梦想；最后，还要有政治家操纵的技巧和手段，把民族情绪和意识形态结合成为政治运动”④，如援引适时、运用得当，民族主义策略完全可以发挥独特而巨大的功用。

推动马克思主义中国化

虽然毛泽东是在观看戏曲时最早提出“中国气派的形式”，但他正式提出的“民族形式”，并非专门指向文艺领域，更多的是政治学、文化学的宏观用语，具有作为综合方法论的跨学科范式属性，用于强调思想、主张的本土化。正因为这样，当时颇有一批人将其与“中国化”画等号。潘梓年说，“我认为民族形式的问题，就是中国化问题”⑤；艾青表示，“我对于民族形式的理解是这样，觉得和中国化是一个意思”⑥；宗钰强调，“学术上的‘中国化’运动，正是和文艺上，以及艺

---

① 郑伯奇：《关于民族形式的意见》，《抗战文艺》第 6 卷第 3 期，1940 年 11 月 1 日。
② ［美］塞缪尔·P. 亨廷顿：《变动社会的政治秩序》，张岱云等译，上海译文出版社 1989 年版，第 367 页。
③ 张汝伦：《现代中国思想研究》，上海人民出版社 2001 年版，第 211 页。
④ 徐迅：《民族主义》，中国社会科学出版社 1998 年版，第 48 页。
⑤ 潘梓年：《论文艺的民族形式》，《文学月报》第 1 卷第 2 期，1944 年 2 月 15 日。
⑥ 艾青等：《民族形式座谈笔记》，重庆《新华日报》1940 年 7 月 4 日。

术上的'民族形式'之创造的运动，互相呼应"①。"民族形式"并不等同于"中国化"，但这种提法确实体现了马克思主义中国化的态度、决心、方略，这是毛泽东提出文艺"民族形式"最重要的原因。

首先，文艺具有鲜明的民族属性，适合打造"中国作风和中国气派"，为推动马克思主义中国化提供了较为适宜的突破口。在"每一个民族，都有自己的气派。这是由那民族的特殊经济、地理、人种、文化传统造成的"②的事实基础和推理前提下，"表现在文艺上，便需要一种能够适合此民族风格和民族气派的手法和样式，以构成一种特有的，足以表现其民族生活特色的，为自己民族的绝大多数所喜爱的文艺形式，即文艺的民族形式"③，革命文艺确实应该多创造、使用"民族形式"，马克思主义中国化思想在文艺领域不仅通行无阻，而且颇具价值。

其次，因地制宜地借鉴苏联文艺经验，强调"抗日的内容"和"民族的形式"的统一，是以实际行动推进马克思主义中国化。一方面，苏联是中国人民的友邦、中国革命的依靠力量和学习对象，借鉴苏联经验具有认识层面的合理性、情感领域的亲近性。基于"在共产国际的所有决定或在苏联的宪法中，我们找不出苏联统治苏维埃中国的任何规定"、"苏联以完全平等和真诚的态度帮助一切被压迫民族和人民。我们知道，它不企图从任何其他国家取得一寸领土或一个人"④的事实，所以"应确定地放在'打通苏联'与'巩固扩大现有苏区'这两个任务之上，并把'打通苏联'作为中心任务，拿'巩固扩大现有苏区'同它密切地联系起来"⑤，而且"随着中国革命的胜利，中国人民将能够把俄国人民当作真正的兄弟来欢迎，正如他们能把其他国家的自

---

① 宗钰：《文艺之民族形式问题的展开》，香港《大公报·文艺副刊》1939年12月12—13日。
② 柯仲平：《谈"中国气派"》，延安《中华新报》1939年2月7日。
③ 光未然：《文艺的民族形式问题》，《文学月报》第1卷第5期，1940年5月15日。
④ 《毛泽东文集》第1卷，人民出版社1993年版，第398页。
⑤ 同上书，第377页。

由人民当作同自己真正平等的人来欢迎一样"①，借鉴苏联经验具有理性、情感的双重优先性，因而是适宜的选择。另一方面，苏联文艺、文化运动欣欣向荣，其做法确实可供援用，以"社会主义的内容与民族的形式"为核心的文艺措施尤其如此。在宏观层面，"苏联各民族文化的伟大发展的经验，在这点上正是足资我们深刻的参考的"②；在微观层面，"苏联的经验是值得我们学习的。在和德国的战争中，据估计苏联共有八百个作家到前线中去。他们中间包括着苏联大多数有世界声誉的大作家，而除了他们的巨型的作品，写作通讯和报告，也成为他们一种自觉的经常的责任"③。于是，在中观层面，"'社会主义的内容，民族的形式的文化'那段说话是我们每个写作人，文化工作人的金科玉律。我们今天的文化文艺应该是'抗日的内容，民族的形式'的文化文艺"④，也就理所当然。

最后，以具有"中国作风和中国气派"的民族形式为参照系、试金石，深刻批判党内"左"倾机会主义、洋八股派，从思维观念、革命路线等高度总结、反思惨痛教训，强调马克思主义中国化的必要性、迫切性。毛泽东强调，"形式主义地吸收外国的东西，在中国过去是吃过大亏的"⑤，"在这个问题上，我们队伍中存在着的一些严重的错误，是应该认真地克服的"⑥。这里所说的严重错误，据 1945 年 4 月 20 日在中国共产党六届七中全会通过的《关于若干历史问题的决议》，即指 1931 年 1 月党的六届四中全会到 1935 年 1 月遵义会议期间所犯的政治路线、军事路线和组织路线上的"左"倾错误。《关于若干历史问题的决议》特别指出，犯这个路线错误的同志，在很长时期内，却在所谓

①　《毛泽东文集》第 1 卷，人民出版社 1993 年版，第 397 页。

②　陕甘宁边区文化界救亡协会：《我们关于目前文化运动的意见》，《延安文艺丛书·文艺理论卷》，湖南人民出版社 1984 年版，第 388 页。

③　艾思奇：《文艺工作者到前方去》，《延安文艺丛书·文艺理论卷》，湖南人民出版社 1984 年版，第 352 页。

④　萧三：《论诗歌的民族形式》，《文艺突击》第 1 卷第 2 期，1939 年 6 月 25 日。

⑤　《毛泽东选集》第 2 卷，人民出版社 1991 年版，第 707 页。

⑥　同上书，第 534 页。

"中共更加布尔什维克化"、"百分之百的布尔什维克"等武断词句下，竭力吹嘘同事实相反的六届四中全会以来中央领导路线之"正确性"及其所谓"不朽的成绩"，完全歪曲了党的历史。联系《决议》上下文语境，"犯这个路线错误的同志"主要指王明（陈绍禹）、博古（秦邦宪），包含"武断词句"的文献便指王明所著《两条路线》（即《为中共更加布尔什维克化而斗争》）的小册子，宣称"不朽的成绩"的同时，污蔑毛泽东为"狭隘经验主义者"。事实上，遵义会议后，毛泽东虽然牢固掌握了军权，也大幅强化了党内其他权利，但相应的思想阐释权和理论话语权仍然掌握在王明等一批留苏知识分子手中，"只有在1935 年 1 月当中国共产党与莫斯科脱离接触之时，党内在莫斯科受过教育的成员才被迫承认毛泽东的领导地位。即使如此，他们在此后的几年里继续在党的委员会中反对毛泽东的路线"①，尤其 1937 年王明从苏联归国，这位被毛称作"昆仑山下来的活神仙"进一步挤压了毛泽东的话语权，批判"洋教条"也就迫在眉睫。② 1938 年 9 月 29 日至 11 月6 日，中国共产党在延安桥儿沟召开了扩大的六届六中全会。会议针对王明在长江局工作期间，否认抗日统一战线中的独立自主原则，主张"一切经过统一战线"、"一切服从统一战线"，放弃党对统一战线的领导权，对抗中央、破坏党纪的行为，重申了党的民主集中制，决定撤销长江局，设立南方局、中原局，结束了王明对华中地区的错误领导，基本克服了抗战初期王明的右倾投降主义错误，统一了全党的思想。同时，全会确定了毛泽东在全党的领袖地位。在题为《中国共产党在民族战争中的地位》的六届六中全会报告最后，毛泽东倡导在全党开展学习运动，强调"都要研究马克思、恩格斯、列宁、斯大林的理论，都要研究我们民族的历史，都要研究当前运动的情况和趋势"，并试探性地提出了"马克思主义中国化"主张，批判"抽象的空洞的马克思

---

① 费正清、赖肖尔：《中国：传统与变革》，陈仲丹等译，江苏人民出版社 2012 年版，第 435 页。

② 张武军：《马克思主义中国化与文艺界"民族形式"运动——兼及对中国当下文艺问题的启示》，《求索》2009 年第 1 期。

主义"、"洋八股"、"教条主义","这是毛泽东在收回自己的军权和党权后向意识形态领域出击的信号"①,形成正确的党风,改造知识分子"只有书本知识而缺乏感性知识"、轻视实践、与人民大众结合不够的弊病,不断推动马克思列宁主义普遍真理和中国革命具体实践的结合,显得迫在眉睫、势在必行。

延续与推进文艺大众化思路

文艺大众化是20世纪30年代中国左翼文学的核心主张,也是20世纪20年代中后期兴起的革命文艺运动("大众化")对"五四"新文化运动("化大众")的主要超越点,曾引发过3次大规模的讨论,鲁迅、瞿秋白、茅盾、蒋光慈等都参与其中,声势浩荡,影响巨大。为适应全世界反法西斯战争新形势需要,接受共产国际的建议,1936年春天中国左翼作家联盟(简称"左联")宣告解散。两年后,虽然左联组织的文艺大众化运动已不复存在,但文艺大众化依然是革命文艺发展的重要方向之一,毛泽东此时提出文艺"民族形式"范畴,显然也关联这一问题。坚持与强化文艺大众化思路,这是毛泽东提出文艺"民族形式"最具体的原因。

一方面,文艺"民族形式"范畴强调"表现形式要多样化"、"为中国老百姓所喜闻乐见",继承和坚持了文艺大众化思路。正因为二者之间的这种内在联系,当时颇有一批人强调它们之间的相似性。朱德认为,"认清对象,便提出一个问题——艺术的民族形式和民间形式的问题,也就是大众化和通俗化的问题"②;郭沫若强调,"在这儿我相信不外是'中国化'或'大众化'的同义语,目的是要反映民族的特殊性以推进内容的普遍性"③;叶以群指出,"关于民族形式问题的理解,我以为这不是一个全新的问题,过去关于'大众化','中国普通话',

---

① 张武军:《马克思主义中国化与文艺界"民族形式"运动——兼及对中国当下文艺问题的启示》,《求索》2009年第1期。

② 朱德:《三年来华北宣传战中的艺术工作》,《延安文艺丛书·文艺理论卷》,湖南人民出版社1984年版,第105页。

③ 郭沫若:《"民族形式"商兑》,重庆《大公报》1940年6月9—10日。

'大众语'的论争都曾涉及这个命题。现在只是以过去新文学底改造运动为基础，适应着目前底客观情势而提出一个更具体的口号，这是新文学本身底一个新发展"，应该在"承继中国历代文学底优秀遗产"、"接受民间文艺的优良成分"、"吸收西洋文学底精华"① 这三方面下功夫。

　　另一方面，文艺"民族形式"范畴注重打造"中国作风和中国气派"，"把提高和普及互相区别又互相联结起来"，建设"民族的科学的大众的文化"，发展了文艺大众化思路。事实上，这一点也为当时的不少文艺界人士、理论工作者所发现。陈伯达认为，"现在中国人真正能读得懂鲁迅的作品的，实在不能算多；而现实——特别是抗战的现实——却迫切地要求我们能供给比鲁迅作品更容易读的作品，以便于感召无数的大众到抗战中来"②，强调具有文艺"民族形式"属性作品的大众化；黄文俞指出，文艺"民族形式"范畴"可以说是'大众文艺''文艺大众化'的口号的继承和发展，却有更丰富更具体的内容"③，突出其对大众化的推进；向林冰表示，"民族形式的提出，完全是一个划时代的崭新的变革问题，它是意味着文艺大众化运动由空想到科学的跃进"，"我认为中国文艺史上，先提出大众化，后提出民族形式，这是一个必然的过程。这个过程的发展顺序，就已经说明了二者的关系：前者是渐变，后者是突变，渐变给突变以基础，突变使渐变趋于完成而走向更高阶段的发展。叶以群先生的看法，似乎对于民族形式提出的意义未免评价过低"④，应该高度肯定其价值。在此范畴指导下，如周扬1949 年 7 月 5 日在中华全国文学艺术工作者代表大会上关于解放区文艺运动的报告《新的人民的文艺》中所总结的，"绘画方面，解放区的

---

① 叶以群等：《文艺的民族形式问题座谈会》，《文学月报》第 1 卷第 5 期，1940 年 6 月 15 日。

② 陈伯达：《关于文艺的民族形式问题杂记》，《文艺战线》第 1 卷第 3 号，1939 年 4 月 16 日。

③ 黄文俞等：《〈文艺〉鲁迅纪念座谈会记录》，香港《大公报·文艺副刊》1939 年 10 月 25 日。

④ 向林冰等：《文艺的民族形式问题座谈会》，《文学月报》第 1 卷第 5 期，1940 年 6 月 15 日。

木刻、年画、连环画等，都带有浓厚的中国作风与中国气派"，"完全
符合一个民族的文艺发展的正常规律"。

打击民族主义文艺运动等反动思潮

民族主义文艺运动源于 1930 年 6 月成立的"前锋社"所发表的
《民族主义文艺运动宣言》，主要成员有潘公展、王平陵、朱应鹏、范
争波、黄震遐等，是隶属中国国民党的文学派别之一，提倡文学的民族
主义，强调民族的整体性而反对左翼文学提倡的阶级文学，以此否定阶
级意识，抹杀进步斗争，鲁迅、茅盾、瞿秋白等撰文对其进行过激烈批
判。1938 年以来，以毛泽东为代表的中国共产党人提出、倡导文艺
"民族形式"，旨在团结一切抗战力量、推动马克思主义中国化、融入
工农大众。可见，虽然同为 20 世纪中国文学发展史的特定范畴、具体
运动，因文艺"民族形式"并不排斥"阶级形式"，完全不同于"民族
主义文艺"。然而，从词表、内容（均关涉民族与文学的关系）、提出
时间先后等方面视之，中国共产党倡导文艺"民族形式"，是有意识地
打击民族主义文艺运动，以便争取意识形态和文化领域的领导权，这是
毛泽东提出文艺"民族形式"最突出的原因。

一方面，从国际主义角度，突出文艺"民族形式"与民族主义文
艺的不同本质，有利于深入批判民族主义文艺运动。凸显二者的不同，
是首先要解决的问题。刘思慕认为，"民族文艺和以前的民族主义文艺
完全不同，它是和国际主义文学不相矛盾的"[①]，直接对其性质进行定
位；潘梓年表示，"民族形式问题，不是从狭隘的民族主义立场上提
出，而正是从国际主义上提出的……民族形式的提出，并不意味着欧化
的排斥"[②]，虽然国际主义并不等同于欧化，但在潘梓年看来，文艺
"民族形式"范畴具有开放视域；华石峰强调，"愈是强调艺术的国际
性，愈是应该发扬民族性。在各个民族特色的发扬与相互渗透过程中，

---

① 刘思慕等：《〈文艺〉鲁迅纪念座谈会记录》，香港《大公报·文艺副刊》1939 年 10
月 25 日。
② 潘梓年：《新文艺民族形式问题座谈会上潘梓年同志的发言》，重庆《新华日报》
1940 年 7 月 4—5 日。

才能创造统一的国际性的艺术"①，试图借用矛盾的对立统一法则，辩证分析文艺的国际性、民族性；张君干指出，"现阶段的民族文艺内容，当然以抗战建国为中心，不成问题。但我们对旧的意识形态必须附带执行消毒工作"②，主张清算民族主义文艺运动的贻害。之所以要阐明其性质的巨大差异，除了国民党以民族主义文艺运动作为配合军事围剿中央苏区的文化"围剿"、倾注心血苦心经营之外，"敌人利用艺术，是特别注意到中国形式的"③，更因为二者之间的区别并不是简单的文学主张差异，更是政治路线、救国主张、文化政策的差异和对抗，对立、冲突无法避免。九一八事变后，国共两党都强化了各自对"中国特性"的表述，但其局势判断、大政方针却不尽相同，甚至在很多方面是根本对立的。比如，共产党主张"全民抗战"、"革命外交"、"持久战"，国民党坚持"安内攘外"、"和平外交"、"持久消耗战"，两党具有根本性的分歧且对抗性明显。

另一方面，以打击民族主义文艺运动为切入点，抵制国民党开展的"新生活运动"、日本大东亚论所推行的道德复古主义，文艺"民族形式"主张负荷着中国共产党的文化自信，对应对国民党的民族主义策略，发挥了巨大功用。"新生活运动"指 1934—1949 年国民党政府推出、以"礼义廉耻"（四维）为理论基础，以"生活艺术化、生活生产化、生活军事化"（三化）为行动纲领的公民教育运动，其核心是倡导"民族意识"和西方国家的"现代生活"，它试图以封建伦理纲常钳制人们的思想、言行，用生活细节要求转移人们对社会政治的不满，借此维护国民党的统治，在政治和文化上否定阶级意识形态、强化国家主义统制，具有明显的反共产主义意识形态性，但因其"虚化的三民主义意识形态缺乏坚实的社会基础，其带有传统文化色彩的民族主义不能跟

---

① 华石峰：《论中国文学运动的新现实和新任务》，香港《时代文学》创刊号，1941 年 6 月 1 日。

② 张君干等：《〈文艺〉鲁迅纪念座谈会记录》，香港《大公报·文艺副刊》1939 年 10 月 25 日。

③ 朱德：《三年来华北宣传战中的艺术工作》，《延安文艺丛书·文艺理论卷》，湖南人民出版社 1984 年版，第 105 页。

上迅速变化的时代思想，不能解释和应答社会的变化，逐渐失去了具有新思想的青年一代的支持，也无法获得群众的普遍认同，因而成为基础狭窄的民族主义"①，引起共产党和广大知识分子的不满，未能得到广大群众的支持，实际收效甚小。日本占领我国东三省之后，在其殖民统治中大力推行"大东亚主义"，宣扬忠诚、善良、牺牲、包容的儒家伦理规范，鼓吹代表东方文明意识形态的儒家大同和王道学说，以此证明其文化合理性，掩盖其帝国主义的殖民逻辑，回避其西方现代性历史观支持下的社会达尔文主义实质。② 在此背景下，毛泽东的文艺"民族形式"范畴显然指涉更为丰富，成效也就更加明显。建立在"只有延安不但在政治上而且在文化上作为中流砥柱，成为全国文化的活跃的心脏"③ 的文化自信基础上，文艺"民族形式"范畴具有鲜明的实践指向性、现实针对性。1940 年 6 月 9 日重庆《新华日报》编辑部组织，潘梓年主持召开的知名作家"民族形式"座谈会，强调重视文艺实践、不单停留于理论探讨，之后不久，中共中央宣传部专门就《新华日报》和《群众》杂志的工作问题，致电南方局董必武，做出明确指示，"民族形式就是人民的形式，与革命内容不可分，大后方很多人正利用民族口号鼓吹儒家与其他复古独裁思想，故党的报刊与作家对此须慎重，不可牵强附和"，文艺"民族形式"理论的对策性、战斗性可见一斑，也正因为如此，在共产党的科学主张的合力作用及其与国民党相关做法的对比凸显下，"特别是 20 世纪 30 年代中期以后，随着民族主义情绪的高涨，国民党过于迂缓保守的民族主义，在共产党更为激进彻底的民族主义的对比下，逐渐失去了民众的认同，丧失了曾经有过的政治动员力"④，这致使二者迎来不同的命运、归宿。

---

① 胡涤非：《民族主义与近代中国政治变迁》，知识产权出版社 2009 年版，第 189 页。
② 曹林红：《民族、阶级与"形式"的政治——论抗战时期"文艺的民族形式"讨论》，《中国现代文学研究丛刊》2011 年第 3 期。
③ 《欢迎科学艺术人才》，《延安文艺丛书·文艺理论卷》，湖南人民出版社 1984 年版，第 211 页。
④ 胡涤非：《民族主义与近代中国政治变迁》，知识产权出版社 2009 年版，第 195 页。

汲取新启蒙运动的精髓

新启蒙运动又称"新五四运动"、"第二次新文化运动",是由张申府、陈伯达、艾思奇、何干之、陈唯实、柳湜等人在 20 世纪 30 年代中后期发起、由上海和北京等地一批知识分子参加的、以鲜明的爱国主义和民主主义为特色的思想文化运动,关联日本帝国主义在我国东北地区借儒家伦理学说推行愚民政策的大背景,它主张"继承五四,超越五四",希望破除"五四"启蒙的历史不足,将"文化的新内容和旧的民族形式"有机结合,推动中华民族迎来新的觉醒。① 虽然因为"启蒙倡导响应寥寥"、"思想论争软弱无力"、"日寇的全面侵华打乱了新启蒙者的设想"等多种因素,在中国现代文化史上新启蒙运动的影响并不大,但它与"民族形式"范畴关系密切,这是毛泽东提出文艺"民族形式"最直接的原因。

一方面,从事实联系来看,陈伯达的某些表述为毛泽东提出文艺"民族形式"范畴作了理论准备,后者直接吸取了新启蒙运动的养分。早在 1934 年,张申府主编《世界思潮》时,就重提"五四"精神,呼吁开展新启蒙。1936 年 7 月底 8 月初,刘少奇改组中共中央北方局,任命陈伯达为宣传部长,有意识地酝酿新启蒙运动。1936 年 9 月 10 日,陈伯达的《哲学的国防动员——新哲学者的自我批判和关于新启蒙运动的建议》一文刊登在《读书生活》第 4 卷第 9 期,标志着新启蒙运动的正式开始。1938 年 5 月 4 日陈伯达撰写《我们关于目前文化运动的意见》②,强调"文化的新内容和旧的民族形式结合起来,这是目前文化运动所最需要强调提出的问题,也就是启蒙运动与过去启蒙运动不同的主要特点之一"③,该文比毛泽东《论新阶段》第 7 部分《中国

---

① 庞虎:《二十世纪三十年代新启蒙运动夭折的原因分析》,《光明日报》2009 年 3 月 3 日第 10 版。

② 《延安文艺丛书·文艺理论卷》以"陕甘宁边区文化界救亡协会"名义收录这篇文章、并作"选自《解放》第三十九期"的说明。金良守《论"民族形式"论争的发端问题》(载《南京大学学报》1996 年第 2 期)一文强调,该文载于明记"陈伯达著"的《在文化阵线上》这本小册子,"主张这篇文章的笔者为陈伯达没有大的问题"。同时,据笔者所知,由多个网站刊载的"陈伯达著述言论目录"亦收录了这篇文章。

③ 陕甘宁边区文化界救亡协会:《我们关于目前文化运动的意见》,《延安文艺丛书·文艺理论卷》,湖南人民出版社 1984 年版,第 388 页。

共产党在民族战争中的地位》提出"民族形式"概念早5个月。1938年7月23日陈伯达发表《论文化运动中的民族传统》一文（载《解放》周刊第46期），指出"有些文化工作者对于民族旧文化形式的利用，还没有给予最适当的注意。一些文化工作者还没有具体地注意到，理解到斯大林关于苏联文化发展所提出的社会主义内容和民族形式的名论，而去根据自己民族的革命运动，根据自己民族的特点，根据自己民族所需要的文化运动，把这名论在实际中最广泛地具体运用起来"①，论及斯大林民族文化理论、民族形式问题。韩国学者金良守从观点交流（毛泽东、陈伯达同为1938年9月在延安成立的"新哲学会"的发起人）、个人关系（1938年春，陈伯达被任命为中央军委主席毛泽东办公室副秘书长，作为毛泽东的政治秘书，参与不少重要文稿的写作）等多个方面推断，"陈伯达对'民族形式论'所奠定的理论基础，毛泽东把它发表于《论新阶段》中"②。可见，新启蒙运动为毛泽东的文艺"民族形式"形式提供了借鉴，这是有事实依据的。

　　另一方面，从思想指向来看，毛泽东文艺"民族形式"范畴与张申府"综合论"等颇有相似之处，后者为前者提供了某种思想框架。张申府的"综合论"认为，"所要造的文化不应该只是毁弃中国传统文化，而接受外来西洋文化，当然更不应该是固守中国文化，而拒斥西洋文化；乃应该是各种现有文化的一种辩证的或有机的综合"③；吴承仕《启蒙学会宣言》强调，"扬弃古代文化，即是忠实的接受和保持古代文化；吸收外来文化，即是忠实的扩大和培植固有文化"；陈唯实指出，唯物辩证法"最要紧的，是熟能生巧，能把它具体化、实用化，多引例子或问题来证明它。同时，语言要中国化、通俗化，使听者明白才有意义"④；柳湜表示，"中国化在学术运动上不是某一部门的口号，

① 转引自金良守《论"民族形式"论争的发端问题》，《南京大学学报》（哲学·人文·社会科学版）1996年第2期。
② 金良守：《论"民族形式"论争的发端问题》，《南京大学学报》（哲学·人文·社会科学版）1996年第2期。
③ 张申府：《五四纪念与新启蒙运动》，《北平新报》1937年5月2日。
④ 陈唯实：《通俗辩证法讲话》，上海新东方出版社1936年版，第7页。

它是贯通全学术领域的"①；艾思奇《大众哲学》号召，马克思主义（哲学）要来一个"中国化现实化"运动……毛泽东文艺"民族形式"范畴不失为这样的综合体、中国化产物。当然，毛泽东文艺"民族形式"范畴只是吸收了新启蒙运动的思想精华，因为新启蒙运动比较复杂，自身存在诸多不足。② 比如，张申府将新启蒙运动与"新生活运动"揑合在一块，宣称"二者可以说同是文化运动，同是要以文化方面救国家与民族的，只是新启蒙运动比较偏于思想方面，新生活运动比较偏于生活方面"③，此种认识断不可取；新启蒙运动强调联合文化界各种抗日力量，很大部分成员却忽视了文化思想领域的斗争及左翼的领导权问题，如何干之便主张"我们要求思想解放，但不提出用什么来代替，这里要有绝对的自由"，"有了思想就不必有信仰，思想一成信仰，就污辱了思想的尊严"④，与马克思主义主张背道而驰，思想可谓简单幼稚；部分新启蒙者继承"五四"批判精神的同时，为团结一切抗战因素，对封建传统采取一味的"包容"态度，即便享有"人民的哲学家"、为毛泽东所高度称赞的艾思奇，在 1937 年也曾说过，"就是封建文化的遗产或封建文化的代表者，倘若他能发挥出一定的美点，或者在爱国运动上有一点一滴的助力时，我们都可以接受它"⑤，观点存在偏颇之处。更重要的是，在近现代中国的社会语境中，外敌入侵激起民族矛盾往往是启蒙运动出现的直接背景，救亡催生启蒙，启蒙为了救亡，也就决定了中国启蒙运动启"救亡"之蒙的基本特征，特别是在日军全面侵华、中华民族存亡的紧急关头，文化启蒙让位于民族救亡，也就成为必然的选择。⑥

----

① 柳湜：《论中国化》，《柳湜文集》，生活·读书·新知三联书店 1987 年版，第 855 页。

② 以下归纳借鉴庞虎《二十世纪三十年代新启蒙运动夭折的原因分析》，《光明日报》2009 年 3 月 3 日第 10 版。

③ 张申府：《什么是新启蒙运动》，生活书店 1939 年版，第 40 页。

④ 何干之：《近代中国启蒙运动史》，生活书店 1938 年版，第 216 页。

⑤ 艾思奇：《新启蒙运动和中国的自觉运动》，《文化食粮》创刊号，1937 年 3 月。

⑥ 庞虎：《二十世纪三十年代新启蒙运动夭折的原因分析》，《光明日报》2009 年 3 月 3 日第 10 版。

第三节　20 世纪中国文学理论中的
文艺民族形式研究

就理论分量而言，"民族形式"范畴、新民主主义文化理论、《在延安文艺座谈会上的讲话》是毛泽东在延安时期所提出文学理论的三个主要组成部分，三者"三位一体"，之间具有理论逻辑，文艺实践的推进性、发展性，而"民族形式"范畴开启了这种伟大的理论创新之路，对 20 世纪中国文学理论产生了持续而深远的影响。上述三大文艺理论成果都深刻影响了我国解放区、国统区甚至全世界的文艺运动，文艺"民族形式"范畴作为开创时期的思想成果，更是引发了包括延安、上海、香港、重庆、桂林在内的全国文艺界人士和知识分子的讨论、思考、争辩，而这些探讨又关涉 20 世纪中国文学理论许多重大问题，客观上又使文艺"民族形式"问题的影响更加广泛、深远、复杂。

一　文艺民族形式论争

围绕文艺"民族形式"而展开的这场论争是抗战时期一次规模较大的文艺讨论，它始于 1938 年下半年，1942 年上半年以后逐渐淡出人们视野，持续时间将近 4 年，主要围绕界定"中心源泉"、评价"五四"新文学、如何利用旧形式等问题而展开，且因讨论所在城市（延安、重庆、桂林、上海、香港等），参与者身份、立场等方面的差异而有所不同甚至大不相同，共时性差异和历时性差异都比较明显。经过多次讨论座谈会的直面交流、观点碰撞，通过公开发表文章进行多轮的辩驳，向林冰、茅盾、潘梓年、胡风、葛一虹、田间、郭沫若、周扬、冯雪峰、艾思奇、柯仲平、陈伯达、黄药眠、叶以群、艾青、何其芳、沙汀、郑伯奇、巴人、唯明、光未然、黄绳、杜埃、黄芝冈、防耳、罗荪、林焕平、方白、刘备耕、王实味等一批人都表达了自己的看法，对文艺问题的探讨相对专业、富有深度，大幅扩大了文艺"民族形式"的影响，更加凸显其在 20 世纪中国文学理论发展史上的价值。

文艺"民族形式"的"中心源泉"

概而论之，各文艺界人士、知识分子从"民间形式"、"现代中国人民大众生活"、"外来形式"、"科学的世界观和现实主义的创作方法"等角度，界定了文艺"民族形式"的"中心源泉"。向林冰撰写《论民族形式的中心源泉》等多篇文章，主倡"民间形式中心源泉论"，他强调"民间形式的批判的运用，是创造民族形式的起点，而民族形式的完成，则是民间形式运用的归宿。换言之，现实主义者应该在民间形式中发现民族形式的中心源泉"①，其观点引起巨大反响，重庆几乎所有重要的报刊杂志都因此参与了这场论争。向林冰的这一主张，阶级论色彩明显，引发了很多人的批评，"不能专钻到'民间形式'的'胎内'去做一番'批判运用'工夫便以为握得了'主要契机'"②，"'喜闻乐见'被解释为'习闻乐见'，于是中国的文艺便须得由通俗文艺再出发，民间形式便成为民族形式的中心源泉"③，"'中心源泉'论者向林冰先生的中心错误，在于：（一）把'五四'以来受了西方文艺影响的新文艺等看作是完全不适宜于'中国土壤'，或者是'中国土壤'上绝对不能产生的异物……（二）向先生的又一错误在于把民间形式之所以能为民众所接收，认为是一个单纯'口味'的问题……（三）向先生把民族形式了解为狭隘的民族主义的口号，而不知恰恰相反，民族形式的建立正是到达将来世界大同的世界文学的必经的阶段"④。

在批评向林冰的同时，以"进化论"为指导思想，他们也提出了各自的"中心源泉"观。茅盾推崇"现代中国人民大众生活"，他认为"所谓'民族形式'这一口号，最初即受到了恶意的或无知的曲解。'民族形式'的正解，显然是指植根于现代中国人民大众生活，而为中国人民大众所熟悉所亲切的艺术形式"，"曲解者则谓中国封建文艺之

---

① 向林冰：《论"民族形式"的中心源泉》，重庆《大公报》1940年3月24日。
② 黄芝冈：《从抗日内容下看中心源泉》，重庆《大公报》1940年3月24日。
③ 郭沫若：《"民族形式"商兑》，重庆《大公报》1940年6月9—10日。
④ 茅盾：《旧形式·民间形式·与民族形式》，《中国文化》第2卷第1期，1940年9月25日。

一的'民间形式'是真正民族的形式……又无条件地排斥世界文学的优秀传统,不惜自居于'思想上的义和团',并且他又抹煞了'五四'以来思想文艺运动的成果,而成为客观上与今天中国思想界的复古逆流相呼应而为之张目"①；郭沫若看重"外来形式",他指出"民间形式的中心源泉事实上是外来形式。外来形式经过充分的中国化是可以成为民族形式乃至民间形式的"②；葛一虹认定"科学的世界观和现实主义的创作方法",他宣称"我们的'主导契机'或'中心源泉',还是在于我们的科学的世界观和我们的现实主义的创作方法"③。通过以向林冰、葛一虹二人为核心的这次民族形式"中心源泉"的激烈论争,国统区的许多文艺界人士加深了对文艺"民族形式"的认识,并非像段从学专著《"文协"与抗战时期文艺运动》将其定性为"一场发生在以左翼进步文人为主体的新文学同人和编刊社之间的论争"那样,虽然深度仍然比较有限,但客观上扩大了毛泽东文艺"民族形式"范畴的影响。

文艺"民族形式"与"五四"新文学评价

石凤珍认为,在中国这样的后发现代化国家中,文艺"民族形式"范畴引发评价"五四"新文学具有更深层的根源,"一、中国文学现代化与民族化的先天紧张与悖论；二、'五四'新文学承载的资产阶级意识形态与共产党所要求的马克思主义意识形态的冲突"④,这是一个比较复杂的问题。关联文艺"民族形式"评价"五四"新文学,就其基本态度而言,可以分为肯定与坚持为主、改造与超越为主这两种流派。

胡风是肯定与坚持"五四"新文学传统的典型。1940 年 10 月,他撰写《论民族形式问题的实际意义——对于若干反现实主义倾向的批判提要,并以纪念鲁迅先生底逝世四周年》一文,该文包含 9 个部分、长达 5 万多字,核心观点可用其中一句原话来表示,"'民族形式'本质

---

① 茅盾:《抗战期间中国文艺运动的发展》,《中苏文化》第 8 卷,第 3—4 期合刊,1941 年 4 月 20 日。

② 郭沫若:《"民族形式"商兑》,重庆《大公报》1940 年 6 月 9—11 日。

③ 葛一虹:《民族遗产与人类遗产》,《文学月报》第 1 卷第 3 期,1940 年 3 月 15 日。

④ 石凤珍:《文艺"民族形式"论争研究》,中华书局 2007 年版,第 79 页。

上是'五四'的现实主义的传统在新的情势下面主动地争取发展的道路"，那意义就在这里。一切脱离内容去追求形式的理论，在这里都要受到批判①，胡风将"五四"新文学开创的传统归结为大众化、现实主义传统，提出了一个独特的"五四传统——现实主义"阐释框架，强调"以现实主义的'五四'传统为基础，一方面在对象上更深刻地通过活的面貌把握民族的现实（包括对于民间文艺和传统文艺的汲取），一方面在方法上加强地接受国际革命文艺的经验（包括对新文艺的缺点的克服），这才能够创造为了反映'新民主主义的内容'的'民族的形式'"②，"在'民族形式'的论争中，胡风充当了一个突出的角色。他肯定以鲁迅为范例的较为世界主义的'五四'文学价值观，反对以土生土长的形式为优而贬低上述遗产"③，胡风"整个理论的重点的确是'启蒙'，是'化大众'，而不是'大众化'。由此出发，他对'民间形式'采取了忽略、排斥以至虚无主义态度……对通俗化、大众化、习见常闻或喜见乐闻，采取了轻视的态度"④，其根本目的"就是与对'五四'的任何批评作斗争，努力捍卫'五四'新文艺的唯一正统合法地位"，"胡风要竭力证明'五四'新文学传统的先进性和历史合理性，以此捍卫中国现代知识分子生长的思想基础"⑤，罗荪、何其芳因此指责胡风的现实主义论为"民族形式"的取消论。⑥

艾思奇、柯仲平、黄绳等绝大多数人，强调以文艺"民族形式"思想改造、超越"五四"新文学。艾思奇认为，"表现我们的民族气派和民族作风的东西""太不够"，五四新文学运动"并不是建立在真正广大的民众基础上"、"并没有向民间深入"，"对于过去的传统一般地采取极端否定的态度"，"五四以来的新文艺的发展""使我们远离了民

---

① 胡风：《胡风全集》第 2 卷，湖北人民出版社 1999 年版，第 727 页。

② 同上书，第 774 页。

③ 李欧梵：《铁屋中的呐喊》，尹慧珉译，岳麓书社 1999 年版，第 231 页。

④ 李泽厚：《中国现代思想史论》，生活·读书·新知三联书店 2008 年版，第 83—84 页。

⑤ 傅学敏：《"民族形式"论争的名与实》，《江西社会科学》2008 年第 11 期。

⑥ 石凤珍：《文艺"民族形式"论争研究》，中华书局 2007 年版，第 134—142 页。

族的形式"，"五四以来文艺运动中的缺点，就在于不能深刻认识广大民众的生活，因此大多数徒有写实的外表形式，而无现实的内容"①，突出"五四"新文学的种种不足；柯仲平指出，"'五四'时期产生的新艺术，是对于中国艺术传统的一次否定，在这次否定过程中，是使内容更加丰富了。到抗战时期，却是一个否定的阶段，在这阶段上，会使艺术到一个较高的综合"，"有了'五四'时期的一个锻炼，指导应吸收的西洋文化还须经过中国化，才能使它深入，普遍到大众中去"②，强调在否定之否定规律中，完成对"五四"新文学的再度超越；黄绳表示，"当前的文艺运动，以大众化为主脉，在本质上由对五四文艺运动的继续，而达到对五四文艺运动的否定，创造民族形式的大众文艺"③，"民族形式是五四以来文艺形式的否定，在文艺语言上也不能不是五四以来文艺语言的扬弃"④，注重从语言等细节改造"五四"新文学。他们与胡风的主张存在巨大差异，双方之间的分歧十分明显。

文艺民族形式中的其他议题

不论是解放区，还是国统区的讨论，都肯定文艺"民族形式"与抗日救国任务的内在联系，都强调其抗日文艺属性，但二者又存在较多差异与观点争锋。⑤ 解放区的"民族形式"讨论比较强调马列主义、苏联政策方针的直接启发，经常征引马克思、列宁、斯大林名言来阐发观点，将毛泽东描述为与斯大林这位"在西方一个世界的巨人"并列的东方巨人和中国抗战领袖，注重共产主义宣传，往往由"抗日救亡"引向马克思主义、社会主义政治前途，强调社会主义这一强大的新内容能够克服自身与旧形式之间的矛盾，最重视旧形式尤其是解放区当地民间形式的利用和改造，认为"你没有老百姓喜闻乐见的中国气派，老

---

① 艾思奇：《旧形式运用的基本原则》，《文艺战线》第 1 卷第 3 号，1939 年 4 月 16 日。

② 柯仲平：《介绍〈查路条〉并论创造新的民族歌剧》，《文艺突击》新 1 卷第 2 期，1939 年 6 月 25 日。

③ 黄绳：《当前文艺运动的一个考察》，《文艺阵地》第 3 卷第 9 期，1939 年 8 月 16 日。

④ 黄绳：《民族形式和语言问题》，香港《大公报·文艺副刊》，1939 年 12 月 15 日。

⑤ 以下归纳借鉴罗维斯《民国视野下文艺民族形式论争的区域特征》，《新文学评论》2013 年第 1 期。

百姓决不会相信你的领导"①，将文艺的民众宣传效果提升到文艺自身
发展方向的高度。国统区的讨论参与者特别注重从"抗战建国"语境
探讨文艺"民族形式"问题，要求"文艺活动与抗战建国的具体实践
的结合"，强调"作为当前文艺的创作口号，还是抗战文艺具体些，积
极些"②，各抒己见的个人化阐释色彩明显，强调"关于民族形式，各
人有各人的说法，而且各不相干"，缺少"解放区那种统摄全局的观念
和有组织的实践"，基本没有提及社会主义方面的内容，甚至还出现一
些认同国民党意识形态的表述，认为民族形式"是三民主义新中国的
新文艺的民族形式"，并不强调毛泽东"抗战领袖"的地位，力避与国
民党所主张的奉蒋介石为抗战建国中唯一领袖的方针相悖，虽经常征引
毛泽东关于"民族形式"的论述，但多将其作为一种普遍观念而并未
特别强调出自毛泽东，或者用"毛润之先生提出"的表述方法，即便
中共《新华日报》社长潘梓年也用"……是毛泽东同志自己对民族形
式所下的脚注"这种提法，有意规避毛泽东的领袖身份，反倒是蒋介
石言论有时被引用，方白就说"蒋委员长说：'我们最后的胜利不在都
市而在广大的农村。'真是多么伟大的指示！"国统区与解放区的这种
差异，主要因为重庆讨论"民族形式"时正好国民党掀起两次反共高
潮，国共两党对立斗争局面使然，"中国共产党的文艺思想方针在国统
区的传播并不像现有文学史叙述的那样迅速，也可想见要在国民政府的
战时统治中心掀起对在野党文艺政策的讨论和学习并非畅通无阻"，但
"通俗文艺和民间文艺等底层民众尤其是农民所喜好的文艺形式"，都
被国共两党视为宣传党义和政策的工具而受到重视，促使文艺"民族
形式"讨论虽差异巨大，却能同时在解放区、国统区展开，但二者并
非毫无联系的两大思想体系。③

---

① 柯仲平：《谈"中国气派"》，延安《中华新报》1939 年 2 月 7 日。
② 林焕平等：《〈文艺〉鲁迅纪念座谈会记录》，香港《大公报·文艺副刊》，1939 年 10
月 25 日。
③ 罗维斯：《民国视野下文艺民族形式论争的区域特征》，《新文学评论》2013 年第 1
期。

在民族形式与通俗化、大众化的关系方面，潘梓年、艾青等一部分人持有不同看法，他们强调二者之间的差异而非共性、对接性，这不同于毛泽东文艺"民族形式"对左翼文艺大众化思想的"收编"与改造。艾青认为，"通俗化运动是要分工合作的，譬如叫作家去作识字运动，不是会不会的问题，而是合适不合适的问题，作家的作品只要影响一般知识分子，知识分子再去影响广大的人民"①，强调文艺作品与一般识字教育读物、文艺创作与识字运动的区别；潘梓年指出，"民族形式问题的提出，不能和通俗化、大众化问题混为一谈。我们要求每一个文艺创作都用民族形式，但不能要求每一个文艺创作都是通俗化的，大众化的读物。民族形式问题的提出，不是简单地要求大众化，而是要求整个新文艺品质的提高"②，突出文艺"民族形式"在思想质量、文学性等方面的提升，认为其发展方向并不能定于"大众化"这一尊。

在文艺"民族形式"的生成途径与方式上，何其芳、光未然、杜埃等人强调，应该多维吸收、综合利用古代文学、民间文学、外国文学的营养，但必须处理好比例、轻重、分量问题，才能确保创造文艺"民族形式"落到实处。何其芳认为，"它的三个组成部分，旧文学的传统的承继，民间文学的利用，欧洲文学的影响的接受，应该有着怎样一个比例？即谁是主要的，谁是辅助的"③，强调要具体分析、进行科学规划，充满学理思考；光未然指出，"从现实生活汲取，从国际遗产吸取，从民族传统发展，从民间文学采撷，乃至运用现实主义的创作方法和进步的世界观，都是缺一不可的。问题只在其轻重分量的配置，和它的具体的结合过程的检讨"④，表示只有关注具体构成、细节过程，才能产生理想的民族形式，"民族形式是接受了民族文艺的优良传统——包括五四以来的新传统，接受了旧形式的优良的要素，和新形式

---

① 艾青等：《民族形式座谈笔记》，重庆《新华日报》1940年7月4日。

② 潘梓年：《新文艺民族形式问题座谈会上潘梓年同志的发言》，《新华日报》1940年7月4—5日。

③ 何其芳：《论文学上的民族形式》，《文艺战线》第1卷第5期，1939年11月16日。

④ 光未然等：《戏剧的民族形式问题座谈会》，《戏剧春秋》第1卷第3期，1941年2月1日。

的健康的要素，以及民众自身在现实生活中表现新事物新感情的方式，适当地融合了外来影响中的新鲜的要素，运用现实主义的创作方法和正确的世界观的有力的武器，而创造出的一种足以表现中国作风和中国气派的，为大众所喜见乐闻的，新鲜活泼的一种文艺形式"[①]；杜埃以为，"民族形式的创造，是找寻各地方特色的东西，在这些各个特色之间抽出其最足以代表的特征，有着全民族共通性的东西，加以艺术的概括和综合，提炼和净化"[②]，创造民族形式离不开对民族文化的典型提炼和艺术挖掘。

二 文艺民族形式论的评价

借鉴马克思、恩格斯、列宁等马克思主义经典作家关于民族问题的重要论述，汲取马克思主义文学理论的养分，着眼于中国的社会语境与革命需求，以毛泽东为代表的中国共产党人提出、强调文艺"民族形式"范畴，关涉马克思主义普遍性与中国化、救亡和启蒙、现代性和民族化、精英化和大众化、中国共产党的文化政策等重要议题，在全面抗日时期引起了全国范围内的广泛讨论，对包括文学理论在内的整个20 世纪中国的思想、文化、政治都产生了深远影响。

时代需要与各方热议之下的重要议题

马克思在《〈黑格尔法哲学批判〉导言》中曾经指出，"理论一经掌握群众，也会变成物质力量。理论只要说服人，就能掌握群众；而理论只要彻底，就能说服人"，"理论在一个国家实现的程度，总是决定于理论满足这个国家的需要的程度"。[③]毛泽东的文艺"民族形式"范畴也不例外，它具有助益于全面抗战、促进马克思主义中国化、对接与发展文艺大众化思路、继承与超越"五四"新文学、打压民族主义文艺运动、吸收新启蒙运动养料等多方面的理论追求与思想考量，如马克

---

① 光未然：《文艺的民族形式问题》，《文学月报》第 1 卷第 5 期，1940 年 5 月 15 日。

② 杜埃：《民族形式创作诸问题》，香港《大公报·文艺副刊》，1939 年 12 月 11—12日。

③ 《马克思恩格斯选集》第 1 卷，人民出版社 1995 年版，第 9—11 页。

思主义经由思想较量而在 20 世纪取得世界范围内的全面胜利一样，成为必然的选择，进步性、积极意义明显。如潘梓年、唯明、光未然等人当时指出的，"民族形式，不只是文艺上的问题，同时也是文化上的问题，革命工作的作风问题"①，范畴本身十分重要，"抗战以来在文艺上曾经引起最广大最长久的论争的是民族形式的论题……这是一个文艺理论上方面最广意义最深的问题，参加讨论的作家，也都是尽心尽力来发挥自己的见解，而且态度大抵是严肃的"②，所展开的讨论比较专业、深入、学术化，"文艺的民族形式问题，决不是一种纸上空谈，它是抗战以来的文艺活动中特别是创作实践活动中所引起的最迫切而且是最实际的问题。从它的意义上看来，不仅是创作方法上的问题，而且是文艺政策上文艺路线上的问题；不仅是艺术生活上的问题，而且是政治生活上的问题；不仅是通俗化大众化的问题，而且是提高中国文艺水准的问题；不仅是利用旧形式或创造新形式的问题，而且是清算并承继民族文艺的优良传统，发扬而光大之的一种继往开来的责任问题"③，内涵丰富，牵涉广泛，具有较大的生长空间、阐释价值和指导意义。

　　文艺"民族形式"范畴强化了文艺服务政治功能，推动革命文艺运动向前发展，历史进步性明显。处于 20 世纪上半叶的中国，反帝反封成为最核心的任务，文艺服务于政治、助益于民族救亡、有利于社会进步具有历史必要性，"在中国，解放的现代性的叙述结构具有其威力，因为它把国家和现代知识分子的积极性都调动起来了，它在许多领域给中国人民带来的成果都是不可忽视的"④，倡导文艺"民族形式"、发挥上述作用也就理所当然。在此种场域中，因为文艺运动"是要配合着政治运动的发展而发展的，它本身是政治运动的产物，政治运动预定了和规定了它的本质和内容；然而文艺又不仅仅被动地服务于政治，

---

① 潘梓年：《论文艺的民族形式》，《文学月报》第 1 卷第 2 期，1944 年 2 月 15 日。
② 唯明：《抗战四年来的文艺理论》，《文艺月报》1941 年 7 月。
③ 光未然：《文艺的民族形式问题》，《文学月报》第 1 卷第 5 期，1940 年 5 月 15 日。
④ ［美］杜赞奇：《从民族国家拯救历史——民族主义话语与中国现代史研究》，王宪明等译，江苏人民出版社 2009 年版，第 217—218 页。

它也主动地活泼地为着政治而斗争着。文艺运动的向政治的实践，同时是向艺术的发展，也就同时是向政治的更高的实践的发展"①，"假如说，革命的理论是从思想上去影响人朝向革命，组织人为革命而行动；那末，革命的文艺创作则是从情感开始到理智去影响人走向革命，组织人为革命而生，为革命而死"②，所以可以说"在为人民大众谋福利，为大多数的劳苦的人类而奋斗的这崇高的目的上，文艺和政治，是殊途同归的"，"文艺兵不就是政治的附庸物，或者是政治的留声机和播音器。文艺和政治的高度的结合，表现在文艺作品的高度的真实上。愈是具有高度真实性的文艺作品，愈是和一定时代的进步的政治方向一致"，这要求"当我们评价一个作品时，必须根据它是否达到了真实，它所包含的思想是否和作者本身的情感结合在一起——这个是一切艺术的生命；以及它的政治目的和艺术的苦辛是否相合拍这些准则，而下高低的批判"③，发挥文艺的独特功用，服务于政治、革命，艺术价值与政治作用二者兼顾，也就是适宜、必然的选择。

奠基《讲话》与表征民族化的理论宝库命题

毛泽东提出文艺"民族形式"范畴，强调旧形式尤其是民间形式的改造和利用，"列宁主要考虑到的是知识分子与工人的联合；毛证明列宁的政治发展理论对知识分子与农民的结合同样是中肯的"④，在列宁理论的基础上，毛泽东更加注重文艺与底层（工农兵群众）的全面融合。在解放区关于文艺"民族形式"的许多讨论文章中，主动学习和努力创造老百姓喜闻乐见的文艺样式，被定位为每位知识分子义不容辞的任务和不可或缺的工作，促使文艺家改掉不良习气，"应该根据文艺活动的实际生活来克服文艺家过去的习气，不能以文艺活动的实际生

---

① 黄绳：《当前文艺运动的一个考察》，《文艺阵地》第 3 卷第 9 期，1939 年 8 月 16 日。
② 艾青：《我对于目前文艺上几个问题的意见》，《华北文化》第 7 期，1943 年 1 月。
③ 同上。
④ ［美］塞缪尔·P. 亨廷顿：《变动社会的政治秩序》，张岱云等译，上海译文出版社 1989 年版，第 365 页。

活来服从文艺家过去的习气"①，"向大众方面去受教育"，与延安知识分子改造运动几乎是同步进行的。② 1939 年 12 月 1 日毛泽东在《大量吸收知识分子》中指出，"同时切实地鼓励工农干部加紧学习，提高他们的文化水平。使工农干部的知识分子化和知识分子的工农群众化，同时实现起来"③，"工农干部的知识分子化"和"知识分子的工农群众化"两方面都是重要的工作，但作为知识启蒙、提高文化水平的前者只是中国现代革命中的常态性问题、一般性要求，而作为思想改造、作风整顿、行动重塑的后者则是毛泽东反对教条主义、发现中国革命中"农民"地位、"农村"分量而展开的知识分子改造运动，作为重大发现而被格外重视。从这种意义上来说，"民族形式"问题负荷了延安知识分子改造思路，由建设具有"中国作风和中国气派"的文艺"民族形式"，到毛泽东《在延安文艺座谈会上的讲话》"文艺与工农兵的结合"，二者之间具有一脉相承性，这是中国革命文艺发展的内在逻辑和必然要求。如通俗作家方白在国统区讨论文艺"民族形式"所设想的，"我以为民族形式到现在还没有产生……二十年来的新文艺，只是在知识分子圈里而没有成为全民的，这就是我们努力的目标。承继新文艺的精神，统一全国的国语，要通过各地的方言土语，经过现阶段'地方形式'走到全国形式。地方形式的阶段，民间形式是最主要的参考。民间形式的批判作用，只有衔接起来才能发展，民间形式不能拆开的，由地方性的新文艺再扩展到全国性的新文艺"④，以《讲话》为指导，重视地方形式、民间形式的利用和改造，不断推进革命文艺与工农兵的结合，文艺"民族形式"才可能真正实现。

曹林红认为，"民族主义"与"民族形式"反映了国共两党抗战时

---

① 陈伯达：《关于文艺的民族形式问题杂记》，《文艺战线》第 1 卷第 3 号，1939 年 4 月 16 日。

② 罗维斯：《民国视野下文艺民族形式论争的区域特征》，《新文学评论》2013 年第 1 期。

③ 《毛泽东选集》第 2 卷，人民出版社 1991 年版，第 619—620 页。

④ 方白等：《文艺的民族形式问题座谈会》，《文学月报》第 1 卷第 5 期，1940 年 6 月 15 日。

期在民族问题上的意识形态差异，"民族形式"的立场不是民族主义、而是国际主义的，与无产阶级革命发生必然联系。① 这种观点从马克思、恩格斯《共产党宣言》无产阶级革命世界属性观出发，发现了国共两党文艺政策的诸多差异，具有一定道理。但笔者以为，国共两党都实际运用了民族主义策略并且各具成效，区别只在于二者的使用手法、成效大小不同。民族主义是"一种为某一群体争取和维护自治、统一和认同的意识形态运动，该群体的部分成员认为有必要组成一个事实上的或潜在的'民族'"②，其基本主张包括"世界由不同的民族所组成，每个民族都有它自己的特征、历史和认同；民族是政治权力的惟一源泉；对民族的忠诚超出所有的其他忠诚；为赢得自由，每个人必须从属于某个民族；每个民族都需要完全的自决和自治；全球的和平和正义需要一个各民族自治的世界"③ 等。就国民党而言，"正是借助于民族主义，国民党才扩大了政党的群众基础，实现了从边缘到中央的转化"④，虽然孙中山的三民主义"存在不少内在的缺陷，是一种比较脆弱的意识形态，但它是一种可以发挥广泛政治动员作用的意识形态"⑤，因为"一方面，南京政府企图通过对民族主义的利用来实现全体民众对它所代表的民族国家的普遍认同，另一方面，它又害怕民族主义的动员会使民众提出具体的政治诉求，威胁到国民党的专制统治"，"在这个民族主义浪潮和现代联络手段使人民群众成为政治力量的第一源泉的时代里，国民党悲剧性地切断了自己与群众运动的联系"⑥，国民党的民族主义运动并不成功，新生活运动的失败便是突出例证。对共产党来说，整体上"马克思主义对中国现代思想的影响是全面而深刻的。这种全

---

① 曹林红：《民族、阶级与"形式"的政治——论抗战时期"文艺的民族形式"讨论》，《中国现代文学研究丛刊》2011 年第 3 期。

② ［英］安东尼·史密斯：《民族主义——理论，意识形态，历史》，叶江译，上海人民出版社 2006 年版，第 10 页。

③ 同上书，第 23 页。

④ 胡涤非：《民族主义与近代中国政治变迁》，知识产权出版社 2009 年版，第 151 页。

⑤ 同上书，第 183 页。

⑥ 同上书，第 194—195 页。

面而深刻的影响主要不是通过学理上的研究和传播，而是通过它对现代中国三个主要意识形态：进化论史观、民族主义和社会主义的渗透与改造。但它对上述三大意识形态的这种渗透和改造的结果并不相同。它予以进化论史观以历史主义的规律，使社会主义具有科学的形态；却使民族主义走向自我超越与否定"①，之所以"走向自我超越与否定"，主要在于"从理论上来说，马克思主义与民族主义之间存在着紧张与冲突的因素"，但"在建立民族国家这个历史任务制约下，它们在中国至少还能紧张而不破裂，在某些时候还能互相支持。不管人们主观上对民族主义喜欢与否，它实际上是现代中国的主导性意识形态之一。它甚至决定了中国人对其他意识形态是否接受，怎样接受，和接受到什么程度"②，所以国内外都有学者认为，"中国革命的胜利，或者说共产党的胜利，恰恰是民族主义的胜利"③，"马克思列宁主义在中国发生影响的进一步原因，是它完全适合五四时代强烈的民族主义"④，"一九四五以前，共产党之所以赢得了学生和知识分子的支持，关键是它所举的民族主义旗帜"⑤，"共产党能够用民族主义吸引有教养的新成员，同时又能对农民的利益作出具体的反应，并最终成功地把这二者结合起来"⑥，强调民族主义对中国共产党夺取革命胜利的助益，而文艺"民族形式"范畴就是其中的一个具体、生动例证。对于中国这样的后发国家而言，面临"现代化"与"民族化"的双重发展要求，"我们今天要求民族化，同时又要求现代化"⑦，故而革命文艺的发展必须同时体现和吻合

---

① 张汝伦：《现代中国思想研究》，上海人民出版社 2001 年版，第 201 页。

② 同上书，第 220—221 页。

③ 房宁、王炳权：《民族主义思潮》，高等教育出版社 2004 年版，第 66—67 页。

④ ［美］石约翰：《中国革命的历史透视》，王国良译，中国人民大学出版社 2011 年版，第 164 页。

⑤ ［美］塞利格·哈里逊：《扩大中的鸿沟——亚洲民族主义和美国政策》，徐孝骞等译，中国社会科学出版社 1985 年版，第 10 页。

⑥ ［美］斯科克波：《国家与社会革命》，刘北成译，台北桂冠图书股份有限公司 1998 年版，第 359 页。

⑦ 邵荃麟：《艺术的民族化与现代化的关系》，《邵荃麟评论集》（上册），人民文学出版社 1981 年版，第 163 页。

"现代化"、"民族化"的要求，使其相互配合而不悖立冲突，考验着中国化理论的智慧。在毛泽东提出的文艺"民族形式"范畴中，"传统/现代的关系在这样一种空间关系里面已经复杂化了，现代的意义已经产生了某种转移，尤其是新文学的地理空间的转变本身深刻地影响着对于现代/传统关系的重新理解"①，"现代中国与世界的关系不再是被动接受社会达尔文主义支持的民族国家体系并通过竞争、取得平等或优越地位以进入现有的国际秩序，而是根据世界革命的原则推翻这一现存秩序，建构一个新的以德性为基础（社会主义国际性原则）的新的世界秩序"，"这个'中国'的内涵首先对应着创造一个不同于西方的新世界，不是拒绝西方现代化的物质文明，而是拒绝衍生这种物质文明的资本主义逻辑。也正是在这个意义上，民族/阶级的辩证关系在民族文化传统的认同问题上才得到了有力的说明"②，毛泽东文艺"民族形式"范畴的思想价值与实践智慧得以彰显。

认识盲区与移植政治术语的思想局限

费正清等编的《剑桥中华民国史》指出，毛泽东突出强调文学的政治性，关于"马克思主义美学中最根本的论点——形式与内容之间不可分割的关系问题，从未得到深入的探究，毛回避各种文学形式的社会本源的一切讨论，集中讨论了内容的意义"。③ 这一整体不足体现在毛泽东文艺"民族形式"范畴上便是，它相对重视内容、轻视形式，强调文学对政治主张、社会矛盾的反映，注重发挥文学的实际功用，相对忽视文学的艺术审美性、自足自立性，强化了20世纪中国文学理论的"政治化"色彩。此外，毛泽东的文艺"民族形式"范畴对"马克思主义美学中最基本的问题——形式和内容之间的整体关系问题——根本没有得到深入的探讨"。但基于文艺服务底层、服务工农兵的旨趣追求和

---

① 匡新年：《中国20世纪文艺学学术史》第二部（下），中国社会科学出版社2007年版，第156页。

② 曹林红：《民族、阶级与"形式"的政治——论抗战时期"文艺的民族形式"讨论》，《中国现代文学研究丛刊》2011年第3期。

③ ［美］费正清、费维凯编：《剑桥中华民国史》（1912—1949年，下卷），中国社会科学出版社1994年版，第479页。

情感倾向，使其并未回答"有关各种文学形式的社会根源的讨论，而把注意力集中到内容方面的问题"。降低了其学术价值和思维水准，而这在"民族形式"论争中曾是一个引发激烈辩论、迫切需要解答的问题，使其成为 20 世纪中国文学理论中的一个认识盲区，不利于文学理论学科建设。① 此外，"民族形式"本是政治学术语，在原初含义上无关文艺，将其移植到文艺领域有其历史合理性和现实指导性，但这种直接移植"会带来概念上的不明确、不规范"，而"围绕不明确与不规范的术语进行探讨，其学理的严谨性就可能大打折扣"，其"隐含着内容与形式的二分法，这种简单、粗糙的思维方式会切割人们对文艺作品完整浑然的艺术感受"，"即使为了论述的方便和某种目的，单方面强调'形式'因素虽可以被认同，但这丝毫不能减少'民族形式'这一概念的含混与模糊"，因此，"从文艺理论的角度看，这个术语本身的合理性值得怀疑"，加剧了 20 世纪中国文学理论的"非学术化"倾向。②

考察、总结马克思主义文学理论与 20 世纪中国文学理论的变迁时，文艺的"民族形式"是一个绕不过去的重要范畴，它是建设有中国特色文学理论、推进世界第二大经济体建设社会主义文化强国、重构"文化自觉"和"文化自信"、建设"中华民族共有精神家园"所不可忽视的一种历史因素，关涉抗战时期的文艺方针，呼应"五四"以后中华文化的走向，更是"关乎马克思主义中国化的基本理论，关乎中国共产党的文化政策"③，具有广泛的文学、文化、社会、政治意义，值得更为深入地探讨和系统阐发。

---

① 李欧梵：《现代性的追求》，生活·读书·新知三联书店 2000 年版，第 318—319 页。
② 傅学敏：《"民族形式"论争的名与实》，《江西社会科学》2008 年第 11 期。
③ 张立波：《"文艺的民族形式"讨论：逻辑、基础和哲学焦点》，《学习与探索》2013 年第 3 期。

第七章

马克思主义文学批评与 20 世纪中国文学理论中的文学批评范畴

19、20 世纪是世界范围内的所谓"批评的时代"。文学批评沟通文学史与文学理论，联系思想史与社会史，"思"、"诗"、"史"三位一体，历史透视与价值判断兼备，具有"甄别纠正"、"评价判断"、"评论理论"等多种功能。① 马克思主义经典作家的文学批评主张及其大量的批评实践，是马克思主义文学理论的核心内容之一。20 世纪中国文学理论中的文学批评范畴，紧密关联时代变革、阶级斗争、社会发展、文艺论争、思想碰撞等重要的社会思潮、文化议题，在文学改良、"五四"新文学、左翼革命文学、工农兵文学、社会主义文学等运动中发挥重要影响，堪称中国现当代文学理论中影响深远、牵涉广泛的基础范畴之一。文学批评范畴是马克思主义文学理论推动 20 世纪中国文学理论变迁的重要节点和突出领域，在历史纵向发展和横向关联交叉的坐标体系中占据重要位置。通过引进与援用、生成与建构、深化与拓展，马克思主义文学理论对 20 世纪中国文学理论中文学批评范畴的含义、表现、发展等持续产生巨大影响，并使其内化为中国化马克思主义文学理论的重要组成部分，在今天有中国特色文艺理论学科建设中依然发挥重大作用。

第一节　马克思主义经典作家的文学批评理论

西方当代著名学者托尼·贝尼特坚决反对单从批评方法层面界定马

---

① 王宏印：《文学翻译批评论稿》，上海外语教育出版社 2005 年版，第 18 页。

克思主义文学批评的做法，他在《马克思主义与通俗小说》一文中指出，"这样做的代价是，马克思主义批评只是在方法层面上与资产阶级批评有所区别（用不同的分析原则处理同一类问题），而在批评对象的理论构形这一关键层面上却丝毫没有区别"，并视其为导致"马克思主义批评构成了马克思主义理论中最缺乏马克思主义"的重要原因之一。① 批评方法并非马克思主义区别于其他文学批评理论的关键所在。马克思主义文学批评是批评观念、理论、方法、话语、文体、风格等诸多领域构成的有机综合体。马克思、恩格斯、列宁这三位马克思主义经典作家的文学批评理论，为 20 世纪中国化马克思主义文学批评提供了思想范式与方法资源。

一　马克思主义创始人文学批评的多维向度

从严格意义上讲，马克思、恩格斯没有一本文学理论专著，也没有发表过一篇文学理论学术论文，"马克思和恩格斯手头的任务比系统阐述美学理论更为重要。他们关于艺术和文学的评论是分散的和片断的，只是稍稍提及，而不是充分的论述"②，"如果卡尔·马克思和弗里德里希·恩格斯以他们的政治、经济著作著称，而不以文学著作著称，这绝不是因为他们认为文学不重要"③。他们的文学观念和文学思想，都是在他们的文学批评实践、在他们对作家和作品的评论中表现出来的。在某种意义上也可以说，马克思、恩格斯的文学理论在本质上是一种文学批评论。马克思、恩格斯主要不是以文学批评家的身份去研究文学，而是以哲学家、经济学家、政治活动家的身份进入文学领域开展文学批评的。从这种意义上来说，马克思、恩格斯文学批评理论不仅包括马克思、恩格斯分别致斐·拉萨尔批评其悲剧《冯·济金根》的信（1859

---

① ［英］弗朗西斯·马尔赫恩编：《当代马克思主义文学批评》，刘象愚等译，北京大学出版社 2002 年版，第 206 页。

② ［英］特里·伊格尔顿：《马克思主义与文学批评》，文宝译，人民文学出版社 1986 年版，第 5 页。

③ 同上书，第 4 页。

年 4 月 19 日、5 月 18 日）、恩格斯致敏·考茨基批评其小说《旧和新》
的信（1885 年 11 月 26 日）、恩格斯致玛·哈克奈斯批评其小说《城市
姑娘》的信（1888 年 4 月初）这四封书信，还散见于《共产党宣言》
《1844 年经济学哲学手稿》《〈政治经济学批判〉序言》《〈政治经济学
批判〉导言》《德意志意识形态》《哲学的贫困》等著名文献中。马克
思、恩格斯的哲学家、经济学家、政治家、革命理论家、社会活动家的
多重身份，决定了他们不是从纯文学的角度去思考文学问题，而是从一
个更广阔的空间、更灵活多变的角度去思考文学问题、评论作家作品，
从而使他们的文学批评具有变化性的特征。

灵活多变的审视角度

马克思、恩格斯从社会生活角度审视文学，从社会存在与社会实践
的角度去思考文学的发生与发展、去评价作家与作品的意义，"他们的
文学观点并非是其经济唯物主义理论学说的产物"，"他们所视之为历
史变化的动力者正是泛指'生活'，而非经济生产"①，集中体现在对巴
尔扎克、笛福、狄更斯的评价上，称赞《人间喜剧》"给我们提供了一
部法国'社会'，特别是巴黎'上流社会'的卓越的现实主义历史"②；
从人与自然关系的角度看待文学，评论文学现象和文学作品，突出表现
在对希腊神话、欧仁·苏长篇小说《巴黎的秘密》、爱尔兰诗歌的定位
上，强调希腊神话是希腊初民"用想象和借助想象以征服自然力，支
配自然力，把自然力加以形象化"③ 的结果；从作为"实践—精神"掌
握世界的方式、物质生产与精神生产的关联出发，将文学视为一种生产
活动，考察文学家作为精神生产者和雇佣劳动者的区别、文学创作作为
非商品生产和商品生产的界限，强调"作家绝不把自己的作品看作手
段。作品就是目的本身；无论对作家或其他人来说，作品根本不是手

---

① ［美］雷纳·韦勒克：《近代文学批评史》第 3 卷，杨自伍译，上海译文出版社 2009
年版，第 311、313—314 页。
② 《马克思恩格斯选集》第 4 卷，人民出版社 1995 年版，第 683 页。
③ 《马克思恩格斯选集》第 2 卷，人民出版社 1995 年版，第 29 页。

段，所以在必要时作家可以为了作品的生存而牺牲自己个人的生存"①，在"资本与现代性"的关系框架中，继承和发展了卢梭、康德、席勒等审美现代性传统，批判反思"启蒙现代性"对文艺实践、审美活动乃至整个精神生产的影响，突出精神生产和精神产品及其风格的多样性，"没有色彩就是这种自由唯一许可的色彩"、"精神的普遍谦逊就是理性，即思想的普遍独立性，这种独立性按照事物本质的要求去对待各种事物"②，隐含"百花齐放，百家争鸣"以追求真理、发展科学艺术的意思；从意识形态的角度去审视文学创作，探讨文学与意识形态的关系，具体反映在对欧洲几次革命的诗歌的评论、对歌德作品的评论、对巴尔扎克小说的评论等方面，认为"歌德有时非常伟大，有时极为渺小；有时是叛逆的、爱嘲笑的、鄙视世界的天才，有时则是谨小慎微、事事知足、胸襟狭隘的庸人"③，强调"现实主义的最伟大的胜利之一，是老巴尔扎克最重大的特点之一"、巴尔扎克作品在意识形态上是"对上流社会无可阻挡的崩溃的一曲无尽的挽歌"和"经常毫不掩饰地赞赏的人物，却正是他政治上的死对头，圣玛丽修道院的共和党英雄们"④的矛盾统一体，彰显文学艺术"革命的批判"、"改变世界"的现实反思和审美认识功能。

立体交叉的比较方法

虽然在马克思、恩格斯时代没有诞生比较文学学科，但是，马克思、恩格斯在《共产党宣言》中提出的"世界文学"构想却蕴含着比较文学学科诞生的前提，特别是他们在文学批评实践中所熟练掌握和运用的立体交叉的比较方法，是许多当代比较文学研究者都难以企及的。一是纵向历时比较。不管是评论一个时代的文学思潮与流派，还是评论一个作家或作品，马克思、恩格斯多是将其放到一个更长远的历史阶段，甚至是整个文学发展的历史长河中去加以考察和定位，而不是局限

---

① 《马克思恩格斯全集》第 1 卷，人民出版社 1958 年版，第 87 页。
② 同上书，第 7—8 页。
③ 《马克思恩格斯全集》第 4 卷，人民出版社 1958 年版，第 256 页。
④ 《马克思恩格斯选集》第 4 卷，人民出版社 1995 年版，第 684 页。

于它们所产生的那个时代作孤立的评论。在评论某些特定文学形式产生的原因、某些文学思潮所需的条件、某些文学流派产生的基础时，他们是以文学发展的整个历史为背景，以不同时代具有代表性的体裁、思潮、流派为对象加以比较的，进而得出科学的结论。马克思对神话、史诗和法国古典戏剧"三一律"的评论，强调"在艺术本身的领域内，某些有重大意义的艺术形式只有在艺术发展的不发达阶段上才是可能的"①，恩格斯对敏·考茨基《旧人与新人》的评论，强调文学表现倾向性的自然流露特征，便是这方面的集中表现。二是横向共时比较。马克思、恩格斯的文学批评，不管是评论一个国家的文学发展，还是评论一位作家的创作，也多是将评论对象置于一个更为广阔的空间中，在不同的国家之间、地域之间或不同的作家之间进行横向共时性比较，在比较中揭示文学发展的规律或突出作家的个性，发现在孤立研究中未被发现甚至无法发现的新观点、新结论。如恩格斯在研究18世纪德国和英、法等国，19世纪俄国、挪威和欧洲其他国家文学生产与物质生产、文学发展水平与经济发展水平时进行了横向共时比较，揭示"在同一历史时期，并非经济越发达的国家艺术就越发展"，马克思经常对同一时代的不同作家进行比较，在比较中揭示不同作家（如雪莱与拜伦、海涅与倍克）的不同特点，"突出了雪莱思想的革命性、海涅风格的独特性"②。三是跨越学科比较。马克思、恩格斯的文学批评，还十分注意将文学与其他学科、文学创作与其他精神活动、文学发展与社会发展等不同学科领域的活动进行比较，强调文学"是有别于其他意识形态的审美意识形态"③，在比较中揭示文学的审美属性、文学创作的独特方法、文学发展的特殊规律。

美学与历史结合的批评标准

美学与历史相结合的批评标准，被马克思、恩格斯认为是文学批评

---

① 《马克思恩格斯选集》第2卷，人民出版社1995年版，第28页。

② 季水河：《论马克思、恩格斯文学批评的多维向度》，《中国人民大学学报》2010年第3期。

③ 同上。

的"最高的标准",也是马克思、恩格斯文学批评实践中始终贯彻的重要标准,更是马克思主义文学理论发展史上影响最大、流传最广的文学批评范畴之一。马克思、恩格斯逝世以后,美学与历史结合的批评标准在梅林、毛泽东等理论家那里得到了坚持与发展。美学与历史结合的批评标准,是马克思、恩格斯共同主张和使用的,由恩格斯在《诗歌和散文中的德国社会主义》《致斐迪南·拉萨尔》中评论歌德和拉萨尔两位作家及其作品时明确提出。其准确和完整的表述是,"我们决不是从道德的、党派的观点来责备歌德,而只是从美学和历史的观点来责备他;我们并不是用道德的、政治的、或'人的'尺度来衡量他"①;"我是从美学观点和史学观点,以非常高的、即最高的标准来衡量您的作品的,而且我必须这样做才能提出一些反对意见,这对您来说正是我推崇这篇作品的最好证明。"② 美学标准,在马克思、恩格斯的文学批评实践中,特指对作家创作和文学作品的艺术要求,它主要包括人物塑造的典型化、情节安排的艺术化、倾向表达的自然化这三个方面,集中体现在评论莎士比亚、巴尔扎克、拉萨尔、敏·考茨基、哈克奈斯文学作品中所塑造的人物形象,分析拉萨尔的剧作《弗兰茨·冯·济金根》和哈克奈斯的小说《城市姑娘》上,强调"除细节的真实外,还要真实地再现典型环境中的典型人物"、"工人阶级对他们四周的压迫环境所进行的叛逆的反抗……也应当有权在现实主义领域内要求占有一席之地"③,实现思想深度、历史内容同"情节的生动性和丰富性的完美的融合"④ 的"莎士比亚化"和"福斯泰夫式的背景","倾向应当从场面和情节中自然而然地流露出来,而无需特别把它指点出来"⑤。历史标准,在马克思、恩格斯的文学批评实践中,是历史唯物主义在文学领域对历史人物和历史题材作品评论上的具体应用,它主要包括要求批评家对作家作品的评论具有

---

① 《马克思恩格斯全集》第 4 卷,人民出版社 1958 年版,第 257 页。
② 《马克思恩格斯选集》第 4 卷,人民出版社 1995 年版,第 561 页。
③ 同上书,第 683 页。
④ 同上书,第 558 页。
⑤ 同上书,第 673 页。

历史眼光、作家在历史题材作品的创作中具有历史意识这两个方面的内容，反映在揭示歌德人格的双重性、歌德作品中人物性格的矛盾性，指出"他所接触的实际生活却是很可怜的"，"他又始终被困在这个他所能活动的唯一的生活环境里"，处于"进退维谷的境地"①，批评拉萨尔《弗兰茨·冯·济金根》将济金根的覆灭归结为他性格的"狡诈"，而没有看到他覆灭的根本原因是"历史的必然要求和这个要求的实际上不可能实现之间的悲剧性的冲突"② 等方面。

二 俄苏马克思主义文学批评的重要转型

在俄国革命语境中，虽然"文学之于列宁只有次要的兴趣，而且他从未标榜自己是文学批评家。但是文学在他的生活中所起的作用却非同一般"③，列宁进一步发展了马克思、恩格斯的文学理论，提出文学的党性和人民性原则，其文学理论是"反映论的文艺本质论、阶级性的文艺属性论、工具化的文艺作用论、大众化的文艺方向论、'两种文化'的文艺遗产论"④ 的综合体。受此影响，列宁文学批评"革命能动反映论下的'镜子'说"的品格，在评论托尔斯泰、高尔基及其文学作品时得以呈现与彰显。

强调文学批评紧密联系党的工作

在 1905 年 11 月 13 日发表的《党的组织和党的出版物》一文中，列宁提出文学的党性和人民性原则，强调文学应当成为党的文学，"社会主义无产阶级应当提出党的出版物的原则"，突出"写作事业应当成为整个无产阶级事业的一部分，成为由整个工人阶级的整个觉悟的先锋队所开动的一部巨大的社会民主主义机器的'齿轮和螺丝钉'"⑤，但列宁并没有忽视文艺的特殊性，他指出"写作事业最不能作机械划一，

---

① 《马克思恩格斯全集》第 4 卷，人民出版社 1958 年版，第 256—257 页。
② 《马克思恩格斯选集》第 4 卷，人民出版社 1995 年版，第 560 页。
③ ［美］雷纳·韦勒克：《近代文学批评史》第 7 卷，杨自伍译，上海译文出版社 2006 年版，第 504 页。
④ 季水河：《毛泽东与列宁文艺思想比较研究》，《文学评论》2008 年第 2 期。
⑤ 《列宁选集》第 1 卷，人民出版社 1995 年版，第 663 页。

强求一律，少数服从多数"，"在这个事业中，绝对必须保证个人创造性和个人爱好的广阔天地，有思想和幻想、形式和内容的广阔天地"，"无产阶级的党的事业中写作这一部分，不能同无产阶级的党的事业的其他部分刻板地等同起来"①，列宁强调以无产阶级的人民性原则，来指导、规范写作事业，抱着对"社会主义思想和对劳动人民的同情。这将是自由的写作，因为它不是为饱食终日的贵妇人服务，不是为百无聊赖、胖得发愁的'一万个上层分子'服务，而是为千千万万劳动人民，为这些国家的精华、国家的力量、国家的未来服务。这将是自由的写作，它要用社会主义无产阶级的经验和生气勃勃的工作去丰富人类革命思想的最新成就，它要使过去的经验（从原始空想的社会主义发展而成的科学社会主义）和现在的经验（工人同志们当前的斗争）之间经常发生相互作用"②，论述充满辩证法。列宁也向德国女革命家蔡特金表达过类似观点，"艺术属于人民。它必须深深地扎根于广大劳动群众中间。它必须为群众所了解和爱好。它必须从群众的感情、思想和愿望方面把他们团结起来并使他们得到提高。它必须唤醒群众中的艺术家并使之发展"③。列宁的上述观点反映在文学批评观上，便是"把文学批评也同党的工作，同领导全党的工作更紧密地联系起来"，强调"长篇的文学批评著作要汇编成书，部分由杂志发表"④，不断扩大文学批评著述的影响，以便更好地服务于无产阶级政党的各项事业。

"列夫·托尔斯泰是俄国革命的镜子"

1908 至 1911 年间，建立在"整个一生中曾多次阅读和反复欣赏托尔斯泰的作品"⑤ 基础上，围绕列夫·托尔斯泰的八十岁诞辰、逝世，

---

① 《列宁选集》第 1 卷，人民出版社 1995 年版，第 664 页。

② 同上书，第 666—667 页。

③ ［苏］克拉拉·蔡特金：《列宁印象记》，冯清槐译，生活·读书·新知三联书店 1979 年版，第 165 页。

④ 安徽大学苏联文学研究组编译：《列宁与高尔基通信集》，外国文学出版社 1981 年版，第 15 页。

⑤ ［苏］娜·康·克鲁普斯卡娅：《回忆列宁》，哲夫译，人民出版社 1972 年版，第 29 页。

列宁连续发表《列夫·托尔斯泰是俄国革命的镜子》（载 1908 年 9 月 24 日《无产者报》）、《列·尼·托尔斯泰》（载 1910 年 11 月 29 日《社会民主党人报》）、《列·尼·托尔斯泰与现代工人运动》（载 1910 年 12 月 11 日《我们的道路》）、《托尔斯泰与无产阶级斗争》（载 1910 年 12 月 31 日《工人报》）、《"保留"的英雄们》（载 1910 年 12 月《思想报》）、《列·尼·托尔斯泰和他的时代》（载 1911 年 2 月 4 日《明星报》）等系列评论文章，以所撰经典著作《唯物主义和经验批判主义》为哲学指导，对列夫·托尔斯泰的创作和学说进行了集中评论和深刻研究，生动体现了其文学批评观念与实践，"把文学分析同对社会理想的宣传联系在一起，总是力求给读者指出克服现实矛盾的道路"①。

与同时代批评家和文艺理论家"脱离历史发展条件抽象地去研究托尔斯泰的学说同创作的矛盾"、"在列宁论托尔斯泰的文章发表之前，马克思主义批评界几乎没有研究过托尔斯泰的创作和观点问题"② 不同，列宁坚持"历史和美学"相结合的审视标准，强调"托尔斯泰的观点和学说中的矛盾并不是偶然的，而是 19 世纪最后 30 多年俄国实际生活所处的矛盾条件的表现"、"托尔斯泰观点中的矛盾，的确是一面反映农民在我国革命中的历史活动所处的矛盾条件的镜子"、"托尔斯泰的思想是我国农民起义的弱点和缺陷的一面镜子，是宗法式农村的软弱和'善于经营的农夫'迟钝胆小的反映"③，指出列夫·托尔斯泰的矛盾性，即"创作了无与伦比的俄国生活的图画"、"创作了世界文学中第一流的作品"的"天才的艺术家"与"发狂地笃信基督的地主"的对立，"颓唐的、歇斯底里的可怜虫"式的"托尔斯泰主义者"与"对社会上的撒谎和虚伪提出了非常有力的、直率的、真诚的抗议"的分裂，"无情地批判了资本主义的剥削"与"疯狂地鼓吹'不用暴力抵

---

① ［苏］鲍·索·梅拉赫：《列宁与俄国文学问题》，臧仲伦等译，中国社会科学出版社 1982 年版，第 340 页。

② 同上书，第 309—310 页。

③ 《列宁选集》第 2 卷，人民出版社 1995 年版，第 243—244 页。

抗邪恶'"的合一，"最清醒的现实主义"与"培养一种最精巧的因而是特别恶劣的僧侣主义"的并存，"作为一个发明救世新术的先知，托尔斯泰是可笑的"与"作为俄国千百万农民在俄国资产阶级革命快要到来的时候的思想和情绪的表现者，托尔斯泰是伟大的"的一体。①

　　列宁结合俄国革命的实际情况，指出列夫·托尔斯泰矛盾的根源在于，"托尔斯泰反映了强烈的仇恨、已经成熟的对美好生活的向往和摆脱过去的愿望，同时也反映了耽于幻想、缺乏政治素养、革命意志不坚定这种不成熟性。历史条件和经济条件既说明发生群众革命斗争的必然性，也说明他们缺乏斗争的准备，象托尔斯泰那样对邪恶不抵抗；而这种不抵抗是第一次革命运动失败的极重要的原因"②。一方面强调托尔斯泰在反映俄国革命价值方面的作用，"列夫·托尔斯泰去世了。他作为艺术家的世界意义，他作为思想家和说教者的世界名声，这两者都各自反映了俄国革命的世界意义"、"托尔斯泰主要属于一八六一至一九〇四年这个时代的"，"同时也作为思想家和说教者，在自己的作品里惊人地、突出地体现了整个第一次俄国革命的历史特点，它的力量和它的弱点"。③ 另一方面挖掘托尔斯泰矛盾的广泛指涉，"托尔斯泰的观点中的矛盾，不仅是他个人思想的矛盾，而且是一些极其复杂的矛盾条件、社会影响和历史传统的反映，这些东西决定了改革后和革命前这一时期俄国社会各个阶级和各个阶层的心理"④，在此意义上，列宁强调列夫·托尔斯泰研究的多重意义，"俄国工人阶级研究列夫·托尔斯泰的艺术作品，会更清楚地认识自己的敌人；而全体俄国人民分析托尔斯泰的学说，一定会了解他们本身的弱点在什么地方，由于这些弱点他们不能把自己的解放事业进行到底"⑤。

---

　　① 《列宁选集》第 2 卷，人民出版社 1995 年版，第 242—243 页。
　　② 同上书，第 245 页。
　　③ 中国社会科学院文学研究所文艺理论研究室编：《列宁论文学与艺术》，人民文学出版社 1983 年版，第 210—211 页。
　　④ 同上书，第 212 页。
　　⑤ 同上书，第 220—221 页。

"要观察，就应该在下面观察"

列宁与高尔基的深厚友谊建立在将近 20 年交往之上，虽然列宁认为高尔基"在政治上最没主见而且惯于感情用事"，而且"即使列宁与高尔基的通信，其中往往涉及文学问题，绝大部分内容围绕着高尔基是坚持还是偏离党的意识形态这一问题"①，但列宁高度肯定高尔基的艺术成就，"同高尔基说话特别坦率"，"津津有味"地阅读高尔基剧本《小市民》，称《母亲》为"一本很及时的书"，赞扬其为"无产阶级艺术的最杰出的代表"和"无产阶级艺术领域的权威"，而高尔基在晚年也提出"无产阶级人道主义"口号，坚持列宁主义立场，使自己的思想和创作提升到一个新的阶段。列宁与高尔基之间的大量书信，体现了列宁强调作家深入群众、细致观察生活的文学批评主张。列宁告诫高尔基，"要观察，就应当在下面去观察——那里可以观察到建设新生活的情况；应当到外地的工人居住区或农村去视察，——那里用不着在政治上掌握许多极复杂的材料，只观察就行了"。反过来，如果"把自己置于翻译作品之类的专职编辑的地位，处于这种地位观察不到新生活的新建设，而会把全部精力都花在听取那些不健康的知识分子的不健康的埋怨上，花在观察处于严重军事危险和极度贫困之中的'故'都上"，则难以获得上佳的创作题材，在这里，"无论是部队里的新事物，或是农村里的新事物，或是工厂里的新事物，您作为一个艺术家，在这里是不可能观察到并进行研究的"②，鼓励高尔基跳出狭小的生活圈子，到生气蓬勃的百态生活中寻找艺术灵感，提升创作水平。

第二节 中国马克思主义文学批评范畴的生成

中国马克思主义文学批评范畴的生成过程，即马克思主义文学批评中国形态的建构进程，它是一个"由世界性理论向民族性理论、由普

---

① ［美］雷纳·韦勒克：《近代文学批评史》第 7 卷，杨自伍译，上海译文出版社 2006 年版，第 508 页。

② 《列宁选集》第 4 卷，人民出版社 1995 年版，第 43 页。

遍性理论向具体性实践、由精英化理论向群众性意志转化的过程"，"马克思主义文学批评的中国化就是马克思主义文学批评的民族化、时代化、实践化和大众化"①，中国马克思主义文学批评范畴"既是时间进程与空间延展的综合体，又是理论掘进与实践关怀的综合体，同时也是地域色彩与世界品格的综合体"②，其生成过程对应着马克思主义文学批评的中国化、本土化、时代化，关联马克思主义文艺基本原理在国内的译介与传播、结合与运用、转化与发展、反思与创新，牵涉马克思主义文学批评"理论风格的空间转换和理论应用的时间转换"，从中反映了马克思主义文学批评理论对20世纪中国文学理论的巨大影响，值得专门研究和深入探讨。

一　马克思主义的译介传播与文学批评转型

引进拓展期的历史跨度大致为20世纪20年代前后马克思主义文学理论传入中国之后，到1938年毛泽东提出"民族形式"范畴之前。伴随马克思主义在中国的传播、中国共产党的成立、中国革命形势的不断高涨，在马克思主义文学理论与自由主义、保守主义、民粹主义思潮进行理论斗争与思想较量的大背景下，因正好满足中国革命的需要，再加上马克思主义关注无产者利益、追求人类解放、主张介入社会与中国儒家文化传统"关注现实"、"体现民本"、"追求大同"的内在契合，马克思主义迸发出强大的生命力而取得思想较量的胜利。在此过程中，马克思主义文学批评观念与方法也被引入国内、搬上文坛，虽然国人"大都借助于各自对马克思主义的理解而生发开去，对马克思主义文学批评进行浅表性的阐释和解说"③，但作为一种立足于解决中国文艺实际问题的批评范式类型，它在文学批评实践中仍然取得了巨大成效，其

---

① 黄念然：《马克思主义文学批评中国形态的历史进程》，《中国人民大学学报》2012年第2期。

② 万娜：《第二届"马克思主义文学批评的中国形态"国际学术研讨会综述》，《文艺理论与批评》2013年第3期。

③ 池永文：《论马克思主义文学批评中国化的三个阶段》，《长江大学学报》（社会科学版）2008年第1期。

影响日益深入人心，集中体现在马克思主义文艺论著的译介与传播，革命文学主张的提出与影响，左翼批评家对新月派、"自由人"、"第三种人"、论语派的批评，瞿秋白和毛泽东论"鲁迅"，瞿秋白等评论阳翰笙《地泉》，茅盾的系列"作家论"，穆木天的作家论等方面。

马克思主义文艺论著的译介与传播

1898 年马克思主义学说开始传入中国，1903 年中国初步了解马克思主义文艺思想。但大规模的传播、经典论著的译介，则发生在俄国"十月革命"、中国"五四"运动以后，经历了从三途并行（欧洲、日本、苏联）向一途（苏联）独进，三足鼎立（马克思主义文学理论、西方文学理论、中国古代文学理论）向一家（马克思主义文学理论）称雄的转变，存在"经典文本与阐释文本的混杂性"、"翻译传播中的双重间接性"、"注重政治功利的实用性"等失误。① 五卅运动以后，伴随文学研究会传播现实主义文学理论、创造社倡导马克思主义文学理论、未名社和太阳社译介俄苏文学理论，一大批马克思主义文艺论著在中国译介和传播，整个左翼文艺界将其推向新高潮，"译介与传播的重心从阐释性文本向经典性文本转移，形成了马克思主义文艺基本原理引进和革命文学实践相结合的基本译介原则，展现出从混杂走向清晰的总体发展态势"②，其突出表现是，在被称为"社会科学'翻译年'"的1929 年前后，国内出版了《科学的艺术论丛书》《马克思主义文艺论丛》《唯物史观艺术论丛书》《艺术理论丛书》《文艺理论丛书》《文艺理论小丛书》等多套丛书，左联成立后便"确立马克思主义的艺术理论及批评理论"为主要工作方针，专门设立马克思主义文艺理论研究会，出版专刊《文艺讲座》，瞿秋白更是从俄文翻译了一批马克思主义文学理论重要著作，最为关键的是，依据苏联"公谟学院"所主办杂志《文学遗产》总第 1、2 期内容，瞿秋白翻译、编撰的马克思主义文

---

① 季水河：《回顾与前瞻：论新中国马克思主义文艺理论研究及其未来走向》，中国社会科学出版社 2009 年版，第 1—9 页。

② 黄念然：《马克思主义文学批评中国形态的历史进程》，《中国人民大学学报》2012 年第 2 期。

学理论经典文献，很多都是全世界范围内的首次出版，对于多维呈现、准确把握马克思、恩格斯的文艺思想，在当时具有十分重大的意义。经此翻译与播散过程，"时代"、"社会"、"阶级"、"政治"、"倾向"等术语开始替代"人生"、"艺术"、"审美"、"人性"等词汇，成为文学批评的主流用语。

革命文学主张与左翼文学批评实践

自从李大钊 1918 年发表《俄罗斯文学与革命》一文开启中国化马克思主义文学批评以来，茅盾、沈泽民等操起马克思主义枪法，发表了一批主张革命文学的文章，推动了马克思主义文学批评在中国文坛的应用。作为一种理论形态和自觉意识的"革命文学"萌芽于 1923 年，其标志是《中国青年》杂志成立。1924 沈泽民在《文学与革命的文学》一文中，首次以"为革命而艺术"口号代替"为人生而艺术"，提出革命文学家应当成为民众的代言人、民众意识的综合者等主张。① 在《创作的前途》《文学和人的关系及中国古来对文学者身份的误认》《社会背景与创作》《什么是文学》《告有志研究文学者》《文学者的新使命》等系列文章中，茅盾借鉴丹纳"种族、环境、时代"三因素关系说，集中论述了"文学为人生"的主张，崇尚"努力于求真"式的"如实描写"，强调"文学是时代的反映，社会背景的图画"②，认为"思想固然要紧，艺术更不容忽视"③，坚持思想决定性和艺术不可或缺性的统一，倡导"文学价值实现论"，主张"文学是有激励人心的积极性的"，推崇、介绍写实主义文学。以《小说月报》《文学周报》《文学旬报》《诗》月刊等刊物为阵地，郑振铎、周作人（20 世纪 20 年代）、王统照等文学研究会主力也坚持文学"为人生"的创作与批评主张，不同于郭沫若、郁达夫、成仿吾为代表的前期创造社崇尚天才、主张表现自我和个性解放、强调文学应该忠实于自己"内心的要求"，他们不遗余

---

① 沈泽民：《文学与革命的文学》，《民国日报》1924 年 11 月 6 日。
② 茅盾：《创作的前途》，《文学研究会资料》（上），河南人民出版社 1985 年版，第 171 页。
③ 茅盾：《小说新潮栏宣言》，《小说月报》1920 年第 11 卷第 1 号。

力地批判周瘦鹃、王钝根等所谓"礼拜六"派的游戏、消遣文艺趣味。身处不断高涨的革命语境中，伴随产业无产阶级和农民为主体的社会政治革命的不断推进，茅盾、郭沫若、成仿吾、蒋光慈、冯雪峰、胡风、周扬等一大批知识分子，或延续、强化"文学为人生"主张，或由"表现内心"走向"宣传革命"，在 1927 年后纷纷转向马克思主义而投身进步文学，倡导建设"无产阶级革命文学"，钱杏邨推崇反映阶级觉醒的"力的文艺"，郭沫若高呼"参加集体的社会运动"，李初梨、蒋光慈主张"摒弃小布尔乔亚意识"，"注重群体的、写实的文学，贬斥个人的、浪漫的艺术，催生出大批描写工农罢工、暴动、反抗、复仇的早期无产阶级文学创作"①，虽然艺术审美性偏弱，但革命宣传性极强。在此转变过程中，鲁迅也同情和支持中国共产党领导的革命斗争，重视文艺的"感染陶冶"作用，强调"文艺必须有批评"，"通过正确的文艺批评'指出坏的，奖励好的'，'剪除恶草'，'灌溉佳花，——佳花的苗'，'这才有真的新文艺和新批评的产生的希望'"②，认为"马克思主义是最明快的哲学，许多以前认为很纠缠不清的问题，用马克思主义的观点一看，就明白了"③，表示"我们所需要的，就只得还是几个坚实的，明白的，真懂得社会科学及其文艺理论的批评家"④，并为 49 位青年作者的 54 部作品撰写过序跋批评文字。1927 年后进行的"中国社会性质"论战，标志着整个中国知识界对马克思主义的深层接受和灵活运用，马克思主义成为"五四"后对中国知识分子最具影响力的思想文化学说之一。

1930 年左联成立后，左翼批评家开展了对新月派（人性论、纯艺术论、天才说、灵感说）、"自由人"和"第三种人"（文艺自由论）、论语派（性灵论、幽默说）的批评，关于"文艺大众化"和"普罗文学"的

① 黄曼君主编：《中国近百年文学理论批评史》（1895—1990），湖北教育出版社 1996 年版，第 462 页。
② 同上书，第 526 页。
③ 李霁野：《回忆鲁迅先生》，新文艺出版社 1956 年版，第 38 页。
④ 鲁迅：《鲁迅全集》第 4 卷，人民文学出版社 2005 年版，第 245 页。

批评争论。这一时期的"批评文章更为厚重，体现了世界观、人生观与文学观相结合的特点，思维方式、阐释方式上的整体认识较深刻，概括能力较强，往往容量大、篇幅长，在理性透视中迸发出主观激情，给人以精神上的震撼，显示出中国现代文学批评整体水平的提高"①，将马克思主义文学批评的运用推向高潮，并带动了 20 世纪 30 年代文学批评的整体转型，尤其是在文艺与政治的关系、文艺的阶级性、文艺大众化发展方向等重大问题上取得了较大突破，为后来的延安文艺大众化运动的理论探讨和文艺实践奠定了基础。但此时大部分的中国马克思主义文学批评照搬列宁、斯大林、高尔基、卢那察尔斯基等俄苏马克思主义批评家的文学理论，甚至连"无产阶级文化派"、"拉普派"、波格丹诺夫、日丹诺夫等人的庸俗社会学观点也照单全收。在当时关于"革命文学"、"文艺大众化"、"两个口号"等争论中提出过不少极左思潮的观点，强化了中国传统文学批评的政治伦理特色，这集中表现在左联与梁实秋关于文艺普遍人性和阶级性的论争、与林语堂关于"表现自我"和"性灵文学"的论争、与朱光潜和沈从文关于文艺与时代关系的论争上，使其具有"强调文艺从属于政治"、"突出文艺阶级性"、"提倡无产阶级的革命文学艺术"等特点。② 但从坚持历史主义眼光视之，在当时急切革命任务的背景下，如刘少奇后来所反思的，"马克思主义传入中国时，由于中国当时是客观革命形势很成熟的国家，要求中国革命者立即从事、而且以全部力量去从事实际的革命活动，无暇来长期从事理论研究与斗争经验的总结"③，出现某些失误是难以避免的。

多维展开的"作家论"

作为左翼文学 20 世纪 30 年代开创的一种重要批评文体，作家论主要包括瞿秋白和毛泽东论"鲁迅"、瞿秋白等评论阳翰笙《地泉》、茅

① 陈方竞：《马克思主义影响与 20 世纪 30 年代左翼文学批评的理论自觉》，《江苏大学学报》（社会科学版）2011 年第 6 期。
② 张玉能、张弓：《论马克思主义文学批评的中国化与中国形态》，《福建论坛》（人文社会科学版）2012 年第 8 期。
③ 刘少奇：《刘少奇文选》（上卷），人民出版社 1981 年版，第 211 页。

盾的系列"作家论"、穆木天的作家论、胡风的作家论等。这些批评文章大部分坚持社会历史与文学艺术的双重评价观,从社会发展大势出发,通过分析作家生平和创作道路的选择、作品思想内容和艺术特色,来认识、把握作家的艺术创作和文学成就。瞿秋白在《〈鲁迅杂感选集〉序言》中,强调"鲁迅从进化论进到阶级论,从绅士阶级的逆子贰臣进到无产阶级和劳动群众的真正的友人",突出鲁迅杂文创作"最清醒的现实主义"、"'韧'的战斗"、"反自由主义"、"反虚伪的精神"①,"把鲁迅的政治思想置于二十世纪初以来中国政治情势的宏大背景之中,十分具体细致地论证了鲁迅的政治思想与这种宏大背景的高度一致性","在中国现代文艺思想史上第一次对鲁迅的政治思想作出了符合实际的论断"②,意义十分重大。毛泽东 1937 年 10 月 19 日在延安陕北公学纪念鲁迅逝世周年大会上讲话,称颂鲁迅有"政治的远见"、"斗争精神"、"牺牲精神"这三个特点,高度评价鲁迅。阳翰笙《地泉》(即《华汉三部曲》)由《深入》《转换》《复兴》这三个并不连贯的中篇小说组成,写于 1928 年 8 月至 1930 年 7 月,忠实记录了当时的社会问题和现实生活,饱含鲜明的无产阶级斗争情绪,出版后不久便遭国民党查禁,而 1932 年正值左联倡导"文艺大众化"的高峰期,上海湖风书店决定重版《地泉》,并邀瞿秋白、茅盾、钱杏邨、郑伯奇共同作序,四人均肯定其克服"革命浪漫蒂克"倾向、践行"唯物辩证法创作方法"的巨大成绩,这些批评观点直接反映了苏联文艺界"拉普派"主张,直至 1933 年 11 月周扬撰文《关于"社会主义现实主义"与"革命的浪漫主义"——"唯物辩证法的创作方法"的否定》,以苏联最新文艺政策来清算拉普文艺的影响。茅盾是 20 世纪 30 年代"作家论"的开启和集大成者,显示出社会历史观与文学审美观的统一,其对新文学的分析充满整体观照和理性审视,他的《庐隐论》《冰心论》

---

① 瞿秋白:《瞿秋白文集》(文学编)第 3 卷,人民文学出版社 1989 年版,第 115—119 页。

② 黄曼君主编:《中国近百年文学理论批评史》(1895—1990),湖北教育出版社 1996 年版,第 546—547 页。

《许地山论》尤其如此。穆木天的"作家论"主要是 1934 至 1936 年完成的"三诗人论"，在其接受马克思主义社会历史观、转向左翼文学之后建立的整体阐释框架中，郭沫若、徐志摩、王独清被深入审视。胡风于 1934 年、1935 年的两年中，推出了他的作家论代表作《林语堂论》《张天翼论》。这两篇作家论以唯物史观为指导，以现实主义为标准，将林语堂、张天翼置于当时文学发展的大背景下，全面地考察了林语堂、张天翼的文学活动与文学作品，在肯定他们作品的积极意义与文学贡献的同时，指出了他们的不足：林语堂的"幽默"、"闲适"，"已由对社会的否定走到了对人生的否定"；[1] 张天翼的"讽刺"，"只是旁观地去把捉人物底心理，不能使他们血肉地得到'艺术的形象性'"[2]，即偏离了现实主义人物塑造的原则，使人物缺少个性化。胡风作家论的意义"不仅是对某一作家的评论，而且是通过一个具体作家的分析论述透视整个文坛以及某一类型的作家，对当时文坛弊病进行批判与纠正"[3]。

在上述马克思主义文学批评中，"整体阐释框架及'历时性'观照方式在茅盾和穆木天的左翼文学批评中的表现，不仅较之他们前期文学批评是一个重要发展，而且可以反映中国现代文学批评整体水平的提高"[4]，马克思主义文学理论在批评观念、方法、倾向等各个方面都深刻影响了当时中国的文学批评。

二　马列原理与中国文艺实践的深度融合

以毛泽东关于"民族形式"的论述为起点，以"新民主主义文化论"为中介，以《在延安文艺座谈会上的讲话》为高潮，三位一体，层层推进，中国马克思主义文学批评进入经典建构期，对应时间段是

---

① 胡风：《胡风评论集》（上），人民文学出版社 1984 年版，第 24 页。
② 同上书，第 49 页。
③ 周海波：《中国现代文学批评史论》，上海人民出版社 2002 年版，第 382 页。
④ 陈方竞：《马克思主义影响与 20 世纪 30 年代左翼文学批评的理论自觉》，《江苏大学学报》（社会科学版）2011 年第 6 期。

1938 至 1949 年。这一时期的中国马克思主义文学批评，不仅科学探讨了文艺自身规律，而且结合社会历史实践对文艺进行了深入阐释与系统观照，努力做到问题性与时代性、思想性与现实性的统一，建设性的自觉意识与学术姿态更为突出，主动性的理论建构色彩更加明显。

文艺"民族形式"范畴提出及其论争

1938 年 10 月，毛泽东在《中国共产党在民族战争中的地位》中，正式提出"民族形式"范畴，表示"洋八股必须废止，空洞抽象的调头必须少唱，教条主义必须休息，而代之以新鲜活泼的、为中国老百姓所喜闻乐见的中国作风和中国气派。把国际主义的内容和民族形式分离起来，是一点也不懂国际主义的人们的做法，我们则要把二者紧密地结合起来"，强调"使马克思主义在中国具体化，使之在其每一表现中带着必须有的中国的特性"①。毛泽东"民族形式"范畴提出之后，从 1938 年下半年到 1942 年上半年，解放区、国统区文艺界围绕旧形式的利用、"民族形式"的中心源泉、评价"五四"新文学、新文艺民族形式与现实主义的关系等问题，对文艺"民族形式"展开了一场论争，一大批人表达了自己的看法，大幅扩大了文艺"民族形式"思想的影响。文艺"民族形式"旨在突出中国属性、本土特色，催生了中国形态建构过程中对文艺民族特性的考量与体认，为建构中国马克思主义批评形态提供了思想框架和理论前提，具有方法论意义和指导价值，意义重大。

"新民主主义文化"方向的确立

在 1940 年 1 月发表的《新民主主义论》中，毛泽东将新民主主义文化（中华民族的新文化）界定为"无产阶级领导的人民大众的反帝反封建的文化"②、"民族的科学的大众的文化"，强调"必须将马克思主义的普遍真理和中国革命的具体实践完全地恰当地统一起来"，并将其具体表述为"和民族的特点相结合，经过一定的民族形式，才有用处，决不能主观地公式地应用它"③，从创造新文化的高度和全局，强

---

① 《毛泽东选集》第 2 卷，人民出版社 1991 年版，第 534 页。
② 同上书，第 698 页。
③ 同上书，第 706—707 页。

调中国化的重要性。毛泽东将"鲁迅的方向"确定为"中华民族新文化的方向",再次高度评价鲁迅为"这个文化新军的最伟大和最英勇的旗手","鲁迅是中国文化革命的主将,他不但是伟大的文学家,而且是伟大的思想家和伟大的革命家,鲁迅的骨头是最硬的,他没有丝毫的奴颜和媚骨,这是殖民地半殖民地人民最可宝贵的性格。鲁迅是在文化战线上,代表全民族的大多数,向着敌人冲锋陷阵的最正确、最勇敢、最坚决、最忠实、最热忱的空前的民族英雄"。[①] 毛泽东的新民主主义文化论明确了无产阶级文化事业的属性、方向,推崇鲁迅为"中华民族新文化的方向",为建构中国马克思主义批评形态提供了理论基础和文坛榜样,作用突出。

《在延安文艺座谈会上的讲话》发表

作为延安整风运动反对主观主义、宗派主义、党八股所取得的成果之一,针对当时解放区和国统区左翼作家之间的争论和某些错误观念,1942年5月毛泽东发表《在延安文艺座谈会上的讲话》(以下简称《讲话》),标志着毛泽东文艺思想这一经典理论形态的正式形成,它是文艺能动反映论、服务政治论、生活源泉论、大众方向论的统一体,是理论创新、大众本位、民族意识的三位一体。在5月2日的开场白中,毛泽东提出要解决"文艺工作者的立场问题,态度问题,工作对象问题,工作问题和学习问题"这五大问题,其答案分别是"无产阶级的和人民大众的立场",区别情况而采取"歌颂、暴露、同情"等多种态度,"文艺作品在根据地的接受者,是工农兵以及革命的干部","我们知识分子出身的文艺工作者,要使自己的作品为群众所欢迎,就得把自己的思想感情来一个变化,来一番改造","马克思列宁主义是一切革命者都应该学习的科学,文艺工作者不能是例外"。[②] 经过三次会议讨论,在5月23日的总结中,毛泽东将其归纳为文艺"为群众"、"如何为群众"这两大问题,强调"革命的文艺,则是人民生活在革命作家头脑中的反映的产

① 《毛泽东选集》第2卷,人民出版社1991年版,第698页。
② 《毛泽东选集》第3卷,人民出版社1991年版,第848—852页。

物"，"它们是一切文学艺术的取之不尽、用之不竭的唯一的源泉"，倡导"生活源泉论"、"艺术生产论"，号召"中国的革命的文学家艺术家，有出息的文学家艺术家，必须到群众中去，必须长期地无条件地全心全意地到工农兵群众中去，到火热的斗争中去，到唯一的最广大最丰富的源泉中去，观察、体验、研究、分析一切人，一切阶级，一切群众，一切生动的生活形式和斗争形式，一切文学和艺术的原始材料，然后才有可能进入创作过程"，由此，"文艺作品中反映出来的生活却可以而且应该比普通的实际生活更高，更强烈，更有集中性，更典型，更理想，因此就更带普遍性"，①毛泽东这种真理性和深广性兼备的"生活源泉论"科学揭示了文学艺术中的生活美与艺术美的辩证关系，"是世界上其他任何批评家、美学家和文论家所没有系统言说过的"②，就方向而言，"我们的文学艺术都是为人民大众的，首先是为工农兵的，为工农兵而创作，为工农兵所利用的"③，文艺与政治的关系可表述为"文艺是从属于政治的，但又反转来给予伟大的影响于政治。革命文艺是整个革命事业的一部分，是齿轮和螺丝钉，和别的更重要的部分比较起来，自然有轻重缓急第一第二之分，但它是对于整个机器不可缺少的齿轮和螺丝钉，对于整个革命事业不可缺少的一部分"④，坚持审美意识形态论。

毛泽东在《讲话》中，专门讨论了文学批评问题。宏观方面，他首先强调文学批评的重要性和紧迫性，"文艺界的主要的斗争方法之一，是文艺批评"，"文艺批评应该发展，过去在这方面工作做得很不够"，承认"文艺批评是一个复杂的问题，需要许多专门的研究"⑤，而《讲话》只谈文学批评标准问题。毛泽东坚持动机与效果、个人评价与社会效果相统一的评判方法，"检验一个作家的主观愿望即其动机是否正确，是否善良，不是看他的宣言，而是看他的行为（主要是作品）

---

① 《毛泽东选集》第 3 卷，人民出版社 1991 年版，第 860—861 页。

② 张玉能、张弓：《论马克思主义文学批评的中国形态——理论形态》，《青岛科技大学学报》（社会科学版）2012 年第 4 期。

③ 《毛泽东选集》第 3 卷，人民出版社 1991 年版，第 863 页。

④ 同上书，第 866 页。

⑤ 同上书，第 868 页。

在社会大众中产生的效果"，"文艺家几乎没有不以为自己的作品是美的，我们的批评，也应该容许各种各色艺术品的自由竞争；但是按照艺术科学的标准给以正确的批判，使较低级的艺术逐渐提高成为较高级的艺术，使不适合广大群众斗争要求的艺术改变到适合广大群众斗争要求的艺术，也是完全必要的"，指出"文艺批评有两个标准，一个是政治标准，一个是艺术标准"，强调"任何阶级社会中的任何阶级，总是以政治标准放在第一位，以艺术标准放在第二位的"，表示"我们的要求则是政治和艺术的统一，内容和形式的统一，革命的政治内容和尽可能完美的艺术形式的统一。缺乏艺术性的艺术品，无论政治上怎样进步，也是没有力量的。因此，我们既反对政治观点错误的艺术品，也反对只有正确的政治观点而没有艺术力量的所谓'标语口号式'的倾向"①，据此批判了"人性论"、"泛爱论"、"光明黑暗对半论"、"唯暴露论"、"唯鲁迅杂文笔法论"、"抵制歌颂论"、"动机效果割裂论"、"世界观与创作情绪对立论"等当时延安文艺中的某些错误倾向，提出"学习马克思主义，是要我们用辩证唯物论和历史唯物论的观点去观察世界，观察社会，观察文学艺术，并不是要我们在文学艺术作品中写哲学讲义"，强调文艺的特殊性，认为政治和艺术是不能等同的，在这个意义上，"马克思主义只能包括而不能代替文艺创作中的现实主义"，充满艺术辩证法。②

　　毛泽东特别强调《讲话》的文艺方针政策性质，阐明开座谈会的目的是解决文艺为什么人的问题，确立文艺"为工农兵和怎样为工农兵的基本方针"并表示"如果大家同意这个基本方针，则我们的文学艺术工作者，我们的文学艺术学校，文学艺术刊物，文学艺术团体和一切文学艺术活动，就应该依照这个方针去做"。③ 1943 年 10 月 19 日《解放日报》首次公开发表毛泽东《讲话》全文，同年 10 月 22 日刊载中央总学委关于学习毛泽东《讲话》的通知（1943 年 10 月 20 日发

---

① 《毛泽东选集》第 3 卷，人民出版社 1991 年版，第 868—870 页。
② 同上书，第 874 页。
③ 同上书，第 865 页。

文），称《讲话》为"中国共产党在思想建设理论建设的事业上最重要的文献之一"、"毛泽东同志用通俗语言所写成的马列主义中国化的教科书"，强调"此文件决不是单纯的文艺理论问题，而是马列主义普遍真理的具体化，是每个共产党员对待任何事物应具有的阶级立场，与解决任何问题应具有的辩证唯物主义历史唯物主义思想的典型示范"，要求"各地党收到这一文章后，必须当作整风必读的文件，找出适当的时间，在干部和党员中进行深刻的学习和研究，规定为今后干部学校与在职干部必修的一课，并尽量印成小册子发送到广大的学生群众和文化界知识界的党外人士中去"。同年 11 月 8 日《解放日报》刊登《中央宣传部关于执行党的文艺政策的决定》（1943 年 11 月 7 日发文），称《讲话》"规定了党对于现阶段中国文艺运动的基本方针"，指出"全党的文艺工作者都应该研究和实行这个文件的指示，克服过去思想中工作中作品中存在的各种偏向，以便把党的方针贯彻到一切文艺部门中去，使文艺更好地服务于民族与人民的解放事业，并使文艺事业本身得到更好的发展"，要求"小资产阶级出身并在地主资产阶级教养下长成的文艺工作者""都应该找到适当和充分的时间，召集一定的会议，讨论毛泽东同志的指示，联系各地区各个人的实际，展开严格的批评与自我批评"，认为"在目前时期，由于根据地的战争环境与农村环境，文艺工作各部门中以戏剧工作与新闻通讯工作为最有发展的必要与可能"，强调"毛泽东同志讲话的全精神，同样适用于一切文化部门，也同样适用于党的一切工作部门"。1949 年 7 月 5 日，周扬在中华全国文学艺术工作者第一次代表大会上关于解放区文艺运动的报告《新的人民的文艺》中，总结了《讲话》发表后七八年间解放区文艺的发展过程及其成就和经验，强调"文艺的面貌，文艺工作者的面貌，有了根本的改变"，[①] 指出"文艺工作中批评的空气太稀薄了"，呼唤"切实的、具体的、有思想的批评"，要求"批评必须是毛泽东文艺思想之具体应用"，

---

① 周扬：《周扬文论选》，人民文学出版社 2009 年版，第 370 页。

认为"批评是实现对文艺工作的思想领导的重要方法"①,《讲话》作为中国化马克思主义文学批评经典的指导作用、规范功能可见一斑。

三　百花齐放与阶级斗争扩大化

发展失误期对应的时间段是从 1949 年中华人民共和国成立至 1976 年"文化大革命"结束,是中国化马克思主义文学批评形态进一步发展、同时出现失误的时期:发展主要体现在"十七年"文学批评当中,进一步对中国古典文艺批评方式、各种资产阶级文艺批评方式开展了马克思主义的批判性清理和科学式吸收,虽然发生过多场过火的思想批评运动,但成绩是主要的,集中表现在毛泽东提出"革命现实主义和革命浪漫主义相结合"创作方法和"双百"方针、文艺批评主张的兴盛等方面;失误突出反映在十年"文化大革命"中,由于"左"倾理论的泛滥,文学批评一度成为人身攻击、阶级斗争的工具,背离了文艺批评的基本精神。

"革命现实主义和革命浪漫主义相结合"创作方法的提出

早在 1939 年 5 月 10 日,毛泽东为延安鲁迅艺术学院题词"抗日的现实主义,革命的浪漫主义",这是"两结合"的最早表述。《讲话》"生活源泉论"内蕴革命浪漫主义主张,隐含"两结合"创作思想。为了既反对苏联"修正主义"态度、做法,又捍卫、坚持社会主义现实主义的合理成分,同时考虑脱离苏联影响而建设和发展中国自身的文学理论,1958 年 3 月,毛泽东在成都举行的中央工作会议上正式提出"两结合"创作方法,"中国诗的出路,第一条是民歌,第二条是古典。在这个基础上产生出新诗来,形式是民族的,内容应当是现实主义和浪漫主义的对立统一……在文学上,就是要革命的现实主义和革命的浪漫主义相统一",虽然当时没有公开发表,但会后很快流传开来,见诸《文艺报》《四川日报》等组织的大批笔谈、讨论纪要和论文。在 6 月 1 日《红旗》杂志创刊号《新民歌开拓了诗歌的新道路》一文中,周扬将其阐释为,"毛泽东同志提倡我们的文学应当是革命的现实主义和革

---

① 周扬:《周扬文论选》,人民文学出版社 2009 年版,第 390—391 页。

命的浪漫主义的结合，这是对全部文学历史的经验的科学概括，是根据当前时代的特点和需要而提出来的一项十分正确的主张，应当成为我们全体文艺工作者共同奋斗的方向"①，从此，"两结合"被作为一种新的独立的创作方法而正式提出。虽然"这里所提出的革命浪漫主义是在大跃进浮夸风盛行时期提出的，具有着空想的浪漫精神"，"以压抑个性、反对个人的独特感受和真情实感的自然流露为特征"②，但"革命现实主义和革命浪漫主义相结合"创作方法确实是"文学艺术来源于生活而又高于生活"文艺认识论的必然结论，体现了毛泽东对马克思主义文学批评中现实主义传统（典型理论、莎士比亚化等）的坚持与发展，反映其区别于俄苏马克思主义文学批评"社会主义现实主义"创作方法论的思想建构，具有重大意义。

"百花齐放、百家争鸣"与文艺批评界的兴盛

"百花齐放、百家争鸣"是中国共产党领导文学艺术、科学研究工作的基本方针，在20世纪50年代被逐步提出。1951年，面对国内关于京剧发展问题的争论，毛泽东题词"百花齐放，推陈出新"，主张批判性继承。1953年，毛泽东指出历史研究应坚持"百家争鸣"的工作方针。1956年4月28日，毛泽东在中共中央政治局扩大会议上正式提出"百花齐放、百家争鸣"方针，强调"艺术问题上的百花齐放，学术问题上的百家争鸣，我看应该成为我们的方针。"③5月2日，毛泽东在最高国务会议第七次会议上说，现在春天来了嘛，一百种花都让他开放，不要只让几种花开放，还有几种花不让他开放，这就叫百花齐放。又说，百家争鸣是诸子百家，春秋战国时代，两千年前那个时候，有许多学说，大家自由争论，现在我们也需要这个。5月26日，中共中央宣传部部长陆定一向知识界系统阐述"双百方针"，在文艺界和科学界引起强烈反响，各文化部门显示出生气勃勃的景象。1957年2月27

① 周扬：《周扬文集》第3卷，人民文学出版社1990年版，第5页。
② 黄曼君主编：《中国近百年文学理论批评史》（1895—1990），湖北教育出版社1996年版，第29页。
③ 中共中央文献研究室编：《毛泽东文艺论集》，中央文献出版社2002年版，第143页。

日，毛泽东在最高国务会议第十一次会议上作题为《关于正确处理人民内部矛盾的问题》的讲话，表示"百花齐放、百家争鸣的方针，是促进艺术发展和科学进步的方针，是促进我国的社会主义文化繁荣的方针。艺术上不同的形式和风格可以自由发展，科学上不同的学派可以自由争论。利用行政力量，强制推行一种风格，一种学派，禁止另一种风格，另一种学派，我们认为会有害于艺术和科学的发展。艺术和科学中的是非问题，应当通过艺术界科学界的自由讨论去解决，通过艺术和科学的实践去解决，而不应当采取简单的方法去解决"，强调"对于科学上、艺术上的是非，应当保持慎重的态度，提倡自由讨论，不要轻率地作结论"①，提出坚持社会主义道路和党的领导等 6 条政治标准，认为"这六条政治标准对于任何科学艺术的活动也都是适用的"②。

　　"双百"方针不仅符合文艺发展的内在规律，更从民主理论角度提升了中国化马克思主义文学批评的学术格调，"其基本目的是允许人们比以前更为公开地讨论国家的问题与政策。从事计划经济和生产的白领知识分子和专家对国家大事发表意见，特别受到鼓励。结果，对东欧危机的回应的新趋势，就以潜在的方式使中国的政治实践与来自自身激进传统的自由的可能性趋于一致，这也是革命时期曾获得广泛支持的方式。同时，开展这一运动也是为了获取知识分子的支持，以使经济恢复增长活力"③，较好地推动了思想解放、科学发展和艺术繁荣。在此氛围之下，1957 年 1 月 12 日，毛泽东虽然认为"诗当然应以新诗为主体，旧诗可以写一些，但是不宜在青年中提倡，因为这种体裁束缚思想，又不易学"，但表示"这些话仅供你们参考"④；1957 年 3 月 8 日，毛泽东同文艺界代表谈话时表示，"电影《武训传》，曾受到批评，那

---

　　①　中共中央文献研究室编：《毛泽东文艺论集》，中央文献出版社 2002 年版，第 158—159 页。

　　②　同上书，第 164 页。

　　③　［美］石约翰：《中国革命的历史透视》，王国良译，中国人民大学出版社 2011 年版，第 192 页。

　　④　《毛泽东文集》第 7 卷，人民出版社 1999 年版，第 184 页。

没有什么，一个作品写得不好，就再写嘛，总该写好它"①，强调"感觉恰当的批评不多"，"经过研究的，有分析的，事前跟作家谈过的，真正是对作家有所帮助的"不多，并将当时的文艺批评归为三类"一类是抓到痒处，不是教条的，有帮助的；一类是隔靴搔痒，空空泛泛，从中得不到帮助的，写了等于不写；一类是教条的，粗暴的，一棍子打死人，妨碍文艺批评开展的"②，学术讨论色彩明显；文艺批评界十分活跃，涌现出各种主张，如何其芳"共名"说、钱谷融"文学是人学"主张、秦兆阳"现实主义——广阔的道路"论、巴人"人情"论、黄药眠"生活实践论"、邵荃麟"中间人物"论和"现实主义深化论"、张光年的"题材多样化"论等，影响深远。1957 年反右斗争扩大化后，贯彻"双百方针"受到干扰和影响，20 世纪 60 年代初中共中央开始纠正这一错误，但 1964 年后，特别是"文化大革命"中这一方针遭到严重破坏，样板戏几乎独占中国艺术舞台，科研工作几近于停滞，直至粉碎"四人帮"、中共十一届三中全会以后，"双百方针"重新被确定为中国科学文化事业的指导方针而又重获生机。

"左"倾理论与文学批评的政治化

1951 年 5 月 20 日，毛泽东《应当重视电影〈武训传〉的讨论》一文以《人民日报》社论形式发表，认为"《武训传》所提出的问题带有根本的性质"，指出武训"不去触动封建经济基础及其上层建筑的一根毫毛，反而狂热地宣传封建文化"，"对于武训和电影《武训传》的歌颂竟至如此之多，说明了我国文化界的思想混乱达到了何等的程度"，主张开展讨论以"求得彻底地澄清在这个问题上的混乱思想"③，强调唯物主义世界观和方法论在文学批评中的渗透，"尽管在《武训传》批判中不少人运用得还嫌简单、肤浅、生硬，但这却促使中国当代文学批

---

① 中共中央文献研究室编：《毛泽东文艺论集》，中央文献出版社 2002 年版，第 175—176 页。

② 同上书，第 173 页。

③ 《毛泽东文集》第 6 卷，人民出版社 1999 年版，第 166—167 页。

评方法在更广泛的意义上发生了一次深刻变革"①。1951 年 11 月 26 日，中共中央同意中央宣传部关于近两年文艺工作的报告，要求"仿照北京的办法在当地文学艺术界开展一个有准备的有目的的整风学习运动，发动严肃的批评和自我批评，克服文艺干部中的错误思想，发扬正确思想，整顿文艺工作，使文艺工作向着健全的方向发展"②，以加强党对文艺工作的有效领导。1954 年 10 月 16 日，毛泽东在写给中央政治局的《关于红楼梦研究问题的信》中指出，"这是三十多年以来向所谓红楼梦权威作家的错误观点的第一次认真的开火"，"这同影片《清宫秘史》和《武训传》放映时候的情形几乎是相同的"，"出现了容忍俞平伯唯心论和阻拦'小人物'的很有生气的批判文章的奇怪事情，这是值得我们注意的。俞平伯这一类资产阶级知识分子，当然是应该对他们采取团结态度的，但应当批判他们的毒害青年的错误思想，不应当对他们投降"③，毛泽东认为，"《红楼梦》不仅要当作小说看，而且要当作历史看"，"讲历史不拿阶级斗争观点讲，就讲不通"④，以行政干预的方式强化了文学批评的政治化色彩，"学习、掌握马克思主义历史观和社会历史批评方法则成为对新中国的批评界、思想界、学术界的普遍要求，这就为社会历史批评占据主导地位奠定了基础"⑤，但忽视、阻隔了马克思主义批评与其他批评方法的联系。此后，1955 年批判所谓胡风"反革命集团"，对文艺界进行大规模的政治整肃和清洗，更是突出了文艺意识形态领域的绝对掌控地位。

　　1963 年 12 月 12 日，一份反映上海市在柯庆施领导下大抓故事会和评弹改革的《情况汇报》送到毛泽东处请毛泽东审阅，毛泽东看了

　　①　黄曼君主编：《中国近百年文学理论批评史》（1895—1990），湖北教育出版社 1996 年版，第 947 页。

　　②　《毛泽东文集》第 6 卷，人民出版社 1999 年版，第 188 页。

　　③　同上书，第 352—353 页。

　　④　中共中央文献研究室编：《毛泽东文艺论集》，中央文献出版社 2002 年版，第 206—208 页。

　　⑤　黄曼君主编：《中国近百年文学理论批评史》（1895—1990），湖北教育出版社 1996 年版，第 955 页。

后当即在这份《关于文艺工作的批示》中指出"社会主义改造在许多部门中，至今收效甚微"，"社会经济基础已经改变了，为这个基础服务的上层建筑之一的艺术部门，至今还是大问题"，"许多共产党人热心提倡封建主义和资本主义的艺术，却不热心提倡社会主义的艺术，岂非咄咄怪事"。1964 年 6 月 27 日，毛泽东在《对中宣部关于全国文联和各协会整风情况的报告的批语》中强调，"这些协会和他们所掌握的刊物的大多数（据说有少数几个好的），十五年来，基本上（不是一切人）不执行党的政策，做官当老爷，不去接近工农兵，不去反映社会主义的革命和建设，最近几年，竟然跌到了修正主义的边缘。如不认真改造，势必在将来的某一天，要变成像匈牙利裴多菲俱乐部那样的团体"。在此过程中，批判人性、人道主义，批判"黑八论"（对"写真实论"、"现实主义——广阔道路论"、"现实主义深化论"、"反题材决定论"、"中间人物论"、"时代精神汇合论"、"离任叛道论"、"大药味论"的污蔑）等，则把文艺的人民性、阶级性、党性、政治化逐步推向极端，对文艺错误地开展了过火的政治批判。[①] 1965 年 11 月初，姚文元《评新编历史剧〈海瑞罢官〉》一文发表，揭开了"文化大革命"的序幕，文学批评进入所谓的"文革"模式阶段。作为 20 世纪 20 年代末进入我国文坛的"左"倾路线、苏联庸俗社会学批评恶性发展的产物，这种批评习惯从政治主张出发权衡文学作品，用阶级评判代替艺术审视，政治成为最高标准，正常的文学批评变成政治斗争。"文革"这种被推向极致的"左"倾批评模式，以"无产阶级专政下继续革命的理论"为口号，严重背离了马克思主义正确方向，给文艺界带来了一场浩劫，使中国化马克思主义文学批评出现重大失误、陷入多重误区，产生了文艺性质层面的所谓"从属论"、"服务论"、"工具论"，创作方法上的所谓"三突出"、"两结合"、"题材决定论"，文艺与生

---

① 张玉能、张弓：《论马克思主义文学批评的中国化与中国形态》，《福建论坛》（人文社会科学版）2012 年第 8 期。

活关系层面的所谓"唯一源泉论"、"改造先行论"等一系列错误主张。① 1975 年 7 月 14 日，毛泽东就文艺问题发表谈话，强调"党的文艺政策应该调整一下，一年、两年、三年，逐步逐步扩大文艺节目。缺少诗歌，缺少小说，缺少散文，缺少文艺评论"，"文艺问题是思想问题，但是不能急，人民不看到材料，就无法评论"②，表达了对包括文学批评在内的整个文艺领域进行整顿的迫切希望。

四　理论的繁荣和"主导共生"模式的确立

转型深化期对应的时间段是 1976 年"文化大革命"结束到今天建构有中国特色文学理论、建设社会主义文化强国时期。转型主要体现在两个层面，一是 20 世纪 80 年代中国文艺批评界对"文化大革命"及其批评模式的理论反思和思想整顿；二是 20 世纪 90 年代中期以来，以全球化为背景、以大众文化和消费文化迅猛发展为标志的社会文化转型语境下，中国化马克思主义文学批评的时代建构和范式变迁。深化则是多方面的，表现在批评资源、模式、精神、术语、技法、文本等各个方面，其中，资源和模式是最主要的。

邓小平《祝词》发表和理论反思

从"文化大革命"结束到 20 世纪 80 年代中期，伴随文艺观念的新旧、对马克思主义理解的深浅、政治气候的阴晴等，文学批评在反思、论争、探索中向前发展。"粉碎'四人帮'后，各级报刊首先为屡遭'四人帮'污蔑的电影《创业》、《海霞》、湘剧《园丁之歌》、话剧《万水千山》、歌剧《白毛女》等作品发表了翻案文章，尔后，在'文革'中被打成'毒草'的许多作品，如《三上桃峰》、《海瑞罢官》、《林家铺子》、《北国江南》、《早春二月》、《刘志丹》、《上海的早晨》、《保卫延安》、《红岩》等，也得到重新评价，推倒了对它们的诬陷不实

---

① 黄念然：《马克思主义文学批评中国形态的历史进程》，《中国人民大学学报》2012 年第 2 期。

② 中共中央文献研究室编：《毛泽东文艺论集》，中央文献出版社 2002 年版，第 232—233 页。

之辞。"① 1979 年 5 月 3 日，中共中央批转总政治部《关于建议撤销一
九六六年二月部队文艺工作座谈会纪要的请示》的通知，强调"对受
《纪要》影响被错误批判、处理的人员和文艺作品，要实事求是地予以
平反"，清算了"三突出"创作原则、"根本任务论"、"主题先行论"
等文学批评主张，"文艺黑线专政论"、"阴谋文艺论"被彻底推翻。作
为马克思主义文学批评中最重要的问题之一，文艺与政治关系经过反复
辩论，最终正式以"文艺为人民服务、为社会主义服务"取代"文艺
从属于政治"、"文艺为政治服务"的口号。在 1979 年 10 月 30 日召开
的第四次全国文代会开幕式上，邓小平发表《在中国文学艺术工作者
第四次代表大会上的祝词》（以下简称《祝词》），对文艺方针进行了重
大调整，彰显了文艺的相对独立性。② 邓小平在《祝词》中指出，"要
继续坚持毛泽东同志提出的文艺为最广大的人民群众、首先为工农兵服
务的方向，坚持百花齐放、推陈出新、洋为中用、古为今用的方针，在
艺术创作上提倡不同形式和风格的自由发展，在艺术理论上提倡不同观
点和学派的自由讨论"，强调"围绕着实现四个现代化的共同目标，文
艺的路子要越走越宽，在正确的创作思想的指导下，文艺题材和表现手
法要日益丰富多彩，敢于创新。要防止和克服单调刻板、机械划一的公
式化概念化倾向"③，认为"作品的思想成就和艺术成就，应当由人民
来评定"，表示"党对文艺工作的领导，不是发号施令，不是要求文学
艺术从属于临时的、具体的、直接的政治任务，而是根据文学艺术的特
征和发展规律，帮助文艺工作者获得条件来不断繁荣文学艺术事业，提
高文学艺术水平，创作出无愧于我们伟大人民、伟大时代的优秀的文学
艺术作品和表演艺术成果"，要求"在文艺创作、文艺批评领域的行政
命令必须废止"，因为"文艺这种复杂的精神劳动，非常需要文艺家发

---

① 黄曼君主编：《中国近百年文学理论批评史》（1895—1990），湖北教育出版社 1996
年版，第 1187 页。
② 黄念然：《马克思主义文学批评中国形态的历史进程》，《中国人民大学学报》2012 年
第 2 期。
③ 《邓小平文选》第 2 卷，人民出版社 1994 年版，第 210—211 页。

挥个人的创造精神。写什么和怎样写，只能由文艺家在艺术实践中去探索和逐步求得解决。在这方面，不要横加干涉"。① 1980 年 1 月 16 日，邓小平在《目前的形势和任务》中进一步指出，"我们坚持'双百'方针和'三不主义'，不继续提文艺从属于政治这样的口号，因为这个口号容易成为对文艺横加干涉的理论根据，长期的实践证明它对文艺的发展利少害多"，重视文艺对培养社会主义新人、教育青少年的积极作用，表示"要永远坚持百花齐放、百家争鸣的方针"，强调"坚持安定团结，坚持四项基本原则，同坚持'双百'方针，是完全一致的"。作为马克思主义和当代中国文艺实践相结合的产物，邓小平文学批评思想是马克思主义文艺理论和毛泽东文艺思想在新的历史条件下的继承和发展，它科学回答了文艺与政治、社会生活的关系，探讨了文学主体性及艺术反映能动性问题，正确揭示了文艺的本质、源泉，强调了文艺的相对独立性、审美特性，在很多方面取得突破性进展，"马克思主义文学批评中国化才真正回到了马克思主义创始人元典的基本原理，疏离并反思了苏联正统马克思主义文学批评的俄国化道路及其偏差"②。

　　《祝词》的发表，引发了文艺界对"文革"文学批评、毛泽东文艺思想等的深入反思。周扬 1980 年 4 月 2 日在《人民日报》发表的《继承和发扬左翼文化的革命传统》一文中指出，要继承毛泽东《讲话》和其他有关论述的主张，但更"要使马克思主义文学艺术理论在我国更进一步发展，首先要注意研究我国当前的文艺现状，注意总结现代文学的实践经验，深入研究一些有代表性的作家、艺术家及其作品，把我们对作家作品的评论提高到真正科学的水平。另一方面，我们也要注意发掘、整理和深入研究我国古典文学艺术理论的丰富遗产，学习哲学和历史及其他必要的科学知识……经过一段时间的努力，我们一定能造就自己的马克思主义的文艺理论家，建立具有中国特点的马克思主义的文

---

　　① 《邓小平文选》第 2 卷，人民出版社 1994 年版，第 212—213 页。
　　② 张玉能、张弓：《论马克思主义文学批评的中国化与中国形态》，《福建论坛》（人文社会科学版）2012 年第 8 期。

艺科学"①。周扬 1983 年 3 月 6 日在《人民日报》发表的《关于马克思主义的几个理论问题》一文中，认为，一方面，"毛泽东同志在后来过分强调人的主观能动性，以致把上层建筑对基础的反作用加以夸大，这就在大跃进时期造成了主观主义的泛滥。另一方面，毛泽东同志又把理论为实践服务了解为单纯地为政治或阶级斗争服务，忽视了理论的相对独立性。这给我们理论界带来了一些消极影响，形成了一种急功近利的学风……十一届三中全会以后，经过拨乱反正，实用主义受到了批判。但我们在划分实践观点和实用主义的区别上还没有给予充分的注意。我们必须坚定不移地坚持实践检验真理的标准，同时又必须划清实践观点和实用主义的界线，以防止实用主义所起的以紫夺朱混淆是非的作用"②。作为毛泽东文艺思想长期以来的阐释者、文艺政策的执行者，周扬能有这样的看法，可见其反思之深、警醒之切，周扬强调，"加强马克思主义的文艺理论和文艺批评，对于发展我国社会主义文艺具有关键性的意义"，能推动"发展我们自己的具有民族特色的马克思主义的文艺理论"。③

学术研究和批评资源的拓展

新时期以来，我国文艺界学术讨论热烈，科学研究氛围浓厚，从以下几个方面拓展了文学批评的资源。④ 一是现实主义问题及其论争。"真实性"与"倾向性"、"典型"与"阶级性"、"美学"与"历史"等现实主义文学理论的经典范畴，依然被陈涌等一批学者深入研究、精细探讨。文学"审美反映"论和"审美意识形态"论作为中国当代学者的集体理论结晶，创造性延伸了马克思主义文学批评理论。陆贵山、朱立元等人的当代马克思主义文艺学体系建构，董学文的以文学理论科学性诉求为理论支撑的建设有中国特色马克思主义文艺学当代形态的构

---

① 周扬：《周扬文集》第 5 卷，人民文学出版社 1994 年版，第 231 页。
② 同上书，第 461 页。
③ 同上书，第 190—191 页。
④ 以下归纳借鉴黄念然《马克思主义文学批评中国形态的历史进程》，《中国人民大学学报》2012 年第 2 期。

想，都具重要建树。二是实践论美学的拓展。20 世纪 50、60 年代我国关于"美的本质"的美学大讨论，到了 80 年代演化为实践论美学，代表人物及其成果有，李泽厚的主体性实践美学、"积淀"说，朱光潜"美是主客观统一"说与马克思实践论的融为一体，蒋孔阳的"美在创造中"、"美是多层累的突创"、美是"自由的形象"等论述。三是理论自主性的追求，表现为引入西方现当代文艺学方法而对文艺研究方法的多元化追求，刘再复"文学是人学"的文学主体论及其论争，将中国化马克思主义文学批评基本特征总结为革命实践性、伦理意识形态性、整合和谐性等。四是社会文化转型语境下中国化马克思主义文学批评的建构实践，具体关联文学"现代性"论争、"人文精神"大讨论、消费主义"文化转向"、"视觉文化"兴起等重大命题和社会背景而展开。

"一元主导、多维共生"模式的确立

"一元主导、多维共生"模式中的"一元主导"指的是以马克思主义文学批评为当代文学批评的主导范式并发挥指导功能，"多维共生"则指各种文学批评模式的杂处、配合和繁荣。20 世纪 90 年代中期以来，在以马克思主义为指导、建设有中国特色社会主义事业的当代中国语境下，加上"马克思主义的文学批评在揭示文学的社会性和意识形态的潜在含义方面，以及在强调文学的社会性和社会实现的条件方面，具有明显的优点和方法论的启示"[①]，建设马克思主义文学批评当代形态便不再是一般意义上的多样化倡导，而是主导形态的建构，要进一步强化马克思主义文学批评的指导地位和引领价值，同时其他文学批评也是重要、必需的：就整体的文学批评类型来说，要以马克思主义文学批评方法为主导，做到马克思主义文学批评方法、中国古代文学批评方法、西方文学批评方法三者的"共生"；从具体的文学批评模式来看，要以马克思主义文学批评统领社会历史批评、审美批评、精神分析批评、心理批评、类型批评、观念史批评、伦理批评、语言批评、修辞批评、现象学批评、身份批评、印象批评、神话—原型批评、形式主义—

---

① 王宏印：《文学翻译批评论稿》，上海外语教育出版社 2005 年版，第 22 页。

新批评、结构主义—符号学批评、文体学批评、后殖民批评、解构主义批评、接受—读者反应批评、女性主义批评、生态批评等各类批评模式，由诸多流派"一元主导、多维共生"共同组成文学批评这个大家庭。同时，选择性吸收包括现当代西方马克思主义批评在内的西方文学批评思想，对中国古代文学批评方法进行综合利用与积极转化，"将原来中国化马克思主义批评所依据的认知论哲学与社会学统一的理论基点，调整转换到马克思主义实践论哲学与人学统一的理论基点上来。当代形态的文学批评宜于在马克思主义实践论哲学与人学的理论基点上，以中国现代化文化追求为指归，在对中国化的马克思主义文学批评形态的批判性总结的基础上，整合中外文学批评理论中一切有价值的成分，从而实现从以往比较单一化的批评观念走向一定程度的系统整合，这种系统整合的基本框架，可以设想为主体论、本体论与价值论的有机统一"①，注重面的拓展和点的开辟相结合，从临界突破、转型探索走向形态重构，致力于建构中国化马克思主义文学批评的当代形态。

第三节 马克思主义文学批评对 20 世纪中国批评实践的影响

马克思主义改变了 20 世纪整个中国社会，马克思主义文学理论推动了 20 世纪中国文学理论的整体转型和向前发展，马克思主义文学批评对 20 世纪中国文学批评产生的影响是系统性、全方位的，概而言之，最重要的影响表现在以下几个方面：

一 范式转型与方法自觉

在审美趣味与理论品格这一基点上，马克思主义文学批评继承、汲取了 19 世纪欧洲现实主义文学批评的重要资源，坚持人民性品格，注

---

① 赖大仁：《关于马克思主义文学批评的当代形态》，《中国人民大学学报》1999 年第 4 期。

重社会历史分析，强调从物质生产与精神生产关系的宏阔角度来探讨文艺问题，致力于发挥文艺的社会功能、现实功用，做到历史分析与美学探讨的高度统一。自马克思、恩格斯创立马克思主义文学批评以来，它便充分融入激情澎湃、波澜壮阔的生动社会实践，展现出强大的生命力，彰显了自身的独特属性，"马克思主义的文学批评是由马克思、恩格斯创建的以马克思主义世界观为指导的文学批评，有着丰富的实践、明确的目的、鲜明的特点、具体的原则"①。伴随着 20 世纪马克思主义在中国的传播和影响扩大，马克思主义文学批评也不断与中国社会语境、文艺实际相结合，通过与多种文艺思潮、流派及其批评形态的反复较量与直接交锋，中国化马克思主义文学批评形态得以萌芽、产生经典形态、向前发展、不断走向成熟，可以说它是"马克思主义批评思潮的现代性与民族性、历史性与实践性的完美融合"②，并直接促成了 20 世纪中国文学批评的范式转型和方法嬗变。经由 20 世纪中国文艺实践的有力证明，通过与自由主义、保守主义、法西斯主义等文艺流派与批评思潮的多次较量，借助与中国国情、文艺实践的紧密结合，吸收其他文学批评主张的合理成分，中国化马克思主义文学批评表现出蓬勃的生命力、巨大的指导性，并直接影响其他批评流派的理论主张、文艺活动，积极影响突出，正面作用巨大。

从 20 世纪 20 年代开始，伴随中国共产党的成立，马克思主义在中国的影响力与日俱增，单就马克思主义哲学而言，虽然"并非每个人都采纳马克思主义哲学，但它已成为社会分析和论战的核心，甚至那些不同意该哲学的人，以及大多数政治活动家都以这种那种方式处于其影响之下"③，马克思主义的影响可见一斑。伴随 20 世纪 20 年代中后期马克思主义文学理论在中国传播的骤然升温，马克思主义文学批评的独

---

① 王先霈、王又平主编：《文学理论批评术语汇编》，高等教育出版社 2006 年版，第 1 页。

② 胡俊飞、吴亚南：《"马克思主义文学批评的中国形态"学术研讨会综述》，《文艺理论与批评》2012 年第 2 期。

③ ［美］石约翰：《中国革命的历史透视》，王国良译，中国人民大学出版社 2011 年版，第 162 页。

特魅力得以展现、实际作用更加突出，与中国文艺实践的天然契合性表现无虞：在理论本质上，"马克思主义批评是一个更大的理论分析体系中的一部分，这个体系旨在理解意识形态"，直接助益于中国革命反帝反封建任务；在思想关怀上，"某些观念、价值和感情，我们只能从文学中获得。理解意识形态就是更深刻地理解过去和现在；这种理解有助于我们的解放"，① 它内在关联着中国革命的前途命运、美好未来；在分析方法上，"马克思主义批评的创造性不在于它对文学进行历史的探讨，而在它对历史本身的革命的理解"②，有效推动中国革命文艺向前发展、不断壮大。正如美国著名经济学家凯恩斯（J. M. Keynes）曾经说过的，那些厌恶理论或者声称没有理论更好的经济学家，不过是处在较为陈旧理论的掌握之中。作为一种强大的理论武器与先进的批评工具，马克思主义文学批评在20世纪中国文坛如鱼得水、影响深远，在革命文学论争、文艺大众化思潮、民族形式构建、延安文艺界整风、解放区文艺实践、建国17年文学发展、新时期文艺事业繁荣等中都发挥了巨大的正面作用，成为20世纪中国文学批评公认的主流范式和主导方法。

二 价值引领与政策指导

马克思在《关于费尔巴哈的提纲》中提出"哲学家们只是用不同的方式解释世界，问题在于改变世界"，马克思主义注重发挥理论对实践的改造功能，强调发挥理论在现实中的"'革命的'、'实践批判的'活动的意义"。③ 事实上，这一点正是马克思主义文学理论影响20世纪中国文学最集中的表现。马克思主义文学批评是在广阔的中国文艺实践中，发挥其价值引领作用、实现其政策指导功能的。

一方面，就马克思主义文学批评核心特征而言，具有鲜明的意识形

---

① ［英］特里·伊格尔顿：《马克思主义与文学批评》，文宝译，人民文学出版社1986年版，第2—3页。

② 同上书，第7页。

③ 《马克思恩格斯选集》第1卷，人民出版社1995年版，第54—57页。

态属性、现实指导性，这是其发挥价值引领、政策指导的前提。当代著名英国马克思主义文学批评家特里·伊格尔顿强调"现代文学理论的历史是我们时代的政治和意识形态史的一部分"，认为"与其说文学理论本身有权作为知识探究的对象，不如说它是观察我们时代历史的一个特殊角度"，指出"文学理论不应因其政治性而受到谴责。应该谴责的是它对自己的政治性的掩盖或无知，是它们假定自己为'技术的'、'自明的'、'科学的'或'普遍的'真理原则时那种盲目性；而只要稍加思考，我们就可以发现，这些理论与特定时代中特定集团的特殊利益相联并且加强它们"①，揭示了现代一般文学理论与政治意识形态的紧密关联，马克思主义文学理论更是如此。在此大背景之下，基于"马克思主义关注的问题不应是价值理论，而是分析'价值的社会纷争的意识形态条件'。就评价过程的形成情况而言，这是一个策略运筹问题，是政治问题，而不是美学问题"，因此"马克思主义批评的目的不是制造一个审美对象，不是揭示已经先验地构成的文学，而是介入阅读和创作的社会过程"②，"科学的批评应该寻找出使文学作品受制于意识形态而又与它保持距离的原则。最优秀的马克思主义批评已经做到的正是这一点，马舍雷的出发点就是列宁关于托尔斯泰的光辉分析"③，马克思主义文学批评特性可见一斑，便于获得价值引领、政策指导效果。

另一方面，中国化马克思主义文学批评紧密关联 20 世纪中国文坛现实，作为导向方法、规训措施，实际发挥了价值引领、政策指导作用。在中国化马克思主义文学批评的引进拓展期，与以社会进化论为指导的社会学批评、以天才灵感论为依托的浪漫主义批评、以直觉感悟为中心的印象式批评、以"文艺无关政治"为口号的文艺自由论批评等正面交锋与直接较量，并影响巴金、老舍、曹禺的创作经验批评，夏

---

①　［英］特里·伊格尔顿：《二十世纪西方文学理论》，伍晓明译，陕西师范大学出版社 1987 年版，第 214 页。

②　［澳］托尼·贝尼特：《马克思主义与通俗小说》，载［英］弗朗西斯·马尔赫恩编《当代马克思主义文学批评》，刘象愚等译，北京大学出版社 2002 年版，第 214、222 页。

③　［英］特里·伊格尔顿：《马克思主义与文学批评》，文宝译，人民文学出版社 1986 年版，第 23 页。

衍、洪深的戏剧表演理论，它初步展示了自身的观念、品格、术语，一定程度上发挥了价值引领、范式传播、方法辐射作用。在经典建构期，毛泽东倡导文艺"民族形式"，描绘新民主主义文化的美好愿景，都具有鲜明的价值引领性，而基于延安知识分子改造、纠正党内教条主义错误考量而推出的《讲话》，1943 年 10 月在《解放日报》公开发表后不久，中共中央总学习委员会先以"学习《讲话》的通知"要求干部和党员群众"深刻的学习和研究"，中共中央宣传部又以"执行党的文艺政策的决定"形式要求"全党都应该研究这个文件"，在根据地知识分子中间"尤须深入地宣传这个文件"，更是突出强调发挥其对文艺工作、文学批评的价值引领和政策指导功能，对艾青"真善美"相统一的诗论，郭沫若"人民本位"意识、"古今共通"要求、"失事求似"原则三位一体的历史剧理论，赵树理和孙犁的创作论等都产生了直接影响。在发展失误期，"两结合"创作思想、"双百"方针，都是作为中共中央具体文艺文化政策提出的，而过火的政治批判、阶级分析及至"文化大革命"对文艺工作的严重破坏，直接缘起也是文艺政策、方针的失误乃至错误。在转型深化期，邓小平《祝词》对文艺的调整，江泽民、胡锦涛在全国文联代表大会讲话中的文艺评论部分，都具有很强的政策规范性。此外，各级党委、政府机关发布的关于文艺事业的一些文件，其指导性、政策性则更为突出、具体。例如，1991 年 3 月 1 日，中宣部、文化部、广播电影电视部印发《关于当前繁荣文艺创作的意见》的通知，强调"文艺创作是一种创造性的精神劳动，应充分尊重作家艺术家在'二为'方向下依据自身条件和意愿进行创作的自主权。在题材、主题、形式、方法、风格与流派等方面，创作者享有广泛的自由"，提出"要大力提倡和鼓励作家艺术家创作具有鲜明的社会主义时代精神、深刻反映现实生活、讴歌社会主义新人、富有民族特色的作品。在创作内容的多样化中，要突出时代和生活的主旋律；在艺术表现的多样化中，要强调民族性和群众性"，倡导"在创作中自觉地体现马克思主义文艺观和毛泽东文艺思想的指导，模范地贯彻执行党的文艺方针，用创作实绩推动社会主义文艺的发展和繁荣"，要求"各级党的宣传部门和政府文化部门、广播影视部门、文艺团体，都要把文艺评论作为繁荣文艺的一项重要工作来抓"，便是如此。

三　模式局限与使用失误

在马克思主义创始人马克思、恩格斯那里，"虽然马克思的政治偏好会自然而然地影响到自己判断文学作品的价值，但是马克思和恩格斯决不粗暴地平等看待艺术上的精细和政治上的正确"[①]，他们坚持历史和美学相统一的评价标准。作为马克思主义重要发展阶段的列宁主义，虽然更加注重发挥文学的宣传、组织功能，但依然强调"党性是现实本身所固有的；它在描写社会现实的方法中流露出来，不必动用主观的态度"[②]，吻合别林斯基"艺术首先必须是艺术，然后才能够是社会精神和倾向在特定时期中的表现"的观点，卢卡奇"艺术中意识形态的真正承担者是作品本身的形式，而不是可以抽象出来的内容。我们发现对文学作品中的历史印记明确地是文学的，而不是某种高级形式的社会文件"[③] 的担忧也是多余的，列宁"能动反映论"的文艺本质说无疑是正确、深刻的，但将文艺与现实的关系界定为"镜子"式的反映，在特里·伊格尔顿、皮埃尔·马舍雷、雷纳·韦勒克等人看来，却不免存在简单粗糙、政治化之嫌，"列宁说托尔斯泰是俄国一九〇五年革命的一面镜子，但是，如果说托尔斯泰的作品是一面镜子的话，那末，正如皮埃尔·马舍雷所说，这是一面破碎的镜子，放在朝向现实的某一角度，显示出来的形象是残缺不全的，它所反映的和它所没有反映的，同样富有表现力"[④]，"我们无法低估列宁的影响和权威性，不过我们应该悲叹的是，他的倾向是文学归结为政治意识"[⑤]。

---

① ［英］特里·伊格尔顿：《马克思主义与文学批评》，文宝译，人民文学出版社 1986年版，第 50—51 页。

② 同上书，第 52 页。

③ 同上书，第 28 页。

④ 同上书，第 55 页。

⑤ ［美］雷纳·韦勒克：《近代文学批评史》第 7 卷，杨自伍译，上海译文出版社 2009年版，第 540 页。

继承与推动马克思主义的发展，20 世纪中国化马克思主义文学批评的成绩是主要的，但也存在一定的历史局限。比如，在其"反映论的文学本体观、认识论的文学主体观与社会功利论的文学价值观的有机统一"的批评观念系统中，"反映论的文学本体观使得文学批评偏于关注那些直接反映现实的文学，而对别类文学形态则少有观照，也难以阐释；认识论的文学主体观使批评对文学的阐释对文学规律的探讨也只囿于认识层面，而对于心理体验、审美感悟等则缺乏关注；社会功利论的文学价值观使文学批评尽可能把文学纳入到社会意识形态和现实社会需求的框架中来寻绎其意义，而对文化的、美学的意义则关注不够，在理论上更是缺乏建构"；其对各种批评资源与传统进行整合时，"对西方批评传统的整合，顾及了古代到近代摹仿论批评到现实主义批评的理论资源，而对近代以后特别是 20 世纪同期的现代主义批评则少有关注；对中国古典批评传统的继承，也主要偏重功利批评而忽略美学批评"[①]。又如，毛泽东强调文学批评是"政治标准"与"艺术标准"的统一，但在具体操作层面上，主张政治标准第一、艺术标准第二。在阶级对抗明显的革命年代，尤其是作为政治家提出的批评标准，这种操作方法有其合理性，但已不适应新时期的文艺实践，机械地将这两个标准排序显然不可取，应该"坚持马克思主义创始人的'美学观点和史学观点'的文学批评标准，并且首先辨别一个作品或现象是否是'文学艺术的'作品和现象再来具体评价它在政治思想上的成败得失，是非真假"[②]。

20 世纪中国的马克思主义文学批评天然联系政治、革命建设，"既要考虑学术的严密性，还要权衡政治的正确性"[③]，又常常关联着对知识分子的改造主题。美国著名汉学家费正清曾分析过这种知识分子改造模式，被调查（自己公开陈述经历，被孤立，接受斥责，自信心动

---

① 赖大仁：《关于马克思主义文学批评的当代形态》，《中国人民大学学报》1999 年第 4 期。

② 张玉能、张弓：《论马克思主义文学批评的中国形态——实践形态》，《青岛科技大学学报》（社会科学版）2013 年第 1 期。

③ 胡俊飞、吴亚南：《"马克思主义文学批评的中国形态"学术研讨会综述》，《文艺理论与批评》2012 年第 2 期。

摇）——公开批斗（接受公众控诉，常伴讥讽羞辱）——表达改正错误的愿望（监狱改造，承认缺点与错误）——重获新生（坦白与检查被接受，欢迎归队，十分乐意接受领导）。① 费正清的总结虽然存在夸大化、简单化的明显不足之处，但有助于理解中国化马克思主义文学批评的政治化、非学术化倾向，频繁发生的文学（流派、作品、观点）批判便是直接例证。即便是在新中国刚成立、意识形态控制相对宽松的时候，也是如此。比如，针对茅盾第一次文代会报告将"表面上不否认文艺的政治性，实际上则把艺术性摆在政治性之上，这样的倾向潜生暗长"② 视为国统区文艺发展三个主要问题之一，20 世纪 50 年初阿垅在《文艺学习》杂志第 1 期发表《论倾向性》一文，用"艺术即政治"来强调"艺术与政治的统一"，阿垅的这些看法与 20 世纪 40 年代胡风、冯雪峰的观点一脉相承，"都反对脱离创作实践、脱离作品实际向作家要求抽象的政治性；都反对将艺术性与政治性割裂，并以政治性凌驾于艺术性之上"③，在 20 世纪 40 年代便遭到何其芳、邵荃麟、林默涵等人的批判，阿垅重提这些观点，自然会遭到多方批判，如陈涌的《论文艺与政治的关系》、邵荃麟《论文艺创作与政策和任务相结合》等文章，文学批评的政治化色彩可见一斑。更不用说之后的"胡风反党集团"案，"丁、陈反党集团"案，以及"文化大革命"中文艺的全面异化，政治化被推向极致。在经济全球化、文化多样化的今天，"政治"概念日益走向宽泛、具体、柔性，"从阶级政治走向全民政治"，"从宏观政治拓展到微观政治"，"从显性政治转化为隐性政治"④，马克思主义文学批评中的文学与政治的关系亟须不断调整，对文学的多方位观照势在必行，从共同点中找出特殊点，从历时性中找出统一点，从

---

① 费正清：《伟大的中国革命》，刘尊棋译，世界知识出版社 1999 年版，第 306 页。

② 茅盾：《在反动派压迫下斗争和发展的革命文艺》，《中华全国文学艺术工作者代表大会纪念文集》，新华书店 1950 年版，第 59 页。

③ 黄曼君主编：《中国近百年文学理论批评史》（1895—1990），湖北教育出版社 1996 年版，第 922 页。

④ 万娜：《第二届"马克思主义文学批评的中国形态"国际学术研讨会综述》，《文艺理论与批评》2013 年第 3 期。

多样性中找出融合点，将成为学术创新与思想拓展的可能方向和侧重点。

探讨马克思主义文学理论与 20 世纪中国文学理论的变迁时，文学批评是一个不可回避的重要范畴。马克思主义文学批评全程贯穿整个 20 世纪中国文艺实践，深刻关联中国文学批评的现当代转型，具有广泛的文学、文化、思想意义，在建设有中国特色马克思主义文学批评的今天，尤其值得深入分析和继续研究。

第八章

马克思主义文学理论范畴
在中国当代的开放扩展

过程思维将任何事物与活动，大至宇宙的自然演化、人类的历史演进，小至一种观念的孕育生成、一个范畴的发展变化，都看作"前后相继的过程。过程乃机体诸因子之间有着内在联系的、持续的创造活动"，"活动是一个创造的过程"①。在过程思维中，不管是马克思主义文艺理论的思想观念，还是马克思主义文学理论的概念范畴都不是固定不变的，而是"永远开放的，也就是说是未完成的、不充分的，从而向不确定性和未知的事物敞开着"②。

第一节　马克思主义文学理论范畴的历史演变

马克思主义文学理论自诞生以来，在世界范围内得到了广泛传播与多向发展。不同时代、不同民族的马克思主义文学理论家，根据不同时代的需要，结合不同民族的实际，对马克思主义创始人的文学理论进行了不同的解读和发展，形成了诸多的马克思主义文学理论流派，而不同流派又提出了不同的马克思主义文学理论范畴。

---

① 〔美〕阿尔弗雷德·诺尔司·怀特海：《思维方式·译者序言》，黄龙保等译，天津教育出版社1989年版，第3—14页。
② 〔法〕埃德加·莫兰：《迷失的范式：人性研究》，陈一壮译，北京大学出版社1998年版，第189页。

一 马克思主义文学理论范畴在不同阶段的演变

波兰著名美学家瓦迪斯瓦夫·塔塔尔凯维奇在《西方六大美学观念史》中说:"美学史的形成,并非将相同的定义和学说一代一代地传承下去;两者都是逐渐在形成,并且也逐渐在改变。今天关于美和艺术,形式和创造性的见解,都是已经继续不断,多方尝试的结果,也都是出自不同的观点,采用不同的方法,多样的考虑,使得这些继续不断的尝试日趋复杂。"① 马克思主义文学理论史的形成与发展,同西方美学史的形成与发展一样,也不是后代马克思主义文学理论家将马克思主义创始人文学理论的相同定义和学说一代一代地传承下去,同样是在继承中"也逐渐在改变",进而发展出新的定义和学说,提出新的概念和范畴。在马克思主义文学理论发展史上,不仅被某些学者视为非正统的西方马克思主义文学理论家、后马克思主义文学理论家,如阿多诺、本雅明、莫菲、霍尔等人的文学理论范畴,与马克思主义创始人的文学理论范畴具有明显的区别,而且被某些学者视为正统的苏联马克思主义文学理论家,中国马克思主义文学理论家,如列宁、毛泽东等人的文学理论范畴,与马克思主义创始人的文学理论范畴也是不尽相同的。19 世纪中后期,马克思主义创始人面对无产阶级和资产阶级尖锐对立的社会现实和欧洲批判现实主义的文学实践,重点从文学与生活的关系、物质生产与精神生产的异同、文学的创作规律与审美特性等维度去考察文学,提出的主要文学理论范畴有"现实主义"、"典型环境"、"典型人物"、"艺术生产"、"历史标准"和"美学标准"等。

马克思主义创始人提出的这些文学理论范畴,到了 20 世纪已朝着多个流向演变。不同派别的马克思主义文学理论家,从不同的方面发展了马克思主义文学理论范畴。他们或提出新的范畴以丰富马克思主义文学理论范畴体系,或对经典马克思主义文学理论范畴赋予新的含义扩大

---

① [波兰]瓦迪斯瓦夫·塔塔尔凯维奇:《西方六大美学观念史》,刘文潭译,上海译文出版社 2006 年版,第 11 页。

了其内涵。20 世纪初期，列宁面对俄国革命的现实需要和以列夫·托尔斯泰为代表的俄国现实主义、以高尔基为代表的俄国无产阶级文学创作经验，重点从文学的社会功能、文学与革命的关系、文学的复杂构成等维度去考察文学，提出的主要文学理论范畴有"文学党性"、"齿轮和螺丝钉说"、"两种民族文化"、"艺术属于人民"等。20 世纪 20—30 年代，卢卡奇、葛兰西、阿多诺、本雅明等西方马克思主义文学理论家，他们所处的社会环境既不同于马克思恩格斯的时代背景，又不同于列宁所处的俄苏革命氛围。面对这一独特的社会环境，一方面，他们"始终关注现实社会历史的进程，对时代的新问题保持着一种敏锐的感觉和体验，在试图解决这些新问题时，展开了与当代各种文化思潮的交流与对话"；另一方面，他们"在回答时代的新问题时，比较自觉地与马克思所论述过的一些基本问题联系起来，保持着同马克思主义的密切联系"①。主要从文学的审美特性、批判功能、文化领导权、大众文化、艺术生产等角度去考察文学，提出的文学理论主要范畴有"审美反映"、"拟人化"、"民族——人民的文学"、"文化领导权"、"文化工业"、"艺术生产"、"意识形态"等。20 世纪中期，毛泽东面对中国革命与抗日救亡的现实需要和解放区为代表的文学实践情况，主要从文学的本质属性、文学的工具功能、文学为谁服务和怎样服务、文学的评价标准等维度去考察文学，提出的主要文学理论范畴有"生活反映说"、"工农兵方向"、"普及与提高"、"政治与艺术"等。

20 世纪后期，世界进入了全球化时代。尽管世界上还有局部的冲突与战争，但东西方的冷战与对抗已走向缓和，和平与发展已成为世界的两大主题。面对这种新的形势，文学的发展已出现了新态势，各国的马克思主义文学理论已呈现出新的面貌。中国在 1976 年底开始进入新的时期，1978 年出现了历史性转折："以经济建设为中心"取代了"以阶级斗争为纲"。政治、经济、文化的发展都进入了解放思想，改革开放的时

---

① 周忠厚等主编：《马克思主义文艺学思想发展史》（下），中国人民大学出版社 2007 年版，第 998 页。

代，马克思主义文学理论的发展也迎来了最好的时期，其总体特点是研究回归学术化，话语突出专业化。这一时期中国马克思主义文学理论家提出的主要马克思主义文学理论范畴有"文艺为人民服务"、"为社会主义服务"，"文学的主体性"、"审美反映"、"审美意识形态"等。这一时期，俄国与欧美的马克思主义文学理论较之30—40年代也发生了重要变化。50—60年代，俄国处于社会转折期，也被人们称之为"解冻时期"。社会的震荡和文学的变化，为马克思主义文学理论的发展提供了机遇，经典马克思主义文学理论著作得到了重新阐发，文学的艺术特点和审美本性研究有了新的突破。这一时期的马克思主义文学理论范畴主要有"艺术审美本质"、"艺术审美价值"、"艺术意识形态本性"等。20世纪后期，随着苏联的解体和社会、文化的巨大变革，马克思主义文学理论也发生了重大变化，"结构符号学"、"文化诗学"、"历史诗学"已正式进入马克思主义文学理论范畴。这一时期，英美的马克思主义文学理论也发生了重要的转变，一批左翼文学理论家空前活跃，英国的雷蒙·威廉斯、特里·伊格尔顿，美国的弗里德里克·詹姆逊等，他们都为马克思主义文学理论在英美当代的发展做出了重要贡献。他们为马克思主义文学理论提供的新范畴有"文化唯物主义"、"意识形态话语分析"、"政治无意识"等。同时，马克思主义创始人提出的某些文学理论范畴，如"现实主义"、"意识形态"等，在20世纪世界各国的马克思主义文学理论中也得到了沿用，但却被赋予了不尽相同的意义。如苏联的"社会主义现实主义"、"中国的革命现实主义"、法国的"无边现实主义"与马克思主义创始人的"现实主义"含义已相去甚远。

二 马克思主义文学理论范畴演变的启示

从马克思主义创始人马克思、恩格斯经列宁再到毛泽东直至20世纪末期的马克思主义文学理论范畴的历史演变说明：

第一，马克思主义文学理论范畴不是凝固不变的教条，而是动态的、开放的、没有终点的生命系统，每一代马克思主义文学理论家都可以立足于当时的社会发展和文学实践经验，根据时代需要和生活实际去丰富它和发展它。如果将马克思主义创始人的文学理论范畴当作只可遵循、只能膜拜，不可创新、不能发展的对象，虽然在表面上看似尊重和遵从马克思主义创始人，但是在实质上却是以肯定的愿望达到了否定的目的，不仅会使马克思主义文艺理论处于停滞状态，而且会窒息它的生命。我们今天之所以还能够看到多样化的马克思主义文艺理论形态，丰富性的马克思主义文学理论范畴，在很大程度上在于不同时代的马克思主义文学理论家都将马克思主义文学理论看成是一个动态发展的过程。

第二，马克思主义文学理论范畴的演变，遵循了"从马克思出发而不拘泥于马克思"的指导思想①，只有从马克思出发而又不拘泥于马克思，才有可能创新马克思主义文学理论范畴。如果不从马克思出发去创新文学理论范畴，其范畴虽然是新的，但可能不是马克思主义谱系的。20世纪所出现的形式主义、结构主义、新批评等文学理论学派及其提出的"文学性"、"陌生化"、"功能"、"结构"、"意图谬误"、"感受谬误"等文学理论范畴，由于不符合"从马克思出发而不拘泥于马克思"的指导思想，就很难进入马克思主义文学理论范畴体系。如果拘泥于马克思去创新文学理论范畴，其范畴虽然是马克思主义谱系的，但有可能是新意不足的。如苏联时代的"社会主义现实主义"文学理论范畴，20世纪50—70年代中国流行的"革命的现实主义"范畴就如此。

第三，马克思主义文学理论范畴的发展，应坚持生活实际高于书本公式的原则。换言之，也就是"除了回到马克思外，还必须走进时代与生活……着眼于新的实践和新的发展，着眼于对新的实际进行思考，着眼于解读马克思所取得的实际成果的运用"②。生活高于书本公式的原则，在毛泽东那里体现得最典型、最充分。他比王明等人的高超之处就在于，着眼于中国社会历史文化和现实需要，去吸收马克思主义、创新马克思主义，建立了中国化的马克思主义其及文艺思想，有效地指导了中国革命走向胜利，中国文学向前发展。

---

① 俞吾金主编：《国外马克思主义研究报告》，人民出版社2007年版，第411页。

② 赵剑英、孙正聿主编：《中国化马克思主义哲学新形态》，社会科学文献出版社2006年版，第29页。

第二节 马克思主义文学理论范畴的开放扩展

当今时代，与马克思主义理论诞生时的19世纪相比，已经产生了巨大的变化，现代信息技术和交通工具的高度发达，使"全球范围内的人员、商品、思想和图像的流动得到加强"；当今时代的文学，与马克思主义文学理论创立时的19世纪相比，已经发生了根本的改变，特别是互联网的使用与普及，使文学的生产、传播"在时间和空间上的限制已经被大大地削减了"，文学的"混杂化"现象日益突出①。面对当今时代的文学，20世纪以前产生的马克思主义文学理论范畴已经不够用了。马克思主义文学理论范畴需要根据当今时代的变化和文学发展的需要进行扩展。那么，应该根据什么原则去扩展马克思主义文学理论范畴？将哪些范畴扩展到马克思主义文学理论中呢？马克思主义文学理论范畴的当代扩展，应根据从马克思出发而不拘泥于马克思和文学实践高于书本公式的原则去进行。英国学者威尔塞洛尼在谈到当今时代如何发展马克思主义时说："目前最紧迫的任务不是重建一套体系，而是对马克思主义体系中具有启发性的理论和概念进行阐释，使之获得新的时代意义。"② 威尔塞洛尼的这一观点与我们扩展马克思主义文学理论范畴的基本原则是一致的，他不仅说明了当今发展马克思主义的任务和方法，而且对我们将哪些范畴扩展到马克思主义文学理论中也有一定的指导作用。当今时代，在马克思主义体系中最具有"启发性"，最能获得"新的时代意义"，并能解释当代文学现象和引导文学实践的理论范畴主要有"全球化"、"现代性"、"文化批判"、"非物质生产"等，这些理论范畴无疑应该扩展到中国当代的马克思主义文学理论体系之中。

---

① ［挪威］托马斯·许兰德·埃里克森：《小地方，大论题——社会文化人类学导论》，董薇译，商务印书馆2008年版，第391—392页。

② 俞吾金主编：《国外马克思主义研究报告》，人民出版社2008年版，第473—474页。

一　全球化范畴

全球化是马克思主义创始人理论体系中最富于前瞻性、启发性和时代意义的重要思想之一，也是对当今世界政治、经济、文化最具有解释力的范畴之一。诚然，"在马克思主义经典作家著作中无法找到'全球化'（Globalization）这个概念或以'全球'（Global）为词根造出的词汇"①。但是，马克思主义创始人在《共产党宣言》等著作中使用了"资本主义扩张"、"世界交往"、"世界历史"、"世界革命"四个与全球化密切相关的概念，对全球化的特征、全球化的基本理论作了重要的阐释，对我们理解全球化是非常有益的，在这个意义上，"把马克思称之为全球化理论的伟大思想家或全球化理论的重要奠基人，是受之无愧的"②。英国学者艾瑞克·霍布斯鲍姆2006年3月13日发表在《新观察家》上的《马克思：新的全球化宗师？》就认为"马克思是最伟大的全球化理论家"③。

同时，今天"我们正处在一个全球化的时代，全球化是我们这个时代最重要的特征之一。全球化对世界历史进程和中国历史进程的影响正在变得越来越深刻，这些年间国内和国际发生的各种重要事件，几乎没有一件不与全球化相关。全球化既是一种客观事实，也是一种发展趋势，无论承认与否，它都无情地影响着世界的历史进程，也无疑影响着中国的历史进程"④。在这一背景下，文学艺术也深受全球化的影响。从文学艺术的创作看，几乎每一个国家的文学艺术家都受到其他国家文学艺术的影响，他们的作品都或多或少地包含着某些世界性因素；从文学艺术的流通看，几乎每个国家的文学艺术作品都受到了全球市场的影响，都进入了世界性的市场，只是经济、文化发达的国家占据的市场份额更大，如美国的文化艺术产品。世界的全球化进程和马克思主义的全

---

① 李惠斌、薛晓源主编：《中国马克思主义研究前沿报告》，华东师范大学出版社2007年版，第143页。

② 俞可平等主编：《全球化与全球化问题》，中央编译出版社2006年版，第13页。

③ 俞吾金主编：《国外马克思主义研究报告》，人民出版社2007年版，第33页。

④ 俞可平：《全球化主题书系总序》，载薛晓园、曹荣湘主编《全球化与文化资本》，社会科学文献出版社2005年版，第1页。

球化思想也引起了中国共产党的重视。诚如澳大利亚学者尼克·奈特指出的那样："20 世纪 90 年代中期，全球化概念开始出现在中国共产党的话语之中，从那时以来，中国共产党的理论工作者和中国学术界对马克思主义经典著作关于全球化的阐述产生了日益浓厚的兴趣，相关的讨论也持续不衰……在中国共产党的理论探索中，全球化已经成为一个重要的主题。"① 全球化所改变的不仅是世界的经济运行方式和地缘政治格局，而且，"全球化将改变我们的艺术、文化、文学，以致我们对自身的根本理解"②。将全球化纳入马克思主义文学理论范畴，既是创新马克思主义文学理论研究的需要，也是当前文学批评实践的需要。

二　现代性范畴

现代性是马克思主义理论所关注的重要问题之一，也是马克思主义理论体系中的重要论题之一，更是能与当代社会政治、经济、文化、艺术展开对话的范畴之一。马克思主义创始人马克思、恩格斯"虽然没有明确提出'现代性'的概念，但是基于对社会历史发展的深入考察，还是具体阐发了有关现代性的思想，并对现代性做出了新的实质性的理解"③。他们从商品、货币、资本的角度对现代性进行了诊断，从人的生产活动出发对现代性进行了反思，从历史审视、价值批判、理想建构的向度对现代性进行了考察，并在此基础上论及了文化现代性和审美现代性。

马克思主义的现代性思想蕴含着"巨大的潜能和诠释空间，所以它在后人那里得到了异乎寻常的重视"④。在 20 世纪的马克思主义队伍中，卢卡奇、哈贝马斯、吉登斯、列斐伏尔等都对马克思主义创始人的现代性思想予以了高度重视，都研究过现代性问题。卢卡奇作为西方马克思主义的开创者，他的现代性思想主要体现为对现代性的批判，对现代资本主义的

---

① 李惠斌、薛晓源主编：《中国马克思主义研究前沿报告》，华东师范大学出版社 2007 年版，第 69 页。
② 俞可平等主编：《全球化与全球化问题》，中央编译出版社 2006 年版，第 125 页。
③ 丰子义：《马克思现代性思想的当代解读》，《中国社会科学》2005 年第 4 期。
④ 俞吾金：《马克思对现代性的诊断及其启示》，《中国社会科学》2005 年第 1 期。

反对，指出资本主义世界是一个完全物化了的世界，在这个世界中，"商品形式占支配地位，对所有社会生活都有决定性影响"①。因此，不管是无产者还是有产者，都难以逃脱被物化的命运。哈贝马斯对现代性持一种辩证认识，他"区分了现代性的规范理想和它的不合理的实现形式，认为资本主义合理化的危机并不等于现代性和理性本身的危机"②。吉登斯从现代性与社会生活或组织模式、现代性与工业化世界、现代性与现代社会或工业文明三个方面分析了现代性，并将现代性与全球化、现代性的后果结合起来加以考察，认为"全球化的本质就是流动的现代性，在这里，流动指的是物质产品、人口、标志、符号以及信息的跨空间和时间的运动"③。列斐伏尔的现代性思想贯穿于日常生活批判理论之中。他特别联系现代世界的审美主义，批判了现代性对艺术的破坏。他指出，审美主义实际上是在导致艺术的衰亡。因为它无视在现代性条件下人与自我的分离、艺术与日常生活的分裂，并在接受所有这一切的基础上进行创作。它相信艺术在脱离日常生活的情况下也能制造出一些使人达到总体性的生存状况的'瞬间'（moments），实际上这却正是在败坏艺术之为艺术的特性。审美主义自以为可以艺术创作来创造世界、达到总体性、实现主体性，实际上它却阻碍了真正的批判，真正的主体性。在今天中国的文化研究、文学批评中，"现代性"已成为一个常用术语，因此，将"现代性"纳入中国马克思主义文学理论范畴是十分必要的。

三　批判性范畴

批判性是马克思主义理论的基本品格，也是马克思主义革命性的重要体现。马克思主义创始人对资本主义社会的政治、经济、文化展开了全面的批判，从某种意义上说，马克思主义理论是一种批判理论。

---

① ［匈牙利］卢卡奇：《历史与阶级意识》，杜章智等译，商务印书馆 1992 年版，第 15 页。

② 汪行福：《新启蒙辩证法——哈贝马斯的现代性理论》，载叶汝贤等主编《马克思主义与现代性》，社会科学文献出版社 2006 年版，第 200 页。

③ 薛晓源：《全球化时代，我们何为》，载薛晓源、曹荣湘主编《全球化与文化资本》，社会科学文献出版社 2005 年版，第 3 页。

马克思主义的批判理论在20世纪产生巨大影响的同时，也发生了重要转型，西方马克思主义理论家将其运用到了文化领域和审美领域，发展成为了一种重要的学术范式——文化批判。文化批判的重点为"文化工业"或"大众文化"。西方马克思主义者们认为，当代社会的科学技术已发展成为一种"新的意识形态"。这种"新的意识形态"已操纵了"文化工业"或"大众文化"的生产。这种"文化工业"所生产的"大众文化"，体现了标准化、系列化的特点，并具有控制性、操纵性的作用。"现在一切文化都是相似的。电影、收音机、书报杂志等是一个系统。每一领域是独立的，但所有领域又是相互联系的"。在"文化工业""垄断下的所有的群众文化都是一致的，它们的结构都是由工厂生产出来的框架结构"①。这种"文化工业"所生产的"大众文化"，控制了人们的思想意识，操纵了社会的精神生活。"文化工业的每一个产品，都是经济上巨大机器的一个标本，所有的人从一开始起，在工作时，在休息时，只要他还进行呼吸，他就离不开这些产品……社会上所有人都接受文化工业品的影响。"②"文化工业通过娱乐活动进行公开的欺骗……在生活中支配人们的活动"③，西方马克思主义理论家的文化批判虽不如马克思主义创始人的批判理论全面和尖锐，但他们却"以其理论活动和思想建树的特殊方式表达了对时代发展和社会现实的高度关注和深刻理解"④。西方马克思主义理论家企图用文化批判取代马克思主义的社会批判是不可取的，但将文化批判作为马克思主义文学理论的范畴之一却是可行的，用于文化研究和文学批评也是很有针对性的。

四　非物质生产范畴

将文学纳入生产领域进行考察，是马克思主义创始人的一个独特视

---

①　[联邦德国] 马克思·霍克海默、特奥多·威·阿多尔罗：《启蒙辩证法》（哲学片断），洪佩郁等译，重庆出版社1990年版，第112—113页。

②　同上书，第118页。

③　同上书，第135页。

④　赵剑英、孙正聿主编：《中国化马克思主义哲学新形态》，社会科学文献出版社2006年版，第65页。

野；提出艺术生产理论，是马克思主义创始人对人类文学理论史的一个重要贡献。马克思主义创始人将人类生产分为物质生产和精神生产两种类型，艺术生产则是精神生产的一个组成部分。马克思主义艺术生产论在研究文学生产时，总是将其置于与物质生产的关系中加以考察的，并在此基础上提出了艺术生产与物质生产发展不平衡的经典命题。马克思主义的艺术生产论具有重要的当代价值并对当代世界的许多文学理论流派和思想产生过重要的影响。

　　然而，站在今天的角度看，马克思主义艺术生产论又是需要丰富和发展的。因为，当今的人类生产比马克思时代的生产内容更丰富，生产类型更多样，在物质生产与艺术生产之间出现了一种重要的生产类型——非物质生产。非物质生产又称非物质劳动，这一概念由意大利新马克思主义者拉夫·莱托所创造，美国学者哈特和意大利学者奈格里在他们合著的《帝国》一书中作了新的阐发。他们将非物质劳动定义为"生产一种非物质商品的劳动，如一种服务，一个文化产品，知识或交流"。非物质劳动包括两个方面，即"计算机和通讯工作中的非物质劳动"与"人类交际和互动的情感性劳动"①。这种非物质生产与物质生产和艺术生产都有着密切的关系，对物质生产和艺术生产都有着重要的影响。在马克思主义文学理论中引入非物质生产范畴，有利于进一步认识物质生产与艺术生产关系的复杂性，更加科学地解释物质生产与艺术生产发展的不平衡。

第三节　马克思主义文学理论范畴
开放扩展的意义

　　马克思主义文学理论范畴的扩展，不是在马克思主义文学理论中仅仅增加几个新的名词术语而已，而是增强马克思主义文学理论的时代

---

　　① ［美］迈克尔·哈特、［意］安东尼奥·奈格里：《帝国》，杨建国、范一亭译，江苏人民出版社 2005 年版，第 337—339 页。

感，激活马克思主义文学理论的生命力，构建马克思主义文学理论的新形态的需要。

一 增强马克思主义文学理论的时代感

马克思主义文学理论范畴的扩展有利于增强马克思主义文学理论的时代感。黑格尔在《哲学史讲演录》中说："既然文化上的区别一般地基于思想范畴的区别，则哲学上的区别更是基于思想范畴的区别。"① 黑格尔的观点表明，不同的范畴是不同学科区别的标志。

从这一角度去考察马克思主义文学理论，可以说不同的范畴既是不同流派马克思主义文学理论的区别，也是不同时代马克思主义文学理论的区别。当我们讲到"文化工业"、"文化批判"、"机械复制"等范畴时，我们知道这是法兰克福学派的文学理论；当我们讲到"妇女经验"、"男性权力"、"女性主义"等范畴时，我们知道这是马克思主义的女权批评；当我们讲到"典型环境中的典型人物"、"现实主义"、"细节真实"等范畴时，我们知道这是 19 世纪马克思主义创始人的文学理论；当我们讲到"文学党性"、"两种文化"、"革命镜子"等范畴时，我们知道这是 20 世纪初期列宁的文学理论；当我们讲到"工农兵方向"、"普及与提高"、"政治与艺术"等范畴时，我们知道这是 20 世纪中期毛泽东的文学理论。这些理论范畴标志着马克思主义文学理论发展过程中不同历史阶段的时代特点，马克思恩格斯的文学理论，是资本主义快速发展，无产阶级与资产阶级尖锐对立条件下的产物；法兰克福学派的文学理论，是工业时代、机械文明背景中的投影；列宁、毛泽东的文学理论，则是阶级斗争、社会革命环境中的成果。尽管这些范畴是当时马克思主义文学理论发展里程碑式的成果，并且在今天还有着重要意义，但它毕竟属于历史，不能体现今天的时代特色。而"全球化"、"现代性"、"文化批判"、"非物质生产"等范畴才是属于 21 世纪的，

---

① ［德］黑格尔:《哲学史讲演录》第 1 卷，贺麟、王太庆译，商务印书馆 1959 年版，第 47 页。

也才能体现信息社会、数字文明时代的特点。将其引入今天的马克思主义文学理论中，有利于增强马克思主义文学理论的时代感。

二　发展马克思主义文学理论体系

马克思主义文学理论范畴的扩展有利于发展马克思主义文学理论体系。范畴是构成理论体系的核心概念和基本内容，任何理论体系的发展与丰富，总是伴随着范畴的变化与扩展的，马克思主义文学理论也不例外。

马克思主义文学理论发展的历史，在某种意义上也可以看成马克思主义文学理论范畴的变动史与扩展史。20 世纪以来，不同的马克思主义文学理论流派和马克思主义文学理论家，根据各自所处的时代特点、实践经验、生活需要，提出了许多新的文学理论范畴，对发展和丰富马克思主义文学理论体系作出了独特的贡献。但是，21 世纪的文学观念和文学实践较之 20 世纪已发生了重大变化，出现了一些新的文学思想和新的文学现象。在文学思想方面，即使是现实主义，在 21 世纪也发生了新变化，其外延更加开放，内涵更加丰富，吸收和包容了许多其他文学思想成分。在文学现象方面，网络文学、数码艺术，无论是其生产方式，还是其传播媒介，较之传统文艺都有根本性的变化和迥异的面貌。"而新思想必然需要独特的概念术语，文学现实的变化必然催生新的理论术语，以便做出与其自身运动相适应的逻辑概括。创造新的术语，实现术语的革命，是理论认识在深度上广度上发生重要变化的必然要求。"① 21 世纪的马克思主义文学理论家，如果完全沿用 20 世纪以前的马克思主义文学理论范畴，既不能有效地解释和引导当代的文学实践，也不能发展和丰富马克思主义文学理论体系。从这个意义上说，扩展马克思主义文学理论范畴，既是马克思主义文学理论主动适应现实状况的需要，又是马克思主义文学理论体系发展和丰富的需要。

---

① 董学文、金永兵：《中国当代文学理论》（1978—2008），北京大学出版社 2008 年版，第 40 页。

三 激活马克思主义文学理论的活力

马克思主义文学理论范畴的扩展有利于激活马克思主义文学理论的生命力。一种理论体系，如果不引入新的理论成果和理论范畴，它就会因为自我封闭而失去生命力。马克思主义文学理论之所以具有旺盛的生命力，能在世界范围内广泛传播和多向发展，就在于它是一个开放的体系，能不断地与现实对话，而且能及时引入新的理论成果与理论范畴来丰富和发展自己。

马克思主义文学理论范畴的当代扩展，是激活马克思主义文学理论生命力的需要。马克思主义文学理论，同其他许多理论一样，都是在与不同学派，不同主张理论的相互碰撞、交往对话中发展起来的。马克思主义文学理论，在与西方文学理论传统，特别是与德国古典美学的相互碰撞、交往对话中生成，也是在与同时代各种文学思想、美学观念，特别是在与青年黑格尔代表布鲁诺·鲍威尔、阿尔诺德·卢格、莫泽斯·赫斯等人，"真正的社会主义"代表卡尔·格律恩、海尔曼哈·克利盖等人以及形形色色的人物和思想的相互碰撞、交往对话中发展成熟的。今天，我们在马克思主义文学理论中引入的"全球化"、"现代性"、"文化批判"、"非物质生产"等范畴，虽然它们本身就是马克思主义创始人的思想和观念，但由于它们走在了时代的前面而更多地属于未来，是属于前瞻性、孕育性的思想和观念，在当时并没有充分发挥出它们的影响。当它们今天重新进入马克思主义文学理论体系并得到重新阐释和新的开掘后，它们就被再次激活了，从而焕发了新的生命与活力。同时，当这些范畴进入马克思主义文学理论体系后，又与马克思主义文学理论体系中原有的范畴形成了碰撞，产生了对话，从而又激活了整个马克思主义文学理论。

第九章

马克思主义艺术生产论的现实价值
与中国当今的艺术生产

马克思主义艺术生产论，既是"马克思主义创始人提出的一个崭新的文艺理论命题"①，又是"构成马克思主义文艺理论的重要内容之一"②，更是一种在当代世界具有重要现实价值的文艺理论主张。在马克思主义文艺理论诞生以前，文学理论界或者认为文艺是人类的一种模仿活动，或者认为文艺是人类的一种自我表现活动，几乎没有人认为文艺是一种生产活动。马克思主义创始人从生产的角度考察文艺，提出艺术生产论，这是文艺理论史上的一次重要革命。艺术生产论与现实主义理论、意识形态理论、人学思想理论等一样，是构成马克思主义文艺思想体系的重要内容之一。马克思主义艺术生产论，不仅具有重要的理论意义，它科学地解释了艺术生产与物质生产的复杂关系，艺术生产与艺术消费的互动表现等文学发展史和文学理论中的重要问题，而且具有重要的现实价值，有助于解释当代艺术实践中的诸多现实问题，特别是对当代文化产业发展中艺术生产的审美追求与商业价值、社会效益与经济效益相互关系的理解和处理，更是具有指导意义。

---

① 季水河：《回顾与前瞻：论新中国马克思主义文艺理论研究及其未来走向》，中国社会科学出版社 2009 年版，第 179 页。
② 谭好哲：《文艺与意识形态》，山东大学出版社 1997 年版，第 224 页。

第一节　马克思主义艺术生产论在
20 世纪的多向发展

马克思主义艺术生产论，虽然产生于 19 世纪，但是并没有随着时间的流逝而过时。由于它具有很强的未来指向性，因而 20 世纪它仍然表现出蓬勃的生命力，在世界范围内得到了广泛传播，并产生了重要影响。20 世纪的许多马克思主义文学理论家，都接受了马克思主义艺术生产论，并结合当时的社会现实和艺术实践，从不同的角度和方面阐释、发展了马克思主义艺术生产论。

一　马克思主义艺术生产论在欧美的新发展

马克思主义艺术生产论，"把精神生产与物质生产联系起来，把人对世界的物质掌握和人对世界的艺术、审美掌握联系起来，在物质过程和精神过程的统一中把握艺术和美的特性，从而可以多方面揭示艺术和美学同哲学、心理学、社会学，特别是政治经济学之间的联系，使文艺学和美学体系从内涵和外延上都得到了巨大的充实"[1]。也为 20 世纪的马克思主义文学理论家从不同侧面、不同学科去接受、阐释、发展马克思主义艺术生产论提供了可能。20 世纪的欧美学术界，西方马克思主义、接受美学、文化研究等学派，都受到过马克思主义艺术生产论的影响，并从不同方面发展了马克思主义艺术生产论。

在西方马克思主义文学理论家中，对马克思主义艺术生产论发展贡献最大的是本雅明、阿尔都塞、马歇雷和伊格尔顿。本雅明艺术生产论的基础是马克思主义创始人关于生产力与生产关系、经济基础与上层建筑辩证关系的理论，艺术生产论的重点是研究艺术的生产力与生产关系，艺术生产论最有创新之处是充分肯定科学技术对现代艺术生产的重

---

[1]　董学文、金永兵：《中国当代文学理论》（1978—2008），北京大学出版社 2008 年版，第 40—41 页。

要作用，艺术生产论的代表性观点是艺术生产技术发展了艺术生产力，促进了艺术的进步；解放了艺术生产力，促进了艺术的普及。本雅明艺术生产论的独特之处不是将艺术家视为审美创造者，而是当代生产者，强调"艺术不是纯粹精神性的创造，而是物质性的存在，文学技术与生产技术具有同一性"①。阿尔都塞与马歇雷的艺术生产论有着相似之点，都是从文学与意识形态的关系入手探讨艺术生产的，都认为艺术生产在本质上是对意识形态的生产。阿尔都塞认为，人类的实践活动即生产活动，换句话说，也就是"运用一定的生产资料把某种原料加工成产品的过程""文学作为一种意识形态的实践当然也是一种对意识形态的生产"②。马歇雷作为"阿尔都塞学派"的美学家，继承和发展了阿尔都塞的艺术生产论，同阿尔都塞一样强调文学的生产性而非创造性。他认为，"文学是意识形态的生产，是对意识形态原料的加工"③。但同时他又强调，文学对意识形态的生产和加工，并非简单地反映，文学在揭示意识形态的同时又与意识形态保持着离心关系："作品确是由它同意识形态的关系来确定的，但是这种关系不是一种类似的关系（像复制那样）；它或多或少总是矛盾的。一部作品既是为了抗拒意识形态而写的，也可以说是从意识形态产生出来的。作品将含蓄地帮助把意识形态揭示出来，或者至少有助于给它一个定义；足见企图为文学作品'消除神秘'是多此一举，作品正是依靠自己消除神秘的办法而变得明白易解……但是，认为作品会用意识形态开始对话是不正确的（这是为了达到引人入胜而可能采用的最坏的方式）。相反地，作品的功能是用一种无意识的形式来呈现意识形态。"④ 伊格尔顿的艺术生产论也得

---

　　① 朱立元主编：《马克思主义文艺理论中国化研究》，经济科学出版社 2009 年版，第 337 页。

　　② 同上书，第 338 页。

　　③ 季水河：《回顾与前瞻：论新中国马克思主义文艺理论研究及其未来走向》，中国社会科学出版社 2009 年版，第 211 页。

　　④ ［法］皮埃尔·马歇雷：《列宁——托尔斯泰的批评家》，载陆梅林选编《西方马克思主义美学文选》，漓江出版社 1988 年版，第 612—613 页。引文中的个别概念，如"思想体系"，采用了其他译文的译法"意识形态"。

益于阿尔都塞的意识形态观念，其研究重点是艺术与意识形态和物质生产之间的多重关联。他认为，艺术生产既与意识形态相关联，又与物质生产相类似，因为艺术既可以作为意识形态，又可以作为经济基础。作为意识形态的艺术"它包含在意识形态之中，但又尽量使自己与意识形态保持距离，使得我们'感觉'或'觉察'到产生它的意识形态"①；作为生产的艺术，又是经济基础的一部分，"艺术可以如恩格斯所说，是与经济基础关系最为'间接'的社会生产，但是从另一意义上也是经济基础的一部分：它象别的东西一样，是一种经济方面的实践，一类商品的生产……即艺术是一种社会生产的形式"②。

马克思主义艺术生产论，是接受美学重要的理论来源之一。接受美学中关于接受对作品和创作产生重要影响的观点，主要受益于马克思主义艺术生产论中消费对产品和生产具有重要影响的论述。接受美学关于作品只有通过阅读才能成为真正的作品，作品通过接受才最后完成，接受活动促进新的创作需要和创作前提的产生三个重要观点，与马克思在《〈政治经济学批判〉导言》中关于产品只有通过消费才能成为现实的产品，产品只有在消费中才能最后完成，消费创造出生产的需要和前提三个方面的论述，从表述的基本方式到具体含义都十分接近，仅是所指对象不尽一致罢了。诚如有的学者所指出的那样："马克思关于生产与消费辩证关系的理论不仅可以作为科学的接受美学研究的基本理论框架，而且如上所述的各方面的理论内容都可以移入对文艺生产与接受现象的分析中。"③ 当然，接受美学对马克思主义艺术生产论的移入，并非毫不走样地生搬硬套，而是在移入之中有转化、借鉴之中有创新："接受美学又实现了从经济学批判向美学分析重点的转移，从物质生产

---

① ［英］伊格尔顿：《马克思主义与文学批评》，文宝译，人民文学出版社 1980 年版，第 22 页。

② ［英］伊格尔顿：《作为生产者的作家》，载陆梅林选编《西方马克思主义美学文选》，漓江出版社 1988 年版，第 695 页。

③ 谭好哲：《文艺与意识形态》，山东大学出版社 1997 年版，第 237 页。

的生产——消费向艺术生产的创作——接受的理论发展。"①

　　马克思主义艺术生产论，与英国文化研究也有着密切的联系，斯图亚特·霍尔将马克思主义与文化研究的关系看成："在马克思主义周围进行研究，研究马克思主义，反对马克思主义，用马克思主义进行研究，试图进行发展马克思主义的研究。"② 文化研究对马克思主义艺术生产论的发展，虽不像西方马克思主义那么明显和直接，但还是间接而有所选择地发展了马克思主义艺术生产论。具体言之，文化研究主要在文化生产与文化消费，文化生产与意识形态两个方面发展了马克思主义的艺术生产论。文化研究与马克思主义和西方马克思主义所面对的形势都有所不同，文化研究面临的是"消费文化，快速发展和变化的大众传媒、世界市场的扩大、新技术的发展——它们重新定义了阶级关系、文化生活、政治学的语言和实质"③。所以，它们从马克思主义的艺术生产与艺术消费关系的研究，艺术生产与意识形态关系的研究，转向了文化生产与文化消费关系的研究，文化生产与意识形态关系的研究。关于文化生产与文化消费，文化研究首先将文化文本"置入生产和消费环节中进行历史和政治定位"，认为"文本的生产环境和消费引导方式对于现代文化产品的生产链而言，是重要的一环。生产环境涉及体制、文化政策和作者个人的背景。而消费引导则涉及整体的社会文化市场。今天的产品在进入市场之前，生产者首要的任务是进行市场营销，进行诸如'期待性'宣传，形成潜在消费者的期待心理，并造成商品的文化保值价值和产品'稀缺'等虚拟现象，从而加大销售份额，并占领市场"。④ 从这一方面看，文化研究在生产与消费的关系上，更加注重消费以及生产与消费之间的营销。关于文化生产与意识形态，文化研究强调，在现代资本主义生产方式中，作为社会和物质实践的"文化产

---

① 季水河：《回顾与前瞻：论新中国马克思主义文艺理论研究及其未来走向》，中国社会科学出版社 2009 年版，第 208 页。
② ［美］丹尼斯·德沃金：《文化马克思主义在战后英国——历史学、新左派和文化研究的起源》，李凤丹译，人民出版社 2008 年版，第 5 页。
③ 同上书，第 342 页。
④ 王晓璐：《西方马克思主义文化批评研究》，北京大学出版社 2012 年版，第 140 页。

品，包括小说，并不存在纯文学意义，而以各种不同的隐含形式内涵了典型的意识形态功能……按照雷蒙·威廉斯的说法，这一点尤将使文学的意识形式更具历史感。文学不只是与那些普泛的和永恒的美，或高尚的准则有关，更与生产它的意识形态的环境有着实际的纠缠不清的联系"①。其中，伯明翰文化研究中心更是集中关注文化生产，特别是现代传媒与意识形态的关系，研究大众传媒是如何通过其文化产品将意识形态传播到社会每个角落的。

二 马克思主义艺术生产论在中国的新探索

马克思主义艺术生产论，在中国文学理论界是一个备受关注的话题，而且随着时间的推移，其受关注的程度越来越高，讨论越来越深入，与现实的联系也越来越紧密。

20 世纪 50 年代，中国文学理论界开始讨论马克思主义艺术生产论。讨论的重点集中在四个方面：艺术生产与物质生产发展不平衡是现象还是规律？艺术生产与物质生产发展不平衡有哪些表现形式？艺术生产与物质生产发展不平衡形成的原因是什么？艺术生产与物质生产发展不平衡现象是否适用于社会主义文学。这次讨论时间不长，参加讨论人数不多，取得的成果也不够丰厚，但其意义却不可低估，它使艺术生产概念从此正式进入了中国文学理论界并成为中国问题，开创了中国文学理论界从生产论角度研究文学的先河。

20 世纪 70 年代末至今，中国文学理论界再次兴起了研究马克思主义艺术生产论的热潮。这次马克思艺术生产论讨论，既是 50 年代马克思主义艺术生产论争鸣的延续，50 年代所讨论的四个重点问题，在这次讨论中被重新提起，继续探讨；又是马克思主义艺术生产论研究的一次拓展，除 50 年代所讨论的四个问题之外，这次讨论还转向了艺术生产与艺术消费领域的研究、艺术生产论的现代意义研究、当代中国的艺

---

① 王晓璐：《西方马克思主义文化批评研究》，北京大学出版社 2012 年版，第 140—141 页。

术生产与艺术生产力关系研究。

关于艺术生产与艺术消费，研究的内容集中在两个方面：艺术生产与艺术消费的互动关系、艺术生产与艺术消费的独特性质。学者们认为艺术生产与艺术消费是一种互动关系，艺术生产从三个方面影响艺术消费：艺术生产为艺术消费提供材料和对象，艺术生产规定艺术消费的性质，艺术生产创造消费的动力、能力；艺术消费也在两个方面反作用于艺术生产：艺术消费使艺术作品成为现实的作品，艺术消费为艺术生产创造需要和动机。① 同时，学者们还进一步认识到艺术生产与艺术消费和物质生产与产品消费存在着重要的差异，这种差异主要体现为艺术生产与艺术消费的精神性和审美性。"艺术生产与消费的真正交流，艺术作为审美对象真正呈现给读者，作品在读者的接受过程中真正成为艺术作品，都凭借于艺术的审美特性与审美价值。"② 艺术生产是一种审美创造，艺术消费是"伴随着联想和想象的再创造"，是对艺术现象所"反映的社会生活的再认识和再评价"。③

关于艺术生产论的现代意义研究。学者们认为，马克思主义的艺术生产论，是一种科学的艺术方法论，它不仅在西方美学史上具有变革意义，而且对当代文艺实践也有重要的指导意义。董学文指出，马克思的"艺术生产"的概念，不是一个多义性、含混性的日常用语，而是一个严格规定的科学语言。这个文艺学、美学的新名词，既在文艺学、美学史上有变革意义，又对当今的文艺实践和美学研究具有重要的指导意义。④ 何国瑞强调，马克思主义艺术生产论是"长期历史沉思的结果，是整个马克思主义宏伟理论体系的有机组成部分。这是有史以来人类文

---

① 谭好哲：《文艺与意识形态》，山东大学出版社 1999 年版，第 235—236 页；陆贵山、周忠厚主编：《马克思主义文艺学概论》，花山文艺出版社 1999 年版，第 612—613 页；唐正序、冯宪光、李益荪：《马克思主义文艺批评学》，四川人民出版社 1999 年版，第 328—331 页。

② 陆贵山、周忠厚主编：《马克思主义文艺学概论》，花山文艺出版社 1999 年版，第 615 页。

③ 何国瑞主编：《艺术生产原理》，人民文学出版社 1989 年版，第 449—450 页。

④ 董学文：《马克思的"艺术生产"概念及其理论》，《文艺论丛》第 18 辑，上海文艺出版社 1983 年版。

艺学史上、美学史上的重大突破，具有划时代的革命意义"①。何国瑞还根据马克思主义艺术生产论的基本观点和研究方法，主编了《艺术生产原理》一书，建构了具有中国特色的马克思主义艺术生产论。肖君和认为，"指导我们文艺思想、文艺创作的具体的理论基础应该是马克思的生产论，而不是反映论，在文艺观念更新的今天，我们应该用生产论代替反映论，以便对艺术思想、文艺创作进行有效的指导"。他笃信，在马克思主义艺术生产论的指导下，我国的文艺思想和文艺创作一定会出现"一个开放的繁荣兴旺的新局面"②。

关于当代中国的艺术生产与艺术生产力研究。在 20 世纪 70 年代末至今的艺术生产论研究中，最早将艺术生产力概念引入文学理论的是董学文和陈代熙。董学文于 1983 年在北京大学出版社出版的《马克思与美学问题》一书中，初步涉及了"艺术生产中的生产力"问题。程代熙于 1985 年发表的对董学文《马克思和美学问题》一书的述评文章中，进一步论述了艺术生产力问题。他将艺术生产力界定为从事艺术生产的艺术家，指出发展艺术生产力就是调动艺术家的积极性和创造性，强调发展艺术生产力是建设社会主义精神文明，繁荣社会主义文艺创作，解决我国当前艺术发展中新问题、新要求的需要，发展艺术生产力的核心问题是"改革文艺领域的生产关系"。③ 90 年代至今，对艺术生产与艺术生产力关系研究贡献最大的学者是朱立元、顾兆贵、陈奇佳等人。他们的共同特点是联系中国当代的精神生产、艺术产业、社会发展来研究和论述艺术生产与艺术生产力问题。朱立元在 1991 年至 1993 年发表了《艺术生产论与艺术反映论关系辨析》《艺术生产论与唯物史观》《关于艺术生产与艺术消费的关系》等论文，对马克思主义艺术生产论作了综合考察，对建设中国特色的艺术生产论提出了一些建设性的意见。（这几篇论文均收入朱立元著《理解与对话》，华中师范大学出

---

① 何国瑞主编：《艺术生产原理》，人民文学出版社 1989 年版，第 69 页。
② 肖君和：《要用马克思的"生产论"指导文艺》，《文艺争鸣》1986 年第 4 期。
③ 程代熙：《一本值得一读的美学论著——董学文〈马克思与美学问题〉述评》，《贵州大学学报》1985 年第 1 期。

版社 2000 年版）进入新世纪后，朱立元又在其主编的《马克思主义文艺理论中国化研究》中，结合马克思主义艺术生产论，分析了中国当代艺术产业的现状，探讨了当代中国艺术产业发展的内在逻辑，论述了当代中国的艺术产业与艺术生产力之关系。① 顾兆贵在其《艺术经济学原理》一书中，专门探讨了艺术生产中的艺术生产力与生产关系，指出艺术生产力是"一定社会的人们按照预定的目的，开发、利用艺术资源，创作生产艺术产品（包括提供艺术劳务），满足人们的精神审美需要的综合能力"；艺术生产关系是"人们在艺术生产和再生产过程中结成的相互关系，也称'艺术经济关系'"。"艺术生产力决定艺术生产关系"，艺术生产关系"又反作用于艺术生产力"，二者处于"对立统一的矛盾运动中"。② 陈奇佳在其《马克思精神生产理论的当代诠释》的第二章中，分析了 2000 年以来中国当代精神生产问题凸显的历史进程，论述了现代媒介的文化生产力，认为媒介"是当前文化产业发展的生力军，其他传统媒介产业同样是文化产业之重镇"，强调"媒介的发展水平可视为文化生产力发展水平的标志"。③ 作者特别指出："文化产业的发展、社会主义市场体系的建设，带来了许多前人从未设想或涉及的问题领域，这需要理论家大胆创新，突破前贤所造就的思维定势，对时代的新问题作出积极应对。在这过程中，马克思主义的精神生产理论发挥了巨大的理论指导性作用，其思辨的深刻性，理论模式的巨大包容性和预见能力，再一次得到了印证。"④

第二节　艺术生产在当代社会的多维展开

马克思主义艺术生产论中的艺术生产，虽然也论及了作为商品的艺

---

① 朱立元主编：《马克思主义艺术理论中国化研究》，经济科学出版社 2009 年版，第 348—387 页。

② 顾兆贵：《艺术经济学原理》，人民出版社 2005 年版，第 11—21 页。

③ 陈奇佳：《马克思精神生产理论的当代诠释》，人民出版社 2012 年版，第 94—95 页。

④ 同上书，第 109 页。

术生产，但那时作为商品的艺术生产，还仅是资本家谋取利润的一种手段和方式，还没有形成一种规模化的产业，更不是作为一个国家的支柱性产业，所以，马克思主义艺术生产论中的艺术生产，主要还是指的作为审美创造的艺术生产，更准确地说，主要还是指的作为语言艺术的文学生产。当今世界，由于科学技术日新月异的发展，特别是电子通信的发展，"以一种非常深刻的方式重构我们的生活方式"①，同时，也以一种非常深刻的方式重构了当代社会的艺术生产，促进当代艺术生产向着多个维度展开。

一 审美创造中的艺术生产

审美创造中的艺术生产，是艺术生产中的一种传统类型。自人类进入文明社会以后，艺术生产就逐渐走向了审美领域，西方从古希腊开始，中国从魏晋时代以来，直到 20 世纪初期，艺术生产主要是作为一种审美创造出现的。在当代中国的艺术生产活动中，审美创造中的艺术生产仍是艺术生产的重要类别之一。

审美创造中的艺术生产，就其生产目的来说，在于满足人们的审美需求。艺术生产者为社会提供的艺术作品，是按照美的规律创造出来的，它集中地反映了人对现实的审美关系，体现了作者的审美意识和审美理想。它的主要功能是满足欣赏者的审美需求：它用艺术形象去感染欣赏者，用美的情感去熏陶欣赏者，用愉悦的方式去启迪欣赏者，进而培养欣赏者的审美感受能力，审美想象能力与审美创造能力。审美创造中的艺术生产，就其性质来说，是艺术家自由自觉的有意识的生命活动。艺术家在创作活动中有极大的自由性，他可以思接千载，视通万里，展开想象的翅膀，突破现实生活和个人经验的局限，创造出新颖独特的艺术形象。同时，艺术家还具有极大的自觉性，他不为金钱所诱惑，不为名利所困扰，视创作为生命的自我实现，为艺术而自觉奉献，

---

① ［英］安东尼·吉登斯：《失控的世界》，周红云译，江西人民出版社 2001 年版，第 4 页。

诚如马克思所称赞的弥尔顿那样："出于同春蚕吐丝一样的必要而创作《失乐园》。那是他的天性的能动表现。"① 审美创造中的艺术生产，就其方式来说，是艺术家作为个体的创造活动。艺术家在创作活动中，从开始到结束，是作为个人活动而完成的。艺术家的生活积累，情感体验，审美意识都具有个体性和独特性。每一部作品的创作，都是一次独特的精神之旅，他既不重复别人，也不重复自己，是独特的"这一次"；每一部作品都是一次自我超越，他既不和别人相似，也不与自己雷同，是独特的"这一部"；每一个作品中的典型人物，都是个人心血的结晶，他既不是现实生活中人物的翻版，也不是他人作品中人物的挪移，是独特的"这一个"。审美创造中的艺术生产，就其作品形态来说，主要是传统艺术类别的现代延伸。在语言艺术中更多地表现为小说、诗歌、散文等；在造型艺术中更多地表现为绘画、雕塑、舞蹈等；在声音艺术中更多地表现为歌唱、器乐演奏、歌剧演唱等。

二　意识形态中的艺术生产

从一般意义上讲，所有的艺术生产都与意识形态相关，都可视作意识形态的生产，也都可以称作审美意识形态。从特殊意义上讲，不同的艺术生产，与意识形态的关系又有远近之分，隐显之别。那些遵从了特殊指令，有着特别要求的艺术生产，可以称之为意识形态中的艺术生产；那些明显承载着特殊的政治信息，承担着特殊政治任务，与意识形态距离很近，联系很紧的艺术作品，可以称之为意识形态中艺术生产的产品。

意识形态中的艺术生产，虽然在整个艺术发展史上不被看重，但却有较为久远的历史。中世纪的教会文学，20 世纪初期日本的普罗文学，苏联的"党的文学"，都可以看成是意识形态中艺术生产的表现。20 世纪 20—30 年代中国的无产阶级文学，30—40 年代的抗战文学、工农兵文学，新中国成立后为配合某一时段政治任务而创作的文学，也可以看成是意识形态中艺术生产的表现。在当代中国的艺术生产中，意识形态

---

① 《马克思恩格斯全集》第 26 卷第 1 册，人民出版社 1972 年版，第 432 页。

中的艺术生产仍在整个艺术生产活动中占有一定比例。

意识形态中的艺术生产，就其生产目的来说，在于宣传某种观念。艺术生产者为了更好地达到宣传目的，让艺术接受者在欣赏艺术作品的同时接受其思想观念。他们在利用艺术进行宣传时也要遵循艺术的某些规律。诚如鲁迅所说"一切文艺固然是宣传，而一切宣传并非全是文艺，这正如一切花皆有色（我将白也算作色），而凡颜色未必都是花一样，革命之所以于口号、标语、布告、电报、教科书……之外，要用文艺者，就因为它是文艺"①。这说明了两个问题：其一，文艺与口号、标语、布告、电报、教科书等相比，它发挥宣传功能不能无视艺术规律，要让接受者在艺术享受中接受艺术家的思想观念和理论主张，否则，就与口号、标语、布告、电报、教科书无异；其二，文艺具有宣传功能，但不只有宣传功能，除此之外，文艺还具有其他功能，如审美功能，这也正是文艺发挥宣传功能的独特之处，也是文艺得以独立存在的根本之点。意识形态中的艺术生产，就其性质来说，是政党、阶级、集团意志的体现。它虽然也要经过艺术家的创作去实现意志，但是艺术家在创作中并不能自由自觉地表现自己的生命意识，艺术家常常要把自己的意识融入政党、阶级、集团的意志之中，在政党、阶级、集团的意志中表现自己的生命意识。如果说这类艺术作品中也有自我的话，那也主要是一种社会化的大我。意识形态中的艺术生产，就其方式来说，是一种自上而下的艺术活动，是一种"遵命"的艺术行为。艺术家写什么和怎么写，并不全由艺术家自己决定，它往往由上级组织或领导圈出写作范围，定下艺术基调。当代艺术生产中的优秀干部题材，先进模范题材、道德楷模题材等，大都具有这一特点。

三　艺术产业中的艺术生产

马克思主义认为："物质生产的生活方式制约着整个社会生活、政治生活和精神生活的过程……随着经济基础的变革，全部庞大的上

---

① 鲁迅：《鲁迅全集》第 4 卷，人民出版社 2005 年版，第 85 页。

层建筑也或慢或快地发生变更。"① 艺术产业，就是当代社会经济基础变革，生产方式变更的产物；艺术产业中的艺术生产，是艺术生产中的一种新形态，是科学技术高度发展，物质财富快速增加的结果。艺术产业中的艺术生产，是当代艺术生产的主要类型，也是当代经济增长的重要方式。

"艺术产业是在文化产业的整体框架中被提及的，而文化产业的发展是随着后工业社会在社会结构、政治、文化格局的变化而必然出现的产业形势。"② 西方文化产业的概念来源于 20 世纪 40 年代阿多诺与霍克海默合著的《启蒙辩证法》一书中的"文化工业"一词，文化产业理念始于 20 世纪 50 年代。文化产业在欧美也有不尽相同的名称，美国称之为版权产业，英国叫作创意产业。欧美文化产业的发展起步于 20 世纪 30 年代的文化工业，20 世纪中期得到长足发展，到 20 世纪末期至 21 世纪初期，已成为国民经济发展中的支柱性产业，或称其为"朝阳产业"。中国的文化产业概念来源于西方，21 世纪初期开始出现在中国共产党和中国政府的各种报告、规划、意见之中。中国的文化产业，起步于 20 世纪末期的文化体制改革。这次文化体制改革，将原本属于政府拨款的文化事业单位，如新闻、出版、广播、电视、电影、戏剧、歌舞等文化生产部门，改为企业，为中国文化产业的发展打下了基础。21 世纪初期，文化产业已正式纳入党和国家的经济社会发展规划中，并出台了相关政策进行支持和引导，努力促进我国文化产业的发展。2012 年，胡锦涛在中国共产党第十八次全国代表大会上的报告中，提出了"扎实推进社会主义文化强国建设"的战略，将"文化实力和竞争力"看成"国家富强、民族振兴的重要标志"，把"发展新型文化业态，提高文化产业规模化、集约化、专业化水平"作为全党和全国近期的重要工作目标。③ 至此，文化产

---

① 《马克思恩格斯选集》第 2 卷，人民出版社 1995 年版，第 32—33 页。

② 朱立元主编：《马克思主义文艺理论中国化研究》，经济科学出版社 2009 年版，第 348 页。

③ 胡锦涛：《坚定不移沿着中国特色社会主义道路前进 为全面建成小康社会而奋斗——在中国共产党第十八次全国代表大会上的报告》，人民出版社 2012 年版，第 33 页。

业已正式列入了我国经济发展中的支柱性产业行列，成为了我国经济发展转型升级中的新发展方向和"朝阳产业。"同样，作为文化产业重要组成部分和核心构成要素的艺术产业，也迎来了其发展的最佳时机，也必将成为我国经济发展的新方向和"朝阳产业"。

艺术产业中的艺术生产，就其生产目的来说，在于获取经济利益。马克思说："人们为之奋斗所争取的一切，都同他们的利益有关。"① 艺术产业中的艺术生产，与审美创造中艺术生产和意识形态中艺术生产相比，其目的发生了根本改变，其首要目标是追求经济利益。因为，追求经济利益是一切产业活动的首要目标，当艺术生产被纳入产业系统中时，它的目标是服从产业要求而不是艺术的追求，获得经济利益也自然成了艺术生产的首要追求。退一步说，即使经济利益不是艺术产业中艺术生产的唯一追求，至少也是主要追求。艺术产业中的艺术生产，就其性质来说，主要是一种经济活动。艺术生产一旦进入产业行列，它就主要是一种经济活动而非审美活动了。产业是构成国民经济的行业和部门，作为艺术产业中的艺术生产，自然也成了国民经济中的一个行业或部门在进行生产，也自然得服从经济规律的支配，经济活动的要求。它的目标定位、生产计划、产出情况、效益分析，也主要是按照经济规律来运行的，按照经济活动来考量的，也主要是一种经济性质的评价。艺术产业中的艺术生产，就其方式来说，主要是一种集体活动。在艺术产业的艺术生产中，那种个人性很强的艺术创作，如小说、诗歌、散文等，一般很难进入艺术产业中。因为单纯的小说、诗歌、散文，既难以获得显著的经济效益，也难以进入规模化生产。能进入艺术产业中艺术生产的，基本上都是能进行规模化生产的艺术品种，如电影、电视剧、舞台表演等。这些产品的生产，需要多个环节所构成的生产链才能完成，因而也需要多人的配合、协作才能完成。艺术产业中的艺术生产，就其形态来说，主要是现代形态的艺术。它们要么和现代科学技术相关，要么和现代传播媒介结合，如电影、电视剧、电子游戏等，它们能

---

① 《马克思恩格斯全集》第1卷，人民出版社1995年版，第187页。

借助现代科学技术批量复制，能借助现代媒介快速传播，从而最大限度地占有市场并获取最大的经济效益。

第三节 艺术发展不平衡现象的现代特点

现代科学技术，作为第一生产力，不仅推动了物质生产活动中生产关系的变革，而且推动了艺术活动中生产方式和传播方式的变迁，同时也使马克思主义艺术生产论所揭示的艺术生产与物质生产发展不平衡现象，表现得更为复杂多样。除马克思所揭示的传统不平衡现象外，还出现了一些新的不平衡现象。那么，马克思主义艺术生产论中的艺术生产和物质生产发展不平衡理论，是否还适用于对当代艺术生产与物质生产发展不平衡现象的解释呢？我们的回答是，其基本观点和方法仍然是适用的，它并没有随着时间的流逝而过时。

一 艺术生产与物质生产发展不平衡的延续

马克思主义艺术生产论中关于艺术生产与物质生产发展不平衡的思想有一个发展过程，它诞生于《1844年经济学哲学手稿》，发展于《德意志意识形态》《共产党宣言》，成熟于《〈政治经济学批判〉导言》，在《资本论》《致康·施米特》《致瓦·博尔吉乌斯》等著作中得到进一步巩固和完善。其中，最有代表性的著作是马克思的《〈政治经济学批判〉导言》和恩格斯的《致康·施米特》。在《〈政治经济学批判〉导言》中，马克思说："关于艺术，大家知道，它的一定的繁盛时期决不是同社会的一般发展成比例的，因而也决不是同仿佛是社会组织的骨骼的物质基础的一般发展成比例的。例如，拿希腊人或莎士比亚同现代人相比。就某些艺术形式，例如史诗来说，甚至谁都承认：当艺术一旦作为艺术生产出现，它们就再不能以那种在世界史上划时代的、古典的形式创造出来；因此，在艺术本身的领域内，某些有重大意义的艺术形式只有在艺术发展的不发达阶段上才是可能的。""大家知道，希腊神话不只是希腊艺术的武库，而且是它的土壤。""任何神话都是用想象和借助想象以征服自然力，支配自然力，把自然力加以形象化；因而，随着这些自然力实际上被支配，神话也就消失了。"① 在《致康·施米特》中，恩格斯说，文学、哲学、宗教等是"更高地浮于空中的意识形态的领域"，"经济上落后的国家在哲学上仍然能够演奏第一小提琴"，"经济在这里并不重新创造出任何东西，但是它决定着现有思想材料的改变和进一步发展的方式，而且多半也是间接决定的。因为对哲学发生最大的直接影响的，是政治的、法律的和道德的反映"。② 马克思主义艺术生产论中关于艺术生产与物质生产发展不平衡的主要观点是：其一，在某个特殊时期和局部范围内，艺术生产与物质生产（经济）的发展不成正比。其二，特定的艺术形式不会随着物质生产（经济）的发展无止境地发展下去。其三，不同时期不同国家或同一时期不同国家艺术生产与物质生产发展不平衡。其四，艺术生产与物质生产发展不平衡的主要原因是经济，但却不是唯一原因。

马克思主义艺术生产论中所揭示的艺术生产与物质生产发展不平衡的四种表现方式，在当代社会尤其在当代中国也得到了不同程度的延续。马克思主义艺术生产论中艺术生产与物质生产发展不平衡的观点，仍然适用于当代社会，包括对当代中国艺术生产的解读。在当代中国的艺术生产中，也存在着在某个特殊时期和局部范围内艺术生产与物质生产发展的不平衡，20 世纪 80—90 年代的深圳和当今的香港就如此。20世纪 80—90 年代的深圳，作为中国改革开放的前沿阵地和经济特区，物质生产快速发展，经济处于腾飞状态，但其艺术生产，尤其是作为具有审美特性的文学艺术创作，并没有和物质生产成正比快速发展，更没有和经济一起腾飞；当今时代的中国香港，作为东方世界的金融、经济中心，物质生产的发展和经济总量的积累在亚洲都是名列前茅的，但艺术生产却未必能名列前茅。在当代中国的艺术生产中，同样存在着特定的艺术形式不会随着物质生产（经济）的发展而无止境地发展下去的

---

① 《马克思恩格斯选集》第 2 卷，人民出版社 1995 年版，第 28—29 页。
② 《马克思恩格斯选集》第 4 卷，人民出版社 1995 年版，第 703—704 页。

状况。这在诗歌和戏剧两种艺术形式的发展上表现得尤为突出。20世纪80年代，中国的物质生产（经济）发展处于复苏期；20世纪末至21世纪初，中国的物质生产（经济）发展进入高峰期，现在已成为世界第二大经济体。但就诗歌、戏剧而言，却没有随着物质生产的发展、经济总量的增加而向前发展。20世纪80年代，中国诗坛热闹而繁荣，特别是"朦胧诗"影响力巨大，高校学生以谈诗、写诗为荣；中国的戏剧也呈现出蓬勃气象，《陈毅市长》《于无声处》《巴山秀才》等交相辉映，盛况空前。20世纪末至21世纪初，诗歌、戏剧的处境十分艰难，逐渐走向了衰落。在当代中国的艺术生产中，仍然还存在不同时期不同地域或同一时期不同地域艺术生产与物质生产（经济）发展的不平衡现象。以陕西20世纪80至90年代的文学创作与当下的文学创作相比，当下陕西的物质生产（经济）的发展已远远超过了20世纪80至90年代，但其文学生产却远远不如20世纪80至90年代，路遥、贾平凹、陈忠实等群星灿烂的景象已难觅踪影。20世纪80至90年代陕西的文学生产与同期的广东相比，物质生产（经济）相对落后的陕西比物质生产（经济）发达的广东，文学生产却更为繁荣。在当代中国艺术生产与物质生产关系中存在的各种不衡现象进一步说明，虽然物质生产（经济）发展对艺术生产有极大的影响，但却不是唯一因素，艺术生产的发展与其他意识形态之间存在着极为复杂的联系。

二　艺术生产内部诸要素发展不平衡的呈现

马克思主义艺术生产论中所描述的艺术生产与物质生产发展不平衡，主要是从宏观上加以把握的，也是将艺术生产作为一个整体看待的。这种不平衡现象在当代中国的艺术生产中广泛存在着，也适合用马克思主义艺术生产论中的艺术生产与物质生产发展不平衡的观点去加以分析。然而，当代世界包括中国艺术生产发展的不平衡，还突破了马克思主义艺术生产论中艺术生产与物质生产发展不平衡所描述的范围，呈现出一种新的不平衡趋势，即当代中国艺术生产内部诸要素的不平衡。这种不平衡主要表现在两个方面。

第一，同一时期艺术系统内部不同艺术形式发展的不平衡。同一时期艺术系统内部不同艺术形式的发展，虽然也受物质生产（经济）发展的影响，但这种影响并非唯一的，而且表现得越来越间接和曲折。同一时期艺术系统内部不同艺术形式发展的不平衡，更多地受到现代传播媒介、消费者审美取向的影响。也就是说，离现代电子传播媒介越近、关系越密切的艺术形式，其发展越来越好，反之越来越差；图像与文字相结合的艺术形式比纯粹的语言艺术形式发展得快，发展得好；个体性、移动性强的艺术形式比群体性、固定性的艺术形式发展得好，发展得快；大众化、通俗性的艺术形式比精英化、高雅性的艺术形式发展得好，发展得快……具体到艺术形式上，电影艺术、电视艺术、网络艺术、有电子媒介参与直播的舞台表演艺术等发展得好，发展得快，比较繁荣和兴旺；戏剧艺术、小说艺术、诗歌艺术等发展得比较差，比较慢，逐渐走向衰落和沉寂。这种同一时期艺术系统内部不同艺术形式发展的不平衡，完全用马克思主义艺术生产论中的艺术生产与物质生产发展不平衡的观点去解释是有困难的，而用与马克思主义艺术生产论相关的，具有继承发展关系的西方马克思主义理论和文化研究理论，能更好地解释这种不平衡现象。

第二，同一艺术作品内部各种构成要素的不平衡。传统的艺术作品，强调其内部各个构成要素的平衡与和谐，如情与理的平衡，内容与形式的统一，艺术系统内部的各个要素都各得其所，不可移易，如列夫·托尔斯泰所要求的那样：既不能增加一个字，也不能减少一个字，还不能因改动一个字而使作品遭到损坏。[①] 进入20世纪以后，艺术作品内部各要素的平衡原则逐渐被打破，西方现代派艺术在这方面起了推动作用。进入20世纪后期，中国的艺术生产也如此，艺术作品内部各构成要素、不平衡现象越来越突出。其一，艺术作品内部情理关系失衡。艺术作品感情泛滥、欲望膨胀、理性缺失在很多艺术家、很多艺术

---

① 北京师范中文系文艺理论教研室编：《文学理论学习参考资料》（上），春风文艺出版社1981年版，第1238页。

作品中都存在着；其二，艺术作品中价值关系的失衡。艺术作品的娱乐价值被无限放大，其认识价值、文化价值几乎被淹没，"娱乐至死"成为了部分作品的主要追求，甚至是个别作品的唯一追求。其三，内容与形式关系的失衡。黑格尔在《美学》中所描述的内容压倒形式、形式压倒内容的现象以新的方式表现出来，有的作品将喜剧的内容用悲剧的形式加以表现；有的作品将悲剧内容喜剧化，将英雄漫画化；有的作品将历史戏说化，将趣闻历史化。面对同一艺术作品内容诸要素的不平衡现象，也很难完全用马克思主义艺术生产论中艺术生产与物质生产发展不平衡的观点去解释，而用与马克思主义艺术生产论相联系，但又不尽相同的社会心理学，审美生活化的观点去解释，可能解释力更强。因为，"马克思尽管注意到了艺术生产在整个精神生产领域的特殊地位，但他关注的毕竟是唯物主义的一般原则性问题"，即使是艺术生产论中的艺术生产与物质生产发展不平衡的观点，也需要后人根据当代的社会发展与艺术实践去加以"补充发挥"，"根据新出现的历史情况对其某些具体论断加以变化调整"。[①] 这样，才能使其更具代表性，更富解释力。

第四节　艺术生产与艺术消费的复杂表现

马克思主义艺术生产论，主要研究了艺术生产与艺术消费的互动关系：生产为消费提供材料与对象，创造消费的性质与规定性，提供消费的动力与对象；消费推动作品转化为现实的作品，创造生产的动机与需要，引导生产的性质与方向。[②] 而当代艺术生产与艺术消费的关系，特别是作为文化产业中艺术生产与艺术消费的关系，远比马克思主义时代艺术生产与艺术消费的关系复杂多样，中间因素的作用也更为突出，因

---

① 陈奇佳：《马克思精神生产理论的当代诠释》，人民出版社 2011 年版，第 4 页。
② 参见谭好哲《文艺与意识形态》，山东大学出版社 1997 年版，第 235—236 页；陆贵山、周忠厚主编《马克思主义文学概论》，花山文艺出版社 1999 年版，第 612—614 页；唐正序、冯宪光、李益荪《马克思主义文艺批评学》，四川人民出版社 1999 年版，第 328—331 页。

而更值得进一步研究。

一 艺术生产与艺术消费关系的新变

当代社会的艺术生产与艺术消费，同马克思主义时代相比，已发生了新的变化。这种变化主要体现在艺术生产与艺术消费相互作用的变化，艺术生产与艺术消费中间环节的增加。

第一，艺术生产与艺术消费相互作用的变化。从总体上讲，艺术生产与艺术消费的关系是互动关系，"生产直接是消费，消费直接是生产。每一方直接是它的对方"①。具体来看，艺术生产与艺术消费相互作用的关系又发生了变化，马克思主义时代艺术生产和消费的关系，马克思主义艺术生产论中生产和消费的关系，虽然不是单向决定关系而是互动关系，但这种互动关系中却有主与次之别。其中，生产是起点，属于支配要素。当代社会的艺术生产，特别是艺术产业中的艺术生产，其主次关系发生了变化，消费不仅与生产并重，"甚至消费在很大程度上成为带动整个社会再生产的内驱力"②，表现在艺术生产与艺术消费关系上，艺术消费也在很大程度上成为了带动艺术生产的内驱力。生产与消费并重，甚至消费比生产更重要的现象，在 20 世纪中后期的西方学术界引起了不少学者的重视，并提出了一些新的见解。费瑟斯通在《消费主义与后现代文化》、波德里亚在《消费社会》等著作中，都论述了这种生产与消费位置出现颠倒的现象。波德里亚指出，"消费者的需求和满足都是生产力……从我们阐述过（或将要阐述）的各个方面来看，消费都表现为对我们所经验过的意识形态的颠倒"③。也正是在这个意义上，人们才称当今时代为"消费主义时代"，当今社会为"消费主义社会"。

第二，艺术生产与艺术消费中间环节的增加。在马克思主义艺术生

---

① 《马克思恩格斯选集》第 2 卷，人民出版社 1995 年版，第 9 页。

② 朱立元主编：《马克思主义文艺理论中国化研究》，经济科学出版社 2009 年版，第379 页。

③ ［法］让·波德里亚：《消费社会》，刘成富、全志钢译，南京大学出版社 2000 年版，第 75 页。

产论中，艺术生产与艺术消费的关系是直接关系，生产与消费直接是对方的前提，直接互为对象，而在当代艺术生产与艺术消费的关系中，特别是在艺术产业中艺术生产与艺术消费的关系，已不是那么直接，中间环节也发挥了重要的作用。其中间环节主要是艺术流通与艺术市场。"艺术流通，是指不同时间，不同空间的以货币为媒介的艺术商品的交换活动和流动过程"，它是"连接艺术生产与艺术消费的纽带和桥梁"。艺术活动"过程的起点是艺术生产，终点是艺术消费"，"艺术产品创作生产出来之后，面对的是需求时间上不统一，空间上极度分散的艺术消费者。生产与消费在时间、空间上的差异决定了在商品经济条件下，它必须采取'商品'这种社会形式，并借助商品——货币关系的中介，通过艺术流通过程，才能最大限度地顺利让渡到消费者手中。因此，流通处于生产与消费的中间地位。艺术流通通过自身的中介作用把艺术生产与艺术消费联系起来；经过艺术流通，为消费者提供艺术商品的使用价值，满足艺术消费的需要；经过艺术流通，实现艺术商品的价值，补偿和满足艺术生产过程中艺术物化劳动的消耗和艺术劳动支出的正常经济需要，使艺术生产获得再生产的条件和物质基础。因此，艺术流通无论对艺术生产，还是艺术消费都是必不可少的"。[1] 而艺术市场，正是艺术流通的场所和渠道，它同样是"沟通艺术生产与艺术消费的中介，是艺术生产者和艺术消费者之间相互联系、相互交换劳动的纽带和桥梁"[2]。当代的艺术生产理论，应该引入马克思主义经济学中的流通理论和市场理论，吸收现代市场营销学、广告学的相关学科知识，拓展马克思主义艺术生产与艺术消费关系研究的空间，深化中间环节研究，更好地促进艺术生产与艺术消费的良性互动。

二　艺术生产中的两种价值兼顾

艺术生产，即使是艺术产业中的艺术生产，它生产出的产品仍然是

---

① 顾兆贵：《艺术经济原理》，人民出版社 2005 年版，第 293—294 页。
② 同上书，第 348 页。

艺术品。这种产业化的艺术品，无疑具有很强的商品属性。但无论其商品属性有多强，它也同样不同于一般的商品，它是特殊的商品，即文化商品。"文化商品具有文化与经济双重价值，它提供了一个双重市场"：物质市场和思想市场。"物质市场决定了作品的经济价值，思想市场决定了作品的文化价值。"①

从理论上讲，文化价值与经济价值在一般情况下是能够统一的，文化价值高的艺术品经济价值也应该高，经济价值高的艺术品文化价值也同样高。从某种角度看，艺术品"是传递思想的工具，正是思想把艺术作品从'一般经济用途'转化为'文化用途'。由此，艺术品不仅具有经济价值（与所有经济商品一样），还具有文化价值……这两种价值并不是不相关的，因为消费者对艺术作品的需求函数可能把文化价值作为一个重要参数来权衡"②。因此，艺术生产，特别是艺术产业中的艺术生产，既不能只顾经济价值，又不能只顾文化价值。只顾经济价值，就将艺术生产与物质生产相等同，艺术产品与物质产品相一致，这就取消了艺术生产和艺术产品的特殊性，同时取消了艺术生产与艺术产品的独特地位和独特价值，从而也失去了市场竞争力。只顾文化价值，就将艺术产业中的艺术生产与审美追求中的艺术生产相等同，艺术与美完全一致，这就取消了艺术生产和艺术作品的商品性，同时也取消了艺术生产与艺术作品的产业地位和经济价值，照样会失去竞争力。因此，中国的艺术产业发展，必须兼顾经济价值和文化价值，"始终围绕着人民大众的需求，不仅表现在经济效益上，更表现在社会效益上"③。中国艺术产业中的艺术生产，同样也应注意经济价值与文化价值的统一，"遵循艺术价值与商业价值相结合的审美优先性原则。艺术家要始终处于艺术产业的中心，根据情感逻辑关注社会民生、展示人类的思维困境，批

---

① 单世联：《从文化与经济的关系讨论文化产业的若干议题》，《中国文化产业评论》第16卷，上海人民出版社 2012 年版，第56—57 页。

② ［美］戴维·思罗斯比：《经济学与文化》，王志标等译，中国人民大学出版社 2011年版，第112—113 页。

③ 朱立元主编：《马克思主义文化理论中国化研究》，经济科学出版社 2009 年版，第355 页。

判或建构现实、表达人类最为微妙的情感等"①。这样，才能使中国的文化产业和艺术生产在成为新的经济增长点的同时，提高全民族的文化素质，促进社会的和谐发展。

三 艺术消费中的多种目标实现

当代社会，艺术消费既是人类精神享受的需要，又是艺术发展的需要。依此推论，艺术消费就既能满足人类的精神需求，又能推动艺术产业的发展。

艺术作品的消费过程，是艺术作品文化价值的实现过程。而所谓文化价值，又是一个复合概念，它是一个由多种要素构成的系统。包括"审美价值：作品所具有的美感、和谐、外形以及其他的美学特征。精神价值：传递有益效果包括促进理解、启迪智慧和提供洞见。社会价值：展现人与人之间的相互关系，……有助于形成身份和地位意识。历史价值：反映创作时代的生活状况，提供与过去的连续性来启迪当下。象征价值：象征意的储备库和传递者。真实价值：它是真正原创的，独一无二的艺术品"②。艺术产品文化价值的多层次性，决定了艺术消费能满足人们多方面的文化需求，实现多种价值目标：一方面给人们以美的享受，满足人们的审美需求，另一方面给人以智慧启迪，提升人的思想品质；一方面使人明确自身的社会身份，了解人与人之间的相互关系，另一方面又使人们了解社会生活，明确了历史与现实的关联；一方面使人们了解艺术的虚拟性与象征性，理解艺术与现实的审美关系，另一方面又使人们了解艺术的原创品质，理解艺术创造的不可重复性。当然，在艺术产品文化价值的多层次构成中，审美价值是居于首位的。给人以审美享受，是艺术产品的首要目标，其他价值的实现，也往往有赖

---

① 朱立元主编：《马克思主义文化理论中国化研究》，经济科学出版社2009年版，第361页。

② ［美］戴维·思罗斯比：《经济学与文化》，王志标等译，中国人民大学出版社2011年版，第30—31页；单世联：《从文化与经济的关系讨论文化产业的若干试题》，《中国文化产业评论》第16卷，上海人民出版社2012年版，第56页。

于审美。在这个意义上，也可以说艺术消费"是人类特有的以满足精神审美需要为目的的对象性审美活动……对艺术消费主体而言，艺术消费是通过对艺术产品提供的审美艺象的观照、体验、理解和再创造的审美实践活动，在不断强化审美意识，扩大审美视野，积累审美经验，丰富用艺术的方式掌握世界的能力的同时，享受体验自我、确证自我、完善自我、获得心灵宁静和自由的审美愉悦过程。艺术消费以满足主体的审美享受需要为根本标志"①。

艺术消费的过程，也是艺术作品经济价值的实现过程。其一，消费者在艺术消费的过程中，是以货币支付的方式向艺术生产者（经营者）购买艺术产品，艺术生产者从艺术产品中获得经济利益，并通过纳税等方式为国家增加财富。其二，艺术消费能促进艺术生产，根据马克思主义艺术生产论中"生产直接是消费，消费直接是生产"的观点，艺术消费是艺术生产的推动力，艺术消费实现的经济价值越多，就能更好地刺激生产者的欲望与积极性，推动艺术生产的发展。其三，艺术消费推动艺术产业发展。艺术产业，本身就是艺术生产由生产主导型向消费主导型转变的产物。在人们以温饱为追求，以物质享受为目标的时候，那时只可能有艺术产品，不可能有艺术产业。当"人们的需求发生了变化，人们对精神的需求将超越物质需求，更注重'服务和舒适——保健、教育、娱乐和文艺——所计量的生活质量'"② 时，艺术产业才得以形成。同理，艺术产业的进一步发展，也只能以艺术消费为推动力。当艺术消费成为人们的一种生活方式和生活习惯的时候，艺术产业就进入了它的"朝阳期"，也就有可能发展成为国民经济生产中的支柱性产业。

---

① 顾兆贵：《艺术经济原理》，人民出版社2005年版，第407—408页。
② 朱立元主编：《马克思主义文艺理论中国化研究》，经济科学出版社2009年版，第349页。

第十章

马克思主义文学批评精神对
中国当下的指导意义

20 世纪 80 年代末 90 年代初，面对苏联解体和东欧剧变的世界现状，西方部分思想家十分兴奋地预言，社会主义走向了终结，马克思主义已经过时。然而，他们还没有高兴多久，历史的车轮驶入了 2008 年。当时的社会现实让这些预言家的预言不攻自破。2008 年全球性的金融危机，促使西方学术界兴起了一股重读《资本论》、重新认识马克思主义政治经济学的热潮，不少人惊呼："马克思回来了。"这说明，诞生于 19 世纪的马克思主义政治经济理论至今还未过时，在 21 世纪仍然有着旺盛的生命力，仍然能够用于对当前全球性金融危机及经济危机的解释。其实，马克思主义的文学批评理论也同其政治经济理论一样，有着旺盛的生命力，尤其是马克思主义的文学批评精神，对当下中国的文学批评具有重要的指导意义。

第一节　马克思主义文学批评的基本精神

马克思主义文学批评的基本精神，指以马克思主义唯物史观为指导，在马克思主义文学批评实践中所形成和发展起来并作为根本与起点的、起着指导与规范作用的批评观念、思维方法。概括起来，马克思主义文学批评的基本精神主要表现在以下三个方面。

一　马克思主义文学批评的历史精神

"马克思主义文学批评，作为'历史科学'的组成部分，当然重视用历史观点去研究和评论文学现象"①，体现出强烈的历史精神。马克思主义文学批评的历史精神，是历史唯物主义在文学批评中的体现，历史唯物主义的基本立场就在于"承认社会存在决定社会意识，每一时代的社会意识都是该时代社会存在的反映；研究社会意识应联系社会存在，将每一时代的社会意识放到特定的社会系统中去加以考察"。"历史唯物主义不仅适合于传统意义上的社会历史领域，而且适合于其他一切领域，是我们研究一切领域的前提性理论。"② 马克思主义创始人将其历史唯物主义的原则和立场，运用到了他们的文学批评之中，他们评价任何作家、作品，都不是孤立地看待作家、作品本身，而是联系作家、作品的历史条件、时代背景、社会环境去进行研究和评论，进而深入挖掘作家、作品的"较大的思想深度和意识到的历史内容"③。

在评价欧仁·苏的《巴黎的秘密》时，联系 19 世纪法国的历史发展和社会关系去分析作品中的典型人物、情节发展、思想倾向，指出作品把现实的问题变成了思辨的问题，把现实的人变成了抽象的观点，弄错了时代，歪曲了现实，从而使作品所描写的"这种种现实乃是对现实的歪曲和脱离现实的毫无意义的抽象"④。因而违背了历史的真实性和性格的可信性；在评价拉萨尔的《弗兰茨·冯·济金根》时，联系1525 年的德国农民战争和 1848 年的德国革命，指出由于拉萨尔歪曲了历史真实，因而也就没有正确地揭示出济金根悲剧的真正根源。济金根的悲剧根源不在于他在革命活动中使用了所谓的"狡诈"手段，而在于"他作为骑士和作为垂死阶级的代表起来反对现存制度，或者说得更确切些，反对现存制度的新形式"⑤。这样，就构成了"历史的必然

---

① 唐正序、冯宪光、李益荪：《马克思主义文艺批评学》，四川人民出版社 1999 年版，第 172 页。

② 喻吾金：《重新理解马克思——对马克思哲学的基础理论与当代意义的反思》，北京师范大学出版社 2005 年版，第 139 页。

③ 《马克思恩格斯选集》第 4 卷，人民出版社 1995 年版，第 557 页。

④ 《马克思恩格斯全集》第 2 卷，人民出版社 1965 年版，第 230 页。

⑤ 《马克思恩格斯选集》第 4 卷，人民出版社 1995 年版，第 553—554 页。

要求和这个要求的实际上不可能实现之间的悲剧性的冲突"①；在评价玛·哈克奈斯的《城市姑娘》时，联系 19 世纪欧洲的社会发展和无产阶级革命运动，分析了作品的价值和人物的性格，指出《城市姑娘》一方面在对故事的叙述上，在对格兰特这个人物的描述中具有"现实主义的真实性"，"表现了真正艺术家的勇气"，但另一方面在对耐丽这个主要人物塑造上没有很好地描写"环绕着这些人物并促使他们行动的环境"，因而，作品"还不够现实主义"，并从历史与现实相结合，环境与人物相统一的高度，提出了现实主义的要求："除细节的真实外，还要真实地再现典型环境中的典型人物。"② 可以说，马克思主义的文学批评，自始至终都贯穿着历史精神，坚持了历史标准，强调了历史真实。

二　马克思主义文学批评的美学精神

虽然马克思主义美学"不是以完整的美学论著或系统化的美学范畴的形式存在"③，但是却在其所有的著作中都有体现，构成了马克思主义学说的一个重要组成部分。同时，马克思主义美学还作为一种文学批评的原则，运用于文学批评之中；作为一种精神，体现于文学批评论著的字里行间。

马克思主义文学批评中的美学精神，在具体的批评实践中，一是对文学作品审美理想的肯定和审美价值的强调。在《1844 年经济学哲学手稿》中，马克思认为所有的人类生产活动，与其他物种的最大区别就在于人的自由自觉意识。正是这种自由自觉意识，决定了人类的生产活动都具有预知性、理想性，都遵循着美的规律，按照美的规律去创造，作为意识形态生产的文学创作，其审美特性更为突出。马克思从实践的观点审视了美的产生和美的根源。从人与自然的关系，人与动物的区别等方面论述了人类的审美特性、审美追求、审美创造。提出了

①　《马克思恩格斯选集》第 4 卷，人民出版社 1995 年版，第 560 页。
②　同上书，第 682—683 页。
③　童庆炳等：《马克思与现代美学》，高等教育出版社 2001 年版，第 14 页。

"自然的人化"、"人的本质力量对象化"、"劳动创造了美"等重要美学命题。特别肯定了人的审美能力既是在审美实践中形成的，又在很大程度上影响着审美实践，强调只有音乐的耳朵才能激起人的音乐感，没有音乐的耳朵，最美的音乐也没有意义，你想得到艺术享受，你本身必须是一个有艺术修养的人。在《神圣家族》中，马克思指出文学作品不是进行"说教性"的工具，"说教性诗歌"和"说教性小说"是缺少审美价值的。欧仁·苏的《巴黎的秘密》之所以不成功，其中最大的问题是其不是用具体的描写感染读者，而是用抽象的东西——理念、精神进行说教，在《致斐迪南·拉萨尔》中，马克思、恩格斯从艺术创造的美学规律和艺术作品的审美价值两个方面，比较了席勒与莎士比亚，认为莎士比亚之所以比席勒具有更高的审美价值，关键在于他比席勒更懂得艺术创作的美学规律，更善于审美表达；在《致敏娜·考茨基》中，恩格斯认为，文学虽然不能为理想而忘掉个性描写，但审美理想和美学倾向却是文学本身所应该具有的，只是其表现应该符合文学创作的美学规律。可以说，对文学作品审美理想的肯定和审美价值的强调，是马克思主义文学批评一以贯之的特色。二是对文学作品艺术形式的充分重视和文学作品艺术性的精彩分析。在《神圣家族》中，着重分析了作品中的人物性格，称赞看门女人皮普勒太太是一个活生生的巴黎看门女人的典型；在《致斐迪南·拉萨尔》中，一方面肯定了《弗兰茨·冯·济金根》情节的巧妙安排，但同时也分析了作品韵律、细节、个性描写中的不足；在《致敏娜·考茨基》中，称赞作家用朴素的鲜明的个性描写手法刻画了一些典型人物，同时又提出了更高的要求，在场面和情节中自然而然地表现作者倾向，塑造典型环境中的典型人物；在《致玛·哈克奈斯》中，称赞作者用朴实无华的手法表现了无产阶级姑娘被资产阶级的男人勾引的故事。当然，马克思主义文学批评在重视艺术形式和艺术性的同时，并没有成为纯粹的艺术论者和形式论者，而总是结合思想论艺术，结合内容论形式。

三　马克思主义文学批评的批判精神

诞生于19世纪这个"批判时代"的马克思主义文学批评，同整个马克思主义理论一样，具有突出的批判精神和鲜明的批判性特点。马克思主义是一种批判性的理论，它继承与改造了以康德、黑格尔为代表的德国古典哲学批判传统，将批判的矛头从思辨哲学转向了现实社会的各个领域，并在批判过程中指明了社会前进的方向。它的科学社会主义理论，批判了资本主义制度，描绘了共产主义的蓝图；它的政治经济学理论，批判了商品拜物教观念，揭示了资本的秘密；它的革命哲学理论批判了思辨哲学，建立了唯物论与辩证法；它批判了抽象的人性论，提出了人是一切社会关系的总和。在马克思主义的文学批评实践中，这种批判精神和批判特点，主要表现为强调文学的社会批判功能和对批评对象的批判性审视。

在文学与社会生活的关系上，马克思主义创始人一方面强调文学是社会生活的反映，作品要真实地再现典型环境中的典型人物；另一方面强调文学具有突出的批判性，要揭露和批判社会的不合理性，作品要"通过对现实关系的真实描写，来打破关于这些关系的流行的传统幻想，动摇资产阶级世界的乐观主义，不可避免地引起对于现存事物的永恒性的怀疑"[①]。在《神圣家族》中，批判了欧仁·苏《巴黎的秘密》创作中的唯心主义倾向，指出作者用艺术形象图解思辨哲学，将现实问题变成抽象的哲学问题，将现实的人变成了抽象的观点的危害性，提出了文学应当"真实地评述人类关系"的现实主义立场[②]。换句话说，也就是文学要批判现实的不合理性，引起读者对现实合理的怀疑乃至否定。在对待批评对象时，马克思主义创始人始终以客观冷静的态度进行批判性审视，在肯定作品成就的同时指出作品的局限，批判作者的错误。在《致斐迪南·拉萨尔》的信中，以"完全公正、完全'批判的'的态度，"批判了拉萨尔错误的历史观与悲剧观[③]；在《致敏娜·考茨基》中，批判了"作者过分欣赏自己的主人公"，从而将人物理想化，

---

① 《马克思恩格斯选集》第 4 卷，人民出版社 1995 年版，第 673 页。
② 《马克思恩格斯全集》第 2 卷，人民出版社 1957 年版，第 246 页。
③ 《马克思恩格斯选集》第 4 卷，人民出版社 1995 年版，第 556—557 页。

并使个性"更多地消融到原则里去了"的"毛病"①；在《致玛·哈克奈斯》中，批判了作者没有写出"无产阶级的大部分斗争差不多50年之久"的工人阶级"对他们四周的压迫环境所进行的叛逆的反抗，他们为恢复自己做人的地位所做出的极度的努力"②。总之，马克思主义的文学批评，同他们的整个学术批评一样具有突出的批判精神，体现出了鲜明的批判性特点。

第二节　中国当下文学批评的精神缺失

一方面，我们应该认识到，文学批评具有时代性和发展性。不同的时代，人们有不同的审美需求，有不同的文学作品产生，也就要求有与之相应的文学批评。另一方面，我们也应该看到，文学批评也有着历史的继承性，相对的稳定性。不同时代，人们的审美又有某些共同性，文学创作遵循着共同的规律，文学批评也存在着精神追求的一致性。中国当下的文学批评，呈现出一种精神缺失的倾向，这种倾向有以下三点表现。

一　远离历史的倾向

远离历史的具体表现：一是忽视对批评对象历史内涵的挖掘。一些批评家在评论作家作品时，既不将作家作品放到文学发展史的宏观背景下去审视，认真分析其在文学史上的作用与贡献，意义与地位，随意就给评论对象定性，动不动就赠之以"著名"、"独创"等赞词；又不将作家作品放到社会发展的特定历史条件下去把握，认真分析其与历史的内在关联，深入挖掘其历史意蕴，随意就给评论对象下断语，动不动就冠之以"史诗"、"巨著"等名号，这在近几年的电影大片评论中表现得尤为突出，从《无极》到《满城尽带黄金甲》再到《赤壁》，不管是表现一个历史片断，还是表现一个历史时代的作品，评论家们统统都称赞其

---

① 《马克思恩格斯选集》第4卷，人民出版社1995年版，第673页。
② 同上书，第683页。

为"史诗"、"巨著",弄得"史诗"、"巨著"满天飞。其所造成的不良影响是既模糊史诗的性质与特点,让观众无法分辨何为史诗,又造成了劣币驱逐良币的结果,让那些真正的史诗得不到应有的地位。二是强化对评论对象的新闻化运作。这种新闻化运作,既表现为批评的新闻及时性,一部作品刚问世,甚至还没有进入市场就已进入评论,而且是即看即评发表,具有新闻报道的即时性效果;又表现为批评的新闻议程设置,创作者、出版商与媒体把关人为了某种共同的利益和目的联合起来,设置批评话题,引导批评意见,规范批评方向,使所有的批评都在掌控之中,所有的意见都是创作者、出版商和媒体需要的和愿意听的,这在近期放映的电影《梅兰芳》的宣传、评论中表现得尤为典型。还表现为新闻报道的广告化。不少关于文学活动和文学作品的报道,报道者忽视了自己作为新闻人的客观公正的立场,将新闻报道当成了广告宣传,过分夸大报道对象的优点或成绩,忽略乃至有意掩饰其存在的缺点与问题。

文学批评中远离历史的倾向,对文学活动容易产生消极影响。它不仅造成了文学批评价值观念的模糊,又导致了文学批评的非理性化倾向。尽管文学批评不是简单的别高下,辨优劣,但文学批评作为一种个人化的社会活动,作为对文学作品和文学思潮的评价活动,在总体上仍是一种理论性、历史性的思考。这种思考必须将评论对象放到其社会背景中,放到其历史发展过程中去加以定位并作出准确的价值判断,否则,就会对文学活动发生误导。

二 疏离审美的倾向

疏离审美主要表现在三个方面:一是审美理想的失落。部分文学批评,羞于谈论作家和作品的审美理想,他们既看不到作家作品的历史意义,又看不到作家作品的审美理想,一味地强调作品的现实性。特别是对那些照录生活中的烦琐细节,描写一地鸡毛的作品毫无原则地加以全面肯定。他们忘记了现实既是历史的延伸,又是理想的基础,只有在历史、现实、理想三者的交叉遇合中才能更好地说明现实和准确地把握现实。即使是批判现实主义文学,它在展示资本主义社会人与人之间赤裸裸的金钱关系，揭露资本主义制度每一个毛孔都滴着血的同时，也流露了对未来社会的希望，对理想人物的塑造。如巴尔扎克歌颂了共和党的英雄们，托尔斯泰塑造了列文这个改革者形象。因此，从任何一个角度说，对审美理想的追求都是文学批评的应有之义。二是审美价值的迷失。一部分文学批评或将作家作品的娱乐性看成文学的唯一价值，他们的口头禅是能给人快感、使人快乐的作品就是好作品，他们最有力的论据是湖南电视台的《快乐大本营》与《越策越开心》；或将作品的娱乐性等同于审美价值，他们的推理是审美是一种愉悦，具有娱乐价值的作品当然也就是具有审美价值的作品。而他们所说的娱乐又多为给人感官刺激，使人一笑了之的官能愉悦。他们缺少一个美学常识，娱乐、快感仅是审美价值的一个基础层次，而真正具有审美价值的作品，则能够在娱乐和快感的基础上进入更高的层次，即在悦耳悦目的基础上进入到悦心悦意、悦志悦神的层次。而悦心悦意、悦志悦神是一种精神愉悦，它是一种比官能愉悦更高级、更持久的愉悦。如果说，"官能愉悦"具有不稳定性和短暂性，难以持久下去的话，那么精神愉悦则"是一种人格的颤动和灵魂的净化，其愉悦性往往转变为积极向上、奋发昂扬的进取勇气和奋斗精神"①。三是艺术分析的不足。相对于审美理想和审美价值而言，当代文学批评对作家作品的艺术分析还算是好的，大多数评论家在评论作家作品时还会谈到艺术性，但仍然存在某些不足。这些不足是：不能从艺术的规律和作品的整体上去进行艺术性分析，更多地局限于从某一个节点、某一个片断去谈论艺术性；不能从艺术的历史发展上去说明艺术性，更多的是孤立地谈论艺术性，没有看到某部作品，某个作家艺术性的历史继承性和发展变化性；不能用文学的语言去言说艺术性，更多的是用非文学的语言，如新闻语言、社会流行语言去谈论艺术性，使对作家作品的艺术性分析变成了非文学性表达。

文学批评疏离审美的倾向，对文学活动同样有害无益。它不仅造成了文学批评美学精神的缺位，而且容易诱导文学活动的非审美化。尽管

---

① 季水河：《美学理论纲要》（修订版），湖南人民出版社 2011 年版，第 134—135 页。

文学批评不是纯粹的审美活动，也不停留于对文学作品美学价值的单一揭示，但由于文学艺术是美的集中表现，是最有代表性的审美形态，因此，文学批评也是一种带有审美性质的思考活动，揭示文学的审美价值，分析文学的艺术成就，无疑是文学批评最重要的任务之一，疏离审美的批评在某种意义上也疏离了文学本身。

三　偏离批判的倾向

文学批评作为一种具有理性思维性质的认识活动，很重要的功能之一就是批判，即评价和判断。一方面，如一些西方现代批评家所说的，要描述、分析、解释文学现象与文学作品；另一方面，又如古希腊批评含义所要求的，要对文学现象与文学作品进行判断。所谓判断，很大程度上就是判好坏、断优劣，褒扬优秀文学作品。贬抑劣质文学作品，即使对同一部作品也应好处说好，坏处说坏。然而，在较长一段时期，部分文学批评却偏离了这种批判倾向。偏离批判的典型表现是人情批评和浮泛批评。所谓人情批评，指那些受作者之托、受出版商和媒体之请而进行的批评。这类批评或只说优点不说缺点，或多说优点少说缺点。说优点时一味歌颂和无原则地夸大，有位评论家在推荐《陈寅恪与傅斯年》时写道："就作者的写作功力和这部作品的叙述方式，描述角度与文学艺术上所达到的高度而言，是 21 世纪此类题材的巅峰之作。很难想象在百年中还会有与之匹敌的伟大作品产生。"① 有位作者在评论贾平凹的艺术成就时说："中华 5000 年出了两个艺术奇才，一个是苏东坡，另外一个就是贾平凹。贾平凹的作品无论是从品位还是高度上，都和苏轼站在了一个对等的位置。"② 这类歌颂和赞美既显示了批评家的幼稚无知，不知文学史上到底有无巨匠大师，又显示了批评家的主观武断，21 世纪刚过去不到十分之一时间，就轻易地对剩下的十分之九时间下结论，缺少文学批评起码的批判意识和批判立场。所谓浮泛批评，

---

① 乔世华：《作家要有自知之明》，《作品与争鸣》2008 年第 10 期。
② 齐夫：《贾平凹是苏东坡第二》，《作品与争鸣》2008 年第 3 期。

指那些浮于表面，不认真阅读作品和审视作品，说表面话，做表面文章的批评。这类批评也批判作家作品的缺点和局限，但由于对被批评者读得不深、想得不透、批判不到位、评价不准确，如隔靴搔痒，缺少批判深度，从而起不到批判的作用，达不到批判的目的。

文学批评偏离批判的倾向，实质上是偏离了文学批评的本质。文学批评与文学欣赏重要的区别之一是：它在"入乎其内"进入作品，体验作品后，还必须"出乎其外"走出作品，审视作品，以批判的眼光检讨作品。从这一角度说，批判性是文学批评的本质属性之一。只有用批判的眼光审视批评对象，才能准确地把握对象，说对象的好处才能说得准确，指出对象的不足才能抓住要害。而偏离批判的文学批评是很难做到这一点的。

第三节　马克思主义文学批评精神的当代意义

马克思主义文学批评诞生于19世纪，所批评的对象也主要是欧洲19世纪以前的作家作品，但由于马克思主义文学批评深刻地总结了欧洲19世纪以前的文学经验，准确地把握了文学的艺术规律，科学地预测了文学的发展趋势，因此，马克思主义文学批评精神还具有当代价值，对当下中国的文学批评也具有重要的指导意义。

一　校正当下文学批评远离历史的倾向

时代是变化的，但文学的历史性品格却是恒定的。21世纪的今天，与马克思主义创始人所处的19世纪相比，已经发生了天翻地覆的变化，在政治方面，已由19世纪无产阶级与资产阶级的两阵对垒发展到了今天的多阶层共处；在科技方面，已由19世纪的前工业社会发展到了今天的信息社会；在文学方面，已由19世纪的现实主义为主导发展到了今天的多种主义竞争。但是，仅就文学的历史性品格而言，却是一种恒定属性。不同时代的文学，可能表现时代和反映历史性的艺术方法与技巧不同，但都会或多或少，或直接或间接地反映时代特色和时代精神，描写社会生活的历史画面，赋予文学的历史性品格。而且，世界上影响最大、评价最高、最深入人心的也多是具有历史品格的文学作品。西方从荷马史诗、希腊悲剧，到文艺复兴时代卜加丘、拉伯雷的小说，莎士比亚的剧作，直至现代社会巴尔扎克、托尔斯泰的作品；中国从《诗经》中的"风篇"，到陶渊明的自然山水诗、杜甫的咏时叹世诗，再到唐宋传奇、明清长篇白话小说，无疑都是历史的画卷，生活的镜像，也都具有极高的认识价值与审美价值。文学作品，即使是虚构的小说，"在一位伟大的小说家手上，完美的虚构可能创造出真正的历史"①。

从这一角度看，文学批评中的历史精神在任何社会都是必要的，不会过时的。如马克思主义经典作家强调将特定时期的文学内容，放到特定历史背景中去考察；将文学史上不同文学样式的兴衰、更替，放到特定生产力发展阶段去认识；将文学作品中所塑造的典型人物，放到特定的典型环境中去评价等原则，对任何时代的文学批评都是有用的。特别是在中国当前许多文学批评远离历史的背景下，尤其需要提倡马克思主义文学批评的历史精神，需要坚持马克思主义文学批评的历史唯物主义原则，需要运用马克思主义文学批评的历史方法，去校正当今文学批评中远离历史的倾向，从而将批评对象放到特定的历史条件、时代背景、社会环境中去进行研究和评论，深入挖掘批评对象的历史意蕴，准确地定位批评对象的历史地位与历史作用。

二　克服当下文学批评疏离审美的偏差

文学是发展的，但文学的审美性追求却是不变的。在马克思主义创始人逝世后的100多年里，文学的发展经历了从现实主义向现代主义，从现代主义向后现代主义的多次转变；文学的概念经历了从反映生活到表现自我，从表现自我到升华本能等多次演变；文学描写对象的人从社会关系总和到使用符号的动物，从使用符号的动物到自我实现的人的多

---

① ［美］盖伊彼：《历史学家的三堂小说课》，刘森尧译，北京大学出版社2006年版，第153页。

次变化。但是，就文学的审美追求而言，其却是一种长期目标。不同的时代，可能文学所追求的美有所不同，所遵循的美学原则有所变化，但将美作为一种追求目标却是不变的。如马克思主义创始人认为，人是按照美的规律来创造，人在任何生产中必须遵循"种的尺度"（对象的尺度）和"内在固有的尺度"（人自身的尺度）、社会的进步始于人类对美的追求等，均可适用于引导不同时代的文学创作。

因为，文学是美的最高形态和集中表现，艺术美从来就是人类最重要的审美领域。从这方面看，文学批评中的美学精神在任何时代都是需要的，不会过时的。在中国当前一些文学批评疏离审美的现实中，十分需要强化马克思主义文学批评的美学精神，尤其是需要坚持和运用马克思主义文学批评方法，去克服当今文学批评中疏离审美的偏差，去发掘批评对象的美学意义，分析批评对象的艺术特点，进而肯定文学的审美理想，强调文学的审美价值，让文学批评回到文学性与审美性。

三 纠正当前文学批评偏离批判功能的迷误

批评是演变的，但文学批评的批判性功能却是长久的。从 19 世纪后期到 21 世纪初期的 100 多年中，不管是从演变的速度看，还是从演变的内容看，抑或从演变的形式看，文学批评并不逊色于文学创作。在这 100 多年中，文学批评思潮迭起，流派蜂拥，方法斗艳。从形式主义到结构主义再到后结构主义，从心理分析到分析心理再到后精神分析，从阐释学到接受美学再到读者反应论，五彩纷呈，目不暇接。但是就文学批评的批判性功能而言，却是一直存在的。不同历史条件下文学批评的批判对象和批判重点是有所不同的，但批判精神是始终如一的。如形式主义文学批评侧重于批判传统的现实主义文学观和社会历史学的文学研究方法，精神分析和后精神分析则重点批判西方理性主义传统，阐释学和接受美学批判的着力点是文学研究中的作者中心论。同时，它们对被批判对象所产生的社会文化背景，所涉及的相关文学现象、所评论的作家作品，都给予了反思和重新定位。

因为就文学批评的属性而言，它应归属于学术批评。而学术批评和学术研究，从来就是批判的武器，发挥的主要是批判功能，从康德到马克思再到 20 世纪西方马克思主义都是如此。在当前部分文学批评偏离批判功能的语境中，同样需要突出马克思主义文学批评的批判精神，去纠正当前文学批评偏离批判功能的迷误。批评者应以批判性的眼光去审视批评对象，检讨批评对象，不因人情关系而对批评对象溢美隐恶，不浮于表面而对批评对象浮光掠影，充分发挥文学批评的艺术批判功能和社会批判功能，复归文学批评本身具有的学术批判本性。如果文学批评一味地说好话，唱赞歌或做表面文章，不仅有悖文学批评自身的功能定位，也是对文学批评所具有的学术品格的自我否定。而马克思主义文学批评的批判功能，正是纠正当下文学批评疏离审美偏差的一剂良药，也是恢复文学批评学术批判本性的指导思想。

参考文献

一　著作类

［苏］阿·布洛夫：《美学：问题和争论》，凌继尧译，上海译文出版社
　　1987年版。

［美］阿尔弗雷德·诺尔司·怀特海：《思维方式·译者序言》，黄龙保
　　等译，天津教育出版社1989年版。

［美］阿里夫·德里克：《中国革命中的无政府主义》，孙宜学译，广西
　　师范大学出版社2006年版。

［法］埃德加·莫兰：《迷失的范式：人性研究》，陈一壮译，北京大学
　　出版社1998年版。

艾克恩编：《延安文艺运动纪盛》，文化艺术出版社1987年版。

［英］安东尼·吉登斯：《失控的世界》，周红云译，江西人民出版社
　　2001年版。

［英］安东尼·史密斯：《民族主义——理论，意识形态，历史》，叶江
　　译，上海人民出版社2006年版。

安徽大学苏联文学研究组编译：《列宁与高尔基通信集》，外国文学出
　　版社1981年版。

［美］保罗·皮科威兹：《书生政治家——瞿秋白曲折一生》，谭一青、
　　季国平译，中国卓越出版公司1990年版。

［苏］鲍·索·梅拉赫：《列宁和俄国文学问题》，臧仲伦等译，中国社
　　会科学出版社1982年版。

北京大学等单位主编:《文学运动史料选》第 1 册,上海教育出版社 1979 年版。

北京师范中文系文艺理论教研室编:《文学理论学习参考资料》(上),春风文艺出版社 1981 年版。

蔡仪主编:《文学概论》,人民文学出版社 1979 年版。

蔡仪:《蔡仪文集》第 1 卷,中国文联出版社 2002 年版。

蔡仪:《美学论著初编》(上),上海文艺出版社 1982 年版。

[日]藏原惟人:《作为生活组织的艺术和无产阶级》,《新写实主义论文集》,之本译,上海现代书局 1930 年版。

陈独秀:《陈独秀著作选编》第 1 卷,上海人民出版社 2009 年版。

陈红民、方勇编:《中国近代思想家文库〈胡汉民卷〉导言》,中国人民大学出版社 2014 年版。

陈吉猛:《文学的"什么"与"如何"》,吉林大学出版社 2008 年版。

陈建华:《二十世纪中俄关系》,高等教育出版社 2002 年版。

陈奇佳:《马克思精神生产理论的当代诠释》,人民出版社 2011 年版。

陈唯实:《通俗辩证法讲话》,上海新东方出版社 1936 年版。

成仿吾:《写什么》,《延安文艺丛书·文艺理论卷》,湖南人民出版社 1984 年版。

程正民、程凯:《中国现代文学理论知识体系的建构——文学理论教材与教学的历史沿革》,北京大学出版社 2005 年版。

[美]戴维·思罗斯比:《经济学与文化》,王志标等译,中国人民大学出版社 2011 年版。

[美]丹尼斯·德沃金:《文化马克思主义在战后英国——历史学、新左派和文化研究的起源》,李凤丹译,人民出版社 2008 年版。

邓光东:《二十世纪中国学术论辩书系·总序》,载刘勇等《马克思主义与二十世纪中国文学》,百花洲文艺出版社 2006 年版。

《邓小平文选》第 2 卷,人民出版社 1994 年版。

董学文、金永兵等:《中国当代文学理论》(1978—2008),北京大学出版社 2008 年版。

杜卫：《走出审美城：新时期文学审美论的批判性解读》，东方出版社 1999 年版。

杜赞奇：《从民族国家拯救历史——民族主义话语与中国现代史研究》，王宪明等译，江苏人民出版社 2009 年版。

房宁、王炳权：《民族主义思潮》，高等教育出版社 2004 年版。

［美］费正清、费维凯编：《剑桥中华民国史》（1912—1949 年，下卷），中国社会科学出版社 1994 年版。

［美］费正清、赖肖尔：《中国：传统与变革》，陈仲丹等译，江苏人民出版社 1992 年版。

［美］费正清：《伟大的中国革命》，刘尊棋译，世界知识出版社 1999 年版。

冯雪峰：《冯雪峰文集》第 2 卷，人民文学出版社 1983 年版。

冯雪峰：《冯雪峰选集》（论文编），人民文学出版社 2003 年版。

［英］弗朗西斯·马尔赫恩编：《当代马克思主义文学批评》，刘象愚等译，北京大学出版社 2002 年版。

［美］盖伊彼：《历史学家的三堂小说课》，刘森尧译，北京大学出版社 2006 年版。

顾兆贵：《艺术经济学原理》，人民出版社 2005 年版。

郭国昌：《二十世纪中国文学的大众化之争》，百花洲文艺出版社 2006 年版。

郭沫若：《革命与文学》，《创造月刊》第 1 卷第 3 期，1926 年 5 月。

郭绍虞主编：《中国历代文论选》第 4 册，上海古籍出版社 1980 年版。

韩毓海主编：《20 世纪的中国：学术与社会》（文学卷），山东人民出版社 2001 年版。

何干之：《近代中国启蒙运动史》，生活书店 1938 年版。

何国瑞主编：《艺术生产原理》，人民文学出版社 1989 年版。

何萍：《马克思主义哲学史教程》（下卷），人民出版社 2009 年版。

［德］赫尔曼·黑勒：《国家学的危机——社会主义与民族》，刘刚译，中国法制出版社 2010 年版。

［德］黑格尔：《哲学史讲演录》第 1 卷，贺麟、王太庆译，商务印书馆 1959 年版。

胡涤非：《民族主义与近代中国政治变迁》，知识产权出版社 2009 年版。

胡风：《胡风评论集》（上），人民文学出版社 1984 年版。

胡风：《胡风评论集》（中），人民文学出版社 1984 年版。

胡风：《胡风评论集》（下），人民文学出版社 1984 年版。

胡风：《胡风全集》第 6 卷，湖北人民出版社 1999 年版。

胡皓等：《试论人道主义》，《人是马克思主义的出发点》（论文集），人民出版社 1981 年版。

胡锦涛：《坚定不移沿着中国特色社会主义道路前进　为全面建成小康社会而奋斗——在中国共产党第十八次全国代表大会上的报告》，人民出版社 2012 年版。

胡乔木：《胡乔木回忆毛泽东》，人民出版社 2003 年版。

黄曼君主编：《中国近百年文学理论批评史》（1895—1990），河北教育出版社 1997 年版。

霍松林：《文艺学概论》，陕西人民出版社 1957 年版。

季水河：《多维视野中的文学与美学》，东方出版社 2002 年版。

季水河：《回顾与前瞻：论新中国马克思主义文艺理论研究及其未来走向》，中国社会科学出版社 2009 年版。

季水河：《美学理论纲要》（修订版），湖南人民出版社 2011 年版。

《江泽民文选》第 3 卷，人民出版社 2006 年版。

蒋孔阳：《蒋孔阳全集》第 1 卷，安徽教育出版社 1999 年版。

蒋孔阳：《美和美的创造》，江苏人民出版社 1981 年版。

［美］杰姆逊：《后现代主义与文化理论·自序》，唐小兵译，北京大学出版社 1997 年版。

克拉拉·蔡特金：《列宁印象记》，冯清槐译，生活·读书·新知三联书店 1979 年版。

匡新年：《中国 20 世纪文艺学学术史》第二部（下），中国社会科学出版社 2007 年版。

［美］雷纳・韦勒克：《近代文学批评史》第 3 卷，杨自伍译，上海译
　　文出版社 1991 版。

［美］雷纳・韦勒克：《近代文学批评史》第 7 卷，杨自伍译，上海译
　　文出版社 2006 年版。

李大钊：《李大钊全集》第 2 卷，人民出版社 2006 年版。

李大钊：《李大钊全集》第 3 卷，人民出版社 2006 年版。

李大钊：《李大钊全集》第 4 卷，人民出版社 2006 年版。

李惠斌、薛晓源主编：《中国马克思主义研究前沿报告》，华东师范大
　　学出版社 2007 年版。

李霁野：《回忆鲁迅先生》，新文艺出版社 1956 年版。

李欧梵：《铁屋中的呐喊》，尹慧珉译，岳麓书社 1999 年版。

李欧梵：《现代性的追求》，生活・读书・新知三联书店 2000 年版。

李思孝：《马克思恩格斯美学思想浅说》，上海文艺出版社 1981 年版。

李心峰主编：《20 世纪中国艺术理论主题史》，辽海出版社 2005 年版。

李泽厚：《美学论集》，上海文艺出版社 1980 年版。

李泽厚：《中国现代思想史论》，生活・读书・新知三联书店 2008
　　年版。

李志宏主编：《文艺意识形态学说论争集》，吉林大学出版社 2006
　　年版。

李中一：《马克思恩格斯文艺学体系》，华中师范大学出版社 1994
　　年版。

列宁：《列宁论文学》，人民文学出版社 1959 年版。

《列宁全集》第 24 卷，人民出版社 1990 年版。

《列宁选集》第 1 卷，人民出版社 1995 年版。

《列宁选集》第 2 卷，人民出版社 1995 年版。

《列宁选集》第 4 卷，人民出版社 1995 年版。

林伟民：《中国左翼文学思潮》，华东师范大学出版社 2005 年版。

刘崇义等：《文艺科学的一次辉煌的日出》，学林出版社 2000 年版。

刘少奇：《刘少奇文选》（上卷），人民出版社 1981 年版。

刘勇、杨志、李春雨等：《马克思主义与 20 世纪中国文学》，百花洲文艺出版社 2006 年版。

柳湜：《论中国化》，《柳湜文集》，生活·读书·新知三联书店 1987 年版。

〔匈〕卢卡奇：《历史与阶级意识》，杜章智等译，商务印书馆 1992 年版。

鲁迅：《鲁迅全集》第 1 卷，人民文学出版社 2005 年版。

鲁迅：《鲁迅全集》第 3 卷，人民文学出版社 1981 年版。

鲁迅：《鲁迅全集》第 4 卷，人民文学出版社 2005 年版。

鲁迅：《鲁迅全集》第 6 卷，人民文学出版社 2005 年版。

鲁迅：《鲁迅全集》第 7 卷，人民文学出版社 1981 年版。

陆贵山、周忠厚主编：《马克思主义文学概论》，花山文艺出版社 1999 年版。

陆梅林、盛同主编：《新时期文艺论争辑要——文艺学美学教学研究参考资料》（上、下），重庆出版社 1991 年版。

上海师范学院中文系文艺理论教研室编：《文学理论争鸣辑要》（上、下），上海文艺出版社 1983 年版。

陆梅林选编：《西方马克思主义美学文选》，漓江出版社 1988 年版。

马驰：《艰难的革命——马克思主义美学在中国》，首都师范大学出版社 2006 年版。

〔德〕马克思·霍克海默、〔德〕特奥多·威·阿多尔罗：《启蒙辩证法》（哲学片断），洪佩郁等译，重庆出版社 1990 年版。

《马克思恩格斯全集》第 1 卷，人民出版社 1956 年版。

《马克思恩格斯全集》第 2 卷，人民出版社 1957 年版。

《马克思恩格斯全集》第 26 卷，第 1 册，人民出版社 1972 年版。

《马克思恩格斯全集》第 30 卷，人民出版社 1975 年版。

《马克思恩格斯全集》第 31 卷，人民出版社 1998 年版。

《马克思恩格斯全集》第 35 卷，人民出版社 1971 年版。

《马克思恩格斯全集》第 39 卷，人民出版社 1974 年版。

《马克思恩格斯全集》第 42 卷，人民出版社 1979 年版。

《马克思恩格斯文集》第 1 卷，人民出版社 2009 年版。

《马克思恩格斯文集》第 3 卷，人民出版社 2009 年版。

《马克思恩格斯文集》第 10 卷，人民出版社 2009 年版。

《马克思恩格斯选集》第 1 卷，人民出版社 1995 年版。

《马克思恩格斯选集》第 2 卷，人民出版社 1995 年版。

《马克思恩格斯选集》第 4 卷，人民出版社 1995 年版。

马列文论百题编辑委员会主编：《马列文论百题》，陕西人民出版社
  1982 年版。

[斯洛伐克] 玛利安·高利克：《中国现代文学批评发生史》，陈圣生等
  译，社会科学文献出版社 2000 年版。

[美] 迈克尔·哈特、[意] 安东尼奥·奈格里：《帝国》，杨建国、范
  一亭译，江苏人民出版社 2005 年版。

《毛泽东文集》第 1 卷，人民出版社 1993 年版。

《毛泽东文集》第 6 卷，人民出版社 1999 年版。

《毛泽东文集》第 7 卷，人民出版社 1999 年版。

《毛泽东文集》第 8 卷，人民出版社 1999 年版。

《毛泽东选集》第 1 卷，人民出版社 1991 年版。

《毛泽东选集》第 2 卷，人民出版社 1991 年版。

《毛泽东选集》第 3 卷，人民出版社 1991 年版。

茅盾：《创作的前途》，《文学研究会资料》（上），河南人民出版社
  1985 年版。

茅盾：《在反动派压迫下斗争和发展的革命文艺》，《中华全国文学艺术
  工作者代表大会纪念文集》，新华书店 1950 年版。

[苏] 娜·康·克鲁普斯卡娅：《回忆列宁》，哲夫译，人民出版社
  1972 年版。

潘天强主编：《马克思主义文艺学》，复旦大学出版社 2005 年版。

钱杏邨：《关于中国文艺的断片》，《文学与社会倾向》，上海泰东图书

局 1930 年版。

钱中文、刘方喜、吴子林：《自律与他律——中国现当代文学论争中的一些理论问题》，北京大学出版社 2005 年版。

钱中文：《钱中文文集（第 2 卷）·文学发展论》，黑龙江教育出版社 2008 年版。

钱中文：《文学原理——发展论》，社会科学文献出版社 1989 年版。

瞿秋白：《瞿秋白文集》第 1 卷，人民文学出版社 1985 年版。

瞿秋白：《瞿秋白文集》第 2 卷，人民文学出版社 1985 年版。

瞿秋白：《瞿秋白文集》第 3 卷，人民文学出版社 1953 年版。

瞿秋白：《瞿秋白文集》第 4 卷，人民文学出版社 1998 年版。

［美］塞利格·哈里逊：《扩大中的鸿沟——亚洲民族主义和美国政策》，徐孝骞等译，中国社会科学出版社 1985 年版。

［美］塞缪尔·P. 亨廷顿：《变动社会的政治秩序》，张岱云等译，上海译文出版社 1989 年版。

邵荃麟：《邵荃麟评论选集》（上册），人民文学出版社 1981 年版。

石凤珍：《文艺"民族形式"论争研究》，中华书局 2007 年版。

［美］石约翰：《中国革命的历史透视》，王国良译，中国人民大学出版社 2011 年版。

斯大林：《斯大林论民族问题》，民族出版社 1990 年版。

［美］斯科克波：《国家与社会革命》，刘北成译，台北桂冠图书股份有限公司 1998 年版。

十四院校《文学理论基础》编写组：《文学理论基础》（修订本），上海文艺出版社 1985 年版。

宋建林、陈飞龙主编：《马克思主义艺术理论发展史》，生活·读书·新知三联书店 2011 年版。

谭好哲：《文艺与意识形态》，山东大学出版社 1997 年版。

唐宝林主编：《马克思主义在中国 100 年》（修订版），安徽人民出版社 1997 年版。

唐正序、冯宪光、李益荪：《马克思主义文艺批评学》，四川人民出版社 1999 年版。

［英］特雷·伊格尔顿：《二十世纪西方文学理论》，伍晓明译，陕西师范大学出版社 1987 年版。

［英］特里·伊格尔顿：《马克思主义与文学批评》，文宝译，人民文学出版社 1986 年版。

田子渝等：《马克思主义在中国初期传播史》（1918—1922），学习出版社 2012 年版。

童庆炳等：《马克思与现代美学》，高等教育出版社 2001 年版。

童庆炳等：《中国现代文学理论价值观的演变》，北京大学出版社 2005 年版。

童庆炳主编：《20 世纪中国马克思文艺理论研究》，北京大学出版社 2012 年版。

童庆炳主编：《文学理论教程》，高等教育出版社 1992 年版。

童庆炳主编：《文学理论教程》（修订二版），高等教育出版社 2004 年版。

童庆炳：《文学概论》（上），红旗出版社 1984 年版。

童庆炳：《文学审美论的自觉》，北京师范大学出版社 2011 年版。

［挪］托马斯·许兰德·埃里克森：《小地方，大论题——社会文化人类学导论》，董薇译，商务印书馆 2008 年版。

［波］瓦迪斯瓦夫·塔塔尔凯维奇：《西方六大美学观念史》，刘文潭译，上海译文出版社 2006 年版。

汪行福：《新启蒙辩证法——哈贝马斯的现代性理论》，载叶汝贤等主编《马克思主义与现代性》，社会科学文献出版社 2006 年版。

王宏印：《文学翻译批评论稿》，上海外语教育出版社 2005 年版。

王杰主编：《马克思主义文艺理论》，高等教育出版社 2011 年版。

王先霈、王又平主编：《文学理论批评术语汇编》，高等教育出版社 2006 年版。

王晓璐：《西方马克思主义文化批评研究》，北京大学出版社 2012 年版。

王玉平:《马克思主义哲学在中国的理论嬗变》,中国社会科学出版社
2005 年版。

温儒敏:《新文学现实主义的流变》,北京大学出版社 1988 年版。

肖前主编:《马克思主义哲学原理》(合订本),中国人民大学出版社
1998 年第 2 版。

徐迺翔编:《文学的"民族形式"讨论资料》,知识产权出版社 2010
年版。

徐迅:《民族主义》,中国社会科学出版社 1998 年版。

许道明:《中国现代文学理论批评史新编》,复旦大学出版社 2002
年版。

叶汝贤等主编:《马克思主义与现代性》,社会科学文献出版社 2006
年版。

以群主编:《文学的基本原理》(上册),上海文艺出版社 1964 年第
2 版。

俞可平等主编:《全球化与全球化问题》,中央编译出版社 2006 年版。

俞吾金主编:《国外马克思主义研究报告 2007》,人民出版社 2007
年版。

俞吾金主编:《国外马克思主义研究报告 2008》,人民出版社 2008
年版。

喻吾金:《重新理解马克思——对马克思哲学的基础理论与当代意义的
反思》,北京师范大学出版社 2005 年版。

张静等:《马克思主义中国化与中国文化现代化》,南开大学出版社
2012 年版。

张汝伦:《现代中国思想研究》,上海人民出版社 2001 年版。

张申府:《什么是新启蒙运动》,生活书店 1939 年版。

赵剑英、孙正聿主编:《中国化马克思主义哲学新形态》,社会科学文
献出版社 2006 年版。

郑异凡编译:《苏联"无产阶级文化派"论争资料》,人民文学出版社
1980 年版。

中共中央文献研究室、中共湖南省委《毛泽东早期文稿》编辑组编：《毛泽东早期文稿》（1912 年 6 月至 1920 年 11 月），湖南人民出版社 2008 年版。

中共中央文献研究室编：《毛泽东年谱》（修订本 1893—1949 上卷），中央文献出版社 2013 年版。

中共中央文献研究室编：《毛泽东文艺论集》，中央文献出版社 2002 年版。

周海波：《中国现代文学批评史论》，上海人民出版社 2002 年版。

周扬：《周扬文集》第 1 卷，人民文学出版社 1984 年版。

周忠厚等主编：《马克思主义文艺学思想发展史》（下），中国人民大学出版社 2007 年版。

庄锡华：《中国现代文论家论》，光明日报出版社 2006 年版。

二 论文类

艾思奇：《新启蒙运动和中国的自觉运动》，《文化食粮》创刊号，1937 年 3 月。

蔡厚示：《作为上层建筑的文学之特殊性》，《文学评论》1980 年第 4 期。

蔡仪：《试论人本主义、人道主义和"人化自然说"——〈经济学哲学手稿〉再探》（下篇），《文艺研究》1982 年第 4 期。

蔡仪：《文学艺术中的典型人物问题》，《文学评论》1962 年第 6 期。

[日] 藏原惟人：《到新写实主义之路》，林伯修译，《太阳月刊》1928 年停刊号。

曹林红：《民族、阶级与"形式"的政治——论抗战时期"文艺的民族形式"讨论》，《中国现代文学研究丛刊》2011 年第 3 期。

陈独秀：《答张永言》，《青年杂志》1916 年第 1 卷第 6 号。

陈方竞：《马克思主义影响与 20 世纪 30 年代左翼文学批评的理论自觉》，《江苏大学学报》（社会科学版）2011 年第 6 期。

陈吉猛：《文学与审美意识形态——兼与童庆炳先生商榷》，《南华大学学报》（社会科学版）2003 年第 4 期。

陈理宣：《文艺的意识形态性讨论综述》，《文艺研究》1992 年第 2 期。

陈鸣树等：《时代精神与文学典型》，《收获》1964 年第 5 期。

陈涌：《文艺学方法问题》，《红旗》1986 年第 6 期。

程代熙：《一本值得一读的美学论著——董学文〈马克思与美学问题〉述评》，《贵州大学学报》1985 年第 1 期。

池永文：《论马克思主义文学批评中国化的三个阶段》，《长江大学学报》（社会科学版）2008 年第 1 期。

单小曦：《"文学的审美意识形态论"质疑——与童庆炳先生商榷》，《文艺争鸣》2003 年第 1 期。

狄其骢：《关于典型问题的讨论综述》，《文史哲》1963 年第 4 期。

董学文、王金山：《审美与意识形态之间——对"文学是审美意识形态"之反思》，《黑龙江社会科学》2006 年第 6 期。

董学文、陈诚：《近三十年文艺意识形态论争与反思》，《商丘师范学院学报》2008 年第 2 期。

董学文：《"审美意识形态"能成立吗?》，《高校理论战线》2005 年第 10 期。

董学文：《马克思主义文艺学当代形态论纲》，《文艺研究》1988 年第 2 期。

董学文：《文学本质界说考论——以"审美"与"意识形态"关系为中心》，《北京大学学报》（哲学社会科学版）2005 年第 2 期。

董学文：《文艺学：站在世纪之交的高度》，《文学评论》1995 年第 3 期。

独清（王独清）：《新的开场》，《创造月刊》1928 年第 2 卷第 1 期。

杜荃（郭沫若）：《文艺战线上的封建余孽——批评鲁迅的〈我的态度气量和年纪〉》，《创造月刊》第 2 卷第 1 期，1928 年 8 月 10 日。

段吉方：《本土话语的紧张与回到原典的挑战——关于"审美意识形态"的论争》，《文艺争鸣》2009 年第 9 期。

丰子义：《马克思现代性思想的当代解读》，《中国社会科学》2005 年第 4 期。

冯乃超：《文艺理论讲座（第二回）》，《拓荒者》第 1 卷第 2 号，1930 年 2 月。

冯乃超：《艺术与社会生活》，《文化批判》创刊号，1928 年 1 月 15 日。

傅学敏：《"民族形式"论争的名与实》，《江西社会科学》2008 年第 11 期。

高尔太：《人道主义与艺术形式》，《西北民族学院学报》1983 年第 3 期。

何西来：《人的重新发现——论新时期文学潮流》，《红岩》1980 年第 3 期。

何西来：《我崇尚为人生的艺术——〈探寻者的心踪〉自序》，《批评家》1986 年第 6 期。

胡俊飞、吴亚南：《"马克思主义文学批评的中国形态"学术研讨会综述》，《文艺理论与批评》2012 年第 2 期。

胡适：《易卜生主义》，《新青年》1918 年第 4 卷第 6 号。

黄力之：《列宁论民族文化问题的悖论辨析》，《马克思主义研究》2009 年第 9 期。

黄枬森：《关于人的理论的若干问题的探讨》，《人民日报》1983 年 4 月 6 日。

黄念然：《马克思主义文学批评中国形态的历史进程》，《中国人民大学学报》2012 年第 2 期。

黄擎：《文艺意识形态本性论研究检视》，《浙江大学学报》（人文社会科学版）2005 年第 2 期。

黄万盛、尹继佐：《试论革命人道主义在马克思主义中的地位》，《复旦学报》（社会科学版）1980 年第 1 期。

黄药眠：《读了〈文艺工作底发展及其努力方向〉》，《云南日报》1944 年 7 月 29 日。

记者：《一年来的感想与明年的计划》，《小说月报》1921 年第 12 卷第

12 号。

季水河：《文学的异化与异化的文学——批判现实主义与现代派文学异化之比较》，《文艺理论与批评》1989 年第 4 期。

季水河：《论马克思、恩格斯文学批评的多维向度》，《中国人民大学学报》2010 年第 3 期。

季水河：《毛泽东与胡风文艺思想比较研究》，《山东社会科学》2010 年第 1 期。

季水河：《毛泽东与列宁文艺思想比较研究》，《文学评论》2008 年第 2 期。

季水河：《浅谈异化劳动与美的创造》，《学术月刊》1983 年第 3 期。

姜东赋：《略说"社会意识形态不在上层建筑之外"及其他——朱光潜著〈西方美学史〉（第二版）"序论"读后》，《天津师院学报》1980 年第 1 期。

蒋光慈：《关于革命文学》，《太阳月刊》第 2 期，1928 年 2 月。

焦凤贵：《谈谈上层建筑的形成问题》，《哲学动态》1981 年第 12 期。

金良守：《论"民族形式"论争的发端问题》，《南京大学学报》（哲学·人文科学·社会科学版）1996 年第 2 期。

克兴：《小资产阶级文艺理论之谬误——评茅盾君底〈从牯岭到东京〉》，《创造月刊》第 2 卷第 5 期，1929 年 9 月 10 日。

赖大仁：《关于马克思主义文学批评的当代形态》，《中国人民大学学报》1999 年第 4 期。

李本先、苏宗强：《关于历史唯物主义的几个问题——与朱光潜同志商榷》，《华中师院学报》1979 年第 4 期。

李初梨：《请看我们中国的 Don Quixote 的乱舞——答鲁迅"醉眼"中的朦胧》，《文化批判》第 4 号，1928 年 4 月 15 日。

李初梨：《怎样地建设革命文学》，《文化批判》第 2 号，1928 年 2 月 15 日。

李初梨：《普罗列塔利亚文艺批评底标准》，《我们月刊》第 2 期，1928 年 6 月 20 日。

李思孝：《文艺和意识形态——兼评几种观点》，《文学评论》1991 年第 5 期。

李之常：《自然主义的中国文学论》，《文学旬刊》1922 年第 46 期。

李志宏：《当前文艺意识形态学说主要论争焦点概略述评》，《黑龙江社会科学》2006 年第 4 期。

李志宏：《马克思主义意识形态学说与文艺的意识形态性》，《文艺争鸣》（理论综合版）2008 年第 3 期。

李志宏：《意识形态不等同于观念上层建筑——"审美意识形态论"哲学根基分析》，《学术月刊》2006 年第 5 期。

李志宏：《怎样科学地坚持文艺的意识形态性——兼析"形似审美意识形态论表述"》，《吉林大学社会科学学报》2008 年第 4 期。

梁实秋：《文学的纪律》，《新月》第 1 卷第 1 期，1928 年 3 月。

梁实秋：《文学是有阶级性的吗?》，《新月》第 2 卷第 6、7 期合刊，1929 年 9 月。

梁实秋：《文学与革命》，《新月》第 1 卷第 4 期，1928 年 6 月。

林伯修：《1929 年急待解决的几个关于文艺的问题》，《海风周报》1929 年第 12 期。

林建公、咎瑞礼：《评"社会主义异化论"》，《红旗》1983 年第 22 期。

刘锋杰：《"文学是审美意识形态"观点之质疑》，《安徽师范大学学报》（人文社会科学版）2008 年第 2 期。

刘宁：《苏联美学界关于艺术本质问题的讨论情况》，《文学评论》1982 年第 2 期。

刘让言：《论文学艺术的社会本质》，《兰州大学学报》1981 年第 1 期。

刘再复：《两极心理对位效应和文学的人性深度》，《文艺理论研究》1985 年第 2 期。

刘再复：《论文艺批评的美学标准》，《中国社会科学》1980 年第 6 期。

卢婉清：《不能把意识形态排除在上层建筑之外——兼与朱光潜先生商榷》，《华中师范大学学报》（人文社会科学版）1980 年第 1 期。

鲁枢元：《文学，美的领域》，《上海文学》1981 年第 6 期。

陆梅林:《观念形态的艺术——艺术意识形态论之二》,《文艺研究》1990 年第 5 期。

陆梅林:《何谓意识形态——艺术意识形态论之一》,《文艺研究》1990年第 2 期。

栾昌大:《关于文艺本质探讨的几个问题》,《吉林大学社会科学学报》1986 年第 3 期。

栾昌大:《文艺意识形态本性说辨析》,《文艺争鸣》1988 年第 1 期。

罗维斯:《民国视野下文艺民族形式论争的区域特征》,《新文学评论》2013 年第 1 期。

洛扬(冯雪峰):《论文学的大众化》,《文学》半月刊第 1 卷第 1 期,1932 年 4 月 25 日。

吕德申:《有关历史唯物主义的一点理解——与朱光潜先生商榷》,《北京大学学报》1980 年第 1 期。

麦克昂(郭沫若):《桌子的跳舞》,《创造月刊》第 1 卷第 11 期,1928年 5 月 1 日。

毛星:《关于文学的阶级性》,《文艺评论》1979 年第 2 期。

毛星:《意识形态》,《文学评论》1986 年第 5 期。

茅盾:《大众文化与利用旧形式》,《文艺阵地》第 1 卷第 4 期,1938 年6 月 1 日。

茅盾:《小说新潮栏宣言》,《小说月报》1920 年第 11 卷第 1 号。

梅林:《文艺和政治是上层建筑内的关系》,《文学评论》1980 年第1 期。

敏泽:《坚持思想和文学领域中的历史唯物主义原则》,《光明日报》1983 年 11 月 17 日。

敏泽:《论〈论文学的主体性〉——与刘再复同志商榷》,《文艺报》1986 年 6 月 12 日。

牟豪戎:《不能否定文艺的意识形态理论——对〈文艺意识形态本性说辨析〉的质疑》,《文艺理论与批评》1989 年第 5 期。

庞虎:《二十世纪三十年代新启蒙运动夭折的原因分析》,《光明日报》

2009年3月3日第10版。

彭会资：《文艺不能称为上层建筑吗？——与朱光潜教授商榷》，《广西师范大学学报》（哲学社会科学版）1980年第2期。

齐夫：《贾平凹是苏东坡第二》，《作品与争鸣》2008年第3期。

钱杏邨：《茅盾与现实》，《新流月报》1929年第4期。

钱杏邨：《死去了的阿Q时代》，《太阳月刊》3月号，1928年。

钱中文：《对文学不是意识形态的"考论"的考论》，《文艺研究》2007年第2期。

钱中文：《论文学审美意识形态的逻辑起点及其历史生成》，《文学评论》2007年第1期。

钱中文：《最具体的和最主观的是最丰富的——审美反映的创造性本质》，《文艺理论研究》1986年第4期。

乔世华：《作家要有自知之明》，《作品与争鸣》2008年第10期。

汝信：《人道主义就是修正主义吗？——对人道主义的再认识》，《人民日报》1980年8月15日。

勺水：《论新写实主义》，《乐群月刊》1929年第1卷第3期。

邵建：《文艺的准意识形态性》，《文艺研究》1991年第2期。

沈雁冰：《自然主义与中国现代小说》，《小说月报》1922年第13卷第7期。

沈泽民：《文学与革命的文学》，《民国日报》副刊《觉悟》1924年11月6日。

石厚生（成仿吾）：《革命文学的展望》，《我们月刊》1928年第1期。

孙绍振：《论实践主体性、精神主体性和审美主体性》，《文学评论》1987年第1期。

童庆炳：《审美意识形态论的再认识》，《文艺研究》2000年第2期。

童庆炳：《审美意识形态论作为文艺学的第一原理》，《学术研究》2000年第1期。

童庆炳：《新时期文学审美特征论及其意义》，《文学评论》2006年第1期。

万娜：《第二届"马克思主义文学批评的中国形态"国际学术研讨会综述》，《文艺理论与批评》2013 年第 3 期。

王锐生：《论上层建筑不是社会存在》，《哲学研究》1981 年第 2 期。

王锐生：《上层建筑属于社会存在吗？——与朱光潜先生商榷》，《哲学研究》1979 年第 11 期。

王润生：《人的自然本性、社会性和阶级性》，《辽宁大学学报》1980 年第 4 期。

王若水：《谈谈异化问题》，《新闻战线》1980 年第 6 期。

王元化：《人性札记》，《上海文学》1980 年第 3 期。

王元骧：《艺术的认识性与审美性》，《文艺理论研究》1990 年第 3 期。

王岳、姜葆夫：《恩格斯在致布洛赫的信中没有把意识形态列为上层建筑的一种因素吗——与朱光潜先生商榷》，《齐鲁学刊》1981 年第 1 期。

韦呐：《略述关于典型人物的几个问题》，《文学评论》1963 年第 4 期。

文学研究所文艺理论研究室：《关于刘再复〈论文学的主体性〉一文的讨论》，《文学评论》1986 年第 3 期。

吴元迈：《文艺与意识形态》，《外国文学评论》1990 年第 2 期。

吴元迈：《也谈上层建筑与意识形态的关系——与朱光潜先生商榷》，《哲学研究》1979 年第 9 期。

肖君和：《要用马克思的"生产论"指导文艺》，《文艺争鸣》1986 年第 4 期。

中夏（邓中夏）：《贡献于新诗人之前》，《中国青年》1923 年第 10 期。

周忠厚：《关于审美意识形态的几点思考》，《河北师范大学学报》2003 年第 6 期。

周忠厚：《文艺不是审美意识形态》，《乌鲁木齐职业大学学报》2003 年第 3 期。

朱光潜：《关于人性、人道主义、人情味和共同美的问题》，《文艺研究》1979 年第 3 期。

朱光潜：《上层建筑和意识形态之间关系的质疑》，《华中师院学报》

1979 年第 1 期。

朱晶、傅树声：《论人性与文学艺术的解放》，《吉林大学学报》1980
年第 4 期。

朱立元：《选择·激活·对接——以人学问题为例》，《学术月刊》2008
年第 1 期。

庄国雄：《上层建筑就是意识形态系列——与朱光潜先生商榷》，《哲学
动态》1979 年第 11 期。

后　记

　　《马克思主义文学理论与 20 世纪中国文学理论的变迁》，是我主持的同名国家社会科学基金项目的最终成果，也是我个人总体规划《20世纪中外马克思主义文学理论及其关系研究》系列中的第二本专著和我主持的第二个国家社会科学基金项目之最终成果。它与我的第一个国家社会科学基金项目及其最终成果《回顾与前瞻：论新中国马克思主义文艺理论研究及其未来走向》（中国社会科学出版社 2009 年版），形成了一种既是延伸扩展，又是开拓深化的关系。

　　如果说，《回顾与前瞻：论新中国马克思主义文艺理论研究及其未来走向》是一部以新中国马克思主义文艺理论研究的学术史反思为主，影响史论述为辅的著作，那么《马克思主义文学理论与 20 世纪中国文学理论的变迁》则是以马克思主义文学理论在 20 世纪中国的影响史研究为主，学术史反思为辅的著作。前者全面分析了新中国成立 50 多年来马克思主义文艺理论研究"经典著作译注期"、"理论体系探讨期"、"当代形态建构期"三个时期的不同特点和代表性成果；着力探讨了马克思主义文艺理论中的"典型与现实主义"、"人性思想"、"艺术生产论"等核心范畴的形成发展、研究历史、当代影响，重点论述了马克思主义文艺理论在 21 世纪研究的"走向多元对话思维"、"走向多重资源整合"、"走向多种方法综合"的三个走向。后者整体上论述了马克思主义文学理论对 20 世纪早期中国马克思主义文学理论初级形态、20世纪中国文学理论体系建构、20 世纪中国文学理论研究空间拓展的重要影响，重点阐释了马克思主义文学理论与 20 世纪中国文学理论中的现实主义、意识形态、民族形式、文学批评等范畴的深层联系，动态勾勒了马克思主义文学理论在当今中国所呈现出的蓬勃发展态势与旺盛生命力。从而，两部著作在相对独立中达到了相互支撑，在相互关联中实现了相互补充。

《马克思主义文学理论与 20 世纪中国文学理论的变迁》是以我为主，多人合作的成果。我确立了全书的指导思想，总体框架、研究重点、结构形式，我的三位学生参与了部分章节的写作。具体分工是：季水河撰写绪论、第一章、第二章、第三章、第八章、第九章、第十章；季念博士撰写第四章；罗如春教授撰写第五章；刘中望教授撰写第六章、第七章。全书由季水河统稿、定稿，英文目录由季念博士翻译、胡强教授、李志雄教授润色。对我来说，这次与学生的合作，既是愉快的，也是有收获的，我从他们身上感受到了蓬勃的生机与青春的活力，体验到了马克思主义文学理论研究后继有人的幸福感与成就感。

《马克思主义文学理论与 20 世纪中国文学理论的变迁》这一课题能够顺利完成，其阶段性成果能够产生重要的影响，离不开诸多师友的帮助与支持，在此，特向他们表示衷心的感谢。首先，感谢我的老师陆贵山教授，在课题申报之始就给予了悉心指导，课题立项后一直跟踪督促。其次，感谢我的朋友谭好哲教授、赖大仁教授、王杰教授、张永清教授、马驰教授、胡亚敏教授等，他们为我的研究工作提供了智力支持与智慧启迪；感谢我的妻子杨力研究员，她不仅为我的研究工作提供了后勤保障，而且是我研究成果的第一个阅读者和批评者。再次，感谢《文学评论》《中国人民大学学报》《华中师范大学学报》《湖北大学学报》《山东社会科学》《学习与探索》《湖南师范大学学报》《湖南科技大学学报》等刊物，它们发表了本成果中百分之八十以上的内容共 11 篇长文，使本成果走向了学术界并接受学术界的检验；感谢《新华文摘》《中国社会科学文摘》《复印报刊资料》《高校文科学术文摘》《中国社会科学网》等重要文摘刊网，它们几乎转载了本成果中所有公开发表的论文，进一步扩大了本成果的社会影响。最后，特别感谢全国马列文论研究会会长党圣元教授，在相识至今的十多年里，他一直关注、关心、支持我的马克思主义文学理论研究，这次又在百忙中挤出时间为拙著作序，为我今后的研究工作注入了新的动力；感谢本书的责任编辑刘艳女士，她以严谨科学的学术精神和耐心细致的工作态度，为本书拾遗补缺、润色添彩，使本书尽可能地得到了完善，减少了缺憾。

季水河

2019 年 11 月 20 日